Volker Koop

Der 17. Juni 1953

Volker Koop

Der 17. Juni 1953

Legende und Wirklichkeit

Siedler

Inhaltsverzeichnis

Zu diesem Buch

Alljährlich werden am 17. Juni in Berlin Kränze zu Ehren der Opfer des 17. Juni 1953 niedergelegt. Darüber wird in den Medien berichtet, die Fernsehnachrichten zeigen Bilder mit immer demselben sowjetischen Panzer, der in die Menge demonstrierender Arbeiter vor dem Ost-Berliner Haus der Ministerien fährt. Dem Volksaufstand wird man damit nicht gerecht. Er hat seinen Ursprung in der Einsetzung des SED-Regimes in der Sowjetischen Besatzungszone, in der Gründung der DDR und in der Willkürpolitik der SED. Er darf weder auf diesen einen Tag reduziert werden, noch auf die streikenden Bauarbeiter in Ost-Berlin, auch wenn ihr Aufstand das Signal für Proteste in vielen Städten der DDR gab.

Es gibt seit langem unzählige Veröffentlichungen zum Juni-Aufstand, die sich jedoch in der Mehrzahl in ihrer Darstellung auf einzelne Aspekte beschränken oder zu Zeiten herausgegeben wurden, in denen Historikern in Ost und West der Zugang zu den entscheidenden Archiven verwehrt war. Es ist richtig, dass der Volksaufstand beispielsweise in Sachsen durch Heidi Roth hervorragend aufgearbeitet wurde. Dazu gibt es in Städten und Kreisen der ehemaligen DDR engagierte Archivare, die in sehr verdienstvoller Weise den Aufstand in ihren Regionen beschreiben, hervorzuheben sind hier die Städte Jena und Delitzsch. Auf der anderen Seite mangelt es jedoch weiterhin an umfassenden Gesamtdarstellungen. Diese Lücke möchte ich schließen.

Seit dem ersten Gedanken, ein solches Buch zu schreiben, sind mehr als fünf Jahre vergangen. Bei der Arbeit in den Archiven haben sich Schwierigkeiten höchst unterschiedlicher Art ergeben. Zum einen ist die Fülle der heute verfügbaren Dokumente nahezu unüberschaubar, was notwendigerweise auch in einer solchen Gesamtdarstellung dazu führen musste, auf die Beschreibung vieler Details zu verzichten, so wichtig sie auch sind. Zum anderen haben die Diskussion um den Datenschutz und entsprechende Urteile die Arbeit an diesem Buch erheblich erschwert. Speziell in den Akten des Bundesbeauftragten für die Unterlagen des Staatssicherheitsdienstes der ehemaligen DDR mussten Namen – nicht nur von Opfern, sondern auch von Tätern – in einem Umfang geschwärzt werden, der eine Auswertung nahezu unmöglich machte.

Ungeachtet dessen geht es mir darum, einen Gesamtüberblick zu geben, der sich auf die Politik in den beiden Staaten in Deutschland und auf die innerdeutsche Politik beschränkt, auf jene Vorgänge, die zum 17. Juni führten, auf den Volksaufstand selbst und seine Folgen für die Menschen in Ost-Berlin und in der DDR. Es geht nicht etwa darum, die damalige weltpolitische Situation zu beleuchten, etwa das erstarrte Verhältnis zwischen den einstigen Alliierten des Zweiten Weltkrieges. Ebenso kann es nicht Anliegen und Ehrgeiz sein, minutiöse Beschreibungen des Geschehens aus allen Bezirken, Städten und Dörfern, Betrieben und Haftanstalten zu geben; dieses alles würde jeweils ein eigenes Buch rechtfertigen und notwendig machen.

Dieses Buch soll aber sehr wohl zu einer differenzierten Betrachtung des 17. Juni beitragen. Dass es bei aller Unvollständigkeit eine wichtige Aufgabe erfüllen könnte, wurde mir deutlich, als sich Historiker der früheren DDR selbst noch im Jahr 2002 davon überrascht zeigten, dass es den Menschen im Juni 1953 weniger um niedrigere Normen gegangen war als um Freiheit und die Wiedervereinigung Deutschlands, Forderungen, auf deren Verwirklichung sie bis zum Jahr 1989 warten mussten.

Statt eines Vorwortes

Sehr geehrter Herr Bundeskanzler!

Im Verlauf der Unterredung zwischen dem amerikanischen Außenminister und den Außenministern Großbritanniens und Frankreichs erhielt ich den Eindruck, daß es vielleicht von Nutzen wäre, wenn ich Ihnen einen Brief schriebe, in welchem die in dem Schlußkommuniqué so knapp zusammengefaßten Gedanken eingehender behandelt würden.

Ich glaube, daß sich aus der Lage in Ostdeutschland und in den osteuropäischen Satellitenstaaten bestimmte charakteristische Erscheinungen ergeben – Erscheinungen, die fraglos tiefe Auswirkungen auf die Zukunft und damit auch auf die geplante Konferenz der Außenminister der vier Mächte haben werden.

Ich halte es daher für zweckmäßig, Ihnen jetzt meine Gedanken etwas eingehender zu entwickeln.

Große historische Entwicklungen, wie die letzten antikommunistischen Demonstrationen in Berlin und Ostdeutschland, sind selten auf eine einzige Ursache zurückzuführen. Dennoch bin ich fest davon überzeugt, daß künftige Geschichtsschreiber bei einer Analyse der Ursachen, die zur Auflösung des kommunistischen Weltreiches geführt haben, diese tapferen Ostdeutschen, die es gewagt haben, sich gegen die Kanonen der Tyrannei allein mit nackten Händen und starken Herzen zu erheben, mit als Haupturheber hervorgehoben werden. Die gleichen Geschichtsschreiber werden auch Ihre eigene außerordentliche Standhaftigkeit aufzeichnen, die Sie für die Sache des europäischen Friedens und der europäischen Freiheit seit vielen, vielen Jahren bewiesen haben.

Bei einer Analyse dieser jüngsten Entwicklung erscheinen fünf Punkte von größter Bedeutung.

Erstens war dieser Ausbruch gegen die kommunistische Unterdrückung spontan. Ich weiß, daß ich nicht im einzelnen Ihnen gegenüber die phantastische Erklärung Moskaus zu widerlegen brauche, der zufolge alle Aufstände von amerikanischen Provokateuren verursacht worden seien. Kein Provokateur irgendeiner Staatsangehörigkeit kann Menschen dazu bewegen, sich gegen anrollende Panzer mit Stöcken und Steinen zu erheben. So etwas kommt aus dem Herzen und nicht aus fremden Geldsäcken.

Zweitens war diese Erhebung nicht einfach eine momentane Verzweiflungsaktion. Die ständigen Meldungen von Unruhen in Ostdeutschland lassen auf eine fundamentale und dauernde Entschlossenheit schließen, trotz langer Jahre rücksichtsloser Sowjetisierung vollkommen und endgültig frei zu werden.

Drittens waren die Aufständischen nirgendwo »bürgerliche Reaktionäre« oder »kapitalistische Kriegshetzer«. Es waren Arbeiter. Also waren die Märtyrer, die vor russischen kommunistischen Kanonen fielen, die gleichen Arbeiter, in deren Namen der Kreml falsch und zynisch sein Reich der Unterdrückung, sein weit ausgedehntes »Arbeiterparadies« errichtet hat.

Viertens deuten die Tatsache des Aufstandes selbst, das Verhalten der deutschen kommunistischen Führer während der Ereignisse und ihre Handlungen seitdem auf einen vollständigen politischen Bankrott der SED hin.

Fünftens, und das ist für mich von allergrößter Bedeutung, war der Ruf der Arbeiter, als sich die Unruhen im russischen Sektor Berlins entwickelten: »Wir wollen freie Wahlen«. In diesen Worten faßte das Volk klar und einfach sein Sehnen nach Erleichterung seiner Leiden und Sorgen zusammen.

Diese fünf Tatsachen zusammen bilden den wahren Hintergrund für den Teil des Außenministerkommuniqués vom 15. Juli, der sich mit der deutschen Wiedervereinigung und freien Wahlen befaßt. Und das Kommuniqué selbst stellt, wie Sie wissen, in der Tat die diplomatische Bestätigung ihrer eigenen früheren Erklärungen, meines Telegramms an Sie vom 26. Juni und vor allem die Entschließung des Deutschen Bundestages von 10. Juni dar.

Die ganzen letzten Monate hindurch gab es auf beiden Seiten des Atlantiks endlose Argumente und Debatten über den Vorrang von Worten und Phrasen wie »Wiedervereinigung«, »Friedensvertrag«, »freie Wahlen«, »Zurückziehung der Besatzungstruppen« usw.

Ich war immer der Auffassung – und diese letzten Ereignisse

haben für mich wenigstens diesen Gedanken klar bestätigt –, daß es keine Lösung ohne freie Wahlen und die anschließende Bildung einer freien gesamtdeutschen Regierung geben könne, wenn diese Lösung zur Wiedervereinigung führen soll. Davon kann eine logische, ordentliche Folge von Ereignissen ausgehen, die in einem ehrenhaften Friedensvertrag und dem Wiedererstehen einer neuen Vereinigten Deutschen Republik gipfelt, die ihre Aufgabe in der Wohlfahrt des eigenen Volkes als freundlich gesinntes und friedliches Mitglied der Völkerfamilie sieht. Diesem ersten Schritt, freie Wahlen, wird die Regierung der Vereinigten Staaten auch weiterhin die volle Stärke ihrer politischen, diplomatischen und moralischen Unterstützung leihen.

Es gibt in Deutschland, bei den westeuropäischen Nationen und sogar in meinem eigenen Lande aufrichtige Menschen, die zu der Überzeugung gelangt sind, daß freie Wahlen und damit auch die Wiedervereinigung Deutschlands der Konzeption der Europäischen Verteidigungsgemeinschaft, die von beiden Häusern Ihres Parlaments ratifiziert wurde und jetzt vor Ihrem Verfassungsgerichtshof anhängig ist, widersprechen und diese möglicherweise ausschließen. Ich habe die Theorie nie akzeptiert, daß sich die EVG und die Wiedervereinigung Deutschlands gegenseitig ausschließen. Ganz im Gegenteil.

Wie die drei Außenminister am Ende ihrer letzten Konferenz in Washington erklärt haben, ist die Europäische Gemeinschaft als solche als notwendig anzusehen und steht in keinem Zusammenhang mit den bestehenden internationalen Spannungen, da sie dem ständigen Bedürfnis ihrer Mitglieder und ihrer Völker nach Frieden, Sicherheit und Wohlfahrt entspricht.

Es ist seit langem meine Überzeugung, daß die Stärkung der Bundesrepublik durch Annahme der EVG, des Deutschlandvertrages und durch weitere Fortschritte bei der Integration Europas die Aussichten auf eine friedliche Wiedervereinigung Deutschlands nur fördern kann dadurch, daß sie die Anziehungskraft dieses blühenden Westdeutschlands gegenüber der Sowjetzone erhöht, eine Anziehungskraft, die bereits durch den stetigen Zustrom von Flüchtlingen in den letzten Monaten sowie durch die am 17. Juni begonnenen Demonstrationen bewiesen wurde. Dieser wachsende Kontrast zwischen West- und Ostdeutschland, letzteres mit seinem bankrotten Regime und seiner verarmten

Wirtschaft, wird auf Dauer Bedingungen schaffen, die die Liquidierung der gegenwärtigen kommunistischen Diktatur und der sowjetischen Besatzung ermöglichen müßten. Obgleich eine künftige gesamtdeutsche Regierung selbstverständlich nach ihrem Ermessen den Grad bestimmen können muß, in dem sie Verteidigungs- und sonstigen Abmachungen beizutreten wünscht, die im Einklang mit den Grundsätzen der Vereinten Nationen stehen, kann ich mir nur schwer vorstellen, daß sie angesichts anderer noch schwerbewaffneter Nationen den Weg vollständiger und verfrühter Abrüstung einschlagen würde. Ich glaube, daß dies eine Angelegenheit ist, die ernste Aufmerksamkeit verdient. Wer in Deutschland glaubt, eine leichte sichere Lösung durch verteidigungslose Neutralität vorschlagen zu können, sollte sorgfältig darüber nachdenken, ob ein solcher Weg wirklich klug und sicher wäre.

Ich spreche für Amerika, und ich glaube, die übrige freie Welt teilt diese Auffassung, wenn ich sage, daß es in den letzten fünfzig Jahren genug Blutvergießen, genug Elend und genug Zerstörung gegeben hat, um die Völker und Regierungen des Westens von jedem Gedanken an eine militärische Aggression abzuschrecken. Aber der Friede, den wir alle so sehnlich erstreben, kann nicht durch Schwäche erhalten werden. Die EVG wird die einfachste, unzweideutigste und klarste Demonstration der Stärke für den Frieden sein.

Niemand kann voraussagen, was die kommenden Monate bringen werden. Aber es läßt sich mit Gewißheit sagen, daß die Arbeiter des sowjetischen Sektors von Berlin und die Arbeiter Ostdeutschlands mit den Arbeitern der Tschechoslowakei etwas begonnen haben, das in den Annalen der Geschichte einen hervorragenden Platz einnehmen wird. Möge das Schlußkapitel dieser Geschichte das Wiedererstehen der Freiheit, des Friedens und des Glücks verzeichnen.

Mit freundlichsten persönlichen Grüßen
Ihr ergebener
Dwight D. Eisenhower[1]

Der Weg zum 17. Juni

DDR aus eigener Kraft nie lebensfähig

Juli 1953: In Ost-Berlin ist die Ursachenforschung für den Volksaufstand des 17. Juni in vollem Gange. Noch immer können sich die Verantwortlichen der SED die »Undankbarkeit« der Menschen nicht erklären, auch wenn sie vordergründig und in durchsichtiger Weise amerikanische Agenten und Faschisten pauschal für den Ausbruch des Protestes gegen das Regime verantwortlich machen. Auch in Bonn herrscht Ratlosigkeit. Die schlechte Versorgungslage innerhalb Ost-Berlins und der DDR war zwar bekannt, und nach Kräften hatte die Bundesregierung hinter den Kulissen mit der Ost-Berliner Regierung verhandelt, um die gröbsten Missstände abzustellen – aber ein Volksaufstand? Den hatte sich am Rhein niemand vorstellen können. Umso erstaunlicher war dann am 18. Juli eine Erklärung des italienischen Außenministeriums:

»Die Unruhen in Berlin haben in Rom nicht überrascht. Uns war die Erbitterung der Arbeiter hinter dem Eisernen Vorhang bekannt. Wir verfolgen die Ereignisse in Deutschland mit tiefem Mitgefühl und Sympathie für die Arbeiter und hoffen, daß die grausamen und willkürlichen Unterdrückungsmaßnahmen der sowjetischen Truppen keine weiteren Opfer fordern.«[1]

Mit dieser Erklärung bestätigte die italienische Regierung im Juli 1953 das, was jedem halbwegs aufmerksamen Beobachter hätte klar sein müssen, egal, wie überrumpelt er sich dann von den Juni-Ereignissen zeigte. Die Leidensfähigkeit der Bevölkerung Ost-Berlins und der DDR war am Ende. Die Zeichen waren jedoch sowohl in Ost-Berlin wie in Bonn – möglicherweise sogar bewusst – ignoriert worden. Ruhe schien, wenn schon nicht die oberste Bürgerpflicht, dann doch die der Regierungen zu sein. Die Geheimdienste beider Staaten in Deutschland versagten völlig und schlossen die Augen vor der Wirklichkeit – ein Verhalten, das fatal an die friedliche Revolution vom 9. November 1989 erinnert, die ebenfalls absehbar war, ohne dass Ost-Berlin oder Bonn auch nur die geringsten Konsequenzen daraus gezogen hätten. Offensichtlich brauchte es die räumliche Distanz, um zu ahnen, was in der DDR vor sich ging, denn nicht nur Rom hatte den Volksaufstand kommen sehen, sondern auch die sowjetische Regierung.

Wenn überhaupt etwas verwundern kann, dann allenfalls die Tatsache, dass es erst im Juni 1953 zu dem massiven Ausbruch des Protestes der größten Teile der Bevölkerung kam und nicht schon vorher. Denn diese Feststellung kann kaum widerlegt werden: Die DDR war vom Tag ihrer Gründung am 7. Oktober 1949 an aus eigener Kraft nicht lebensfähig – weder politisch noch wirtschaftlich. Die Sowjetisierung der Sowjetischen Besatzungszone (SBZ) beziehungsweise dann der späteren DDR musste zwangsläufig scheitern, weil sie von den Menschen aus ihrem tiefsten Inneren heraus abgelehnt wurde. Was Stalin befehlen konnte – die Vertreibung der Bauern von ihrem Land, ihr Hineinpressen in Kolchosen, die in der DDR Landwirtschaftliche Produktionsgenossenschaften (LPG) genannt wurden, der Aufbau einer Schwerindustrie zu Lasten der Konsumgüterindustrie und einer äußerst kostspieligen Armee – , dieses alles ließ sich wohl in einem Land durchsetzen, dessen Menschen eine besondere Leidensfähigkeit zugeschrieben wird, nicht aber den Deutschen im sowjetischen Herrschaftsgebiet. Denn diese hatten wohl auch die Nazi-Herrschaft er- und überlebt, kannten aber zum größten Teil die Zeit der Weimarer Republik und vor allem: Sie erfuhren aus Besuchen, aus Zeitungen, über den Rundfunk und über die Drehscheibe Berlin vom demokratischen und wirtschaftlichen Aufbau Westdeutschlands und konnten somit Vergleiche mit ihren eigenen Lebensverhältnissen anstellen.

Der Volksaufstand war zwangsläufig

Über den Charakter der Vorgänge um den 17. Juni herrscht noch heute weitgehende Unklarheit. Historiker diskutieren, ob es sich bei den Ereignissen um einen »Volksaufstand« handelte, um – wenngleich ausufernde – Proteste gegen die Lebensbedingungen insgesamt und speziell gegen Normerhöhungen, oder um einen »faschistischen«, vom Westen gesteuerten Putschversuch. Es ist in diesem Zusammenhang sicher von Bedeutung, dass SED, Staatssicherheit, Kasernierte Volkspolizei (KVP) und Volkspolizei (VP) in ihren anfänglichen Berichten das Geschehen keinesfalls einheitlich beschreiben konnten. Es war von Streiks die Rede, von Ereignissen, von Unruhen, nicht aber von einem faschistischen Putschversuch. Dieser Begriff wurde von der SED erst am 17. Juni abends herausgegeben und dann weitgehend – doch längst nicht durchgehend – übernommen. Demgegenüber wurde bereits in der 272. ordentlichen Bundestagssitzung vom 17. Juni vom »Volksaufstand« und vom »Freiheitskampf« gesprochen – Begriffe, die sich bis heute gehalten haben.

Bei der Frage nach dem Charakter des 17. Juni 1953 ist es zweifellos erforderlich zu klären, ob es sich um DDR-weite Protestaktionen handelte, welche Bevölkerungskreise daran beteiligt waren, welche Forderungen erhoben wurden und wie – vor der Festlegung auf die Begriffe des Kalten Krieges – die Verantwortlichen in beiden Staaten das Geschehen beurteilten.

Lediglich für treue SED-Anhänger sind diese Fragen seit langem und unverrückbar beantwortet. Sie rücken nicht davon ab, in den Demonstrationen den zitierten »faschistischen Putschversuch« zu sehen, vom Westen von langer Hand vorbereitet und dann gesteuert. Nach anfänglicher Sprachlosigkeit hatte die SED diese Charakterisierung festgelegt und an ihr über die Zeiten des Kalten Krieges hinaus festgehalten. Alte Kader tun dieses noch heute.

Die Stimmung falsch eingeschätzt

Im Nachhinein kamen nahezu alle Berichterstatter von SED und DDR-Organen, egal auf welcher Ebene, in ihrer Selbstkritik zu der Auffassung, sie hätten die Situation und die Stimmung in der Bevölkerung nicht richtig eingeschätzt. Nachdem die SED am 11. Juni 1953 die Beschlüsse über Normerhöhungen beziehungsweise Preisanhebungen in den Läden der staatlichen Handelsorganisation (HO), den Entzug von Lebensmittelkarten für einen großen Teil der Bevölkerung et cetera zum Teil zurückgenommen hatte, wurden die SED, aber auch die Führung der »Nationalen Front des demokratischen Deutschland« mit einer Vielzahl von Berichten überschwemmt, in denen nahezu gleichlautend von einer nunmehr hervorragenden Stimmung in der gesamten DDR berichtet wurde, ein Beweis dafür, dass die Parteiführung ihre Untergliederungen und die übrigen von ihr abhängigen Massenorganisationen längst dazu erzogen hatte, ihr Sand in die Augen zu streuen.

Dieses tat zum Beispiel in einem Schreiben vom 12. Juni 1953 das Potsdamer Sekretariat der Nationalen Front. Es schrieb an das Nationalrats-Präsidium, gerade von Seiten der Einzelhändler sei der Regierungsbeschluss schon in den frühen Morgenstunden begrüßt worden. Sie seien nunmehr der Sorgen befreit, wo sie ihre Butter und ihren Zucker herbekommen sollten. In den Gemeinden des Kreises sei darüber hinaus von allen werktätigen Bauern begrüßt worden, »daß die nach ihrer Meinung falsch bestraften Großbauern wieder in ihre Dörfer zurückkehren können«. Allerdings sollten diejenigen, die wegen Schiebergeschäften bestraft worden waren, nicht aus der Haft entlassen werden.

»Gestern war der Tag der Befreiung«

Als einen »wesentlichen Beitrag zur Herbeiführung der Einheit Deutschlands« habe ein Wissenschaftler aus Teltow die Regierungsbeschlüsse bezeichnet, und ein Postangestellter aus Kleinmachnow bei Berlin sei der Überzeugung: »Diese Maßnahmen des ZK fördern das Vertrauen der Bevölkerung zur Partei und zur Regierung.«[2] Ein Eisenwarenhändler aus Löwenberg habe seinen Laden dem Konsum abgeben wollen, nehme davon jetzt jedoch Abstand, »weil er der neuen Situation entnimmt, daß es besser wird«. Die Verbundenheit der Parteilosen mit der SED werde nun gefestigt, hieß es an anderer Stelle, und das Kommuniqué des Politbüros der SED werde von der gesamten Bevölkerung des Kreises Neuruppin begeistert begrüßt. Fleischermeister Sigismund aus Neuruppin habe sich demnach sogar zu dem Ausruf verstiegen: »Gestern war der Tag der Befreiung.«

Ähnliche Schreiben, insbesondere aus den Organisationsleitungen der Nationalen Front, finden sich in den Akten zuhauf.

Obwohl der Ministerratsbeschluss vom April sehr hart gewesen sei, habe eine Gastwirtin aus Frankfurt (Oder) »das Vertrauen zu unserer Regierung nicht verloren«, und die neuen Maßnahmen würden dazu beitragen, »daß wir alle noch aktiver weiter mitarbeiten bei der Schaffung der Grundlagen des Sozialismus«, war in einem ähnlichen Bericht des Frankfurter Bezirksausschusses der Nationalen Front zu lesen.[3]

Kritische Stimmen gab es, glaubt man den Schreiben, offensichtlich überhaupt nicht. Im Gegenteil: Die ganze DDR schien zu feiern, so die Einwohner des Dörfchens Podelzig. Bauern, die ihr Ablieferungssoll nicht hatten erfüllen können und nach Westdeutschland geflohen waren, würden jetzt »zu ihrer Heimatscholle zurückkehren«, Ehefrauen, deren Männer wegen »Wirtschaftsverbrechen« in Haft waren, hofften, die Zuchthaustore würden sich bald wieder öffnen.

Auf unzähligen Seiten wurde ein Bild gezeichnet, das nicht der Realität entsprach. Es ist müßig, auf weitere Berichte einzugehen, ähneln sie sich inhaltlich doch alle bis auf wenige, regional unterschiedliche Schilderungen. Noch am 15. Juni 1953 formulierten die Organisationsabteilungen der Nationalen Front derartige schönfärberische Beiträge, zu einem Zeitpunkt, als es in der DDR längst gärte und der Volksaufstand kurz bevorstand beziehungsweise bereits begonnen hatte.

»Wir wollen uns selbst regieren«

Die SED hat sich lange Zeit damit schwer getan, sich selbst intern mit den tatsächlichen Ausmaßen des Volksaufstandes vom 17. Juni zu befassen beziehungsweise die Dimensionen der Ereignisse einzugestehen. So war es bereits am 12. Juni vor der Untersuchungshaftanstalt II in Brandenburg zu Protestaktionen gekommen, bei denen Arbeiter die Freilassung ihres inhaftierten Chefs, eines Fuhrunternehmers, verlangten. Schon einen Tag später wurde der Befehl zur verstärkten Sicherung aller Untersuchungshaftanstalten im Bezirk erteilt.[4] Ebenfalls am 13. Juni trat die Belegschaft der Leipziger Baumwollspinnerei in den Streik, außerdem die Beschäftigten mehrerer Betriebe in Roßwein. Am Abend des 16. Juni, um 21.30 Uhr, legten am Rande einer Kulturveranstaltung auf der Baustelle der Reichsbahn im Kreis Oranienburg 1.100 Belegschaftsmitglieder der Bau-Union Hohenschöpping die Arbeit nieder und forderten: »Wir wollen uns selbst regieren und unsere Regierung von unten aufbauen.« Zwei Dinge werden daraus deutlich: Proteststreiks und Unruhen innerhalb der DDR waren keinesfalls eine Folge der Berliner Ereignisse vom 16. und 17. Juni 1953, und zweitens richtete sich der Protest schon sehr früh gegen die SED und ihre Politik und nicht etwa vorrangig gegen Normerhöhungen und andere Erschwernisse.

Auch im Bezirk Halle hatte die Protestbewegung schon am 15. Juni konkrete Formen angenommen. Hier verlangten Arbeiter der Spätschicht der Blockwalzenstraße des VEB-EHW-Thale/Quedlinburg die Senkung der Arbeitsnormen. Am 16. Juni wurde von der Gießerei dieses Werkes die ultimative Forderung gestellt, bis zum 17. Juni, zehn Uhr, von der Direktion einen endgültigen Bescheid über die Aufrechterhaltung der neuen Normen oder eine Normveränderung zu bekommen.[5]

Die Zeiten der Legendenbildung

Die bisherigen Darstellungen sind in vielem zu revidieren. Das gilt beispielsweise für Berichte über die standrechtliche Erschießung sowjetischer Soldaten, die sich angeblich geweigert hatten, gegen Deutsche vorzugehen. Es gibt, abgesehen von einem Flugblatt der Exilorganisation »Nationaler Bund der Werktätigen« (Nationalno-Trudowoj Sojus), dessen Authentizität keinesfalls feststeht, und »Geschichten vom Hörensagen«, nicht einen einzigen belegbaren Hinweis darauf, dass es derartige Erschießungen jemals gegeben hat. Mit letzter Sicherheit kann bis heute ebenso wenig definitiv gesagt werden, wie viele Todesopfer der 17. Juni – um bei diesem vereinfachenden Datum zu bleiben – tatsächlich forderte. Die Zahlen variieren in gängigen Lexika von 23 bis über 300! Selbst in einem Aufruf vom Juni 2002, unterschrieben von prominenten Dissidenten und Opfern der SED-Diktatur, heißt es: »Die Zahl der Erschossenen oder auf andere Weise ums Leben gekommenen Demonstranten konnte bislang nicht genau ermittelt werden. Sie liegt nach wissenschaftlichen Schätzungen zwischen 50 und 125.«

Belegbar falsch ist die bisweilen zu findende Angabe, zwanzig Volkspolizisten, Angehörige der Staatssicherheit oder Funktionäre der SED seien im Zusammenhang mit dem 17. Juni tödlich verletzt worden. Die Hauptverwaltung der Deutschen Volkspolizei (HVDVP) selbst kam zu dem Ergebnis, dass vier Volkspolizisten und ein Mitarbeiter des Ministeriums für Staatssicherheit (MfS) ihr Leben lassen mussten, und sie hatte sicherlich keinerlei Anlass, die eigene Statistik in diesem Punkt zu »schönen«.[6] Ebenso ist es unrichtig, wenn in einigen Publikationen von 24 erstürmten Haftanstalten beziehungsweise Untersuchungshaftanstalten gesprochen wird – es waren weniger, in vielen Fällen blieb es bei dem Versuch.

Flächendeckender Widerstand gegen das Regime

Auf der anderen Seite war das Ausmaß der Demonstrationen und Proteste erheblich größer, als in der Vergangenheit dargestellt. Mehr Orte in der DDR waren von den Protesten betroffen, in mehr Betrieben wurde gestreikt, und mehr Menschen nahmen an den Demonstrationszügen teil, als dieses bisher bekannt war. Zwar müssen die Akten der Volkspolizei und mehr noch die der Staatssicherheit in Teilbereichen mit einer gewissen Skepsis betrachtet werden, doch ist davon auszugehen, dass die veröffentlichten Zahlen über den Umfang von Protestaktionen zu korrigieren sind. Für beide »Staatsorgane« gab es keinen Grund, die Zahlen über Demonstrierende und Streikende aufzubauschen, eher dürfte das Gegenteil der Fall gewesen sein. Zudem hatte sich in der öffentlichen Darstellung bisher der Blick zumeist auf spektakuläre und zahlenmäßig bedeutende Demonstrationen verengt, auf Berlin, Halle, Magdeburg, Dresden oder Leipzig. Der weitgehend stumme Protest fand kaum Widerhall und war dennoch vorhanden.

Der Widerstand und der Protest gegen das Regime waren vielschichtig. Sie äußerten sich in Austritten aus den Landwirtschaftlichen Produktionsgenossenschaften, in der Weigerung von Landwirten, das Ablieferungssoll zu erfüllen, in regimekritischen Gesprächen am Arbeitsplatz, in Gaststätten oder in der Eisenbahn, im heimlichen Verteilen handgeschriebener Flugzettel oder im Übermalen der Parteilosungen. Bei der Deutschen Reichsbahn häuften sich Rangierunfälle und vor allem: Immer mehr Menschen flohen aus der DDR und stimmten auf diese Weise gegen das SED-Regime. Ebenso ist die Tatsache, dass speziell in Ost-Berliner Betrieben ein exorbitant hoher Krankenstand zu verzeichnen war, als Ausdruck des Protestes zu werten. Auf der 2. Sitzung der »Volksvertretung« am 27. März 1953 führte Ost-Berlins Oberbürgermeister Ebert dieses darauf zurück, dass »die Werktätigen hier in ihrer Arbeitsauffassung hinter denen in der DDR zurückbleiben«. Nur so lasse sich erklären, dass viele Arbeiter einen zusätzlichen Urlaub machten und sich der Krankenstand zum Beispiel im VEB Volksbau auf 32 Prozent gesteigert habe.[7]

Normerhöhung als Initialzündung

Berücksichtigt man diese unterschiedlichsten Formen des Protestes gegen die SED, ist es durchaus zulässig, von einem flächendeckenden Widerstand gegen die kommunistischen Machthaber zu sprechen, der Bau- und Industriearbeiter ebenso erfasst hatte wie Landwirte, die noch verbliebenen privaten Unternehmer und nicht zuletzt diejenigen, die eigentlich das Regime stützen sollten: die Angehörigen von Volkspolizei und der militärisch organisierten und ausgerüsteten Kasernierten Volkspolizei. SED-Mitglieder stellten sich auf die Seite der Demonstranten, ebenso handelten Funktionäre der übrigen Massenorganisationen oder Gewerkschaftsfunktionäre in den Betrieben.

Um die Situation in der DDR und die Stimmung in der Bevölkerung im Vorfeld des 17. Juni 1953 zu verstehen, ist es erforderlich, sich eine Reihe der Maßnahmen in Erinnerung zu rufen, mit denen die SED dazu beitrug, dass selbst Gutwillige und Geduldige an der Richtigkeit des sozialistischen Weges zweifelten. Die Erhöhung der Normen, die Anhebung der Preise für wichtige Dinge des Alltagslebens, Verschlechterungen zum Beispiel in der Sozialversicherung mögen zwar aktueller Anlass für den Ausbruch des Volksaufstandes gewesen sein, ursächlich waren sie nicht. Es brodelte unter der Oberfläche, und dieses beileibe nicht nur bei den Bauarbeitern. Abgesehen von den kommunistischen

Funktionären gab es kaum eine Bevölkerungsgruppe, die nicht allen Anlass hatte, das SED-Regime abzulehnen oder gar zu hassen.

Schon zu Zeiten der Sowjetischen Besatzungszone, also zwischen 1945 und 1949, verließen die Menschen wegen ihrer Erfahrungen mit den Besatzungstruppen und ihren deutschen Hilfstruppen in Massen den kommunistischen Machtbereich. Bereits vor der Gründung der DDR im Jahr 1949 hatten die Ministerpräsidenten der damaligen ostdeutschen Länder als Handlanger der SED – und der Sowjetunion – massive Repressionen gegen breite Bevölkerungsschichten eingeleitet. Der Einfluss der Kirche war ihnen ebenso ein Dorn im Auge wie ganz speziell das, was die SED unter dem Begriff »Junkertum« subsumierte. Nicht nur Großbauern wurden unter dem Motto »Junkerland in Bauernhand« von ihren Ländereien vertrieben, der SED ging es vor allem darum, symbolträchtige Zeichen zu setzen. Systematisch ließ sie beispielsweise in der gesamten späteren DDR Gutshöfe und Herrenhäuser abreißen, um aus dem Schutt Maschinen-Ausleih-Stationen nach sowjetischem Vorbild und als Zeichen einer neuen Zeit zu errichten – ein Verhalten, das an das christlicher Eroberer beispielsweise in Mittel- und Südamerika erinnert, die auf den Ruinen niedergerissener Tempel demonstrativ Kirchen bauen ließen.

Den Sachverstand vertrieben

In den zum größten Teil verstaatlichten Betrieben hatten nicht mehr die Besitzer – ohnehin zumeist verhaftet oder geflohen – das Sagen, sondern Parteifunktionäre. Die früheren Eigentümer von Unternehmen, die in der DDR geblieben waren, durften allenfalls als Angestellte in ihren Betrieben bleiben und hatten sich den Vorgaben der Partei unterzuordnen. Die sinnvolle Trennung von Ökonomie und Politik wurde aufgehoben. Die SED meinte, bis in die letzten Verzweigungen von Produktionsabläufen hinein bestimmen zu müssen, mit Parteiorganisationen und Funktionären, die zwar in Grenzen ideologisch bewandert sein mochten, selten aber den Sachverstand zur Führung einer Fabrik oder eines Geschäftes besaßen. Im Irrglauben, im Besitz der wahren Lehre zu sein, vertrieb die SED gerade die Menschen, die für den Aufbau der DDR dringend nötig gewesen wären: Arbeiter, Spezialisten, Bauern und ganz besonders junge Menschen. Wer im sozialistischen Sinn nicht funktionierte, konnte kurzerhand verhaftet werden. Gesetzliche Instrumente hatte die SED sich in ausreichendem Maße geschaffen, erforderlichenfalls griff sie auf Befehle der Besatzungsmacht zurück, wie auf den Befehl Nr. 160 aus dem Jahr 1945, der ihr im Bereich der Wirtschaft alle Möglichkeiten bot, Unliebsame zu enteignen und zu hohen Haftstrafen zu verurteilen.

Es ließe sich eine Vielzahl weiterer Aktivitäten der SED anführen, deren Opfer ausschließlich die eigene Bevölkerung war. Eine besonders unrühmliche Rolle kam hier der DDR-Justiz zu. Waren nach einer Übersicht der HVDVP im vierten Quartal 1952 9.057 Menschen wegen angeblicher »Wirtschaftsstrafsachen« verhaftet worden, stieg ihre Zahl in den ersten drei Monaten 1953 auf bereits 11 436 an. Geringste Anlässe genügten, um bis dahin Unbescholtene mit unmenschlich hohen Strafen zu belegen.

Schwarzschlachtungen, Nichterfüllung des Ablieferungssolls, Buntmetalldelikte, Spekulationsverbrechen oder Verstöße gegen die Bestimmungen des Zahlungsverkehrs wurden unnachsichtig bestraft, wie aus dem »Bericht über die Tätigkeit der Staatsanwaltschaften der DDR im 1. Halbjahr 1952« hervorgeht.[8] Aufschluss über das Ausmaß weniger der Kriminalität der Bevölkerung als vielmehr über die Brutalität der SED ergibt sich aus der Statistik zur »Kriminalität pro Kopf der Bevölkerung«: Im ersten Halbjahr 1952 entfiel auf jeden 92. Einwohner Ost-Berlins ein Strafverfahren, in der gesamten DDR auf jeden 240.!

Auffallend ist, dass im Jahr 1952 verstärkt Proteste und Übergriffe gegen die »Staatsorgane« der DDR verzeichnet wurden. In dem Bericht heißt es: »In Brandenburg häufen sich die Angriffe gegen Angehörige der Volkspolizei und Funktionäre unseres Staates. [...] Auch in Thüringen sind Provokationen und Angriffe gegen Funktionäre häufiger aufgetreten.« Die Strafen in diesen Fällen waren drakonisch. Als Beispiel wird die »Strafsache gegen Bornsdorf u. a. (Gruppe Anita)« aufgeführt. Laut Staatsanwaltschaft hatten die Angeklagten »Verbindung mit der Hildebrandtschen Terrororganisation« und in deren Auftrag »Hetzmaterial verbreitet«. Außerdem wurden den Angeklagten »Diversionsakte« angelastet wie »Anschläge auf den Pavillon am Platz der Einheit und auf den Obelisk am Postplatz in Dresden, wo Ausstellungen über die Großbauten des Kommunismus untergebracht waren. [...] Es wurden Strafen von 3 Jahren bis zu lebenslänglich Zuchthaus ausgesprochen.«

In der »Strafsache Goetzky u. a., Sa.-Anhalt« waren drei Angestellte des Landgerichtes in Stendal beschuldigt, »im Auftrage der sogenannten ›Freiheitlichen Juristen‹ im Landgericht Stendal und darüber hinaus in der Stadt Stendal und Umgebung Spionage getrieben« zu haben; das Urteil stand zum Zeitpunkt des Berichtes noch aus.

Der DDR-Staatsanwaltschaft fiel es schwer, einzuräumen, dass sich vor allem Arbeiter gegen den SED-Staat wandten. Es wurde zwar zugegeben, dass sechzig bis siebzig Prozent der Täter Arbeiter waren, doch zugleich wurde diese unangenehme Tatsache relativiert: »Unter ihnen befindet sich bestimmt eine Anzahl von Personen, die vor dem Zusammenbruch des Faschismus eine ganz andere Tätigkeit ausgeübt haben.« Ebenso missfiel der SED der hohe Anteil Jugendlicher unter den Regimegegnern. Hierzu vermerkte die Staatsanwaltschaft: »Etwa 26 % aller Täter sind junge Menschen bis zu 21 Jahren. Daraus ergibt sich, daß es den Agentenzentralen verhältnismäßig leichtfällt, junge und unerfahrene Menschen für ihre verbrecherischen Ziele einzufangen. Hier durch systematische Aufklärung und Schulung eine Änderung herbeizuführen, muß Aufgabe der FDJ sein.«

Sozialstruktur verändert – Aus für das private Bauerntum

Mit Gewalt wollte die SED eine Veränderung der sozialen Struktur innerhalb der DDR durchsetzen. Burghard Ciesla schreibt dazu: »Die Veränderung der Eigentumsordnung bedingte gravierende Wandlungsprozesse in der Sozialstruktur der DDR-Bevölkerung. Sogenannte ›kollektive Übergänge‹ von einer Klasse in die andere prägten das gesellschaftliche Bild. Der selbständige Bauer oder Handwerker wurde zum Genossenschaftsmitglied, der Arbeiter zum Angehörigen des ›Betriebskollektives‹, der Privateigentümer verlor seinen Besitz. Die damit verbundenen sozialen Verdrängungen und Abstiege wurden vielfach mit dem Verlassen der DDR beantwortet.«[9]

Zur Durchsetzung einer neuen Sozialstruktur gehörte der massive Kampf der SED gegen das Beamtentum, wie er unter anderem in der Ausgabe Nr. 8 des Organs des DDR-Arbeitsministeriums »Arbeit und Sozialfürsorge« zum Ausdruck kam. Tiefes Misstrauen gegenüber dem Beamtentum prägte das Denken der SED-Funktionäre. Im Sozialismus war für Beamte kein Platz mehr.[10]

Die Zwangsmaßnahmen gegen den Bauernstand und das Hineinpressen von Bauern in Landwirtschaftliche Produktionsgenossenschaften führten zu einer wirtschaftlichen Schwächung der DDR, zu massiven Engpässen in der Versorgung mit Lebensmitteln und verstärkten die Unzufriedenheit, die sich dann im Juni 1953 auch auf dem Lande Bahn brach. Der Beschluss der 2. Parteikonferenz der SED zum »Aufbau des Sozialismus auf dem Lande« erklärte alle Bauern mit Flächen von über zwanzig Hektar zu »Großbauern«, den »geborenen« Feinden der SED. Gleich mit mehreren Instrumentarien wurden diese »Großbauern« unter Druck gesetzt, so durch die »Tarifordnung der Maschinen-Traktoren-Stationen«. Die Tarife, die private Bauern für Maschinen und Arbeitskräfte zu zahlen hatten, lagen durchschnittlich fünf bis sieben Mal so hoch wie die für Landwirtschaftliche Produktionsgenossenschaften. Suchten private Bauern Arbeitskräfte, war ihnen der Weg über die amtlichen Arbeitsvermittlungen und damit zum öffentlichen Arbeitsmarkt verwehrt. Ebenso lag das Ablieferungssoll pro Hektar weit über dem der LPG. Hatten private Betriebe über zwanzig Hektar 18,7 Doppelzentner (dz) Getreide pro Hektar abzuliefern, lag das Soll für LPG bei 5,5 dz. Ähnlich krass war das Missverhältnis beim Soll für Kartoffelablieferungen: Den privaten Betrieben wurden 104,7 dz pro Hektar zudiktiert, die LPG hatten lediglich 41 dz aufzubringen. Außerdem lagen die »Erfassungspreise« für die Sollablieferungen bei privaten Bauern derart niedrig, dass sie kaum die erforderlichen Ausgaben bestreiten konnten, abgesehen davon, dass alltägliche Bedarfsartikel wie Arbeitsschuhe und selbst Nägel oder Schnüre nur an »werktätige« Bauern auf Bezugsschein abgegeben wurden.

Dies alles führte zur massenhaften Flucht von Bauern aus der DDR. Allein von Oktober 1952 bis April 1953 verließen 9.363

Bauern mit ihren Familien ihre Höfe und setzten sich nach Westdeutschland ab. Die Konsequenzen waren absehbar: Die Versorgung der Bevölkerung mit Nahrungsmitteln konnte nicht mehr gewährleistet werden. Wurden in den ersten drei Quartalen 1953 1,4 Millionen t Kartoffeln benötigt (für die Bevölkerung 800 000 t, für die Industrie 200 000 t und für die sowjetischen Besatzungstruppen 400 000 t), waren in den Lagern und Kartoffelmieten tatsächlich lediglich 375 000 t vorhanden. Ähnlich sah es bei Brotgetreide aus: Nach dem Volkswirtschaftsplan sollten 2,9 Millionen t Getreide geerntet werden, der Ausfall lag dagegen bei 500 000 bis 600 000 t. An Gemüse waren 1952 statt 900 000 t nur 485 000 t geerntet worden. Es gab zu wenig Fleisch, und die Fettversorgung stützte sich fast ausschließlich auf Margarine. Die geringen Butterbestände reichten nur zur Versorgung für Kinder, Schwerarbeiter und einige andere bevorzugte Schichten wie die bewaffneten Organe. Da im zweiten Halbjahr 1952 die Ölsaatenimporte aus Bulgarien und Rumänien in Höhe von rund 39 000 t ausgefallen waren, drohte zudem selbst die Versorgung mit Margarine zusammenzubrechen.[11] Schließlich bezifferte der Ministerrat die Fehlmenge an Zucker allein für 1953 mit 98 000 t, während gleichzeitig 328 000 t Zucker exportiert wurden, unter anderem in die Bundesrepublik. Während die eigene Bevölkerung kaum versorgt werden konnte, hatte die DDR große Mengen an Lebensmitteln für die sowjetischen Besatzungstruppen bereitzustellen. Ungeachtet der eigenen Nöte produzierten die großen Fleischfabriken in Halberstadt und Gera Fleischkonserven, die ausschließlich für die Sowjetarmee in der DDR bestimmt waren.

Von den »Freunden« ausgebeutet

Zwar hatte die Sowjetunion die DDR ins Leben gerufen, allerdings unternahm sie wenig, um ihr den Start ins Leben zu erleichtern. Im Gegenteil. Moskau beutete nach Kräften das eigene Kind aus: durch unerträglich hohe Reparationsforderungen ebenso wie durch die Verpflichtung, für die Kosten der Besatzungstruppen aufzukommen. Wie sehr die DDR unter den Leistungen an Moskau zu leiden hatte, machte FDGB-Vorsitzender Herbert Warnke auf der Tagung der Volksvertretung Groß-Berlin im August 1953 deutlich.[12] So flossen 1950 11,1 Prozent der gesamten Staatseinnahmen als Besatzungskosten in die Sowjetunion, 1953 sechs Prozent und 1954 immer noch fünf Prozent. In absoluten Zahlen hatte die DDR im Jahr ihrer Gründung, 1949, mit 2,182 Milliarden Mark, 1953 mit 1,95 Milliarden Mark und im darauf folgenden mit 1,6 Milliarden Mark den Aufenthalt der Besatzungstruppen zu finanzieren.

Erst zum 1. Januar 1954 verzichtete die Sowjetunion auf die Zahlung von Reparationsleistungen in Höhe von zehn Milliarden Mark und hatte die polnische Regierung veranlasst, sich diesem Schritt anzuschließen. In der Praxis war die Sowjetunion der DDR gegenüber allerdings nicht so generös, wie sie tat: Auch nach dem 1. Januar 1954 musste die DDR »reparationsäquivalente« Leistungen für die Sowjetunion erbringen. Bis 1957 waren das beispielsweise 1,5 Milliarden Mark allein für den sowjetisch kontrollierten Uranbergbau Wismut, die der DDR-Wirtschaft entzogen wurden.

Schlüsselindustrie unter Moskauer Kontrolle

Nach Kriegsende hatte Moskau überdies nicht nur 3.200 Betriebe in seinem deutschen Herrschaftsbereich vollständig demontiert und in die Sowjetunion bringen lassen, sondern darüber hinaus durch Befehl Nr. 124 9.870 Firmen enteignet. Außerdem musste die SBZ, dann die DDR zwischen 1945 und 1954 rund 15 Milliarden Mark aus der laufenden Produktion für die Besatzungsmacht aufbringen. Weiter hatte Moskau nach 1945 die wichtigsten Industrieunternehmen beschlagnahmt und unter sowjetischer Regie als »Sowjetische Aktiengesellschaft« (SAG) weitergeführt. Die Sowjetunion hatte keinesfalls die Absicht, mit Hilfe der SAG-Betriebe ihre Reparationsforderungen zu befriedigen. Sie wollte vielmehr zusätzlichen Gewinn aus ihnen schöpfen. Die Berechnung der Übernahmewerte der einzelnen Betriebe erfolgte durch »Schätzungsprotokolle, die ständig korrigiert wurden, so dass die Unternehmen zu Spottpreisen in sowjetisches Eigentum übergingen. Die einzelnen SAG-Betriebe – vorwiegend Unternehmen des Kalibergbaus, der sonstigen Düngemittelindustrie, der Elektrizitätserzeugung, der Zementindustrie, der Büromaschinen-, Uhren-

und Fahrzeugindustrie wie natürlich besonders der Uranbergbau – wurden zu Aktiengesellschaften zusammengeschlossen, für die als Gründer in jedem Fall die »Hauptverwaltung der Sowjetischen Vermögen im Auslande des Ministerrats der UdSSR« gemeinsam mit einer oder mehreren staatlich-sowjetischen Produktions- oder Handelsgesellschaften zeichnete. Die »Aktionäre« rekrutierten sich zum Teil aus sowjetischen Ingenieuren oder Betriebswirtschaftlern, an deren politischer Zuverlässigkeit keinerlei Zweifel bestand. Sie waren – als befohlene Leiter der SAG – gegenüber dem »Chef Verwaltung Sowjetischen Eigentums in Deutschland« gewissermaßen Pächter der ihnen unterstellten Betriebe und hatten jährliche »Pachtsummen« zu entrichten. Diese »Pachtsummen« stellten eine bedeutende, aber von deutscher Seite nicht kontrollierbare Entnahme der UdSSR aus der deutschen Wirtschaft dar.

Die letzten 33 von ehemals 213 SAG-Betrieben, die sich im Herbst 1953 noch im sowjetischen Besitz befanden – darunter Leuna, Buna, die Thälmann-Werke Magdeburg, das Hüttenwerk Thale mit dem größten Blechwalzwerk der DDR, das Stahlwerk Silbitz und die Kugellagerfabrik in Böhlitz-Ehrenberg – , erwirtschafteten zwanzig Prozent des gesamten Industrieumsatzes der DDR, repräsentierten zum damaligen Zeitpunkt einen Gesamtwert von 2,7 Milliarden Mark und sollten ab Januar 1954 an die DDR zurückgegeben werden.[13] Da die DDR bis zu ihrer Rückgabe nicht am Erlös der SAG beteiligt war, konnte sie nunmehr auf zusätzliche Staatseinnahmen hoffen. Ebenso erließ Moskau der DDR Nachkriegsstaatsschulden in Höhe von 430 Millionen Mark, zu deren Zahlung sich Ost-Berlin bei der Rückgabe vorheriger SAG verpflichtet hatte. Schließlich gewährte die Sowjetunion der DDR einen 485-Millionen-Rubel-Kredit zum Kauf von Grundnahrungsmitteln wie Butter, Pflanzenöl, tierischen Fetten, Fleisch, dazu Aluminium, Kupfer, Blei und zwei Millionen Tonnen Steinkohle. 185 Millionen Rubel wurden in freier Währung zur Verfügung gestellt und waren – so FDGB-Vorsitzender Herbert Warnke – bestimmt »für den Einkauf von Waren in kapitalistischen Ländern, die ja nur solche Währung anerkennen«. Damit lieferte die Sowjetunion im gesamten Jahr 1953 Güter im Wert von 1,130 Milliarden Rubel – damals entsprach diese Summe 285 Millionen Dollar – in die DDR und nach Ost-Berlin – nicht etwa als brüderliches Geschenk, sondern auf Kredit.

Millionen für die nationalen Streitkräfte

Vorangetrieben wurde der Bankrott der DDR durch den Beschluss der 2. Parteikonferenz der SED vom 9. bis 12. Juli 1952 über den beschleunigten Aufbau der Schwerindustrie sowie zur Aufstellung eigener nationaler Streitkräfte. In so genannten FDJ-Aufgeboten sollten bis September 1952 27 000 junge Männer für die Kasernierte Volkspolizei (KVP) und die Deutsche Grenzpolizei geworben werden. Diese Zahl wurde zwar nicht erreicht, aber viele junge Männer meldeten sich zu den »Nationalen Streitkräften«, wie sie nun unverblümt genannt wurden; ein Teil aus Überzeugung, die Mehrheit wegen besserer beruflicher Perspektiven und besserer Bezahlung. So zählten Kasernierte Volkspolizei, Volkspolizei-Luft (VP-Luft) und Volkspolizei-See (VP-See) Ende 1952 bereits 90 250 Mann. Allein 1952 hatte die DDR für diese drei »Teilstreitkräfte« rund zwei Milliarden Mark ausgeben müssen. Hinzu kam die Militarisierung der Jugend. Am 7. August 1952 hatte die DDR-Regierung die Verordnung über die Bildung der »Gesellschaft für Sport und Technik« (GST) erlassen und damit eine »wehrsportliche Massenorganisation zur Vorbereitung der Jugend auf den Dienst in den bewaffneten Kräften« gegründet. Die »wehrsportlichen Interessengemeinschaften« der FDJ bildeten dabei den Stamm der neuen GST-Grundeinheiten.[14] Schon kurze Zeit später, am 13. August 1952, startete die SED eine Kampagne und ließ junge Bergarbeiter aus dem Zwickau-Oelsnitzer Revier zum »Wilhelm-Pieck-Aufgebot« mit dem Ziel aufrufen, »die Verteidigungsbereitschaft des sozialistischen Vaterlandes« zu stärken. Ebenfalls im August führte die Regierung das System der »Grenzpolizeihelfer« ein, die mögliche Fluchtversuche frühzeitig aufdecken und die Grenzpolizei entlasten sollten. Am 7. Oktober 1952 demonstrierte die DDR dann Stärke: Zum Jahrestag der Staatsgründung paradierten in Berlin Einheiten von KVP, Volkspolizei-See und Volkspolizei-Luft sowie der Deutschen Grenzpolizei erstmals in neuen Uniformen.

Auf dem Weg zur Armee

Anfang 1953 verstärkte die Staatsführung ihre Anstrengungen, nicht nur die KVP – bei der es sich ohnehin schon in Ausbildung und Ausrüstung längst nicht mehr um eine »Polizei« handelte – zu einer Armee umzubauen. Dieses galt in besonderem Maße für die Luftstreitkräfte, die jedoch einerseits noch unter dem verharmlosenden und unzutreffenden Begriff »Fliegerklubs« firmierten, jedoch als »VP-Luft« DDR-Innenminister Willi Stoph unterstellt waren. Bereits im Jahr 1953 wollte die DDR-Führung die VP-Luft massiv aufstocken. In einem Schreiben vom 26. Februar 1953 bat VP-Luft-Chef Heinz Kessler seinen Vorgesetzten Stoph um Entsendung von 13 sowjetischen Beratern für die drei Kriegslehranstalten mit insgesamt 2.200 Kursanten, vier Beratern für die Unterführerschule für Flugzeugmechaniker mit fünfhundert Kursanten, sieben Beratern für die fliegertechnische Division, sechs Beratern für drei fliegertechnische Bataillone und zusätzlich neun Beratern für die geplante Jagdfliegerdivision.[15]

Zwar verzichtete die Regierung der DDR nach den Ereignissen des 17. Juni 1953 vorerst auf die geplante »Schaffung einer Kampfjagdluftwaffe mit Düsenflugzeugen«, doch gehörten im Herbst 1953 bereits 6.000 Mann den »Fliegerclubs« in der DDR an. Am 23. September wurde die Volkspolizei-Luft in die »Verwaltung der Aeroclubs« umbenannt, mit Generalmajor Heinz Kessler an der Spitze. Einen Tag darauf, am 24. September 1953, verfasste die Regierung den Entwurf eines Schreibens an die Kreml-Führung, in dem sie ihre Haltung bekräftigte, nach der »es erforderlich ist, unter den Verhältnissen der DDR diese von uns, mit großer Mühe und bedeutendem Materialaufwand ausgebildeten Fliegerkader zu erhalten«.

»Aktion Ungeziefer«

Als eine ihrer vordringlichsten Aufgaben betrachtete es die Führung der neu gegründeten DDR von Anfang an, die Grenzen zur Bundesrepublik Deutschland zu schließen, um die stetig ansteigende Fluchtwelle einzudämmen. Am 26. Mai 1952 erließ sie überraschend die »Verordnung über Maßnahmen an der Demarkationslinie zwischen der Deutschen Demokratischen Republik und den westlichen Zonen Deutschlands«, die verbunden war mit der »Polizeiverordnung über die Einführung einer besonderen Ordnung an der Demarkationslinie«. Kernpunkt der Polizeiverordnung war die Einrichtung einer fünf Kilometer breiten Sperrzone sowie eines 500 m breiten Schutzstreifens entlang der gesamten 1.381 km langen innerdeutschen Grenze vom Dreiländereck bei Hof bis zur Lübecker Bucht. Rund 345 000 Menschen in über fünfhundert Ortschaften entlang der Demarkationslinie waren von den neuen Abriegelungsmaßnahmen direkt und hart betroffen. Sie wurden zum großen Teil Opfer einer Umsiedelungsaktion, der die SED zynischerweise den Namen »Aktion Ungeziefer« gab, wobei noch am 17. Juni 1952 die »Berliner Zeitung« alle derartigen Meldungen und Gerüchte zurückgewiesen hatte:

»In der letzten Zeit werden jedoch durch feindliche Elemente verleumderische Gerüchte in Umlauf gesetzt, wonach aus den Ortschaften, die in dem Fünf-Kilometer-Streifen an der Demarkationslinie liegen, eine Massenaussiedlung von Einwohnern durchgeführt werden soll. Die Haltlosigkeit und der feindselige Charakter dieser Gerüchte sind offensichtlich. Wie aus wohlunterrichteten Kreisen verlautet, sind keinerlei Aussiedlungen aus den Ortschaften, die in dem Fünf-Kilometer-Gürtel oder in dem 500-Meter-Streifen liegen, vorgesehen.«[16]

Tatsächlich jedoch war zu diesem Zeitpunkt die »Aktion Ungeziefer« bereits in vollem Gange. Schon am 27. Mai 1952 hatte die SED die ersten Transporte Zwangsevakuierter im Kreis Arendsee zusammenstellen lassen, nur einen Tag nach Verkündung der neuen »Grenzordnung«. Vom 29. Mai an mussten im Kreis Gardelegen 255 Personen zwangsweise ihre Heimat verlassen, im Kreis Haldensleben 117, im Kreis Wernigerode 155 und im Kreis Oschersleben 287 Personen. In Thüringen begannen die Zwangsumsiedlungen am 5. Juni, in Mecklenburg am 7. Juni. 2.347 Familien erhielten Ausweisungsbescheide, wobei die SED generell gegen folgende Personenkreise vorging: aktive Gegner des Systems, Ostflüchtlinge und Volksdeutsche, ehemalige Berufssoldaten, besitzende und selbstständige Berufe, Personen mit Westkontakten, illegale Grenzgänger sowie Kaufleute, Unternehmer, Großbauern, Handwerker und sonstige freie Berufe, denen

Verstöße gegen Bewirtschaftungsvorschriften oder unerlaubte Geschäftsbeziehungen zum Westen vorgeworfen wurden. Nach Gestapo-Manier waren in vielen Fällen Angehörige der Volkspolizei und der Staatssicherheit in den frühen Morgenstunden bei den Auszusiedelnden erschienen und brachen Widerstand unter Einsatz von Polizeiknüppeln und Wasserwerfern. Auf Lastwagen wurden die Vertriebenen ins Landesinnere verfrachtet, den größten Teil ihres Hab und Gutes mussten sie zurückzulassen und wurden dabei noch verhöhnt. So begründete die Landrätin des Kreises Westprignitz am 10. Juni 1952 die Tatsache, dass Bauern ihr Vieh nicht mitnehmen durften, folgendermaßen:

»Es wird nicht ratsam sein, wenn der Bauer gleich alles mitnimmt, denn er kennt die Futterverhältnisse und Stallverhältnisse der neuen Wirtschaft noch nicht. Dieses muß den Bauern bei der Argumentation aufgezeigt werden, denn er liebt ja sein Vieh und möchte nicht, daß es vielleicht hungern muß.«[17]

Die Vertreibung verband die SED mit der Enteignung von Geschäften, kleinen Betrieben oder Gastwirtschaften, die in der Regel von der staatlichen HO übernommen wurden. 1.200 landwirtschaftliche Betriebe mit einer Fläche von 16 000 Hektar Land wurden in LPG überführt. Wer im Fünf-Kilometer-Sperrgürtel bleiben durfte, unterlag fortan erheblichen Restriktionen wie Ausgangssperren oder Besuchsverboten.

»Aktion Rose«

Ein weiteres Beispiel dafür, mit welcher Perfektion und Perfidie zugleich die SED gegen die eigene Bevölkerung vorging, ist die »Aktion Rose« aus den ersten Monaten des Jahres 1953, mit der unzählige private Betriebe an der Ostseeküste enteignet und in »Volkseigentum« überführt werden sollten. Da selbst in einer Diktatur wie der DDR der »rechtsstaatliche« Schein gewahrt werden sollte, nahm die SED das am 6. Oktober 1952 in Kraft getretene »Gesetz zum Schutz des Volkseigentums und anderen gesellschaftlichen Eigentums« (VESchG) als Vehikel, um den Menschen ihren Besitz zu rauben. Als Mindeststrafe sah das Gesetz ein Jahr Zuchthaus vor, selbst bei einem Diebstahl von einem Kilo Zement im Wert von 25 Pfennig. Allein im ersten Quartal

1953 wurden achthundert Arbeiter auf der Grundlage dieses Gesetzes verurteilt.

So hatte am 10. Februar 1953 eine Verkäuferin in Chemnitz zwei Schachteln Zigaretten im Wert von 5,60 Mark gestohlen. Das Urteil: ein Jahr Zuchthaus. Eine Reinemachefrau entwendete bei der HO Brandenburg ein halbes Kilo Grieß und ein Päckchen Tabak und wurde gleichfalls zu einem Jahr Zuchthaus verurteilt. Zum selben Urteil gelangten die DDR-Richter bei einem Arbeiter, der im Stahl- und Walzwerk Brandenburg zwei Kilo Zement im Wert von 25 Pfennig gestohlen hatte. Gleich drei Jahre ins Zuchthaus musste eine Frau im Kreis Luckenwalde, die einem Lagerarbeiter ein Paar Hausschuhe im Wert von vier Mark stahl; ihr besonderes Pech: Der Lagerarbeiter war Mitglied der SED.[18]

Mit derartigen Willkür-Urteilen schuf die SED eine Atmosphäre der Verunsicherung, der Einschüchterung und der Angst. Zugleich hatte sie mit dem genannten Gesetz ein Instrument, das es ihr ermöglichte, »feindliche Elemente« zu enteignen und – sofern von der Partei gewollt und so beschlossen – hinter Schloss und Riegel zu bringen.

DDR-Generalstaatsanwalt Melsheimer stellte im Mai 1953 in einem Bericht für das ZK der SED fest, selbst wenn in den nächsten Monaten die Zahl der straffällig werdenden Personen nicht mehr zunähme, würden Ende des Jahres mehr als 40 000 Menschen wegen Verstoßes gegen das »Gesetz zum Schutz des Volkseigentums« im Zuchthaus sitzen. Das sei »schlechterdings untragbar«. Zum ideologischen Problem sei vor allem geworden, dass es im besonderen Maße Arbeiter und kleine Bauern waren, die »wegen der Desorganisation der Kohleversorgung, [...] wegen des Mangels an jeglicher Feuerung zum Diebstahl veranlaßt worden waren«.[19]

Das »Gesetz zum Schutz des Volkseigentums« sowie der Befehl Nr. 160 des Obersten Chefs der Sowjetischen Militäradministration in Deutschland (SMAD) vom 3. Dezember 1945[20] waren Grundlage der »Aktion Rose«, die vom 10. Februar bis zum 11. März 1953 im gesamten Küstengebiet der DDR stattfand. Die Federführung für diese Aktion lag bei der Volkspolizeischule für Kriminalistik Arnsdorf, die Untersuchungen und Ermittlungen durchzuführen hatte. Ungeachtet der späteren Begründungen für die Enteignungs- und Vertreibungsmaßnahmen, für die hohen Freiheitsstrafen gegen »Wirtschaftsverbrecher« wurde intern offen zu Papier gebracht, worum es tatsächlich ging:

»Die Schaffung der Grundlagen des Sozialismus in der Deutschen Demokratischen Republik erfordert von der Staatsmacht Maßnahmen, die es dem Klassengegner unmöglich machen, sein verbrecherisches Treiben fortzusetzen oder gar noch zu erweitern. Unser Kampf richtet sich gegen die bürgerlich-reaktionären Kreise, die unseren Fortschritt hemmen, die durch ihre Machenschaften versuchen, die gestürzte Klasse zu restaurieren, somit also die Errungenschaften der Arbeiterklasse sabotieren. Hand in Hand gehen diese Elemente mit anglo-amerikanischen Kriegstreibern und ihren Trabanten in Westdeutschland. Versteckt, zum Teil auch offen sympathisieren diese Elemente mit den Spaltern Deutschlands, mit den Feinden unserer Republik. Darüber hinaus tarnen sie sich mit dem Mantel der Neutralität. Neutral sein heißt heute, Gegner unserer Ordnung zu sein.

Aufgabenstellung:
Die innen- und außenpolitische Lage der Deutschen Demokratischen Republik erfordert im gegenwärtigen Zeitpunkt eine Überprüfung, unter Zugrundelegung eines strengsten Maßstabes, der gesamten bürgerlichen Elemente im Hotel-, Gaststätten- und Pensionsgewerbe an der Ostseeküste. Von Jahr zu Jahr verbringen immer mehr Werktätige, Aktivisten usw., die mit ihrem Schaffen beweisen, daß sie willige Helfer am Aufbau des Sozialismus sind, ihren wohlverdienten Urlaub an der See. Darüber hinaus spielt ebenfalls die Bildung von Nationalen Streitkräften besonders in diesem Gebiet eine bedeutende Rolle. In der noch stark vertretenen Klasse der Bourgeoisie hat der Imperialismus noch eine starke Stütze, um seinen Einfluß bei jeder sich bietenden Gelegenheit geltend zu machen. Unser Haß komme in der gegenwärtigen Arbeit gegen diese Totengräber des deutschen Volkes zum Ausdruck. Die Fahne des Sozialismus hochhaltend sei unsere Parole: Wir zerschlagen die noch vorhandenen Brutstätten des Imperialismus an der Küste der Deutschen Demokratischen Republik.«[21]

In seinem Abschlussbericht sprach Melsheimer am 2. Mai 1953 davon, es hätten »seit langer Zeit begründete Hinweise vorgelegen, daß die Eigentümer und Pächter von Hotels und Pensionen seit vielen Jahren gegen die Gesetze und Verordnungen der DDR verstoßen und von einem bestimmten Kreis von Gewerbetreibenden unterstützt werden. In der Hauptsache handelte es sich bei diesen Verstößen um den Verkauf von illegal eingeführten Westwaren, Auf- und Verkauf von bezugsbeschränkten Lebensmitteln, ohne im Besitz von Bezugsberechtigungen zu sein, Preisvergehen, Steuerhinterziehungen und sonstige Wirtschaftsverstöße«. Darüber hinaus habe der begründete Verdacht bestanden, »daß die oben benannten kapitalistischen Elemente mit Agentenzentralen in Westberlin und Westdeutschland in Verbindung stehen und für dieselben arbeiten. Zwecks Einschränkung bzw. Beseitigung dieses ständig wirkenden Gefahrenherdes für die Sicherheit der Deutschen Demokratischen Republik wurden deshalb entsprechende Untersuchungen und Ermittlungen eingeleitet.«[22]

Damit war von vornherein klar: Notfalls mussten Gründe konstruiert werden, um die »kapitalistischen Elemente« entweder aus der DDR zu vertreiben, in jedem Fall aber zu enteignen und/oder unter fadenscheinigen Argumenten zu verhaften. Entsprechend dieser Aufgabenstellung wurden bei einer Vorbesprechung bei der Bezirksbehörde der Deutschen Volkspolizei (BDVP) Rostock am 23. und 24. Januar 1953 Einsatzgruppen der Volkspolizei gebildet, die nach penibel festgelegten Plänen Razzien in Hotels, Gaststätten und Pensionen unternahmen, um Enteignungen in großem Stil durchzuführen. Vorgabe war in jedem Fall, genügend belastendes Material zu finden, um die Betriebe zu verstaatlichen oder den unter Druck gesetzten Besitzern anzubieten, sie dem FDGB oder der FDJ als Ferienheime zu »schenken«.

Entscheidend für den Erfolg der Aktion im Sinn der SED war »das Überraschungsmoment der jeweiligen Untersuchung, damit es den Schiebern und Spekulanten nicht möglich wurde, Beweismaterial beiseite zu schaffen«.[23] Insgesamt vierhundert Volkspolizisten wurden auf fünf Einsatzgebiete aufgeteilt: Bergen und Kreis Putbus, Wolgast, Ribnitz einschließlich Graal-Müritz, Warnemünde sowie Wismar und Kreis Grevesmühlen. Unterstützt wurden sie von Mitarbeitern der Abgabenverwaltung und des Amtes zum Schutz des Volkseigentums und hatten bei ihren Durchsuchungen insbesondere »Westverbindungen, Beweise gegnerischer Einstellung, faschistische Tätigkeit vor 1945, illegale

Konten, Kontenauszüge westberliner oder westdeutscher Bankinstitute, Beweise von illegalen Einnahmen, Einkäufen und Verkäufen, Vorräte an Nahrungsmitteln westdeutscher oder westberliner Herkunft« zu achten. Ausdrücklich wurde den Volkspolizisten »eine genaue Sichtung des Schriftmaterials« befohlen, wobei sie ein spezielles Augenmerk auf diese Punkte richten sollten: »Forderungen nach Genußmitteln an westberliner Personen, Einfuhr von illegalen Waren, Anschaffungen und bauliche Veränderungen mit illegal bezogenem Material.«[24]

Nahezu jede Durchsuchung führte zum gewünschten Erfolg: Der Inhaber einer Pension in Zingst hatte in den zurückliegenden zwei Jahren Fisch und Eier für seine Gäste gekauft, je nach Vorhandensein auch Bohnenkaffee. Da er keinen Vertrag mit der HO hatte, wurde Haftbefehl erlassen. In einer Pension und Gaststätte ermittelten die Volkspolizisten, dass der Inhaber die Flasche Bier zu 40 Pfennig verkauft hatte, der zulässige Preis waren 39 Pfennig. Bei einem Verbrauch von 106 Kisten Bier à 30 Flaschen im Jahr 1952 wurde ein unzulässiger Gewinn von 31,80 Mark ermittelt. Bei errechneten 2.750 Glas Branntwein stießen die Ermittler auf eine Differenz von 55 Mark und bei 5.150 ausgeschenkten Glas Likör von 154,50 Mark. Außerdem wurden bei der Durchsuchung 20 West-Rasierklingen, einige Stück Seife, Pfeffer und ein Fahrradschlauch aus Westdeutschland gefunden. Enteignung und Haftstrafe waren die Folge.[25]

Zur »erfolgreichen« Arbeit der »Einsatzgruppen«, wie man sie in historischer Unkenntnis nannte, sprich: zur Enteignung und Vertreibung, reichten bereits fadenscheinigste Gründe aus.[26]

Trotz penibelsten Vorgehens gelang es nicht immer, belastendes Material zu finden, so im Falle eines Hotels in Graal-Müritz: »Die Pension wurde von den Unterzeichneten gründlich durchsucht. Gegenstände, die auf strafbare Handlungen schließen lassen könnten, sind nicht vorhanden. Auch die eingehende Durchsicht der schriftlichen Unterlagen verlief ergebnislos. [...] Der Besitzerin wurde im Verlauf der Unterhaltung vorgeschlagen, ihre Pension dem FDGB zu übereignen.« Anderen wurde in derartigen Situationen geraten, ihre Hotels oder Pensionen der FDJ zu überlassen, eine »Empfehlung«, der in nahezu allen Fällen entsprochen wurde. Allein in Graal-Müritz wurden auf diese Weise dem FDGB elf Objekte »zur Schenkung« angeboten.[27]

Die »Einsatzgruppen« der SED begnügten sich nicht damit, ihrer eigentlichen Aufgabe nachzugehen, Betriebe der Hotellerie und der Gastronomie zu konfiszieren. Gewissermaßen im Vorbeigehen und weil sie ohnehin schon in den entsprechenden Orten waren, wurden zusätzlich Unternehmen enteignet, die nicht vordergründig Zielscheibe der »Aktion Rose« waren. Ein Taxifahrer in Sassnitz wurde am 20. Februar festgenommen und dem Ministerium für Staatssicherheit übergeben, weil bei ihm ein »Notizbuch mit provokatorischen Aufzeichnungen gegen die Sowjetunion und die DDR vorgefunden wurde«. Im Unterabschnitt Sellin-Binz wurden außerdem Fischräuchereien, Gärtnereien, Mühlen, eine Mostkelterei, ein Sägewerk, zwei Fleischereibetriebe, eine Tischlerei, ein Kaufhaus, ein Fotogeschäft und eine Wäscherei überprüft, wobei mit Ausnahme von drei Betrieben in allen übrigen »strafbare Handlungen« festgestellt wurden, die damit »aufgrund des Beweismaterials in Volkseigentum überführt« wurden.

Folge der »Aktion Rose« war unter anderem, dass eine Reihe von Eigentümern in den Westen flohen, um der sicheren Verhaftung zu entgehen. »Das illegale Verlassen der DDR steigert sich«, heißt es in einem Bericht. Hinter Namen und Unternehmen notierte man »ausreichend«, was bedeutete, dass das betreffende Unternehmen zum »Volkseigentum« erklärt werden konnte.

In ihrem Abschlussbericht kam die Leitung des VPKA Ribnitz zu dem Ergebnis, dass der Parteiauftrag vollauf erfüllt worden sei.[28] Die Abschnittsleitung sei der Überzeugung, »dass in ihrem Gebiet die vom Zentralkomitee der Sozialistischen Einheitspartei Deutschlands gestellte Aufgabe, Liquidierung der Basis des Klassengegners an der gesamten Ostseeküste, erfüllt wurde. Mit der Zerschlagung der größten Hotel- und Pensionsunternehmen sind nicht nur die kapitalistischen Ausbeutermethoden und deren Interessen auf ein Minimum verringert worden, vor allem sind auch dadurch die Zentren der politischen Gegner zerschlagen«.

Zufrieden zeigte sich Melsheimer in seinem bereits erwähnten Abschlussbericht vom 2. Mai 1953: Innerhalb von nur fünf Wochen war es der SED gelungen, die Privatwirtschaft an der Ostseeküste zu zerschlagen. Als Erfolgsbilanz wurden aufgeführt: 711 Überprüfungen, 527 eingeleitete Ermittlungsverfahren, 219 Republikfluchten (bei denen der Besitz automatisch enteignet wurde) sowie 447 Festnahmen. Vier der Festgenommenen kamen mit Geldstrafen davon, 137 wurden zu Haftstrafen bis zu einem Jahr, acht mit Freiheitsstrafen zwischen einem und drei Jahren und fünf zu Haftstrafen über drei Jahre verurteilt. Hunderte Immobilien wurden enteignet, allein 440 Hotels und Pensionen sowie 181 Gaststätten, Wohnhäuser und Wirtschaftsbetriebe mit einem damaligen Einheitswert von circa 30 Millionen Mark. Ausdrücklich wird erwähnt, dass in dieser Summe das Inventar noch nicht enthalten war. In 235 Fällen wurde das gesamte Vermögen eingezogen, in 128 »nur« Häuser und Grundstücke. Nicht berücksichtigt sind die »freiwillig« dem FDGB oder der FDJ überlassenen Immobilien. Ergänzt wird die Liste durch die »Sicherstellung« von 17 Omnibussen, 54 Personen-, zehn Last- und elf Lieferwagen sowie elf Motorrädern. Schließlich wurden 1,645 Millionen Mark an Bargeld beziehungsweise von Konten eingezogen und nicht zuletzt Schmuck und Wertsachen im Wert von 300 000 Mark.[29]

Stalins Tod: »Was wird nun werden?«

In die Schlussphase der »Aktion Rose« fiel Stalins Tod am 5. März 1953. Abgesehen von der tatsächlichen Verschlechterung der Lebensbedingungen gärten in Ost-Berlin und in der DDR Gerüchte, die die hochexplosive Stimmung deutlich machten. Der Tod Stalins hatte zu intensiven Diskussionen über das weitere Verhältnis zwischen der Sowjetunion und der DDR geführt und Ängste wach werden lassen. Wie wenig die SED der eigenen Bevölkerung traute und wie sehr sie fürchtete, die Menschen könnten sich nun gegen die sowjetische Besatzung und damit zugleich gegen das kommunistische Regime in der DDR auflehnen, zeigten die Anordnungen des Ost-Berliner Polizeipräsidenten anlässlich der Trauerfeierlichkeiten für Stalin. »Mit dem Schmerz und der Trauer über das Hinscheiden des Genius unserer Epoche verbindet die Volkspolizei den festen Willen, die Feinde des Volkes noch energischer und wirksamer zu bekämpfen und alle Provokationen sowie Störungsversuche des Klassenfeinds zu verhindern.« So begann der Befehl 7/53 des Ministers des Innern, in dem unter anderem die besondere Sicherung sowjetischer Dienststellen, der sowjetischen Ehrenmale, der sowjetischen Botschaft Unter den Linden, des Hauses der Kultur der Sowjetunion, des Stalin-Denkmals in Friedrichshain, aber auch des Hauses der Ministerien und des SED-Gebäudes angeordnet wurde. Druckereien und Gaststätten waren zu überwachen, Häftlinge sollten in den Strafanstalten – mit Ausnahme der festgesetzten Essenszeiten – »ständig unter Verschluß« gehalten werden, um »Meutereien von innen sowie Maßnahmen des Gegners von außen jederzeit unterbinden zu können«. Zudem hieß es in dem Befehl, sicherheitstechnische Anlagen sowie Hydranten in der Nähe des Sperrgebiets Berlin-Karlshorst seien zu überprüfen, um befürchtete Brände schnell löschen zu können.[30] Die Nervosität der SED-Führung sprach im Übrigen auch aus dem Befehl 11/53, in dem »zur Sicherung des reibungslosen Ablaufes des Tages der Befreiung durch die ruhmreiche Sowjetarmee« ähnlich strikte Sicherungsmaßnahmen angeordnet wurden.

Nach dem Hinweis, »daß die Genossen der Volkspolizei und die Bevölkerung« noch immer unter dem Eindruck des Genossen Stalin stünden und dass das Ableben des tschechischen »Genossen Gottwald« mit tiefer Trauer aufgenommen worden sei, wies die Politabteilung des Ost-Berliner Präsidiums der Deutschen Volkspolizei (PDVP) in einem Bericht vom 21. März 1953 darauf hin, es seien »vereinzelt auch Bedenken aufgetaucht, weshalb in so kurzen Abständen zwei der bedeutendsten Staatsmänner aus dem Leben schieden. In diesem Zusammenhang kursiert unter der Bevölkerung das Gerücht, daß sich die westberliner Prophezeiung doch bewahrheiten werde, wonach vor der Herstellung der Einheit Deutschlands erst zwei bedeutende Staatsmänner sterben würden. [...] Zum Tode des Genossen Stalin wird heute in Kreisen der Bevölkerung die Frage gestellt: ›Was wird nun werden, da der beste Friedensfreund und Garant des Friedens verstorben ist?‹ Im Berliner Bremsenwerk und auch in anderen Betrieben wird eine Meinung laut, daß jetzt, wo Malenkow und Berija in den Vordergrund getreten sind, wahrscheinlich auch die deutsch-sowjetische Freundschaft aufhören werde.«[31]

Zu den Maßnahmen, mit denen die SED die Menschen ihres Machtbereichs unter völlige Kontrolle bringen wollte, gehörte die Wahl von Haus- und Straßenvertrauensleuten – ein System, das stark an die »Blockwarte« der NS-Zeit erinnerte. Neuwahlen wurden für die Zeit vom 8. bis 26. April angesetzt und als Grundlage für die Schaffung des Sozialismus rechtfertigt. Nicht wählbar waren Haus- und Grundbesitzer, »kapitalistische« Unternehmer, Groß- und Kleinhändler, Großbauern, Gastwirte, Handwerker mit mehr als fünf Beschäftigten sowie alle Arbeitnehmer, die als »Grenzgänger« in West-Berlin tätig waren, und deren Ehefrauen.

Wesentlich zur Unzufriedenheit der Menschen trug natürlich die schlechte Versorgungslage selbst mit den kleinsten Dingen des alltäglichen Lebens bei. Auf Grund der immensen Ausgaben für die Sowjetunion, die Militarisierung und den Aufbau der Schwerindustrie war der Lebensstandard 1952 unter den des Jahres 1947 gesunken. Erst nach dem Juni-Aufstand konnte langsam – bis 1956 – bei den Grundnahrungsmitteln das Vorkriegsniveau von 1936 wieder annähernd erreicht werden. 1953 aber fehlte es buchstäblich an allem, nicht nur an Lebensmitteln und anderen Konsumartikeln, sondern auch an Dienstleistungen. Es gab kaum noch selbstständige Tischler, sogar Schuhe konnten nicht mehr repariert werden. Entweder waren die Schuster geflohen, verhaftet, oder sie hatten kein Reparaturmaterial. Häufige Stromabschaltungen und ein unzureichender öffentlicher Verkehr erschwerten das Leben zusätzlich.

Im Frühjahr 1953 machte Moskau der SED klar, dass die DDR auf wirtschaftliche Hilfe der Sowjetunion nicht rechnen könne. Stattdessen musste Ministerpräsident Grotewohl den DDR-Ministerrat am 16. April 1953 über ein Schreiben der sowjetischen Regierung an das ZK der SED mit brisantem Inhalt informieren. Denn Moskau forderte die SED auf, den »rücksichtslosen Kurs zur Verwirklichung der Grundlagen des Sozialismus zu mildern«. Die Sowjetunion sehe sich nicht in der Lage, durch Warenlieferungen oder Kredite zu helfen. Das Kreml-Schreiben muss sicherlich in der Form gedeutet werden, dass Moskau zu diesem Zeitpunkt längst über die Lage in der DDR besorgt war und Proteste der Bevölkerung befürchtete, als die SED-Führung noch beide Augen vor der Wirklichkeit verschloss. So beschloss der Ministerrat umfangreiche Preiserhöhungen für Fleischwaren, Eier und einige zuckerhaltige Lebensmittel, die am 20. April in Kraft treten sollten. Begründet wurden die Maßnahmen mit dem Fortfall von staatlichen Subventionen in Höhe von 164 Millionen Ost-Mark. Zwar hatte die SED am 13. April 1953 die Rationierung von Textilien und Schuhwaren aufgehoben, den Menschen half das wenig: Sie hatten einfach nicht das Geld, sich diese Waren kaufen zu können.

Ende Mai beorderte die sowjetische Führung Ulbricht und Grotewohl nach Moskau, wo sie von ihnen am 3. Juni energisch eine Änderung des gegen die Bevölkerung gerichteten harten SED-Kurses verlangte. Allein deshalb leitete das Politbüro des ZK der SED am 9. Juni die Politik des »Neuen Kurses« ein, die allerdings erst am 11. Juni veröffentlicht wurde. Es entsprach damit den Direktiven des ZK der Kommunistischen Partei der Sowjetunion (KPdSU), die vom neu ernannten sowjetischen Hohen Kommissar, Botschafter Semjonow, überbracht wurden. Entgegen den Erwartungen von Ulbricht drängte die sowjetische Führung auf eine Revision der bisherigen starren Politik. Das SED-Politbüro bekannte sich nun zu Fehlern wie dem übereilten Aufbau der Schwerindustrie und beschloss eine Reihe von Maßnahmen zur Verbesserung der Lebenslage von Arbeitern und Bauern, der Intelligenz, der Handwerker und der übrigen Schichten des Mittelstandes. Dazu gehörten:

> Eine größere Erzeugung von Waren des Massenbedarfs durch Kreditgewährung an kleinere und mittlere Privatbetriebe und Handwerker sowie an den privaten Einzel- und Großhandel,
>
> die Aussetzung der Zwangseintreibung von Steuer- und Sozialversicherungsschulden gegen Privatbetriebe,
>
> die Hilfe bei der Wiedereröffnung freiwillig geschlossener Einzelhandelsgeschäfte und Abschluss von Agenturverträgen zwischen HO und privatem Einzelhandel,
>
> die Aufhebung der Verordnung zur Übernahme devastierter landwirtschaftlicher Betriebe, Rückgabe oder Ersatz dafür nach Rückkehr der geflohenen Eigentümer,

Überprüfung bereits verhängter Strafen wegen Nichterfüllung des Abgabesolls,

die Rückgabe des beschlagnahmten Eigentums an Flüchtlinge, die nach ihrer Rückkehr in keiner Weise benachteiligt werden sollten,

die erleichterte Abgabe von Interzonenpässen und Aufenthaltsbewilligungen für Besucher aus der Bundesrepublik beziehungsweise West-Berlin,

Anerkennung familiärer Gründe für Interzonenreisen, bevorzugte Teilnahme von Wissenschaftlern und Künstlern an Tagungen in der Bundesrepublik,

die Wiederzulassung zum Schulbesuch, Studium oder Unterricht aller Schüler, Studenten und Lehrer, die im Zusammenhang mit der Kampagne gegen die »Junge Gemeinde« gemaßregelt wurden,

die Haftentlassung aller Personen, die nach dem »Gesetz zum Schutz des Volkseigentums« in Untersuchungs- oder Strafhaft genommen wurden, sofern die Mindeststrafe unter drei Jahren lag oder liegen würde,

die Wiederausgabe von Lebensmittelkarten an alle Bewohner der DDR, Wiedereinführung der alten Preise für zuckerhaltige Waren sowie

die Wiedereinführung der alten Tarife, insbesondere für Zeitkarten, bei der Reichsbahn.[32]

Verfolgung der Kirche

Im Hinblick auf die Kirche, deren Einfluss auf die Menschen die SED ebenfalls unterschätzt hatte, kamen SED und kirchliche Vertreter am 10. Juni überein, dass unter anderem alle wegen ihrer Zugehörigkeit zur »Jungen Gemeinde« von den Schulen verwiesenen Jugendlichen wieder zum Unterricht zugelassen werden, die Exmatrikulationen von Mitgliedern der Evangelischen Studentengemeinden überprüft und Richtlinien für Religionsunterricht erarbeitet werden sollten. Außerdem sollten die Kirchen wieder staatliche Zuschüsse erhalten.[33]

Noch im April 1953 hatte die Bischofskonferenz der Vereinigten Evangelisch-Lutherischen Kirchen Deutschlands zur Lage der Kirche in der DDR Stellung genommen. In der Erklärung hieß es unter anderem: »Der Druck, der in Glaubens- und Gewissensfragen auf die Glieder der evangelischen Kirche innerhalb der DDR ausgeübt wird, droht untragbar zu werden. Uns ist bekanntgeworden, daß gegen die Glieder der Jungen Gemeinde mit besonderer Härte vorgegangen wird und welche Mittel dabei angewendet werden. Wir wissen von vielen Fällen, in denen junge Menschen, die ihre Gliedschaft in der Jungen Gemeinde nicht aufgeben wollten, von der Schule verwiesen und am Abschluß ihrer Ausbildung gehindert wurden. Wir wissen von anderen noch schwereren Fällen, in denen ein unverantwortlicher Druck auf junge Menschen ausgeübt worden ist, mit dem Ziel, das Rückgrat ihrer Gesinnung und ihres Glaubens zu brechen. Wir erklären, daß wir kein Wort von den Angriffen glauben, die in der ›Jungen Welt‹, dem Organ des Zentralrates der FDJ, gegen die Junge Gemeinde erhoben sind. Wir kennen diese jungen Christen und wissen, daß es nicht wahr ist, daß sie die Junge Gemeinde zu einer ›Terrorgruppe zur Sabotage der Wiedervereinigung Deutschlands‹ machen wollten. Terror, Verrat und Sabotage gehören nicht zu den Mitteln christlicher Wirksamkeit. Uns ist weiter bekannt geworden, daß Verhaftungen vorgenommen werden, ohne daß den Beschuldigten der Grund ihrer Verhaftung mitgeteilt oder den Angehörigen der Aufenthaltsort der Verhafteten bekanntgegeben wird. Wir wissen von unbegreiflich hohen Strafen in Fällen, die das allgemeine Rechtsempfinden der gesamten zivilisierten Welt völlig anders beurteilen würde.«[34]

Tatsächlich hatte am 27. Mai 1953 Ost-Berlins Polizeipräsident Waldemar Schmidt gegenüber der Berliner SED-Bezirksleitung ein härteres Vorgehen gegen die Kirche und die Junge Gemeinde verlangt und unter Hinweis auf die hierfür in der DDR besseren Möglichkeiten empfohlen, »auch in Berlin die Durchführung von Veranstaltungen der Jungen Gemeinde unmöglich zu machen. Dabei soll das Amt für Kirchenfragen beim Magistrat von Groß-Berlin ersucht werden, an die ev. Kirchenleitung Berlin heranzutreten mit der Mitteilung, daß Veranstaltungen der Jungen Gemeinde nicht mehr stattfinden dürfen, andernfalls damit zu rechnen ist, daß dieselben durch die Volkspolizei aufgelöst werden«.

Mit welchen Methoden die Volkspolizei im Auftrag der SED gegen die Kirche und speziell gegen die Junge Gemeinde vorging, geht aus Berichten aus allen Teilen der DDR hervor. Von Anfang 1953 an wurden die vertraglich zugesicherten Zuschüsse für Pfarrergehälter nicht mehr gezahlt; die Gehälter der evangelischen Pfarrer mussten daher um zwanzig bis dreißig Prozent gesenkt werden. Außerdem wurden Pfarrer vom Lebensmittelkarten-Privileg, das anderen Angehörigen der »Intelligenz« zustand, ausgeschlossen. Einer evangelischen Studentenzeitung wurde das Papierkontingent gestrichen. In der Ost-Berliner Marienkirche wurde unmittelbar nach dem Gottesdienst ein Jugendpfarrer festgenommen. Weitere vier Pfarrer verschwanden ebenfalls hinter den Mauern der DDR-Gefängnisse. In Annaberg, Zwickau und dreißig anderen Gemeinden zerstörte die FDJ Anschlagkästen der Jungen Gemeinde. Die Harfe-Druckerei in Bad Blankenburg, eine der wenigen noch privaten Druckereien, die ausschließlich im Dienst der kirchlichen Presse stand, wurde auf Geheiß der SED geschlossen.[35]

Für die SED kam der »Neue Kurs«, der angeblich der Kirche wieder Freiräume eröffnen sollte, zu spät. Die Menschen glaubten der Partei und der Regierung nicht mehr – zu Recht, wie sich zeigen sollte: Nicht eine der »Versprechungen« der SED überdauerte den Volksaufstand, der jetzt immer näher rückte. Zu schaffen machte der Bevölkerung die ohnehin unzureichende Versorgungslage, die sich mit den Beschlüssen der Regierung vom 9. April 1953 über »Beschränkungen bei der Ausgabe von Lebensmittelkarten«, Preiserhöhungen bei Grundnahrungsmitteln und so weiter zu verschlechtern drohte. In einem Stimmungsbericht vom 21. April 1953 hatte die Politabteilung des PDVP bereits festgehalten, dass in der Bevölkerung Gerüchte wie diese im Umlauf seien:

»In Zukunft sollen Familien, in denen 2 Mitglieder arbeiten, keine Lebensmittelkarten mehr erhalten, oder wer ein Einkommen von mehr als 500,- DM hat, bekommt keine Lebensmittelkarten mehr.«[36] Die Menschen waren tief verunsichert, und die Angehörigen der Volkspolizei waren in besonderer Weise den April und Mai über damit befasst, die Anordnungen des Ministerrates gegenüber der Bevölkerung zu vertreten. Dies fiel ihnen umso schwerer, als viele von ihnen selbst von der Richtigkeit zum Beispiel der Preiserhöhungen nicht überzeugt waren, wie es in der Aussage von »Genosse Wm. Teutloff« zum Ausdruck kam: »Es ist wie immer, den Muschkoten nimmt man es weg, um es den Großen wieder zuzuschieben.« Glaubt man einem weiteren Stimmungsbericht vom 15. Mai 1953, stand Teutloff innerhalb der Volkspolizei nicht allein, obwohl es auch andere Beispiele gab. So hatte ein Oberwachtmeister eine »Person zwangsgestellt, die ein Pfund Margarine bei sich hatte, und dem AKW [Amt für Warenkontrolle, d. Aut.] zugeführt. Die Angehörigen des AKW erklärten jedoch, daß sie derart kleine Sachen nicht beschlagnahmen, da in der DDR eine wirtschaftliche Notlage vorhanden ist. Dieses trat mehrere Male in Erscheinung«.[37]

»Wo ist Pieck?«

Noch deutlicher kam die Unzufriedenheit der Menschen in dem Stimmungsbericht vom 5. Juni 1953 zum Ausdruck.[38] Penibel wurde festgehalten, worüber sich die Bevölkerung beklagte und welche Ausdrucksformen der Unmut annahm. Unwillen herrschte demnach über schleppende Ausgabe von Lebensmittelkarten, falsche Einstufungen und darüber, dass kleine Handwerksbetriebe vom Bezug der Karten ausgeschlossen waren. Die knappe Versorgung mit Milch und Gemüse stand ebenso in der Kritik wie die schlechte Organisation des Transports von Lebensmitteln nach Berlin. Auf Unverständnis stieß der Beschluss, dass Kuraufenthalte von Volkspolizisten auf den Jahresurlaub angerechnet werden sollten. Ebenso wurde moniert, dass für die Erlaubnis von West-Besuchen eine Bearbeitungszeit von drei Monaten die Regel war. Unter Gewerbetreibenden wurde diskutiert, »daß sie lt. Verordnung nur über eine bestimmte Summe Bargeld verfügen dürfen, wodurch sie oft nicht genügend Wechselgeld haben«. Gleichzeitig gab es eine Reihe von Gerüchten, die die DDR-Führung betrafen. Pieck befand sich zu dieser Zeit zur Kur auf der Krim, was in der Bevölkerung jedoch nicht geglaubt wurde. In dem Stimmungsbericht hieß es dazu: »Zu den kursierenden Gerüchten über den Verbleib des Gen. Wilhelm Pieck nehmen unsere Genossen der Bevölkerung gegenüber Stellung mit dem Hinweis, daß unser Staatspräsident zurzeit auf Urlaub ist und daß derartige Gerüchte vom Klassengegner kommen, um das Vertrauen zu unserer Regierung zu untergraben. Bei den Diskussionen mit der Bevölkerung wird von dieser bemängelt, daß in der Presse nichts über den Gesundheitszustand des Gen. Pieck berichtet wird.«

Unmittelbar vor Ausbruch der Unruhen und nach Bekanntgabe der Beschlüsse vom 11. Juni 1953, mit denen die Beschränkungen bei der Ausgabe von Lebensmittelkarten wieder aufgehoben wurden, war es den SED-Funktionären und – im konkreten Fall – den Angehörigen der Volkspolizei nahezu unmöglich, mit den Menschen zu diskutieren beziehungsweise ihnen die Parteilinie nahe zu bringen. Was sie gestern noch als auf dem Weg zum Aufbau des Sozialismus richtig und unbedingt erforderlich bezeichnet hatten, galt nun nicht mehr. Entsprechend fühlten sie sich von ihrer Parteiführung verraten – wie übrigens viele SED-Mitglieder und Angehörige der »Organe« 1989 bei der Öffnung der Mauer.

Auch hier zeigen die Berichte der HVDVP, dass weder Bürger noch Volkspolizisten das Handeln von Partei und damit Regierung nachvollziehen konnten. In der Volkspolizei-Inspektion Berlin Mitte gab es Stimmen wie diese: »Man hätte die Fehler nicht in der Öffentlichkeit zugeben dürfen, sondern durch geeignete Maßnahmen sollte unsere Regierung diese wieder ausgleichen.« Hoffnung auf bessere Zustände kam in der Erwartung zum Ausdruck: »Jetzt werden bestimmt die Republikfluchten nachlassen, und einige kleine Geschäftsleute und Gewerbetreibende werden ihre Stellung zu unserer Regierung ändern.« Generell überwogen Unverständnis, Ablehnung und zuallererst Verunsicherung. »Mir schmeckt das gar nicht, während wir früher mit dem D-Zug zum Sozialismus fuhren, fahren wir jetzt mit dem Bummelzug«, hieß es beispielsweise unter den Volkspolizisten von Prenzlauer Berg, andere meinten: »Es wurde diskutiert, es gab viel Aufregung, jetzt ist alles illusorisch. Ich habe Bedenken, bei künftigen Diskussionen kein rechtes Gehör zu finden. Ich fühle mich irregeführt und ärgere mich als Genosse.« »Genosse Schulz« aus Treptow schließlich brachte die Sache auf den Punkt. Er »äußerte, daß er den Anforderungen, über die Maßnahmen des ZK zu diskutieren, nicht gewachsen sei. Er will sich von der Parteileitung Treptow die nötigen Anregungen holen, um den Genossen die erforderlichen Argumente zu vermitteln«.[39] Geradezu hektisch versuchte die SED in den ersten Juni-Tagen die Stimmung der Menschen doch noch zu ihren Gunsten zu beeinflussen und veröffentlichte am 14. Juni unter der Überschrift »Es wird Zeit, den Holzhammer beiseite zu legen« in ihrem Zentralorgan »Neues Deutschland« (ND) einen Beitrag, der den unzufriedenen Bauarbeitern der Berliner Stalinallee und ihrem Misstrauen gegenüber Betriebs- und Parteileitung Recht gab. Ein für alle Mal solle mit der »Normenschaukelei Schluß gemacht werden«, verlangte das »Neue Deutschland«, die Parteileitungen sollten vor allem »den Menschen in der Produktion sehen«, weil anders die Werktätigen von den Maßnahmen der Partei abgestoßen würden.

Konterkariert wurde dieser Versuch, Streiks größeren Ausmaßes zu verhindern, ausgerechnet durch das Gewerkschaftsorgan »Tribüne«. Während es in Ost-Berlin und in den Bezirken der DDR bereits zu ersten Arbeitsniederlegungen kam, erklärte die »Tribüne« in ihrem Beitrag »Zu einigen schädlichen Erscheinungen bei der Erhöhung der Arbeitsnormen«, die Beschlüsse über die Normerhöhungen sollten auch nach Einführung des »Neuen Kurses« Bestand haben. Zwar könnten sich bisweilen Lohnausfälle ergeben, diese würden jedoch nach und nach durch andere, verbesserte Arbeitsmethoden ausgeglichen.

Auch dieser Artikel hat dazu beigetragen, das Fass überlaufen zu lassen, ebenso eine – schon Tage zuvor einberufene – außerordentliche Parteiaktivtagung der Berliner SED im Berliner Friedrichstadtpalast, auf der Grotewohl und Ulbricht noch einmal den »Neuen Kurs« erläutern wollten. Als Ursache für die allgemeine Versorgungskrise bezeichnete Grotewohl die Tatsache, dass den 1952 ausgezahlten achtzehn Milliarden Mark Löhnen lediglich ein Warenangebot von vierzehn Milliarden Mark gegenübergestanden habe. Auf die verlangte Senkung der Normen gingen jedoch weder er noch Ulbricht ein – ein Beweis dafür, wie weit entfernt die SED-Führung von den Wünschen der Bevölkerung war.

Denn in vielen Bezirken der DDR hatte es seit Wochen, teilweise sogar seit Monaten, unübersehbare Anzeichen für eine höchst explosive Lage gegeben. Schon am 20. Mai 1953 hatten Arbeiter der Berliner Stalinallee auf Block G gestreikt, und als am 28. Mai die DDR-Regierung die Normerhöhung verkündete, traten 3.000 Arbeiter der volkseigenen Elektromaschinenfabrik

Kjellberg in Finsterwalde in den Ausstand, am selben Tag 1.000 Arbeiter der Maschinenfabrik Fimag. Weitere Streiks gab es im Mai in Berlin und in Betrieben in Cottbus, Jena, Leipzig, Dresden und Eisenach. Nach Protesten der Arbeiter der Eisenacher Motorenwerke (EMW, ehemals BMW) wurde die Einführung neuer Arbeitsnormen »vorläufig zurückgestellt«. In Ost-Berlin gab es Sitzstreiks unter anderem bei den Firmen Niles und Reifen-Müller.

Die Zeichen standen also lange Zeit vor dem 17. Juni 1953 auf Sturm, wurden jedoch konsequent ignoriert. Dazu gehört, dass die Menschen in der benachbarten Tschechoslowakei anlässlich der dortigen Währungsreform ihrem Unmut in einer Vielzahl von spontanen Massenprotesten Luft machten. Zwischen dem 1. und 5. Juni kam es dort in 129 Betrieben zu Arbeitsniederlegungen und Demonstrationen. Am 6. Juni wurden aus Pilsen Massendemonstrationen und schwere Zusammenstöße zwischen Arbeitern und dem Militär gemeldet. In Pilsen stürmten Arbeiter die Skoda-Werke und das Rathaus der Stadt, verbrannten Stalin- und Gottwald-Bilder und hissten die amerikanische Flagge. Erst nach fünf Tagen gelang es der Armee durch den Einsatz von rund 20 000 Soldaten, die Unruhen blutig niederzuschlagen. Tausende Demonstranten wurden verhaftet und zu langjährigen Freiheitsstrafen verurteilt.

Die DDR-Führung hätte also wissen können, was sie erwartete. Indem sie die Augen schloss, machte sie den 17. Juni unausweichlich, auch mit dem »Neuen Kurs« war er nicht mehr aufzuhalten.

Westdeutschland und der »Tag X«

Für die SED war der 17. Juni 1953 der angeblich von amerikanischer und westdeutscher Seite seit langem vorbereitete »Tag X«, der den Sturz des DDR-Regimes zum Ziel haben sollte. Nach Niederschlagung des Volksaufstandes in Ost-Berlin und in der DDR verging kaum ein Tag, an dem sich die SED nicht darauf berief, die Bundesregierung habe ganz offen eben diesen »Tag X« geplant. In der Tat war dieser Begriff eine westdeutsche Wortschöpfung, wenngleich mit einem anderen Sinn als dem von der SED suggerierten. Als »Tag X« bezeichnete die westdeutsche Politik den Tag, an dem es zur deutschen Wiedervereinigung kommen würde, und man wollte – damals jedenfalls – in Bonn darauf vorbereitet sein.

Aus diesem Grunde rief der Minister für Gesamtdeutsche Fragen, Jakob Kaiser, am 24. März 1952 den »Forschungsbeirat für Fragen der Wiedervereinigung Deutschlands« als ständigen Ausschuss seines Hauses ins Leben. Zwar suchte dieses Gremium auch nach geeigneten Persönlichkeiten, die in der Lage sein würden – nach einer Wiedervereinigung – , auf dem Gebiet der dann ehemaligen DDR politische Verantwortung zu übernehmen, aber in erster Linie ging es darum, Wege zu finden, um im Falle einer Wiedervereinigung das wirtschaftliche und soziale Gefüge Mitteldeutschlands dem Westdeutschlands möglichst schnell und reibungslos anzugleichen. Es bestand überhaupt keine Notwendigkeit, aus der Existenz dieses Gremiums ein Geheimnis zu machen, denn zu seinen Aufgaben gehörte es keinesfalls, Umsturzversuche oder Ähnliches zu planen.

So waren die Arbeitsergebnisse des »Forschungsbeirates für Fragen der Wiedervereinigung Deutschlands« immer wieder auch Tagesordnungspunkte von Kabinettssitzungen und in den Veröffentlichungen der Regierung nachzulesen.[40] Der CDU-Politiker Johann Baptist Gradl führte zum »Tag X« und zu dem Forschungsbeirat im Bulletin der Bundesregierung vom 28. Juli 1953 beispielsweise aus:

»Wir wissen nicht, welche Wege die Politik um die Wiedervereinigung unseres Vaterlandes in den kommenden wichtigen Monaten im einzelnen gehen wird. Wir wissen nicht, wann der Tag X, der Tag der Wiedervereinigung, kommt. Wir wissen aber, daß er kommen wird. Daß das keine Redensart, sondern echte Gewißheit ist, das ist viel deutlicher, als schöne Worte es vermöchten, in Erscheinung getreten, gerade auch in der Arbeit des Forschungsbeirats für die Wiedervereinigung, der bei dem Bundesminister für gesamtdeutsche Fragen, Jakob Kaiser, besteht. Dieser Forschungsbeirat für den Tag X, wie man ihn abgekürzt zu nennen pflegt, hat es den Pankower Machthabern besonders angetan. Es lohnt sich nicht, auch nur ein Wort über ihre Märchen und falschen Vorwürfe gegen den Forschungsbeirat zu verlieren. Der Forschungsbeirat tut nichts weiter, als in nüchterner und gründlicher Arbeit die Maßnahmen vorzubereiten, um nach der Wiedervereinigung schleunigst die Versorgung der Bevölkerung der Sowjetzone auf den westdeutschen Lebensstandard zu heben, neue Arbeitsplätze zu schaffen und die Zwangswirtschaft zu beseitigen, ohne daß in der Übergangsphase ein Durcheinander entsteht. Und an dieser Aufgabe arbeiten Regierung und Opposition, Arbeitgeber und Gewerkschaften, Industrie und Landwirtschaft der Bundesrepublik gemeinsam in strenger Sachlichkeit.«

Vorsitzender des Beirates war zunächst der Bankier Friedrich Ernst, ihm folgte Johann Baptist Gradl. Der erste Tätigkeitsbericht des Beirates im Jahr 1953 blieb unveröffentlicht, wohl nicht zuletzt, weil er die Schwierigkeiten, die es bei einer Wiedervereinigung geben würde, zu offen aussprach. Nicht mit einem »Putsch« beschäftigte sich der Beirat, sondern zum Beispiel mit den Problemen der Rückabwicklung der Bodenreform, der Rückgabe enteigneter Betriebe oder der Zukunft der Angehörigen der bewaffneten Kräfte in der DDR – Probleme, die in derselben Form 1989/90 wieder zu behandeln waren. Am 18. April 1975 wurde der Forschungsbeirat aufgelöst.

Der DDR waren dieses Gremium und der »Tag X« nicht nur ein Dorn im Auge, sondern – nach dem 17. Juni – willkommener »Beweis« dafür, dass die USA und mit ihr die Bundesregierung einen gewaltsamen Umsturz in der DDR vorbereitet hatten. Dass speziell die Bundesregierung gegen vielfältigen Widerstand auch aus den eigenen Reihen manches dagegen unternommen hatte, um die Menschen trotz des SED-Regimes in der DDR zu halten, wurde peinlichst verschwiegen, passte es doch nicht ins ideologische Konzept.

Feierte die DDR-Führung überschwänglich jede Unterstützung durch die Sowjetregierung, wurde die beträchtliche finanzielle und wirtschaftliche Hilfe durch die Bundesregierung übergangen. Im Gegenteil behauptete die SED, der »Putschversuch« vom 17. Juni sei nicht nur durch die Amerikaner, sondern eben auch durch ihre deutschen »Helfershelfer« gesteuert worden, um die DDR zu liquidieren.

Diesem Vorwurf widersprechen alle Dokumente, die besonders die intensiven Gespräche über den Interzonenhandel zwischen der Bundesregierung und der DDR zum Inhalt haben. Aus ihnen geht hervor, dass beide Seiten – die DDR wie die Bundesrepublik – größtes Interesse an einem reibungslosen Handel hatten, wenn auch aus sehr unterschiedlichen Gründen.

Bonn ging es im Zusammenhang mit der wirtschaftlichen Unterstützung der DDR zwar in erster Linie um die Verbesserung der Versorgung der dortigen Bevölkerung, aber es spielten ebenso andere Motive mit: Durch den Interzonenhandel sollten vorrangig die Verbindungswege nach Berlin gesichert werden, auch wenn über diesen Handel letztlich das SED-Regime stabilisiert wurde. Noch auf der 85. Sitzung des Ausschusses für Gesamtdeutsche Fragen am 7. Mai 1953 hatte Herbert Wehner gemeint, es sei zweckmäßig, wenn sich der »Bundeswirtschaftsminister in nächster Zeit vor der breiteren Öffentlichkeit positiv zu der Frage des Interzonenhandels und den hier gegebenen Möglichkeiten zu Hilfsmaßnahmen für die Bevölkerung Mitteldeutschlands sowie zur Frage der Kreditgewährung im Rahmen einer solchen Hilfsaktion äußern werde«.[41]

Die SED hatte niemals ein Interesse daran, die Geschäfte mit westdeutschen »Imperialisten und ihren Helfershelfern« an die große Glocke zu hängen. Aber auch der bundesdeutschen Seite war im Juni 1953 nicht daran gelegen, die intensiven Wirtschaftsgespräche des ersten Halbjahres, die eine Ausweitung des innerdeutschen Handels und eine massive Erhöhung der westlichen Kredite an die DDR zum Ziel hatten, allzu publik werden zu lassen. Wie dem Protokoll der 88. Sitzung des Gesamtdeutschen Ausschusses vom 10. Juni 1953 zu entnehmen ist, war das Gegenteil der Fall. Staatssekretär Franz Thedieck berichtete über »sehr intensive Verhandlungen mit Vertretern der SBZ über eine Erweiterung der Lebensmittellieferungen im Rahmen des Interzonenhandels, wobei insbesondere die Frage der Swingregelung [des zinslosen Überziehungskredites also, d. Aut.] eingehend diskutiert worden wäre«, und machte dann eine verblüffende Aussage:

»Bei dem gegenwärtigen Stand der Verhandlungen hätten sich die Vertreter der SBZ bereit erklärt, in größerem Umfange Lebensmittel in die Interzonenhandelslieferungen einzubeziehen. Hierbei sei jedoch die Bestimmung aufgestellt worden, daß diese Bereitschaft nicht zu propagandistischen Zwecken ausgewertet werden dürfe. Besonders sei die Einwilligung davon abhängig gemacht worden, daß das Bundesministerium für gesamtdeutsche

Fragen hierzu nicht in der Öffentlichkeit in propagandistischer Weise Stellung nehme. Diese Bedingung wäre vom Bundesministerium für gesamtdeutsche Fragen selbstverständlich akzeptiert worden.«

Auf der anderen Seite sollte, wie es der Berliner Vertreter im Ausschuss, Ferdinand Friedensburg, forderte, von Seiten der Vertreter der Bundesrepublik Wert darauf gelegt werden, »daß diese Lieferungen nicht als hochherzige Gaben der Sowjetunion deklariert würden«.[42]

Für 1953 hatten Bundesregierung und DDR einen Warenaustausch von 408 Millionen Mark (West) vereinbart, angestrebt wurde eine Größenordnung von einer Milliarde Mark. Der innerdeutsche Handel litt jedoch daran, dass die DDR hauptsächlich an Rohstoffen und industriellen Produktionsgütern interessiert war, selbst aber wenig liefern konnte. Hinzu kamen Bedenken auch auf westlicher Seite, beispielsweise bei Lebensmittellieferungen in die DDR. So fürchtete der West-Berliner Senat, »daß von sowjetischer Seite diese Konsumgüter in erster Linie den HO-Läden des Ostsektors von Berlin zugeleitet würden, um einen Anreiz für die westberliner Bevölkerung zum Kauf in sowjetzonalen Läden zu geben und dadurch den westberliner Einzelhandel zu schädigen«.[43] Die Befürchtung bestand durchaus zu Recht, wie sich immer wieder zeigte. Für die SED bedeutete es einen wichtigen propagandistischen Erfolg, dass sich in der Tat vor allem angesichts des günstigen Wechselkurses viele West-Berliner im Ostsektor versorgten. Über die Herkunft der Angebote schwieg sich die SED natürlich aus.

Erschwerend kam im Interzonenhandel hinzu, dass – wie es in derselben Sitzung hieß – auf einigen Gebieten einer Ausweitung der wirtschaftlichen Beziehungen das Interesse von »SBZ-Flüchtlingsbetrieben [entgegenstand, d. Aut.], die ihre nun in der Bundesrepublik aufgenommene Produktion mit Recht durch solche Lieferungen aus der SBZ gefährdet sähen«. Zudem war die DDR im März 1953 mit etwa vierzig Millionen DM verschuldet und hatte den vereinbarten »Swing« kräftig überzogen.

Unabhängig davon aber war die Bundesregierung aus politischen und humanitären Erwägungen – wenn auch bisweilen zähneknirschend – bemüht, den innerdeutschen Handel auszuweiten. In der 85. Sitzung des Gesamtdeutschen Ausschusses am 7. Mai

1953 stellte der damalige Wirtschaftsminister Ludwig Erhard »den grundsätzlichen handelspolitischen Standpunkt der Bundesregierung zur Frage des Interzonenhandels« dar. Die Bundesregierung bejahe und unterstütze den legalen Interzonenhandel aus politischen und psychologischen Gründen, da er den Gedanken der Wiedervereinigung der beiden Gebiete unterstütze. Im Übrigen wies er Befürchtungen zurück, durch den Interzonenhandel könne das Ost-Berliner Regime gestützt werden, indem er daran erinnerte, dass der innerdeutsche Handel zu diesem Zeitpunkt lediglich sechs Prozent des gesamten DDR-Handels ausmachte. Wie sehr der Bundesregierung am Interzonenhandel gelegen war, zeigen auch diese Darstellungen Erhards:

»Die Aufnahmebereitschaft für die Lieferungen aus der SBZ würde durchaus nicht ausschließlich von der Absatzfähigkeit und der Qualität der aus der Sowjetzone gelieferten Waren bestimmt. Man habe im Gegenteil Waren in die Lieferverträge aufgenommen, für die weder Bedarf noch der Sortimentsgestaltung nach ein besonderes Abnahmeinteresse bestehe, lediglich um ein Äquivalent für Lieferungen aus der Bundesrepublik zu schaffen, die für die Bevölkerung Mitteldeutschlands eine echte Hilfe bedeuteten, also vor allen Dingen Lebensmittel und Produkte, die zum Aufbau kriegszerstörter Arbeitsplätze beitragen könnten.«[44]

Allerdings setzte die Bundesregierung die wirtschaftlichen Beziehungen zur DDR durchaus auch als »besonderen handelspolitischen Trumpf [ein], um die sowjetzonale Vertragsseite zur Aufrechterhaltung des Junktims zur Frage der Verkehrsverbindungen mit West-Berlin zwingen zu können«.[45] Sie bewegte sich damit auf einem schmalen Grat: Einerseits empfand sie die humanitäre Verpflichtung, den Handel auszuweiten, andererseits benutzte sie ihn sehr wohl auch als Druckmittel gegenüber dem Ost-Berliner Regime. Von »sowjetzonaler Seite« seien keine Tendenzen festgestellt worden, sich »von für die Sowjetzone lebenswichtigen Sendungen aus der Bundesrepublik unabhängig zu machen, um das Junktim zur Frage des Verkehrs mit West-Berlin zu entwerten«. Seit Mai 1953 liefen intensive Verhandlungen über eine Erweiterung der Lebensmittellieferungen nach Ost-Berlin und in die DDR, die das Ziel hatten, den »Swing-Kredit« für diesen Bereich von zwanzig auf vierzig Millionen DM zu verdoppeln. Von dem Versuch, die DDR wirtschaftlich zu destabilisieren, kann, diese

Wertung sei erlaubt, angesichts dieses Bemühens der Bundesregierung keine Rede sein.

So ging es in der Kabinettssitzung vom 19. Mai 1953 darum, Fischlieferungen in die DDR aufrechtzuerhalten, obwohl nach den bisherigen Vertragsbedingungen und den aufgelaufenen Schulden der DDR der Handel hätte eingestellt werden müssen. Unterstrichen wurde dabei wiederum »die politische Bedeutung einer Hilfe für die Bevölkerung der Sowjetzone auf dem Ernährungsgebiet«, die eine Kreditgewährung notwendig mache.[46] Vertreter von Bundesregierung und Behörden der DDR führten intensive Gespräche über die Verbesserung der Versorgungslage in der DDR, und am 2. Juni 1953 konnte der Bundesbevollmächtigte in Berlin, Heinrich Vockel, dem Kabinett berichten, die DDR sei bereit, bei einer Ausweitung des Interzonenhandels »außer Fischen auch noch Schmalz aus den Berliner Vorräten« abzunehmen. Ebenso sollten »überschüssige Hopfenbestände« in die DDR abgesetzt werden, wobei das Bonner Finanzministerium eine Bürgschaft in Höhe von zwanzig Millionen DM für die Erweiterung des Interzonenhandels zu übernehmen hatte.

Vor allem Bundeskanzler Adenauer drängte auf eine wirksame Hilfe für die Menschen in der DDR. Im Kabinettsprotokoll heißt es dazu:

»Der Bundeskanzler betont mit Nachdruck, daß sich unsere Hilfe für die Sowjetzone nicht in Reden erschöpfen sollte, sondern daß auch etwas getan werden müsse. Wir hätten in unserer Notzeit Care-Pakete erhalten und ließen jetzt unsere Brüder und Schwestern jenseits des Eisernen Vorhangs hungern. Wenn sich jetzt eine Gelegenheit biete, Lebensmittel in die Sowjetzone zu liefern, sei es Christenpflicht zu helfen.«[47]

Zwar versuchte die DDR mit anderen Ländern in Handelsbeziehungen zu treten, schloss unter anderem im ersten Halbjahr 1953 einen Handelsvertrag mit Ägypten über ein Volumen von 16 Millionen US-Dollar, der allerdings nach Ludwig Erhard keinen Hinweis darauf gab, »daß sich auf diesem Wege eine Möglichkeit zur Erschließung neuer Absatzmärkte für die Sowjetzonenwirtschaft biete«.

Der gegenseitige Handel zwischen der DDR und der Bundesrepublik nahm bisweilen bizarre Züge an. Konnte auf der einen

Seite die DDR die eigene Bevölkerung nicht ausreichend mit Kartoffeln versorgen, lieferte sie anderseits im Interzonenhandel beträchtliche Mengen davon nach Westdeutschland. Dieses wiederum rief unter anderem den Präsidenten des Niedersächsischen Landvolks, Edmund Rehwinkel, auf den Plan, der Bundeskanzler Adenauer am 31. Oktober 1953 wegen der Befürchtung, die westdeutschen Kartoffelpreise könnten einbrechen, schriftlich bat, »darauf hinzuwirken, daß die Sowjetzone nicht die vereinbarten Kartoffelmengen an die Bundesrepublik liefere«.[48]

Probleme ergaben sich zusätzlich durch die Zuckerlieferungen aus der DDR. Auch hier gab es einen erheblichen Mangel innerhalb der DDR selbst. Hinzu kam, dass der bundesdeutsche Finanzminister sich weigerte, die Lagerkosten für den DDR-Zucker zu übernehmen. Doch mit Rücksicht auf den lebenswichtigen Handel mit der Sowjetzone – so Bundesbevollmächtigter Vockel in der Kabinettssitzung vom 4. November 1953 – sei die Abnahme von Zucker unbedingt erforderlich.

Ungeachtet aller ideologischen Konfrontation liefen die Verhandlungen über den Interzonenhandel und über den Abschluss neuer Warenlisten für das Jahr 1954 weiter. Am 17. Dezember 1953 konnte Wirtschaftsminister Ludwig Erhard im Kabinett bekannt geben, dass sich die DDR sogar bereit erklärt hatte, einen großen Teil der Lagerkosten für Zucker zu übernehmen, 1,7 von insgesamt drei Millionen Mark. Dennoch gab es weiterhin Widerstand, denn nach einer Rekordernte im Bundesgebiet intervenierte nun der CDU-Bundestagsabgeordnete Karl Müller in seiner Eigenschaft als Vorsitzender des Gesamtvorstandes der wirtschaftlichen Vereinigung Zucker, und auch das Bundesernährungsministerium erklärte, es habe »nicht das geringste Interesse an dem Zuckerimport«. Aber auch in diesem Fall blieb es angesichts der politischen Bedeutung des Interzonenhandels bei den Zuckerlieferungen aus der DDR, um nicht das gesamte Abkommen zwischen Bonn und Ost-Berlin zu gefährden.[49]

»Die Krise ist da«

Aus übergeordneten Gründen hielt die Bundesregierung an ihrer Hilfe für Ost-Berlin und die DDR fest. In der Bundestagssitzung vom 6. Mai 1953 erklärte der Bundesminister für Gesamtdeutsche Fragen Jakob Kaiser unter anderem: »Die Krise, die wir kommen sahen, ist da. Die Bevölkerung in Stadt und Land leidet akute Not. Mehr als 1 Millionen Menschen sind mit Wirkung vom 1. Mai bereits die Lebensmittelkarten entzogen worden. Sie sollen nunmehr ihren Bedarf in den HO-Läden zu erhöhten Preisen decken. Aber wer die Verhältnisse in der Zone kennt, der weiß, die HO-Läden sind an Lebensmitteln ebenso arm wie die übrigen Läden in der Zone. Die Bundesregierung ist sich ihrer Verantwortung für die Bevölkerung Mitteldeutschlands bewußt; die Bundesregierung steht ja nun einmal für Gesamtdeutschland. Aber wir müssen die Frage aufwerfen: Wie kann geholfen werden? Der Bericht stellt fest, daß mindestens 13 Millionen in der Sowjetzone auf Hilfe und Unterstützung von außen angewiesen sind. Der Aufwand für eine einigermaßen ausreichende Hilfsaktion wird zunächst mit 46 Millionen DM errechnet. Die Bundesregierung jedenfalls wird prüfen, ob die Machthaber der Gegenseite der Hilfe von unserer Seite überhaupt Raum zu geben bereit sind, sei es auf dem Wege der Ausweitung des Interzonenhandels, sei es auf dem Weg von Warenkrediten oder sei es auf dem Wege einer unmittelbaren Hilfsaktion.«

Anders als von Ost-Berliner Seite stets behauptet, war der Bundesregierung also keinesfalls daran gelegen, die Fluchtwelle zu steigern. So hatte sich am 4./5. Februar 1952 Ministerpräsident Grotewohl bei der Beratung des Staatshaushaltes 1953 gegen die »psychologische Kriegführung« der gesamten westlichen Presse gewandt, die »furchtsame Gemüter zur Republikflucht« veranlasse. Wer den »Kriegshetzern« glaube, werde sich ins eigene Fleisch schneiden. Kein »ordentlicher Mensch«, der seiner Arbeit nachgehe und nach den gültigen Gesetzen lebe, habe etwas zu befürchten. Es bestehe auch kein Anlass, sich der »Trostlosigkeit eines völlig dunklen, ausweglosen Flüchtlingselends auszuliefern«.[50]

Offensichtlich war Grotewohl über die westdeutsche Politik – soweit sie sich hinter den Kulissen abspielte – schlecht informiert. Denn die große Zahl der Flüchtlinge stellte nicht nur die DDR, sondern auch die junge Bundesrepublik vor gewaltige wirtschaftliche Probleme. So vereinbarte der West-Berliner Senat am 8. Februar 1953 mit den Berlin anfliegenden Fluggesellschaften den

Einsatz von Sondermaschinen, um die Quote der täglich 950 auszufliegenden Personen überhaupt erfüllen zu können.[51]

Kennzeichnend in diesem Zusammenhang ist auch, dass der Chefredakteur des Bayerischen Rundfunks, Walter von Cube, am 14. Februar 1953 in einem Kommentar im Zusammenhang mit der Aufnahme der DDR-Flüchtlinge von einer »selbstmörderischen Humanität« gesprochen hatte und die Sperrung der innerdeutschen Grenzen forderte. Immerhin hatten sich im Januar 1953 10 439 Flüchtlinge in West-Berlin gemeldet, im Februar 14 679 und im März bereits 40 832, also durchschnittlich 1.317 täglich. Diese Äußerungen von Cubes führten innerhalb der Bundesregierung zu massiven Protesten und Beschwerden beim Bayerischen Rundfunk. Zur »Angelegenheit von Cube« hieß es in der Sitzung vom 27. Februar, inzwischen habe sich auch der Intendant des Senders, Rudolf von Scholtz, in einem »sehr unbotmäßigen Brief« an den Innenminister gewandt: »Der fragliche Kommentar über die Ostpolitik der Regierung war mir bekannt, ehe er ausgestrahlt wurde. Ich hatte nicht zu prüfen, ob er meine Meinung ausdrückte oder die Meinung der Regierung, sondern ob er überparteilich auf Erwägung der Vernunft gegründet war. Dies war der Fall, und da er kein geltendes Recht verletzte, ließ ich ihn zu.« Man werde auf diesen Brief nicht antworten, beschloss das Kabinett, sondern sich vielmehr an den bayerischen Ministerpräsidenten Hans Ehard wenden. Der Fall Cube zeige erneut, wie reformbedürftig der Rundfunk sei.[52] Als sich am 2. Mai 1953 über 5.000 Flüchtlinge in West-Berlin meldeten, waren die Kapazitäten der Flüchtlingslager erschöpft; Lagerhallen mussten als Notquartiere hergerichtet werden. Die Situation verschlimmerte sich in den nächsten Tagen, denn die zivilen Fluggesellschaften hatten aus wetterbedingten Gründen die Ausflugquote nicht erfüllen können und forderten Senat und Bundesregierung auf, bei den Alliierten um die Bereitstellung militärischen Transportraums zu bitten.

Auch in der Bundesrepublik selbst bereitete die Flüchtlingswelle immer größere Probleme. Der Bundestag verabschiedete deshalb am 4. März 1953 das »Gesetz über Leistungen zur Unterbringung von Deutschen aus der sowjetischen Besatzungszone oder dem sowjetisch besetzten Sektor von Berlin«, das die vorübergehende Beschlagnahme von Gebäuden und Grundstücken durch die Landesregierungen zur Unterbringung von Flüchtlingen ermöglichte. Konrad Adenauer warnte vor dem Bundestag zudem die Menschen in der DDR vor einer Flucht aus unbegründeter Panik.

Dennoch ließ der Strom der Flüchtlinge nicht nach. Auf einer Konferenz von Beauftragten des Senats und Vertretern von Fluggesellschaften wurde die tägliche Quote auszufliegender Flüchtlinge auf 1.800 erhöht. Über eine auf dem Flughafen Tempelhof eigens eingerichtete Flugleitstelle konnte die tägliche Quote sogar auf 1.949 Personen gesteigert werden. Hinter diesen Zahlen wird die ganze Dramatik erkennbar: Wurden im April 1952 in West-Berlin 4.000 Flüchtlinge registriert, waren es im selben Monat 1953 mit 48 700 mehr als zwölf Mal so viel. Vor dem Ausschuss für Gesamtdeutsche Fragen unterstrich Minister Jakob Kaiser deshalb: »Es müßten alle Maßnahmen vermieden werden, die geeignet seien, eine Sogwirkung auf die SBZ auszuüben. Man müsse vielmehr sogar in Aussicht nehmen, publizistisch auf die Zonenbevölkerung einzuwirken, daß keiner, der nicht in eine unmittelbare Zwangslage geraten sei, sich zur Flucht entschließe. Das gesamtdeutsche Problem der Abwanderung müsse jedem zum Bewußtsein gebracht werden.«[53]

Dass man nicht jeden, der in den Westen floh, dort auch als Flüchtling anerkannte, wurde auf derselben – vertraulichen – Sitzung bekannt. Von Januar bis Anfang Februar hatten sich 16 000 Ost-Berliner und Bewohner der DDR in West-Berlin gemeldet und wurden nach dem bis zum 4. Februar geltenden Notaufnahmeverfahren abgewiesen. Nach dem 4. Februar und neuen Bestimmungen wurden diese Menschen aufgefordert, sich einem neuen Notaufnahmeverfahren zu unterziehen, um etwaige Verfolgungen und andere Nachteile durch das SED-Regime nachzuweisen oder eine Familienzusammenführung geltend zu machen. 1.600 Flüchtlinge verzichteten darauf, 14 400 wurden überprüft, aber nur 9.000 als »Sowjetzonenflüchtlinge« anerkannt. Bundesbevollmächtigter Vockel plädierte zwar dafür, bei der Legalisierung künftiger Ostzonen-Flüchtlinge großzügig zu verfahren, forderte aber, ähnlich wie Minister Kaiser, »von dieser Maßnahme keine Publizität zu machen«.[54] Von Pfingsten 1953 an wurde der Flüchtlingsstrom nahezu von Tag zu Tag größer. Allein vom 1. bis 9. Mai meldeten sich bei den West-Berliner Stellen 18 000

Flüchtlinge. Die Bundesregierung ging zu diesem Zeitpunkt davon aus, dass bis zum Ende des Jahres etwa eine halbe Million Menschen der DDR den Rücken gekehrt haben würde. In der 87. Sitzung des Ausschusses für Gesamtdeutsche Fragen am 10. Juni 1953 führte diese Situation sogar dazu, dass das Land Nordrhein-Westfalen ankündigen musste, bei anhaltender Fluchtwelle würden die Eingliederungsmöglichkeiten der zugewiesenen Flüchtlinge in den Arbeitsmarkt erschöpft sein. Der Sachverhalt werde sich vor allen Dingen bei der jährlich im Herbst einsetzenden Verschlechterung der Arbeitsmarktlage in sehr bedenklicher Weise auswirken.

Aus all diesem wird deutlich: Westdeutschland war mit der Aufnahme der Flüchtlinge aus Ost-Berlin und der DDR ganz einfach überfordert. So hatte das Bonner Wohnungsbauministerium bereits am 8. Mai 1953 mitteilen müssen, dass die ursprünglich bis zum 31. Juli vorgesehenen Mittel Ende Mai verbraucht sein würden. Nach Schätzungen waren für die Unterbringung der zu diesem Zeitpunkt noch erwarteten 185 000 Flüchtlinge zusätzliche 280 Millionen DM aus Bundesmitteln nötig. Auf der 78. Sitzung des Ausschusses für Gesamtdeutsche Fragen am 11. Februar 1953 wurden die Aufgaben des Gesamtdeutschen Ministeriums darin bestimmt, den »Abwehrwillen und die Widerstandskraft der nun schon seit über sieben Jahren unter schwerstem Druck lebenden Bevölkerung in der SBZ aufrechtzuerhalten und zu stärken«.

Die Fluchtwelle aus der DDR nahm immer größere Ausmaße an, wie ein streng vertraulicher Bericht von Innenminister Stoph an den damaligen Kandidaten des Politbüros, Leuschner, vom 2. November 1953 zeigt.[55] Die Analyse, so Stoph, sollte den Zweck haben, »die zuständigen Stellen der Regierung und der Partei auf das Ansteigen der Zahl der republikflüchtigen Personen hinzuweisen«. Demnach hatten im Juli 1953 11 383 Menschen die DDR verlassen, im August 10 583 und im September sogar 14 348. Diese Zahlen sind offensichtlich geschönt, denn in einem weiteren Bericht von Anfang 1955 wird davon gesprochen, im Jahre 1953 habe es einen Monatsdurchschnitt »von 23 201 Republikflüchtigen bei einer Gesamtzahl von 278 408« gegeben.[56] Selbst diese Zahlen sind zu niedrig angesetzt, denn in den Notaufnahmelagern West-Berlins und Westdeutschlands wurden weit mehr Flüchtlinge registriert. Vor dem Ausschuss für Gesamtdeutsche Fragen machte der Leiter der »Zentralstelle für die Unterbringung der Flüchtlinge aus der SBZ«, Ministerialdirigent Dr. Nahm, diese Angaben:

Allein in den West-Berliner Notaufnahmelagern hatten sich in den ersten vier Monaten des Jahres 1953 147 000 Flüchtlinge gemeldet. 145 000 durchliefen das erforderliche Verfahren, 108 000 wurden nach Westdeutschland ausgeflogen. 12 000 blieben in West-Berlin. Als entscheidendes Problem bei der Aufnahme der Flüchtlinge bezeichnete Nahm die Bereitstellung von Baumitteln für die Unterbringung der Flüchtlinge durch den Bund.[57] Nicht übersehen werden darf, dass die Aufnahme der Flüchtlinge die westdeutschen Länder und Kommunen vor erhebliche Probleme stellte. Pro unterzubringendem Flüchtling zahlte die Bundesregierung 1.500 DM für den Wohnungsbau, die Länder steuerten 250 DM bei (Nordrhein-Westfalen sogar 750 DM) pro eingewiesenenen Flüchtling.

Es versteht sich, dass die SED für die »illegalen Abwanderungen« in erster Linie »Abwerbungsbemühungen« westdeutscher Stellen verantwortlich machte: »Der Gegner konzentriert sich vor allem auf die Abwerbung von Spezialkräften und -Arbeitern aus den volkseigenen Betrieben. Insbesondere ist eine starke Abwerbung aus solchen VE-Betrieben zu verzeichnen, deren ehemalige Besitzer in Westdeutschland neue Betriebe gegründet haben bzw. wo ehemalige Schwesterfirmen in Westdeutschland bestehen. Z.B. wurden [...] von dem ehemaligen Inhaber des VEB Elektrogerätebau in Leisnig, der im Rheinland einen neuen Betrieb eröffnet hat, bisher zwei Angehörige der technischen Intelligenz und neun Arbeiter abgeworben. Eine seiner Methoden ist dabei, Arbeiter vom VEB Elektrogerätebau einzuladen, ihren Urlaub in Westdeutschland zu verbringen, wobei er den Arbeitern die Fahrtkosten bezahlt und sie auch sonst finanziell ›unterstützt‹.«[58] Daneben hätten viele ältere Personen die DDR verlassen, insbesondere Frauen, um in Westdeutschland »Beamtenpensionen, Renten für Kriegerwitwen u.ä. zu erhalten«. Außerdem sei »ein hoher Prozentsatz von Republikflüchtigen zu verzeichnen bei den Personen, die als ehemalige Kriegsverbrecher aus der Sowjetunion oder aus den Haftanstalten der Deutschen Demokratischen Republik entlassen wurden. Z.B. wurde durch die Bezirksstaatsanwaltschaft Karl-Marx-Stadt festgestellt, daß von 600 Amnestierten, die wegen faschistischer Umtriebe verurteilt waren, nur noch 42 da sind, während alle anderen nach Westdeutschland abgewandert sind. Auch diesen Personen werden in Westdeutschland hohe ›Entschädigungen‹ für die verbüßte Haft gezahlt«.[59]

»*Hausgemachte*« *Ursachen der Fluchtbewegung*

Stimmten die meisten der Berichte, wären in der Mehrzahl Personen in die Bundesrepublik geflohen, auf die die DDR gut hätte verzichten können, wurde doch nicht vergessen, darauf hinzuweisen, dass sich auch eine hohe Zahl Straffälliger nach Westdeutschland abgesetzt hatte. In einigen wenigen vertraulichen Analysen räumte die SED sehr wohl die »hausgemachten« Ursachen ein, so in einer Hausmitteilung der Staatlichen Plankommission vom 25. September 1956:

»Es muß aber in aller Deutlichkeit gesagt werden, daß diese Abwerbung durch eine Reihe von Faktoren im Leben unserer Republik außerordentlich begünstigt wird. Dazu gehören vor allem:

a) Die vielen Mängel in der Arbeiterorganisation unserer Betriebe und deren nicht rhythmische Produktion. In vielen Fällen wird von Arbeitern, die abwandern, angegeben, daß sie nur deswegen weggehen, weil sie ›geordnet arbeiten möchten‹.

b) Die bei uns noch auftretenden wirtschaftlichen Schwierigkeiten erscheinen Teilen der Bevölkerung als ›unüberwindbar‹, weil der Bevölkerung noch ungenügend der allgemeine Prozeß unserer wirtschaftlichen Entwicklung und die großen Perspektiven dargelegt werden. Es besteht auch eine Scheu, über die Zusammenhänge, die die Ursachen für Schwierigkeiten sind, offen zu sprechen.

c) Die ungenügende Beachtung der Entwicklungsschwierigkeiten für die Angehörigen einzelner Berufsgruppen, vor allen Dingen für Jugendliche nach Beendigung der Lehrzeit, hat dazu geführt, daß der Anteil von Jugendlichen am illegalen Wegzug trotz Wehrpflicht in Westdeutschland noch gewachsen ist.

d) In besonders großem Ausmaße wird als Ursache der Republikflucht der Wohnraummangel sowie Fehler in der Wohnraumverteilung und Komplikationen, die sich aus längerer Trennung von Familienangehörigen ergeben, anzusehen sein. Dieser Grund trifft insbesondere zu bei Ingenieuren und Technikern, Wissenschaftlern, Lehrern und Ärzten.

e) Ein wesentlicher Grund ist auch das Fehlen einer richtigen Relation zwischen dem Preisgefüge bestimmter Waren und niedrigen Lohn- und Gehaltssätzen.

f) Eine weitere Ursache der Republikflucht ist in vielen Fällen in der bürokratischen Anwendung der Sicherungsmaßnahmen zum Schutze unserer Wirtschaft, insbesondere in Berlin und Umgebung, zu suchen.

g) Schließlich gibt es eine Reihe von weiteren Gründen ökonomischer Natur wie z.B. Kleinlichkeit im Reiseverkehr, insbesondere bei Auslandsreisen; ungenügendes Warenangebot, vor allem auch auf dem Lande (im Bezirk Suhl z.B. verdingen sich viele junge Mädchen als Hausangestellte nach Westdeutschland, um sich dort ihre Ausstattung – Bettwäsche usw. – kaufen zu können).

Zum Schluß, aber nicht zuletzt ist hinzuweisen auf die Fülle von bürokratischen und seelenlosen Maßnahmen, übertriebener Bestimmungen, überspitzter Handhabung von notwendigen Maßnahmen, vorkommender Ungesetzlichkeiten und ungenügender Beachtung der demokratischen Rechtsnormen, d.h. Dinge, die in die persönlichen Verhältnisse der Menschen eingreifen und im großen Umfange Verärgerung hervorrufen.«[60]

Konsequenzen aus diesen durchaus richtigen Erkenntnissen hat die SED jedoch bis zum Untergang der DDR nie gezogen.

Am 17. Juni 1953 kam das Bundeskabinett zu einer kurzen, halbstündigen Sondersitzung zusammen, in der einerseits Minister Jakob Kaiser einen kurzen Bericht über die bisher bekannt gewordenen Tatsachen gab, andererseits Kanzler Adenauer Staatssekretär Professor Walter Hallstein anwies, laufend Verbindung zur Alliierten Hohen Kommission zu halten. Gebilligt wurde außerdem eine Regierungserklärung, die am Nachmittag in der ohnehin vorgesehenen Plenarsitzung des Bundestages abgegeben wurde und in der die Bundesregierung unterstrich, die Demonstrationen der Ost-Berliner Arbeiter seien zu einer großen Bekundung des Freiheitswillens des deutschen Volkes in der Sowjetzone und Berlin geworden. Die Bundesregierung hoffe, dass die Demonstranten sich nicht durch Provokationen zu unbedachten Handlungen hinreißen ließen, die ihr Leben und die Freiheit gefährden könnten: »In dieser bedeutsamen Stunde wollen wir alle ohne Unterschied politischer Auffassungen für das große gemeinsame Ziel zusammenstehen.«[61]

Versorgung im »demokratischen Sektor«

Nach dem Juni-Aufstand rückte die humanitäre Hilfe für die Menschen in der DDR im Rahmen von Lebensmittelpaketen in den Vordergrund, die allerdings von der SED strikt abgelehnt wurde. Auf der bereits erwähnten 3. Tagung der Volksvertretung von Groß-Berlin wurde die Hilfe der Sowjetunion entsprechend gewürdigt, gleichzeitig darauf verwiesen, in welchem Elend die Bewohner West-Berlins dagegen zu leben hätten. Der stellvertretende Oberbürgermeister Alfred Neumann widmete diesem Thema besondere Aufmerksamkeit. Fast eine Million West-Berliner Erwerbslose, Kurzarbeiter, Rentner und andere erhielten sich dadurch am Leben, dass sie sich im »demokratischen Sektor« versorgten. Etwa vierzig Prozent der HO-Bockwürste würden von den West-Berlinern gekauft, mindestens vierzig Prozent der in HO-Gaststätten verkauften Speisen »werden von den Westberlinern verzehrt, gar nicht zu reden von Getränken, Rauchwaren usw.« [...] Die »Helfershelfer der Kriegstreiber« nutzten die Erleichterungen im Personenverkehr zwischen Ost- und West-Berlin aus, um der DDR neue Schwierigkeiten zu bereiten. So habe sich am Bahnhof Spandau-West ein Großmarkt entwickelt, aus dem aus Ost-Berlin und der DDR geschmuggelte Lebensmittel an West-Berliner Lebensmittelgroßhändler weiterverkauft würden. Der West-Berliner Senat sei nicht nur der Organisator des Schmuggels, sondern auch Nutznießer dieser Schiebungen.

In diesem Zusammenhang passte es nicht in das Konzept der

SED, dass der Ratsvorsitzende der Evangelischen Kirche in Deutschland, Bischof Dibelius, am 3. Juli 1953 die westdeutsche Bevölkerung aufgerufen hatte, der Bevölkerung in Ost-Berlin und in der DDR mit Lebensmittelpaketen zu helfen, ein Appell, der auf fruchtbaren Boden gefallen war. Zudem organisierten ab dem 14. Juli mehrere West-Berliner Bezirksämter aus privaten Spenden Lebensmittelhilfsaktionen für die Menschen im Ostsektor und in den Berliner Randgemeinden. Auf dem Oranienplatz in Kreuzberg konnten Bewohner der östlichen Grenzstraßen im Verhältnis 1:1 Lebensmittel und Feinseife kaufen und erhielten Gutscheine im Wert von fünf West-Mark zum Einkauf in West-Berliner Geschäften. Außerdem verschickten fünf Bezirksämter Pakete mit Lebensmitteln direkt an bedürftige Empfänger in ihren Ost-Berliner Patenbezirken.

Die Hilfsaktion erhielt rasch politisch brisante Dimensionen. Der sowjetische Hohe Kommissar, Botschafter Semjonow, protestierte in einem Schreiben an seinen amerikanischen Amtskollegen Conant am 21. Juli gegen die Versuche – wie er es nannte –, »faschistische Söldlinge und kriminelle Elemente, die an den Brandstiftungen des 17. Juni teilgenommen haben, für provokatorische Ziele einzuspannen«. Die »ungesetzlichen und unzulässigen Handlungen« müssten eingestellt werden.

Eine Forderung, auf die der Westen nicht einging. Im Gegenteil. Am Tag darauf erneuerte der amerikanische Präsident Eisenhower das Angebot an die sowjetische Regierung, Lebensmittel im Wert von 15 Millionen Dollar für die Menschen in der SBZ zur Verfügung zu stellen. Diese seien bereits auf dem Weg nach Deutschland und sollten von Berlin aus an die Menschen in Ost-Berlin und in der DDR verteilt werden. Am 23. Juli wiederum wies Botschafter Conant die Beschuldigungen des sowjetischen Hohen Kommissars zurück und forderte ihn auf, künftig der Verteilung von Lebensmitteln von Deutschen an Deutsche keine Hindernisse mehr in den Weg zu legen.[62] Bis zum 4. August wurden innerhalb der karitativen Programme 1,3 Millionen Hilfspakete an die Bevölkerung in Ost-Berlin und in der DDR ausgegeben.

Auch der Interzonenhandel wurde fortgeführt und sollte nach den Vorstellungen der Bundesregierung sogar ausgebaut werden. Schon kurz nach dem 17. Juni hatte die Bundesregierung der DDR angeboten, Lebensmittel im Wert von 25 Millionen DM zu liefern. Zu diesem Vorschlag hatte sich die DDR bis August nicht geäußert, dagegen jedoch die USA aufgefordert, ihr Nahrungsmittel im Wert von 15 Millionen Dollar zu verkaufen.[63] Die USA dachten nicht daran, auf dieses Anliegen der DDR-Regierung einzugehen, beteiligten sich aber massiv an den karitativen Hilfsprogrammen für die DDR-Bevölkerung. Anders als die Bundesregierung wollten die USA ihre Hilfe propagandistisch ausnutzen. In dieser Frage kam es zu erheblichen Meinungsverschiedenheiten zwischen Bonn und Washington, aber auch innerhalb des Kabinetts gab es unterschiedliche Auffassungen über die richtige Form der Hilfe, wie Staatssekretär Franz Thedieck im Bundesministerium für gesamtdeutsche Fragen am 29. September 1953 beschrieb:

»Von amerikanischer Seite dagegen würde angestrebt, die Aktion weiterzuführen mit dem Ziele, sie zu einer ständigen Einrichtung auszuweiten. Darüber hinaus habe nun der Bundeskanzler in einem Brief an den Präsidenten der Vereinigten Staaten von Amerika um die Bereitstellung von Wäsche, Unterwäsche, Strümpfen und Schuhen für die Sowjetzonenbevölkerung gebeten. Leider sei der Bundesminister für gesamtdeutsche Fragen bei der Abfassung dieses Briefes nicht beteiligt worden, so daß er seine Bedenken nicht hätte geltend machen können. Der Kanzlerbrief habe bei der amerikanischen Öffentlichkeit einen starken Widerhall gefunden. Es sei beabsichtigt, Kleider, Wäsche und Schuhe aller Art zu sammeln und in die Sowjetzone zu schicken. Der Bundesminister für gesamtdeutsche Fragen habe gegen diese Maßnahme erhebliche Bedenken und habe bei den Verhandlungen mit Dr. Conant vorgeschlagen, man möge die Sammlungen auf ganz einfache Gebrauchswaren beschränken. Diese Sammlungen sollten dann der Bundesrepublik zur Verfügung gestellt werden, die diese Gegenstände dann in Paketen in privater Aufmachung und mit individualistischer Verpackung in die Sowjetzone versenden lassen würde.«[64]

Eine zweifelhafte Rolle spielten in dieser Frage im Übrigen Teile der Evangelischen Kirche, die der SED Schützenhilfe gaben. In einer Predigt in der Ost-Berliner Marienkirche kritisierte Probst Grüber am 26. Juli das amerikanische Angebot der Lebensmittelhilfe und bezeichnete es als »Fortführung der psychologischen Kriegführung«. Der Probst sah eine Parallele zwischen den Ereignissen am 16. und 17. Juni und verstieg sich dazu, von einem »seelischen Giftkrieg« zu sprechen, der vor allem von den West-Berlinern mit den Schlagworten »Freiheit« und »Wohlfahrt« geführt werde. Die Evangelische Kirche müsse daher jede Mithilfe bei der Verteilung der Lebensmittel ablehnen. Das Angebot der amerikanischen Regierung bedeute eine »Heuchelei«, die Zwietracht und Verwirrung stifte. Seine Kritik verstärkte Grüber am 8. August in einem Beitrag für das Organ der Ost-CDU »Neue Zeit«, in dem er meinte, »wer Unruhe stiften wolle, sei es durch Lebensmittelpakete, sei es durch die Abhaltung von Heimattagen oder Aktivierung von Emigrantenkreisen, könne ernstlich keinen Frieden wollen. Diejenigen, die auf die Paketaktion hereinfielen, seien nur zum geringen Teil Notleidende, nicht Hunger, sondern Habsucht, vielleicht auch Niedertracht treibe sie«.[65] Ungeachtet dieser Kritik, der sowjetischen Haltung und der SED-Propaganda holten am 28. Juli Ost-Berliner beziehungsweise Bewohner der DDR in den westlichen Bezirksämtern bereits 145 000 Pakete ab. Einbezogen wurden Lebensmittel aus den Lagerbeständen westdeutscher Firmen in Berlin, da die bisher eingeschalteten Lager- und Abpackbetriebe den täglichen Bedarf nicht mehr decken konnten. Am 29. Juli musste die Zahl des Personals an den Ausgabestellen auf 55 erhöht werden, 208 000 Pakete wurden an diesem Tag ausgegeben.

Die Haltung der Evangelischen Kirche war naturgemäß Wasser auf die Mühlen der SED und erleichterte es ihr, vom 29. Juli an die Empfänger der Spenden bei ihrer Rückkehr in den Ost-Sektor durch die Volkspolizei registrieren zu lassen. Das hinderte allerdings 223 000 Menschen nicht, am 30. Juli nach West-Berlin zu gehen, um sich an den Ausgabestellen geduldig in lange Schlangen einzureihen und die Hilfspakete entgegenzunehmen. Am 1. August wurde das millionste Paket ausgegeben, die Propaganda der DDR-Regierung war ins Leere gelaufen. Ursprünglich nur für wenige Tage vorgesehen, beschloss der Senat am 2. August, die eigentlich bis zum 13. August befristete Aktion fortzusetzen, zumal sich die USA bereit erklärt hatten, neben bereits gelieferten 4.500 t Lebensmitteln in den kommenden neun Wochen jeweils weitere 5.000 t nach Deutschland zu verschiffen.

Die Paketaktion, die den enormen Mangel an Grundnahrungsmitteln im kommunistischen Machtbereich bloßstellte, musste aus dem Eigeninteresse der SED unbedingt unterbunden werden, durch Propagandamaßnahmen, aber auch durch Repressalien. Auf der 3. Volksvertretertagung gab Alfred Neumann dazu diese Sprachregelung aus:

»Mit der Paketaktion soll die Bevölkerung demoralisiert werden, um sie vom Kampf für ihre demokratischen und wirtschaftlichen Rechte abzuhalten und statt dessen der Mildtätigkeit der westberliner Ausbeuter auszuliefern. Wer nach Westberlin geht und sich dort registrieren läßt, um in irgendeiner Form Pakete oder andere Zuwendungen zu erhalten, liefert sich und seine Angehörigen den amerikanischen Agenten aus.« Aus diesem Grunde müsse überall in den Betrieben und Wohnbezirken »die kollektive Abwehr gegen die neue amerikanische Provokation verstärkt werden, um die, die kurzsichtig sind, vor Schädigungen zu bewahren und alle jene, die den Paketschwindel organisieren, vor Gericht zu stellen und sie wegen Beihilfe zur Kriegshetze und Verstoß gegen das Gesetz zum Schutz des Friedens zu bestrafen«.[66]

Am 19. August 1953 eröffnete die SED in der Sporthalle an der Stalinallee schließlich eine Verteilaktion beschlagnahmter Lebensmittel, um sie an West-Berliner Rentner zu verschenken, nachdem der kommunistisch gelenkte »Zentrale Erwerbslosenausschuß« zuvor vergeblich versucht hatte, hierfür den im amerikanischen Sektor gelegenen Sportpalast anzumieten.

Auf eine zweite Lebensmittelhilfsaktion Ende August reagierte die SED mit aller Härte. Die Kontrollen an den Sektorengrenzen wurden massiv verschärft, außerdem mussten die Belegschaften großer Betriebe schriftlich erklären, keine derartigen Spenden anzunehmen. Wie tief der Stachel saß, wird deutlich aus einem Schreiben des Ost-Berliner Polizeipräsidenten, in dem er am 24. Oktober 1953 eine vorläufige Bilanz über Kontrollen und Beschlagnahmungen zog.[67] Während der »Paketaktion« hatte man

14 481 Personen, davon 9.071 aus der DDR, 5.395 aus Ost-Berlin und 15 West-Berlinern, insgesamt 29 450 Pakete mit Fett, Hülsenfrüchten, Milch, Trockenmilch und Mehl abgenommen. In den Betrieben habe »die Entlarvung der Bettelpaketabholer zu einer kämpferischen Auseinandersetzung [geführt], daß sich die Stimmung durch eine intensive Überzeugungsarbeit verbesserte«. Die Volkspolizei habe Hinweise aus der Bevölkerung über Bettelpaketabholer erhalten, so dass »Geschäftsleute, Handwerker und andere in der Öffentlichkeit angeprangert werden« konnten. Darüber hinaus waren auch Einzelfälle bekannt geworden, wonach »Genossen unserer Partei bzw. ihre Ehefrauen Bettelpakete abholten. Von den betreffenden Betriebsparteiorganisationen wurden diese zur Rechenschaft gezogen. So wurde z.B. der Gen. H., der bisher Hauptsachbearbeiter in der VAB war, in die Produktion zurückgeschickt und in den Kandidatenstand zurückversetzt«.

Einerseits hieß es in der Bilanz, die Maßnahmen seien vom »fortschrittlichen Teil der Arbeiterklasse begrüßt worden«, andererseits jedoch wurde eingeräumt: »Unter sämtlichen Schichten der Bevölkerung war die Ansicht verbreitet, daß man den Rentnern und sonstigen Unterstützungsempfängern die Pakete nicht abnehmen soll.« Von einem großen Teil der Bevölkerung, »besonders von den Indifferenten«, sei die Beschlagnahmung der Pakete als ungerechtfertigt betrachtet worden. Um die Hilfsaktion des Westens zu stoppen, ging die SED sogar so weit, der Reichsbahn zu verbieten, Fahrkarten nach Berlin zu verkaufen, eine Anordnung, die sich nach Überzeugung der SED bewährte: »Der Zustrom der Abholer hat daraufhin wesentlich nachgelassen«, resümierte der Ost-Berliner Polizeipräsident.

Der Volksaufstand in Ost-Berlin und in den Bezirken der DDR

Bezirk Rostock

»Nach unseren bisherigen Feststellungen verfügt der Gegner im Bezirk Rostock über keine feste organisierte zentrale Leitung. [...] Es wurden keinerlei Verbindungen nach bestimmten Zentralen nach Berlin festgestellt.«[1]

Aufstand in den Werften

In der Berichterstattung über das Geschehen um den 17. Juni 1953 im Bezirk Rostock ist – wie in den übrigen Bezirken – auffällig, dass es markante Unterschiede in der Darstellung durch die Bezirksbehörde der Volkspolizei im Vergleich zu der des Ministeriums für Staatssicherheit gibt. Die Berichte der Volkspolizei, insbesondere die Tagesberichte, sind weitaus detaillierter und – wie es den Anschein hat – vor allem authentischer.

Die Staatssicherheit, deren Darstellungen im Allgemeinen erst Tage, manchmal Wochen und Monate nach dem 17. Juni verfasst wurden, beschrieb weniger die Vorgänge, als dass sie sie der von der SED ausgegebenen politischen Linie entsprechend interpretierte. Gleichzeitig verzichteten die Aufzeichnungen der Staatssicherheit auf zahlreiche, häufig wichtige und kennzeichnende Details. Exemplarisch kann in diesem Zusammenhang gelten, dass die Versuche von Bürgern, auf dem Warnemünder Kirchenplatz zu demonstrieren, wohl in den Volkspolizei-Akten, nicht aber in den Stasi-Dokumenten erwähnt werden. Gleiches gilt für die Protestaktionen auf Schiffsneubauten für die Sowjetunion, die für die SED politisch besonders unangenehm und brisant waren.

Am 17. Juni herrschte im Bezirk Rostock noch weitgehend Ruhe. Während in Ost-Berlin und in den Bezirken der DDR Hunderttausende bereits die Arbeit niederlegten und auf den Straßen gegen die Regierung demonstrierten, gab es an der Ostseeküste lediglich erste vage Anzeichen für bevorstehende Unruhen oder eine Streikbewegung. Natürlich beschäftigten hier die Menschen dieselben Probleme wie überall in der DDR: Normerhöhungen an erster Stelle, dazu die Wiedereinstellung entlassener Arbeiter und die Freilassung der zahllosen wegen so genannter »Wirtschaftsverbrechen« Festgenommener.

So wandte sich zwar am Nachmittag des 17. Juni, gegen 16.30 Uhr, eine fünfköpfige Delegation von Arbeitern des Dieselmotorenwerkes Rostock an die Direktion, begnügte sich aber mit der Forderung nach Herabsetzung der Normen. Die Beschäftigten seien durchaus bereit, freiwillig ihre Normen zu erhöhen, verweigerten sich jedoch dem Diktat der Regierung, ließen sie wissen. Daneben verlangte die Delegation die Einberufung einer Belegschaftsversammlung, die für den darauf folgenden Tag um zehn Uhr angesetzt wurde. Außerdem einigten sich Werksleitung und Delegation über die Bildung einer Kommission, die die umstrittenen Normerhöhungen überprüfen sollte. Damit schien das Problem aus der Welt, doch die vermeintliche Ruhe sollte nicht lange anhalten.

In der Mechanischen Werkstatt bildeten sich in der Spätschicht gegen 22 Uhr erneut Diskussionsrunden, in denen es ebenfalls um die Frage der Normen ging, der Katalog der Anliegen jedoch bereits erheblich ausgeweitet wurde: Die Intelligenz sei zu hoch bezahlt, Kultur- und Arbeitsdirektor seien überflüssig, außerdem müssten die HO-Preise um die Hälfte gesenkt werden, lauteten nun die Kernpunkte. Eine spontane Arbeitsniederlegung ging relativ schnell zu Ende, nachdem der stellvertretende Minister für Wirtschaftsfragen, Bernd Weinberger, und der Sekretär des Zentralkomitees der SED, Adalbert Hengst, die zufällig vor Ort waren, die Senkung der Normen versprachen.[2] In Rostock war also von den Demonstrationen, die andernorts tobten und blutig niedergeschlagen wurden, an diesem 17. Juni noch nichts zu spüren. Das änderte sich erst am 18. Juni, wobei sich die Unzufriedenheit und der Unmut über die Regierung an drei Schwerpunkten Bahn brachen: in Rostock auf der Warnowwerft, der Neptunwerft, der Schiffs- und Reparaturwerft Gehlsdorf sowie in einem Teil der Zuliefererbetriebe wie Schiffselektrik, Schiffsmontage und so weiter, in Stralsund auf der Volkswerft, der Schiffs-

und Reparaturwerft, bei der Bau-Union (Küste) und in Verkehrsbetrieben sowie in Wismar im Press- und Schmiedewerk »Hein Fink«, im VEB Stahlbau und auf der Mathias-Thesenwerft.

Die Unruhen, von denen die SED im Bezirk Rostock verschont zu bleiben gehofft hatte, nahmen ihren Anfang auf der Warnemünder Warnowwerft. Nach erregten Diskussionen in der Nacht zum 18. Juni vereinigten sich nach Beginn der Frühschicht gegen acht Uhr etwa sechshundert Arbeiter zu einem Demonstrationszug und forderten bei ihrem Marsch durch das Werftgelände die übrige Belegschaft auf, sich an Protest und Streik zu beteiligen. Mit Erfolg: Alle 10 000 Beschäftigten der Werft legten die Arbeit nieder, auch wenn sich nur ein kleinerer Teil am Protestmarsch beteiligte. Die sechshundert Demonstranten versuchten das Werftgelände zu verlassen und in die Stadt zu ziehen, doch dieser Versuch wurde von sowjetischem Militär gestoppt, das auf Grund des am Vorabend um 22 Uhr verhängten Ausnahmezustandes die Werft abgeriegelt hatte. Zwei Lastwagen mit zwanzig sowjetischen Soldaten waren vor den Toren der Werft aufgefahren und hinderten die protestierenden Arbeiter, zuletzt unter Abgabe von Warnschüssen, daran, das Werksgelände zu verlassen.

Zwischenzeitlich hatte die Werksleitung über den Betriebsfunk den Arbeitern die Bildung einer Delegation mit je zwei Vertretern aller Gewerke zugestanden, mit der Weinberger und Hengst verhandeln und Zeit gewinnen wollten. Zunächst standen Fragen der Arbeits- und Lebensbedingungen, der Senkung der nicht freiwillig erhöhten Normen, die Abschaffung unzulässiger Methoden in der Wettbewerbsgestaltung oder Themen wie die Einrichtung von Säuglingskrippen, der Milchausgabe bei gesundheitsschädlichen Tätigkeiten, Fahrgeldprobleme oder das Problem des Wege- und Trennungsgeldes zur Diskussion. Diese Liste verlas ZK-Sekretär Hengst sogar über den Betriebsfunk der Werft. (Weniger als einen Monat später, am 14. Juli, verlor er im Übrigen deshalb sämtliche Parteiämter.) Dann aber stellte die Arbeiter-Delegation, wie es das Ministerium für Staatssicherheit (MfS) später formulierte, eine Reihe »erpresserischer Forderungen, die jeder ökonomischen Grundlage entbehrten«, nämlich: Fort mit der Grotewohl-Regierung, Entlassung des Betriebsleiters, keinen Pfennig für die Kasernierte Volkspolizei, Aufhebung des Ausnahmezustandes.

Noch während diese Gespräche liefen, gaben die sowjetischen Soldaten, die sich seit dem Vorabend auf dem Werftgelände aufhielten, um die Mittagszeit etwa 250 Warnschüsse ab, um die Bildung eines Demonstrationszuges zu stoppen. Dieses militärische Eingreifen bedeutete zugleich das Ende aller Verhandlungen, da die Delegation unter diesen Umständen nicht bereit war, mit den Vertretern des Regimes weiter zu beraten. Kurz vor Schichtende eskalierte das Geschehen. Zwar gab es unter der Belegschaft der Warnowwerft annähernd 1.000 SED-Mitglieder, doch entweder dachten diese gar nicht daran, oder sie waren nicht in der Lage, zu verhindern, dass vom Werftportal Fahnen heruntergeholt wurden und der Sowjetstern zertrümmert wurde. Außerdem hissten die Demonstranten die schwarz-rot-goldene Flagge.

Um die Werft zu räumen, wurde den Arbeitern erlaubt, einzeln nach Hause zu gehen, zudem wurden die sowjetischen Soldaten an den Werfteingängen durch Angehörige der Kasernierten Volkspolizei abgelöst, die im doppelten Sinn des Wortes als schlagkräftig galten. Wohl auch deshalb begegneten ihnen die Arbeiter mit besonderem Zorn. Sie empfingen die KVP-Angehörigen mit Steinwürfen, die ihrerseits sofort mit Salven aus ihren Maschinenpistolen antworteten, denn der SED lag daran, die Werft als Ausgangspunkt weiterer Proteste auszuschalten. Aus eben diesem Grunde hinderten sowjetische Einheiten die Arbeiter der zweiten Schicht, die vorwiegend mit der Eisenbahn zur Werft kommen wollten, am Aussteigen und zwangen den Zugführer zurückzufahren. Die Werft war damit, abgesehen von den bewaffneten deutschen und sowjetischen Kräften, vom Nachmittag an menschenleer.

Auf der Neptunwerft hatte sich nach der Frühstückspause um 9.30 Uhr ein erster Zug von etwa zweihundert Arbeitern gebildet, dem sich auf dem Weg zum Verwaltungsgebäude weitere achthundert Beschäftigte anschlossen. Ihre Forderungen waren nahezu identisch mit denen der Warnowwerft-Arbeiter: Senkung der Normen, Rücktritt der Regierung und freie Wahlen. Da auch hier sowjetische Soldaten das Gelände abgeriegelt hatten und Warnschüsse abgaben, war es den Arbeitern unmöglich, in einem Demonstrationszug die Werft zu verlassen und ihren Protest in die Stadt zu tragen. Ein Teil von ihnen machte sich auf den Weg nach Hause, die übrigen debattierten bis Schichtende. Zur zweiten Schicht waren dann zwar nur vierzig Prozent der Arbeiter erschienen, doch die Streikbewegung auf dieser Werft hatte ihr Ende gefunden. Bereits zur Spätschicht wurde wieder normal gearbeitet.

Auf der Schiffs- und Bootswerft Gehlsdorf war es selbst am 18. Juni noch relativ ruhig geblieben. Zwar wollten hier gegen 14.20 Uhr hundertfünfzig Arbeiter in einen Sympathiestreik für ihre Kollegen in Rostock und Warnemünde treten, ließen davon aber nach dem Einsatz von »Agitatoren« vorerst ab. Gleichzeitig erklärten sich die sechzig Beschäftigten der Isolier- und Kältetechnik Rostock mit ihren Gehlsdorfer Kollegen solidarisch. Die Streikbewegung griff erst am 19. Juni auf diese Werft über, als rund 230 zumeist jugendliche Arbeiter den Abzug der sowjetischen Panzer von den Straßen Berlins und Rostocks verlangten, dazu gleichen Lohn wie auf der Warnowwerft, die Senkung der Normen und die Entlassung von zwei Normensachbearbeitern. Als sich die Proteste speziell gegen die Anwesenheit sowjetischer Soldaten ausweiteten, sagte der kommandierende Major deren Abzug zu, falls innerhalb von zwanzig Minuten die Arbeit wieder aufgenommen würde. Nach dieser Verständigung zogen die sowjetischen Kräfte bis auf zwei Offiziere und einen Soldaten vorerst ab, rückten dann aber wieder an, weil auch nach 14 Uhr kaum gearbeitet wurde. Hundertfünfzig Jugendliche demonstrierten weiterhin, wobei die Abteilung Kriminalpolizei der Volkspolizei nun eine Reihe von Arbeitern festnahm. Selbst am 20. Juni hatten sich die Gehlsdorfer Arbeiter noch nicht geschlagen gegeben. Noch immer streikten zweihundert von ihnen und forderten nun neben der Verbesserung der Arbeitsbedingungen zusätzlich gesamtdeutsche freie Wahlen, die Aufhebung des Ausnahmezustandes sowie die Halbmast-Beflaggung wegen der standrechtlichen Hinrichtung des West-Berliners Willi Göttling auf Befehl des Berliner Militärkommandanten. Erst nach Anrücken eines Einsatzkommandos der Volkspolizei wurde – mit Ausnahme der Bordmontage – um 11.30 Uhr die Arbeit weitgehend aufgenommen.

Zu Ansätzen von Streiks kam es im VEB Schiffsmontage, in dem von 750 Beschäftigten sechzig in der Produktion für anderthalb Stunden die Arbeit niederlegten. Die Angehörigen des Konstruktionsbüros des VEB Schiffselektrik ließen die Arbeit für 75 Minuten ruhen und verfassten eine Resolution, die von 76 Arbeitern unterschrieben und dem FDGB übergeben wurde. Man verlangte im Wesentlichen die Aufhebung des Ausnahmezustandes sowie die Bestrafung der für die schlechten Lebens- und Arbeitsbedingungen verantwortlichen Staatsfunktionäre. Außerdem ging es den Protestierenden um »Tatsachenberichte über die Vorfälle und den Gebrauch von Schußwaffen während der Demonstration in den Städten der DDR« und um die Durchführung freier gesamtdeutscher Wahlen sowie den »ungehinderten Verkehr zwischen den Zonen bis zur Herbeiführung der Einheit Deutschlands«. Diese Resolution wurde selbst vom Parteisekretär der Schiffsmontage unterschrieben. Er war im Übrigen nicht der einzige SED-Funktionär, der sich mit den Demonstranten solidarisch erklärte beziehungsweise ein Vorgehen gegen sie ablehnte. So wandte sich der Parteisekretär im VEB Schiffselektrik ebenfalls gegen ein aktives Eingreifen, da er davon überzeugt war, sein Auftreten werde nur zu zusätzlicher Unruhe führen.

Außerhalb der Betriebe blieb es in Rostock weitgehend ruhig, da die sowjetischen Einheiten Protestzüge der Arbeiter in die Stadt nicht zuließen. Die Versuche von Warnemünder Bürgern, auf dem Kirchenplatz eine Demonstration zu organisieren, scheiterten an der Volkspolizei, die jede Ansammlung bereits im Ansatz auflöste. Dennoch kam es zu einer Reihe fast verzweifelter Versuche des Protestes. Ebenfalls in Warnemünde wollten Demonstranten einen Zug aufhalten und die Lokomotive abkoppeln, wurden jedoch durch das Zugbegleitpersonal und sowjetische Soldaten daran gehindert.

Auch im alltäglichen Leben herrschte große Nervosität unter den Bürgern. In den Schulen mussten die Prüfungen abgebrochen werden, da kaum Schüler erschienen waren. Vor allem aber: Vor den Geschäften kam es zu großen Menschenansammlungen, weil die Bevölkerung fürchtete, auf Grund des Ausnahmezustandes werde es schon bald nichts mehr zu kaufen geben.

»Wir brauchen Parteien und nicht nur die SED«

Werftarbeiter trugen auch in Stralsund die Protestbewegung. Als besonders symbolträchtig kann dabei gelten, dass am 17. Juni am Neubau von »Logger 4159«, einem Fischereifahrzeug, der Name

»Walter Ulbricht« mit schwarzer Farbe übertüncht wurde. Die Namensgebung hatte darauf hinweisen sollen, dass der Logger zu Ehren von Ulbrichts 60. Geburtstag am 30. Juni 1953 vorzeitig fertig gestellt werden sollte. Wie die Rostocker Warnowwerft glich auch die Stralsunder Volkswerft am 18. Juni einem Heerlager. Sowjetische Einheiten, Volkspolizei und Angehörige der Deutschen Grenzpolizei (See) hatten die Werft besetzt und konnten dennoch Streiks nicht verhindern, die in den Abteilungen E-Schweißerei sowie Malerei ihren Anfang nahmen und bei denen es vorerst lediglich um Forderungen nach Wiederaufnahme der Schmutz- und Gesundheitszulage oder um Fahrpreisermäßigungen et cetera ging. Allerdings blieb es nicht lange dabei. In Halle 3 stellte die Staatssicherheit beispielsweise sehr schnell eine ausgesprochen antisowjetische Stimmung fest und berichtete: »Sie wollen keinen Ausnahmezustand, sie wollen kein 1945, und sogar Äußerungen fielen, keine Frauenvergewaltigungen.« In den Diskussionen hieß es zudem: »Wir brauchen Parteien und nicht nur eine SED« sowie »Wir fordern Abzug aller Besatzungstruppen – Iwan, go home. Iwan, rauche deine Machorka an der Wolga und nicht in Deutschland.«

1.500 Werftarbeiter versammelten sich vor dem Werfttor, ihr Ziel war die Innenstadt. Doch hier dasselbe Bild wie in Warnemünde. Verhandlungen mit der Werksleitung führten zunächst zu einer gewissen Beruhigung der Situation, doch als sowjetische Soldaten mit zwei Lastwagen, auf denen schwere Maschinengewehre montiert waren, vor der Werft aufzogen, weigerten sich die Beschäftigten, an die Arbeit zu gehen. Die Hauptforderung eines »harten Kerns« von etwa dreihundert Demonstranten war nun die Aufhebung des Ausnahmezustandes. Und eine weitere Parallele zu den Warnemünder Ereignissen: Um zu verhindern, dass sich die Arbeiter der Volkswerft und der Schiffsbau- und Reparaturwerft vereinigten, feuerten die sowjetischen Soldaten Warnschüsse ab und riegelten den Rügendamm ab.

Als demonstrierende Arbeiter dennoch den Sperrgürtel des Betriebsschutzes vor dem Haupttor der Volkswerft durchbrachen, kamen sowjetische Soldaten in fünf Panzerfahrzeugen zum Einsatz, erneut fielen Warnschüsse. Mutig stellten sich ihnen Arbeiter entgegen, entblößten ihre Brust und riefen den Soldaten der Besatzungsmacht zu: »Schießt doch, wenn ihr wollt.« Zwei Kompanien der Grenzpolizei (See) wurden zur Verstärkung herangeholt, außerdem befahl der sowjetische Kommandant um 13.30 Uhr, dass gegen alle noch Streikenden mit Waffengewalt vorgegangen werden sollte. Gegen 14 Uhr und unter dem massiven Druck der bewaffneten Kräfte ging die Menge schließlich auseinander. Erwähnenswert ist, dass sich die SED-Mitglieder in der Belegschaft keineswegs mit ihrer Partei solidarisch erklärten. Von sechzig Parteimitgliedern hatten sich 57 den Streikaktionen angeschlossen.

Weitere Demonstrationen wurden von der Werftstraße gemeldet, wo gleichfalls die Aufhebung des Ausnahmezustandes und der Abzug der sowjetischen Besatzungsmacht verlangt wurden. Häufig wird übersehen, dass zwar die großen Werften die Schwerpunkte im Kampf gegen das SED-Regime waren, doch Streiks auch auf kleineren Werften stattfanden sowie im Kreisbauhof Stralsund mit zehn Arbeitern, im VEB Altenpleen, im VEB Baumechanik Stralsund und beim VVB Kraftverkehr Stralsund mit jeweils vierzig Beschäftigten. Am 18. Juni wurde die Arbeit im VEB Bau-Mechanik nicht aufgenommen; in einer Resolution verurteilten die Arbeiter das Geschehen in Berlin sowie das gewaltsame Vorgehen der Volkspolizei. Gefordert wurde zudem die Freilassung aller verhafteten Demonstranten.

Bei der städtischen Straßenbahn Stralsund kam es am 18. Juni zu einer kurzen Arbeitsniederlegung, weil Fahrgäste demonstrierten. Die Fahrer wurden durch Polizei geschützt, danach fuhren die Bahnen wieder fahrplanmäßig. Als besonders ernst betrachtete die Stasi die Lage bei der Bau-Union, Schwedenschanze. Die 250 Arbeiter auf dieser Baustelle stellten einen Acht-Punkte-Katalog auf, in dem die politischen Forderungen überwogen: Rücktritt der Regierung; Bildung einer gesamtdeutschen Regierung, Zulassung aller politischen Parteien, Entfernung aller VP-Angehörigen aus allen Betrieben, Senkung der Gelder und Gehälter der KVP und Kripo, Senkung der HO-Preise um die Hälfte, Freilassung aller Inhaftierten, Nichtbestrafung der Streikleitung, Bezahlung der Streikzeit sowie die Angleichung an die Löhne in der Schwerindustrie. Zwar hatten die Arbeiter der Schwedenschanze die Absicht, geschlossen zur Volkswerft zu marschieren, um sich mit den dort Streikenden zu vereinigen, doch ein massiver Einsatz der Grenzpolizei (See) verhinderte den Marsch in die Stadt. Die

Gesamtzahl der Streikenden im Kreis Stralsund wurde von der Volkspolizei mit 2.200 Arbeitern beziffert.

»Wir wollen nicht unter russischer Knute arbeiten«

Ebenfalls am 18. Juni legte die Belegschaft des Press- und Schmiedewerkes »Hein Fink« im Kreis Wismar in der Morgenschicht die Arbeit nieder. 150 von vierhundert Beschäftigten streikten. Da inzwischen sowjetische Soldaten aufgezogen waren, erklärten sie zunächst, sie seien nicht gewillt, unter sowjetischen Bajonetten zu arbeiten. Sie würden an die Arbeit gehen, sobald die Russen abzögen, und seien selbst in der Lage, »irgendwelchen Angreifern die nötige Abfuhr zu erteilen«. Darüber hinaus verlangten sie die Aufhebung des Ausnahmezustandes sowie eine bessere Versorgung, zum Beispiel mehr Milch für die Schweißer. Gegen Mittag war diese Streikaktion beendet, ohne dass die Forderungen erfüllt worden wären. Ebenso währte im VEB Stahlbau die Unruhe nur einige Stunden. Am Morgen des 18. Juni hatten sich hier gegen 9.30 Uhr Diskussionsgruppen zusammengefunden, anschließend kam es zu einem kurzen Sympathiestreik von fünfzig der 250 Beschäftigten für die Arbeiter des Press- und Schmiedewerkes »Hein Fink«.

Andere Dimensionen erreichte die Protestbewegung auf der Mathias-Thesenwerft. Zwar dauerte der eigentliche Streik am 18. Juni nur drei Stunden, die besondere Brisanz lag jedoch darin, dass auf dieser Werft an Schiffsneubauten für die Sowjetunion gearbeitet wurde. Aus diesem Grund hatte der sowjetische Militärkommandant Soldaten und zwei Panzer in der Werft auffahren lassen, um den Dampfer-Neubau »Moshaiski« zu schützen. 130 von 150 Arbeitern gingen von Bord und begründeten ihr Verhalten damit, sie würden nicht unter den sowjetischen Maschinenpistolen arbeiten. »Unter diesen Asiaten, unter dieser Knute wollen wir nicht arbeiten, sie sollen machen, daß sie nach Hause kommen«, waren einige der Parolen, die die Arbeiter skandierten, und: »Wir kommen uns wie im Zuchthaus vor und lassen uns nicht von den Russen überwachen«. Lediglich die zwanzig Mann der »technischen Intelligenz« blieben an Bord der »Moshaiski«. Wirtschaftliche oder andere politische Forderungen wurden nicht erhoben. Nach der Zusage des sowjetischen Kommandanten, seine Soldaten würden das Schiff verlassen, wurde die Arbeit wieder aufgenommen. Der Protest äußerte sich auf der Mathias-Thesenwerft aber auch in anderer Form: Allein aus dem Konstruktionsbüro gaben 21 SED-Mitglieder ihr Parteibuch zurück, fünf von ihnen flohen in die Bundesrepublik.

Auffallend ist im Zusammenhang mit den Ereignissen auf dieser Werft, dass die Stasi in einem Bericht vom 29. Juni zwar davon spricht, die Arbeiter der Werft hätten weitgehend den Hamburger Nordwestdeutschen Rundfunk (NWDR) gehört und seien von diesem aufgehetzt worden, doch zugleich die tatsächlichen Ursachen für die Unzufriedenheit der Menschen einräumt: »Ein großer Teil der Arbeiterschaft schenkte den vom NWDR durchgegebenen wirtschaftlichen und politischen Forderungen Gehör und folgten aufgrund dessen den Aufwieglern willig.«[3] Die Unzufriedenheit unter großen Teilen der Arbeiter habe bei den verantwortlichen Stellen der Massenorganisationen wenig Beachtung gefunden, vor allen Dingen in der Gewerkschaft und in den Parteiorganisationen der Betriebe. Ebenso sei vom MfS den »Mißstimmungen« nicht die notwendige Beachtung geschenkt worden. Ursache der Unzufriedenheit sei vor allem die Preisheraufstufung für Marmelade, Zucker und Honig gewesen, wobei die »Arbeiter allgemein der Meinung waren, wenn die Regierung Geld braucht, soll sie es nicht von den minderbemittelten Schichten nehmen«.

Trotz der im Vergleich zu den Industriezentren der DDR relativen Ruhe im Bezirk darf der Protest der Bevölkerung nicht unterschätzt werden. Im Bezirk Rostock herrschte eine auffallend antisowjetische Stimmung, die sich deutlicher als anderswo äußerte. So weigerte sich ein Feuerwehr-Angehöriger der Schiffs- und Bootswerft Gehlsdorf, Gelder für die »Gesellschaft für Deutsch-Sowjetische Freundschaft« (DSF) zu kassieren, da sich die sowjetischen Soldaten »unanständig gegenüber unseren Frauen benommen« hätten. Aus Wandzeitungen in der Neptunwerft, die im Zeichen der deutsch-sowjetischen Freundschaft standen, wurden Stalinbilder und die roten Sterne herausgerissen.

Die Ablehnung von SED und DDR-Regierung äußerte sich an der Ostseeküste in vielfältigen Formen: Am 17. Juni traten die Maurer der Bau-Union Berlin in Grimmen in einen achtstündigen

Streik. Sie protestierten damit gegen die Tatsache, dass sie seit langem keinen Lohn mehr erhalten hatten. Im Haftarbeitslager Rügenhafen weigerten sich 1.500 Gefangene, sich einschließen zu lassen. Die Volkspolizei konnte nur durch Einsatz von Hundestaffeln die Ruhe wiederherstellen, der Arbeitseinsatz von Häftlingen war erst nach über einer Woche wieder möglich. In der Nacht zum 18. Juni wurden in Bad Doberan die Scheiben der Wohnung eines Mitgliedes der SED-Kreisleitung eingeworfen. In derselben Nacht wurden in Greifswald Handzettel mit Aufforderungen zum Generalstreik gefunden. Ein SED-Mitglied kritisierte, es sei eine Schweinerei, was man in Berlin mit den Arbeitern mache. »Da wird jetzt von Deutschen auf Deutsche geschossen, ich denke genauso wie die Arbeiter, die da streiken.« Aus Greifswald wurden diese Stimmen laut: »Die Volkspolizei hat es richtig gezeigt, welch Geistes Kind sie ist. Schießt auf die Arbeiter ihrer Brüder, das sind schöne Russenknechte. Sie hätten die Waffen wegschmeißen und sagen sollen, schießt allein, wenn ihr schießen wollt.« Ebenfalls in Greifswald hieß es in der Bevölkerung: »Die Amerikaner hätten den Berlinern einige 100 Panzer geben sollen, ruhig ohne Besatzung, da hätten sie den Russen schon gezeigt, was eine Harke ist.« Im gesamten Bezirk kam es am 18. Juni zu Angsteinkäufen in den Konsum- und HO-Lebensmittelgeschäften. In den privaten Bäckereien waren Backwaren innerhalb kürzester Zeit ausverkauft. 88 Arbeiter der Brauerei Greifswald unterschrieben eine Forderung nach Freilassung des wegen »Wirtschaftsverbrechens« festgenommenen Betriebsleiters.

Der Kreistierarzt von Doberan gab an, er habe mit über zweihundert Menschen gesprochen, dabei habe sich ein erschreckendes Bild für die Regierung Grotewohl ergeben: »Die Menschen haben kein Vertrauen mehr zur Regierung. Sie glauben nicht daran, daß die neuen Maßnahmen ehrlich gemeint sind. Alle waren ausnahmslos der Meinung, das Eingreifen der Besatzungsmacht wird als Militärdiktatur bezeichnet. Alle Menschen würden sagen, wo bleibt hier die Souveränität.«

»*Keine Verbindung zu Berliner Zentralen*«

In einer umfangreichen Analyse über die Entstehung der Proteste kam die Rostocker Bezirksverwaltung der Stasi zu Ergebnissen, die in der späteren offiziellen Darstellung so nicht mehr zu finden waren. Es war weder die Rede von Agenten, die die Streiks angezettelt hätten, noch von einem Putschversuch. Stattdessen wurde sogar eingestanden, dass »Verbindungen zu bestimmten Zentralen in Berlin« nicht erkennbar gewesen seien:

»Die Ursachen der entstandenen ernsten Situation in den entscheidenden Werften und Betrieben sind in erster Linie zu suchen in der Unzufriedenheit der dort beschäftigten Arbeiter und Angestellten. Von dieser Unzufriedenheit war nach unseren Feststellungen ein großer Teil der Parteimitglieder erfaßt.« Zur Bilanz heißt es, es habe 81 Verhaftungen gegeben, acht der Festgenommenen seien an das MfS übergeben worden. Unter den Festgenommenen befanden sich 29 Mitglieder des FDGB, acht der DSF, neun der FDJ, zehn der SED sowie ein hauptamtlicher Vorsitzender der Betriebsgewerkschaftsleitung (BGL). Natürlich fehlten in den nachträglich formulierten Berichten insbesondere der Geheimen Informanten nicht die Hinweise auf die deutsch-sowjetische Freundschaft. Dank an die sowjetischen Truppen kommt darin zum Ausdruck und vielfach der Hinweis, es sei beschämend, dass die Volkspolizei nicht allein mit den Problemen fertig geworden sei. So war eine »DFD-Freundin«[4] aus Gerbabruch der Ansicht: »Es war nicht schön, daß die Russen geschossen hatten. Es wäre besser gewesen, wenn unsere es so geschafft hätten.«

Versorgung auf dem flachen Land zusammengebrochen

Im Kreis Rostock wurden bis zum 29. Juni 21 Landwirtschaftliche Produktionsgenossenschaften aufgelöst. Die Bauern weigerten sich zunehmend, tierische Produkte abzuliefern, und erfüllten ihr Soll nur noch zu vierzig Prozent. Im gesamten Bezirk Rostock traten daher massive Schwierigkeiten in der Kartoffelversorgung auf, 3.000 t fehlten. In den Kreisen Rostock, Wolgast, Wismar und Doberan gab es gar keine Kartoffeln mehr, und in den Ferienheimen waren die Kartoffeln aufgebraucht. Zur ersten dringenden Versorgung wurden dem Kreis Rostock hundert Tonnen Kartoffeln aus dem Kreis Gera zugesagt, die allerdings nicht eintrafen. Im Kreis Ribnitz lösten sich fünf LPG auf, in Barth legte die Belegschaft die Arbeit von 7 bis 9 Uhr nieder. Sie verlangte eine neue Partei- und Gewerkschaftsleitung sowie den Wegfall der administrativen Normerhöhung. Hier trat der Parteisekretär der SED aus der Partei aus und begründete dies damit, dass die Russen geschossen hätten. Sämtliche Mitglieder der LPG Tribohm schickten dem Rat des Kreises ihre schriftlichen Austrittserklärungen. Die Bauern seien in der Regel aus Angst in die LPG eingetreten. »Es wurde festgestellt, daß Partei- und Staatsapparat in unverantwortlicher Weise überstürzt und übereilt an die Bildung von LPG herangegangen sind, um möglichst schnell eine hohe Zahl zu erreichen.«[5]

Gefunden wurden darüber hinaus zahlreiche Flugblätter, so in Rostock mit diesem Text:

»An die Einwohner Rostocks

In Berlin stehen z.Zt. werktätige Menschen in heldenhaftem Kampf gegen Unterdrückung und für die wahre Freiheit des deutschen Volkes. Von roten Horden und russischen Panzern im Auftrage des Kreml werden unsere Brüder und Schwestern in Berlin dahingemordet. Darum fordern wir, tretet sofort in den Generalstreik und laßt es nicht zu, daß deutsche Brüder und Schwestern ermordet werden. Meidet die Arbeit, jagt die Bonzen zum Tempel hinaus, tretet in den Generalstreik! Keinen Pfennig für die Russen und keinen Pfennig für die angeblich kasernierte Volkspolizei! Es lebe die Freiheit!«[6]

Schlechte Stimmung unter den Reichsbahnern

Die tatsächliche Stimmung unter der Bevölkerung wird in Berichten der Reichsbahndirektion aus der Zeit vom 19. bis 24. Juni dokumentiert, werden doch in ihnen Diskussionen von Belegschaftsversammlungen sehr ausführlich wiedergegeben. So streikten die Mitarbeiter der Mitropa Stralsund zwar nicht, doch forderten nach den Papieren alle Kollegen »die Wiedervereinigung Deutschlands, die gleichmäßige Verteilung der Mangelwaren, wie Fett usw., welche bisher nur Schwerpunktbetriebe erhielten, gleichmäßigen Lohn für Mitropa und HO-Gaststätten und die Angleichung der Gehälter an die Volkseigenen Betriebe«.

Eine Besprechung der Mitarbeiter des Bahnhofs Sassnitz wird so zitiert: »Wir durften ja vorher nichts sagen, wenn wir etwas sagten, wurden wir gleich abgeholt bzw. entlassen. Er hätte dies schon selbst am eigenen Leibe zu spüren bekommen. Gen. [...] Ich muß dem Kollegen recht geben, der Sohn des Kollegen [...] ist vor drei Monaten von der Polizei abgeholt worden, und er hätte bis heute noch keine Nachricht, wo sich sein Sohn aufhält. Ein anderer Kollege der Bahnmeisterei: Zum Tag der Eisenbahner ist eine Losung herausgekommen: ›Eisenbahner, reißt die Zonenschranken nieder u.s.w. in Berlin wollte man die Zonengrenzen niederreißen, aber da hat man die dann eingesperrt‹«.

Bemerkenswert ist schließlich auch die Einschätzung der Sachsen, die sich über Jahrzehnte halten sollte:

»Kollegen [fünf durch den BStU geschwärzte Namen, d. Aut.]: In Mitteldeutschland brennen noch die Fabriken (Leuna). Dies fand allgemeines Mißfallen, weil die Auswirkungen sich auf die Werktätigen bemerkbar machen. Alle Genannten waren sich darüber einig, daß diejenigen, welche solches anzetteln, bestraft werden müssen. Besonders überrascht sind dieselben Kollegen darüber, daß gerade in Sachsen solche Zwischenfälle zu verzeichnen sind, da doch gerade von dort Menschen kommen, welche am fortschrittlichsten sind. Man bezeichnet diese Sachsen als fünfte Besatzungsmacht, und man ist der Meinung, daß sich das Maulheldentum der fünften Besatzungsmacht einwandfrei herausgestellt hat.«[7]

Bezirk Schwerin

»Man kann feststellen, daß die Lage von seiten der Partei und des Staatsapparats beherrscht wurde.«[1]

»Ruhe« durch schnellstes Eingreifen

Einer der ruhigsten Bezirke während der Ereignisse um den 17. Juni 1953 war der Bezirk Schwerin. Trotzdem war es hier am Vortag zu Protesten kleineren Umfangs gekommen, die jedoch nicht generelle Forderungen nach Verbesserung der Lebenssituation oder der politischen Verhältnisse zum Inhalt hatten, sondern ein ganz konkretes Anliegen. Am frühen Morgen des 16. Juni hatten sich in Güstrow Mitarbeiter einer Möbelfabrik sowie einer Autowerkstatt, dazu Passanten vor dem örtlichen Gerichtsgebäude versammelt, um die Freilassung der als Wirtschaftsverbrecher inhaftierten Betriebsinhaber zu fordern. Sämtliche verfügbaren Kräfte der Volkspolizei wurden zusammengezogen und Polizisten in Zivil in die Menge geschickt, um den Charakter dieser Demonstration zu erkunden. Immerhin hatten sich gegen zehn Uhr schon rund fünfhundert Demonstranten zusammengefunden, die nach dem Bericht des Chefs der BDVP Schwerin an das Ministerium des Innern die Freilassung ihres »Herrn« verlangten. Sie beklagten sich darüber, dass sie bei den Kapitalisten immer ihren Lohn erhalten hätten, seitdem die Betriebe in Treuhand seien, bekämen sie dagegen an einigen Tagen überhaupt kein Geld. FDGB und Partei kümmerten sich nicht um die Betriebe, daher verlangten die Demonstranten die Freilassung ihres »Herrn«. Nicht nur die Volkspolizei hatte sich unter die Protestierenden gemischt, auch die SED schickte Agitatoren, denen es schließlich gelang, die Versammlung aufzulösen. Nachmittags, gegen 16 Uhr, kamen zwar noch einmal etwa 250 Menschen auf dem Marktplatz zusammen, doch nachdem sie durch Lautsprecherwagen zur Wiederaufnahme der Arbeit aufgefordert worden waren, gingen die Teilnehmer auch dieser Demonstration auseinander.[2]

Zu Protestaktionen begrenzten Umfanges kam es erst im Verlauf des 17. Juni. So wurde aus Ludwigslust gemeldet, dass dort in den Vormittagsstunden die Belegschaft der Womag Maschinenfabrik mit 177 Beschäftigten einen Sympathiestreik für die Berliner Bauarbeiter durchführen wollte. Als in der volkseigenen Wurstfabrik zum Streik aufgefordert wurde, ließ die SED die Anführer der Aktion unverzüglich festnehmen; damit war hier der Streik bereits im Ansatz erstickt.

Die völlige Ruhe, so wie die SED sie sich wünschte, herrschte dennoch nicht. In Grabow kamen am Abend 250 bis 300 Personen auf dem Marktplatz zusammen, die nach massiven Drohungen durch den örtlichen Chef der Volkspolizei jedoch auseinander gingen. Trotz des inzwischen verhängten Ausnahmezustandes gab es am selben Abend auch in Güstrow eine weitere Protestversammlung mit etwa vierhundert Teilnehmern. In diesem Fall räumten sowjetische Truppen mit gepanzerten Fahrzeugen den Marktplatz; zu weiteren Demonstrationen kam es in Güstrow dann nicht mehr.

Als Schwerpunkte wurden in der »Auswertung« die Werke in Wittenberge, Kreis Perleberg, das Fliesenwerk »Kurt Bürger« Boizenburg sowie die Elbewerft Boizenburg genannt. Auch wollten Nachrichten zufolge Reichsbahner ihre Arbeit niederlegen. Doch im Vergleich zu den übrigen Regionen der DDR kann von nennenswerten Protestaktionen nicht gesprochen werden. Dass es im Bezirk zu keinen gewalttätigen Auseinandersetzungen zwischen Arbeitern auf der einen und der Volkspolizei und sowjetischen Truppen auf der anderen Seite kam, dürfte vor allem daran gelegen haben, dass – anders als in den meisten Bezirken der DDR – die Einsatzleitung der Volkspolizei schon bei geringsten Anzeichen von Protestaktionen eingriff, die SED massiv »Agitatoren« einsetzte und vermutete Anführer von Streiks schon frühzeitig »isoliert«, sprich festgenommen wurden. Darüber hinaus hatte der sowjetische Bezirkskommandant bereits am Vormittag des 17. Juni »weitgehende Maßnahmen zur Sicherung der wichtigsten Objekte und der wichtigsten Straßen« vorgenommen und sie durch sowjetische Einheiten besetzen lassen. Gegenüber dem Chef der Bezirksbehörde der Volkspolizei hatte der Bezirkskommandant zudem geäußert, es sei nicht erforderlich, zusätzlich Volkspolizisten beziehungsweise Kasernierte Volkspolizei-Kräfte heranzuziehen, sondern die Volkspolizei könne »soviel Kräfte von der sowjetischen Armee erhalten, wie es die Lage erfordere«.

Angesichts der erdrückenden Übermacht und der überall vorhandenen optischen Präsenz sowjetischer Truppen hatte die Protestbewegung innerhalb des Bezirks Schwerin zu keiner Minute eine wirkliche Chance. Der Bericht an das Ministerium des Innern endete denn auch als einziger mit dem Resümee: »Man kann feststellen, daß die Lage von seiten der Partei und des Staatsapparats beherrscht wurde.«

Dennoch sollten auch für den Bezirk Schwerin Konsequenzen aus dem 17. Juni gezogen werden. Die Bewaffnung sei unzureichend gewesen, es hätten Knüppel und Munition gefehlt. Ebenso müssten künftig Maschinen-Traktoren-Stationen und Landwirtschaftliche Produktionsgenossenschaften auf dem Lande stärker bewacht und der Betriebsschutz für Elektrizitäts-, Wasserwerke, Gaswerke und ähnliche Einrichtungen verbessert werden. Im Übrigen habe die Hauptverwaltung die Bezirke nicht über den Ernst der Lage informiert, die Information, dass kein Haus aufzugeben sei, reiche nicht aus, hieß es in weiteren Kritikpunkten.

Bezirk Neubrandenburg

»Nieder mit Ulbricht, wir fordern freie Wahlen, raus mit den Russen«[1]

Massen-Proteste in Groß Dölln

In den nördlichen, ländlich strukturierten Bezirken der DDR hielten sich – mit Ausnahme der Werften und Zulieferbetriebe an der Ostseeküste – die Streiks und Demonstrationen in Grenzen.[2] Der Bezirk Neubrandenburg machte hierbei keine Ausnahme. Wenn es offenen Protest gab, dann auf den Baustellen der verschiedenen Bau-Unionen und in geringerem Umfang bei der Reichsbahn. Trotz der oberflächlichen Ruhe hatte sich auch in den Dörfern der Unmut angestaut, doch gelang es Volkspolizei und insbesondere der Staatssicherheit in der Regel, »Provokateure« zügig zu verhaften und damit »unschädlich« zu machen. Zudem nahm die BDVP am 17. Juni nach der nächtlichen telefonischen Alarmierung schnell Kontakt mit der Dienststelle Neustrelitz des sowjetischen Hohen Kommissars auf und legte noch am Vormittag in einer Lagebesprechung mit Vertretern des Hohen Kommissars, der Kommandanturen und des Bezirksstaatsanwaltes das Vorgehen bei eventuellen Unruhen fest.

Dennoch hatten sich am Vormittag des 17. Juni 150 Demonstranten vor der Untersuchungshaftanstalt (UHA) Teterow versammelt und forderten die Freilassung der Gefangenen. Den ganzen Tag über blieben sie vor dem Gefängnis, nachmittags war ihre Zahl auf 550 angewachsen. Die Volkspolizei verstärkte den Schutz der Haftanstalt und hielt die Wacheinheit Teterow in Kompaniestärke in Bereitschaft. »Die Inhaftierten sind keine Verbrecher, sondern ihr seid die Verbrecher, gebt die Leute frei, ihr

Halunken«, riefen die Menschen und kündigten an, den Leiter des Gefängnisses zu erhängen, wenn er nicht die Zellentüren öffne. Es war schnell klar, dass die Teterower ihre Drohungen nicht wahr machen würden. Dennoch entschied die Einsatzleitung der Polizei nach einem Gespräch mit dem Vertreter des Hohen Kommissars, drei Inhaftierte umgehend freizulassen, um die Protestierenden vorerst zu beruhigen – ein zweifelhafter Erfolg, denn diese drei standen ohnehin auf der Entlassungsliste für den 18. Juni. Die Demonstranten jedenfalls waren erst einmal zufrieden, zogen ab und verteilten sich in kleinen Gruppen im Stadtgebiet. Erst als der Ausnahmezustand verhängt wurde, versammelten sich gegen 18 Uhr erneut fünfhundert Teterower vor der Haftanstalt. Diesmal ließ sich die Staatsmacht auf Diskussionen nicht mehr ein. Mit Warnschüssen trieben Volkspolizei und sowjetische Soldaten die Demonstranten auseinander, es kam jetzt die Stunde von Kriminalpolizei und Stasi: Noch am selben Abend nahmen sie 22 Anführer der friedlichen Protestkundgebung fest.

Am 17. Juni blieb Teterow der einzige Ort im Bezirk Neubrandenburg, in dem die Menschen auf die Straße gegangen waren. Nur wenige weitere beunruhigende Nachrichten erreichten an diesem Tag die BDVP: Im Kulturraum des Bauobjektes Nordost in Prenzlau hörten vierzig Arbeiter den RIAS, die Kripo verhaftete einen Arbeiter als »Rädelsführer«. Zerschnitten wurde die Telefonleitung Waren – Malchow – Röbel. Vereinzelt auftretende Demonstranten wurden durch die Staatssicherheitsorgane festgenommen, unter anderem in Altentreptow und Usadel, wo sie Bilder von Pieck und Grotewohl und die Bekanntmachung über den Ausnahmezustand abgerissen hatten.

Zum einzigen größeren Streik im Bezirk Neubrandenburg kam es erst am 18. Juni. 1.600 Beschäftigte auf der Baustelle Groß Dölln, Kreis Templin, legten um neun Uhr die Arbeit nieder und wählten eine Streikleitung, die dem sowjetischen Baustab Forderungen nach 40-prozentiger Senkung der HO-Preise, Herabsetzung der Normen und Lohnerhöhung, Abzug der sowjetischen Einheiten von dem Gelände und nach freien Wahlen stellte. Dem Streik schlossen sich zwanzig Arbeiter des Kreisbaubetriebes Templin an. Unverzüglich wurden zwei Gruppen Volkspolizei eingesetzt. Gleichzeitig stellten zehn Angehörige der Abteilung

»K« (Kriminalpolizei) die Namen der Streikführer fest und isolierten sie von den übrigen Arbeitern. Weitere Volkspolizei-Einheiten übernahmen den Schutz der Unterkunftslager, des Transformators sowie des Zementlagers. Parallel dazu beorderte die SED-Bezirksleitung die Angehörigen und Lehrgangsteilnehmer der SED-Kreisparteischulen Templin und Lychen nach Groß Dölln, um die Streikenden zur Wiederaufnahme der Arbeit zu bewegen. Mit mäßigem Erfolg, wie BDVP-Chef Münchow in seinem Bericht einräumte: »Der Einsatz von seiten der Partei hatte keinen vollen Erfolg.« Damit umschrieb er, dass trotz des massiven Drucks auf die Arbeiter in der Nacht zum 19. Juni zwei Drittel der Belegschaft, die aus allen Teilen der DDR stammte, das Werk verließen. Um den weiteren Arbeitsablauf dennoch zu sichern, beorderte die SED 350 Kräfte der landwirtschaftlichen Berufsschule und der Gewerbeschule Templin zum Entladen von Güterzügen nach Groß Dölln. Die Kriminalpolizei begann unterdessen mit der Festnahme der Streikleitungen. Drei Streikführer, die flüchten wollten, wurden am Abend in Brüssow, Kreis Pasewalk, verhaftet, nach Templin gebracht und hier – wie die anderen Festgenommenen auch – der Stasi »zur weiteren Bearbeitung« übergeben. Angesichts des massiven Vorgehens von Kripo und Staatssicherheit kehrten am 20. Juni zweihundert Arbeiter in den Betrieb zurück, am 21. Juni resignierten auch die letzten Streikenden, der Widerstand war gebrochen.

Die BDVP Neubrandenburg hatte also in den Juni-Tagen leichtes Spiel. Es wurden weder Gebäude der Partei noch der von ihr gesteuerten Massenorganisationen angegriffen. Auch die Dienststellen der Volkspolizei blieben unbehelligt. Die Staatsmacht musste ihre Kräfte nicht verzetteln, wie dieses in anderen Bezirken zu beobachten war. Stattdessen war es der Partei und der BDVP möglich, überall dort, wo sich möglicherweise ein Unruheherd bildete, sofort zuzuschlagen und das Feuer im Keim zu ersticken. Ein Beispiel hierfür ist das Reichsbahn-Ausbesserungswerk Malchin. Gerade einmal fünfzig Minuten brauchte die Kriminalpolizei, um hier am 18. Juni einen Protest von fünfzig Arbeitern zu unterdrücken. »Bestrafung der Regierung der DDR und Verbesserung der Lebenslage« verlangten die Arbeiter, doch nachdem die beiden Streikführer verhaftet waren, gaben auch die Übrigen auf. Flugblätter mit Losungen wie »Nieder mit Ulbricht, wir fordern freie Wahlen, raus mit den Russen« wurden in mehreren Gemeinden des Kreises Templin, so in Puratz und Driebelow, gefunden und schnellstens von der Polizei eingesammelt. Im Übrigen verstand die Bevölkerung nicht, warum auch über ihren Bezirk der Ausnahmezustand verhängt worden war. Die einhellige Auffassung der meisten Menschen: Die Unruhen erstreckten sich doch nur auf den Berliner Großraum, für das Eingreifen der sowjetischen Besatzungsmacht in ihrem Bezirk habe es daher überhaupt keinen Anlass gegeben.

Bezirk Frankfurt/Oder

»Durch die von der Regierung der DDR in den letzten Wochen und Monaten erlassenen Gesetze und Anordnungen entstand eine Mißstimmung in den breitesten Kreisen der Bevölkerung. Davon wurden betroffen: Intellektuelle, Bauern, Gewerbetreibende, Handwerksmeister sowie große Schichten der werktätigen Bevölkerung, speziell Bau- und Montagearbeiter, die nicht in ihren Heimatorten tätig sind.«[1]

Den Kriegszustand erwogen

Am Morgen des 17. Juni, um fünf Uhr, erreichte die Volkspolizei-Bezirksverwaltung Frankfurt an der Oder per Telefon aus Berlin der Befehl, sofort den Alarmzustand herzustellen. Allerdings glaubten die Berliner Vorgesetzten zu diesem Zeitpunkt nicht daran, dass es im Bezirk Frankfurt zu Streiks und Demonstrationen kommen könnte. Denn um 7.30 Uhr folgte eine weitere Anordnung, nach der neunzig bewaffnete Volkspolizisten schnellstens nach Berlin zu entsenden waren, um bei der Niederschlagung der dortigen, sich ausweitenden Unruhen mitzuwirken. Wie unvorbereitet die Frankfurter Volkspolizei auf einen solchen Fall war, zeigt sich daran, dass die angeforderten Kräfte wegen Mangels an Waffen erst um 10.30 Uhr in Marsch gesetzt werden konnten. Zunächst mussten 08-Übungspistolen umgebaut werden, um überhaupt eingesetzt werden zu können.[2] Zu dieser Zeit jedoch hatten die Streiks und Demonstrationen längst auf den Bezirk übergegriffen, wobei der Kreis Strausberg, Berlin direkt benachbart und mit der S-Bahn verbunden, Ausgangspunkt der Unruhen war. Arbeiter, die zwar in Berlin tätig waren, aber in Strausberg wohnten, hatten von dem Geschehen im Ostsektor der Stadt berichtet, lange bevor die Volkspolizei offiziell davon Kenntnis erhielt.

Nachdem sich schon in der Nacht zum 17. Juni gegen die SED, die HO und die geplante »Volksarmee« gerichtete Parolen an Herzfelder Häusern fanden, begannen die ersten Streiks morgens um sieben Uhr in der Maschinenabteilung des VEB Kalk-, Zement- und Betonwerk Rüdersdorf. Zwei Stunden später kamen 800 Angehörige der Bau-Union Spree unter freiem Himmel hinter ihren Wohnbaracken zusammen, um gegen die Regierung zu protestieren. Zur selben Zeit traten siebenhundert Beschäftigte des VEB Bau-Union Spree in Strausberg, die in der Nähe des S-Bahnhofes Bauten für die Stasi ausführten, in den Ausstand. Sie requirierten kurzerhand die Lastwagen des Betriebes und eine Reihe von Fahrzeugen privater Unternehmer und fuhren nach Herzfelde, um die Arbeiter des dortigen Ziegelwerkes, der Bau-Mechanik und des Volkseigenen Gutes zur Teilnahme an den Protesten zu bewegen. Rund fünfhundert Angehörige dieser Betriebe schlossen sich an und forderten nach dem Protokoll der Stasi:

»Volle Sicherheit für die Sprecher des Streiks, freie Rede- und Pressefreiheit, weg mit den Normen, einen Lohn, der den Preisen der DDR entspricht, und Angleichung an das Niveau der Lebensmittel und Gebrauchsgüter, freie Wahlen in ganz Deutschland, Abzug aller Besatzungstruppen, weg mit der KVP, weg mit den Zonengrenzen, sofortige Wiedereinführung der 75-prozentigen Ermäßigung der Arbeiterrückfahrkarten, Freilassung aller politischen Häftlinge, auch der, die über 3 Jahre Zuchthaus haben, Rückführung sämtlicher Kriegsgefangenen, Fortfall der Volkskontrolle.«[3]

Damit stellten die Strausberger Demonstranten vom ersten Moment ihres Protestes sowohl Forderungen nach besseren Lebensbedingungen wie vor allem solche, die sich gegen die SED, die Regierung der DDR und auch gegen die sowjetische Besatzungsmacht richteten. Die Führung der BDVP war zu diesem Zeitpunkt noch völlig ahnungslos von diesen Vorgängen. Bei ihr liefen erste Meldungen über die Strausberger Protestbewegung erst um 10.30 Uhr ein, als schon acht Lastwagen mit Demonstranten auf dem Weg nach Berlin waren, wo sich die Arbeiter ihren streikenden und demonstrierenden Kollegen anschließen wollten. Das Vorhaben scheiterte: Am Stadtrand von Berlin, am

Grenzkontrollpunkt Dahlwitz-Hoppegarten, wurden sie von der Deutschen Grenzpolizei und sowjetischen Einheiten zur Umkehr gezwungen. Weitere Ziele der Strausberger Bau-Unioner waren das Ziegelwerk Böhm, Bäcker Herzfelde sowie der Baubetrieb Hennickendorf. Zwar wollten sich die Arbeiter dieser Betriebe nicht am Streik beteiligen, doch kam es nach MfS-Protokollen in beiden Orten zu massiven Angsteinkäufen vor allem von Brot und Mehl.

Nachdem auch der Versuch, die Arbeiter der Teer-Chemie in Erkner zur Arbeitsniederlegung zu bewegen, erfolglos blieb, fuhren die Strausberger nach Fürstenwalde, wo sie mit ihrem Aufruf zum Protest auf offene Ohren stießen: Wieder waren es die Angehörigen der örtlichen Bau-Union, die als Erste die Arbeit niederlegten, durch die Stadt zum DEKA-Reifenwerk marschierten und unterwegs skandierten: »HO – k.o., freie Wahlen, Senkung der HO-Preise, wir brauchen keine Kanonen – gebt uns was zu futtern.« Schon in der Nacht hatte es im DEKA-Werk Diskussionen unter den Arbeitern gegeben, die die Senkung der Normen und der HO-Preise zum Inhalt hatten. Dennoch war die Schicht normal zu Ende gegangen. Als jedoch vor dem Werk rund 200 protestierende Bauarbeiter erschienen, die Posten beiseite drückten und sich Zugang zum Werk verschafften, gelang es auch der Werksleitung nicht mehr, die Beschäftigten unter Kontrolle zu halten. Nach einem zwanzigminütigen Marsch durch das Betriebsgelände zogen die Bauarbeiter jetzt nahezu geschlossen in Richtung Stadtmitte, wobei sich den sechshundert Arbeitern der Bau-Union Spree Fürstenwalde fünfhundert Beschäftigte des Gussstahl, 1.100 von Gaselan, 3.000 von den Zement-Phosphatwerken, 350 vom VEB Textil, 200 der Marienhütte und 75 des Kreisbaubetriebes anschlossen. Gegen 14 Uhr folgten ihnen weitere 2.600 Angehörige des DEKA-Reifenwerkes.

Fast 9.000 Arbeiter waren es damit, die in dem kleinen Städtchen Fürstenwalde gegen die Politik der SED und der DDR-Regierung demonstrierten. Ein Teil versuchte, Stadtverwaltung und Rat des Kreises zu besetzen, wurde jedoch zunächst durch SED-Kader und FDJ-Mitglieder daran gehindert. Als sich die Situation zuspitzte, rückte die sowjetische Besatzungsmacht mit drei Panzern in die Stadt ein und zerstreute den Demonstrationszug. Sowjetische Panzerspähwagen patrouillierten anschließend durch die

Stadt und sorgten dafür, dass sich neue Menschenansammlungen erst gar nicht bilden konnten. Unterdessen fuhren einige Demonstranten zum Zementwerk Rüdersdorf und bewogen dort achthundert Arbeiter, sich ihrem Protest anzuschließen. Gewählt wurde hier eine Delegation, die der DDR-Regierung in Ost-Berlin unter anderem diese Forderungen überbringen sollte: »Herabsetzung der Normen auf den alten Stand, Lohnzahlung alle acht Tage, Senkung der HO-Preise um 40%, schnellste Durchführung von geheimen Wahlen ohne Maßregelung der Werktätigen, Freilassung aller politischen Häftlinge, Aufhebung der Kontrollpunkte nach Berlin.«[4]

Volkspolizei hinderte die Delegation an ihrer Fahrt nach Berlin, wie sie und die sowjetischen Kräfte ohnehin alles versuchten, um zu verhindern, dass Demonstranten nach Berlin gelangten. Nicht nur die Kontrollposten an den Zufahrtstraßen in den Ostsektor wurden verstärkt, zusätzlich wurde auch der Zugverkehr nach Erkner am Stadtrand Berlins eingestellt.

Politisch besonders brisant war in den Augen der SED der Ausbruch von Streiks in Stalinstadt (Fürstenberg an der Oder, später: Eisenhüttenstadt), handelte es sich hier mit der ersten sozialistischen Stadt der DDR doch um ein bedeutendes Vorzeigeobjekt. Während ihrer Frühstückspause morgens um sechs Uhr verlangten die Arbeiter vom Hochbau des Stalin-Kombinates die Rücknahme der Normerhöhung und die Wiedereingliederung der Hucker[5] in die Lohngruppe 5. Nach entsprechenden Zusagen der Parteileitung wurde die Arbeit zunächst weitergeführt. Alarmiert zog die SED-Kreisleitung Stalinstadt alle Kreissekretäre und »verdienten Genossen« zusammen, schickte Agitatoren in die Betriebe und stellte in Absprache mit der Staatssicherheit einen »Selbstschutz« auf.

Der Ausbruch von Protesten war damit in Stalinstadt jedoch nicht mehr zu verhindern: So war am 16. Juni bereits beschlossen worden, am darauf folgenden Tag um elf Uhr eine Versammlung der Bauarbeiter durchzuführen. Als diese kurzfristig und ohne Angabe von Gründen abgesagt wurde, kam es zu ersten Unmutsäußerungen unter den bereits versammelten Arbeitern, doch noch nicht zu Arbeitsniederlegungen. In den einzelnen Bau-Unionen von Stalinstadt und des Eisenhüttenkombinates wurde am Vormittag in kleinen Gruppen wohl die Situation in Berlin diskutiert, aber die Lage spitzte sich erst am frühen Nachmittag zu. Die Bauarbeiter am Hochofen 5 traten in den Streik. Ihnen schlossen sich die mit dem Bau der Walzstraße und des Stahlwerkes beschäftigten Angehörigen der Bau-Union Spree an, so dass es schließlich etwa fünfhundert Arbeiter waren, die – über das Wohnlager »Helmut Just« – in Richtung Stalinstadt marschierten.

Der Zug, der eine Stärke von 2.000 Demonstranten erreicht hatte, führte weiter in die Stadt hinein. Vom Marktplatz gelang es einzelnen Demonstranten, in das Gebäude der SED-Kreisleitung, in dem sich noch vier Funktionäre aufhielten, einzudringen, Bilder der verhassten Parteiführung von den Wänden zu reißen und Parteiakten aus den Fenstern zu werfen. Ein zehnköpfiges Einsatzkommando der Volkspolizei vertrieb die Arbeiter aus dem Gebäude, und »säuberte« mit sowjetischen Soldaten den Marktplatz »von den Banditen«. 55 Arbeiter wurden festgenommen.

Proteste gegen Werksbesetzung

Im Kreis Eberswalde nahm die Streikbewegung in der am Werbellinsee gelegenen »Pionierrepublik ›Wilhelm Pieck‹« ihren Anfang, als hundert Bauarbeiter, in diesem Fall der Bau-Union Potsdam, in den Ausstand traten. Die Streikenden erklärten, bis zum 16. Juni habe man ihnen die Arbeiter der Berliner Stalinallee als leuchtende Vorbilder dargestellt. Nun würden sie sich mit ihren Vorbildern solidarisch erklären. Hierdurch aufgeschreckt, beschlossen Partei und Volkspolizei eine verstärkte Kontrolltätigkeit in den Eberswalder Betrieben und die Verstärkung von Wachen durch »bewußte Genossen«. Gemeinsam mit dem sowjetischen Kommandanten wurde die Abriegelung aller Ein- und Ausfallstraßen festgelegt, wobei der Militärkommandant zu diesem Zeitpunkt ein aktives Eingreifen seiner Truppen noch ausschloss. Vielmehr »brachte der Kommandant zum Ausdruck, daß die Volkspolizei alles daransetzen müsse, um allein mit der Lage fertig zu werden«.

Die Situation und die Einschätzung des sowjetischen Kommandanten änderten sich, nachdem am Vormittag auf dem Flur des Verwaltungsgebäudes von Abus-Kranbau Eberswalde Handzettel mit der Forderung nach freien Wahlen und dem Sturz der

Regierung gefunden wurden und ab zwölf Uhr Streiks, nunmehr bei Kranbau Eberswalde sowie im EKM Finow mit insgesamt 1.500 Arbeitern, gemeldet wurden. Sowohl der sowjetische Kreiskommandant als auch der Vertreter der SED-Kreisleitung, die im EKM Finow zu den Arbeitern sprechen wollten, wurden ausgepfiffen: »Den Kommandanten hörte man an, jedoch kam auch hier eine gewisse Ablehnung zum Ausdruck. Die Belegschaft wählte sich neue Delegierte, und diese wollten mit der Werkleitung verhandeln. Sie stellten die Forderung: ›Fort mit der unfähigen Regierung, Senkung der HO-Preise um 40% sowie Senkung der Arbeitsnormen‹ und brachten weiterhin zum Ausdruck, daß sie nicht eher die Arbeit wieder aufnehmen würden, bevor die Besatzung der Sowjetarmee (inzwischen war ein Kommando zur Sicherung des Werkes eingetroffen) das Werk verließe. Die Belegschaft erklärte, wenn schon eine Sicherung des Werkes, dann durch die Deutsche Volkspolizei, aber sie wollten nicht nach 8jähriger Beendigung des Krieges unter Aufsicht der Russen arbeiten.«[6]

Die Reaktion der sowjetischen Truppen war unmissverständlich: Sämtliche Betriebe der Stadt wurden besetzt, selbst diejenigen, von denen bekannt war, dass Streiks dort nicht vorgesehen waren. Hatte der sowjetische Kommandant am Vormittag noch der Volkspolizei die Hauptverantwortung bei der Niederschlagung von Unruhen übertragen wollen, setzte er nachmittags auf die harte Linie. Ab 17 Uhr herrschte im Kreis Eberswalde der Ausnahmezustand, wobei der sowjetische Kommandant anfangs sogar den Kriegszustand erklären wollte:

»Es bedurfte einer eingehenden Aussprache, unter anderem mit dem Hinweis, daß ja selbst in Berlin nur der Ausnahmezustand erklärt worden sei, bis der Kommandant sich darauf einließ, auch für Eberswalde nur den Ausnahmezustand mit der Sperrzeit von 20 Uhr bis 5 Uhr durchzuführen.«

Trotz des inzwischen verhängten Ausnahmezustandes kam es im EKM auch am Abend des 17. Juni zu erregten Debatten und nicht zuletzt zur Wahl einer Delegation, die am nächsten Tag nach Ost-Berlin fahren sollte, um diese Forderungen der Eberswalder zu überbringen: »Herstellung der Einheit Deutschlands auf der Grundlage von geheimen Wahlen, Überprüfung der Regierung, Hebung des Lebensstandards des gesamten Volkes, Senkung der HO-Preise um mindestens 50 Prozent, Erhöhung der Renten- und Invalidenunterstützung, Einhaltung der Gesetzlichkeit und der Verfassung der DDR, Prämiensysteme der Betriebe ändern, jeder Arbeiter wird nach seinen Leistungen bezahlt und der Überschuß wird auf die Belegschaft verteilt.«[7]

An der Fahrt nach Berlin wurde die Delegation gehindert. Allerdings sorgten die Agitatoren der Partei dafür, dass wenigstens eine Solidaritätsadresse an die Besatzungsmacht verfasst wurde. Im Walzwerk Finow ließen SED-Kader diese Resolution unterschreiben: »Wir Kumpel des Walzwerkes Finow freuen uns darüber, daß uns die Sowjetarmee durch unsere erwiesene Arbeitsdisziplin volles Vertrauen geschenkt hat. Unsere Verpflichtung soll daher sein, daß wir durch organisierten Selbstschutz die Wachsamkeit noch mehr erhöhen, daß wir unsere Arbeitsplätze nicht verlassen und weiterhin unseren Betrieb vor Agenten und Saboteuren schützen. Des weiteren werden wir nicht dulden, daß es innerhalb unseres Betriebes durch äußere und innere Einflüsse gelingt, den Arbeitsablauf zu stören.«[8]

Eine der Hauptforderungen der Demonstranten in der gesamten DDR, so auch im Bezirk Frankfurt/Oder, war immer wieder die Freilassung der politischen Häftlinge, zu denen sie auch die wegen angeblicher »Wirtschaftsverbrechen« Verurteilten zählten. Diese Forderungen hatten sich auch in den Haftanstalten herumgesprochen. Entsprechend kursierten dort Gerüchte über eine bevorstehende Befreiung. Um sechs Uhr erreichte die BDVP Frankfurt/Oder die Meldung, dass auf den Arbeitsstellen des Außenkommandos Güldendorf des Haftanstaltslagers Stalinstadt mit Unruhen unter den Strafgefangenen zu rechnen sei. Sofort wurde der Befehl erteilt, die Posten zu verstärken und die Strafgefangenen unter zusätzlicher Bewachung einzuziehen. Ein Teilstreik der Gefangenen war rasch beendet, die Häftlinge wurden, so schnell es ging, in das Hauptlager Stalinstadt zurückgebracht. Eine ähnliche Situation ergab sich im Haftarbeitslager Rüdersdorf. Auch hier wurden die Strafgefangenen über Schleichwege nach Stalinstadt zurückgeführt und anschließend sofort von den übrigen Häftlingen isoliert.

Zu weiteren größeren Streiks oder gar Demonstrationen kam es im Bezirk Frankfurt/Oder am 17. Juni nicht. Dennoch verließen im Kreis Bernau am Vormittag 200 Arbeiter die Baustelle Berlin-Buch und fuhren trotz der eingerichteten Kontrollpunkte und Sperrmaßnahmen in den Ostsektor Berlins, um dort an den Demonstrationen teilzunehmen. Zur selben Zeit streikten hundert Arbeiter der Baustelle FDJ-Hochschule »W. Pieck« am Bogensee und erklärten sich mit den Berlinern solidarisch: »Es herrscht der gleiche Zustand wie vor 1945: Man soll Wahlen durchführen, wie sie der Bundestag in Westdeutschland durchführte, und dann würde man schon sehen, wo sie blieben (gemeint ist damit die Regierung der DDR).« Ebenso legten die Beschäftigten des Reichsbahnausbesserungswerkes (RAW) Basdorf die Arbeit nieder und verlangten die Senkung der HO-Preise und der Normen sowie freie Wahlen. Wie schon in Herzfelde kam es auch in Bernau zu Hamsterkäufen, teilweise zogen die Bernauer sogar in die Nachbardörfer, um sich dort mit Brot zu versorgen. Während es im Kreis Seelow völlig ruhig blieb, demonstrierten in Angermünde am Abend circa hundert Jugendliche vor dem Gebäude der Kreisverwaltung, um gegen den Ausnahmezustand zu protestieren. Eine spontane Demonstration auf dem Marktplatz von Freienwalde löste sich nach dem Eingreifen von Volkspolizei und sowjetischen Soldaten innerhalb kurzer Zeit auf.

Trotz des verhängten Ausnahmezustandes und der damit verbundenen Gefahren setzten im Bezirk auch am 18. Juni viele Demonstranten ihren Protest fort, obwohl die BDVP morgens um sieben Uhr die Anweisung zur »radikalen Durchsetzung des politischen Willens« erteilt hatte. In den Wohnblöcken von Stalinstadt riefen die Menschen: »Wir streiken so lange, bis die ganze DDR streikt«, nur wenige gingen zur Arbeit. Am Hochofen 5 wurde weiter gestreikt, ein Teil der Belegschaft des Arbeitslagers »Dienst für Deutschland« folgte diesem Beispiel. Angehörige von Stahlbau Berlin planten einen erneuten Marsch in Richtung der Stadt Fürstenberg, wurden jedoch vom Betriebsschutz daran gehindert.

Von »Ruhe« im Sinne der SED konnte keine Rede sein, wie diese weiteren Beispiele zeigen: Im Reichsbahnausbesserungswerk Eberswalde protestierten ab sechs Uhr dreihundert Arbeiter und verlangten den Rückzug der sowjetischen Soldaten. In Verhandlungen mit sowjetischen Kommandanten wurde erreicht, dass die Soldaten sich vom Gelände zurückzogen und in der

Nähe – und damit jederzeit sofort wieder einsatzbereit – untergebracht wurden. Nach einer ähnlichen Vereinbarung nahmen auch die Abus-Kranbauer die Arbeit wieder auf. Von zehn Uhr bis 11.30 Uhr kamen hundert Arbeiter im Walzwerk Finow (Neuwerk) zusammen und verlangten eine umfassende Aufklärung über die Situation im Kreisgebiet und in Berlin. Gegen zwölf Uhr traten zweihundert Arbeiter der Bau-Union Halle auf der Baustelle Güldendorf und achtzig der Bau-Union Rostock in den Ausstand und forderten auf einer Betriebsversammlung den Sturz der Regierung. Nach vier Stunden endete diese Protestaktion. Im Kreis Beeskow wurde ab acht Uhr die Schuhfabrik Storkow bestreikt. Die vierhundert Beschäftigten gingen erst am 19. Juni wieder an ihren Arbeitsplatz. In der Stadt Beeskow streikten dreißig Arbeiter der Bau-Union Potsdam, die beim Brückenbau beschäftigt waren. Im Kalkwerk Rüdersdorf streikte die Belegschaft weiterhin zu neunzig Prozent, die der Maschinenabteilung noch zu achtzig Prozent. Angehörige der Bau-Union Spree verlangten die Freilassung der politischen Gefangenen. Auf Anweisung des sowjetischen Kommandanten wurde ihnen der Zutritt zum Werk verboten, gearbeitet wurde nur auf den leichter kontrollierbaren Außenstellen. Die Arbeiter der Bau-Unionen Dresden, Schwerin, Rostock und Halle, die am Autobahnobjekt Frankfurt beschäftigt waren, sandten ein Telegramm an den FDGB-Vorsitzenden Warnke, in dem sie die bekannten Forderungen erneuerten.

Selbst am 19. Juni kam es im Bezirk noch immer zu einzelnen Protesten:

In Schönow rissen Jugendliche auf dem Übungsgelände der Sowjetarmee Treppen ab, die zu den Übungstürmen führten. Im Kreis Freienwalde verhafteten sowjetische Soldaten vier Arbeiter in der Maschinen-Traktoren-Station Neuenhagen, die zum Streik aufriefen. Aus dem Haftlager Beerbaum wurden drei Häftlinge in die UHA Freienwalde überführt, nachdem sie die Übrigen zum Streik bewegen wollten. Um 10.50 Uhr erhielt die Frankfurter Volkspolizei den Befehl, den Hauptinitiator des Streiks in Güldendorf festzunehmen. Ein Einsatzkommando von 33 Volkspolizisten verhaftete zwei Anführer und löste eine Streikleitung auf. In Wandlitz wurde das Gerücht verbreitet, alle Bilder von Pieck seien zu beseitigen.

Trotz dieser vereinzelten Aktionen war der Aufstand der Menschen im Bezirk gegen das Regime niedergeschlagen. In Stalinstadt nahmen achtzig Prozent der Belegschaften die Arbeit wieder auf, für die SED war die Zeit der Abrechnung gekommen, wenngleich selbst am 21. Juni noch im Wohnlager Güldendorf Flugblätter gefunden wurden, auf denen zum Streik aufgerufen wurde.

Zwar gehörte der Bezirk Frankfurt/Oder nicht zu den Schwerpunkten des Volksaufstandes, doch hatten sich am 17. und 18. Juni circa 15 000 Arbeiter an den Protesten gegen SED und Regierung beteiligt. 175 von ihnen wurden verhaftet. Ungeachtet der späteren Sprachregelung und dem Vorwurf des von außen inszenierten »Putschversuches« sah die Stasi in ihrer ersten »Gesamtanalyse« die Ursachen für die Proteste im Handeln der eigenen Regierung.[9]

Obwohl der obligatorische Hinweis nicht fehlte, der »Gegner« habe seinen »Agentenapparat ausgenutzt, um den schon lange geplanten ›Tag X‹ durchzuführen«, um »die sich im gesamten Weltgeschehen anbahnende Entspannung der politischen Lage [...] zu zerstören«, kam somit auch die Frankfurter Dienststelle der Staatssicherheit nicht umhin, zumindest in geheimen Verschlusssachen die tatsächlichen Ursachen für den Aufstand zuzugeben.

Vorwärts Genossen

Aufsitzen Genossen! Es geht nach Berlin.
Genosse Maron, unser Chef, hat gerufen.
Weil Samba-Heinis mit Colt und Benzin
Auf Kaisers Geheiß in unserm Berlin
Vernichten, was fleißige Hände schufen.

Vorwärts Genossen! Vernichtet die Brut.
So war der Befehl und so waren die Taten.
Wir Volkspolizisten kämpften mit Mut
Und schützten den Frieden, das höchste Gut,
Seite an Seite mit Sowjet-Soldaten.

Baut weiter Kollegen! Am schönen Berlin.
Vorbei ist der Spuk und zerschlagen die Horden.
Laßt unsere Hauptstadt schöner erblühn,
Wir werden für Euch auf Wache nun ziehn –
Seit dem Tag X sind wir stärker geworden.

Kämpft weiter Genossen der Volkspolizei!
Gegen die Verbrecher aus Ami-Tavernen.
Wir schlagen den Feind, gleich, wo er auch sei,
und scharen uns enger an die Partei
Von Stalin lernen, heißt siegen lernen.

VP.-Obwm. Werner Thom[1]

Berlin

»Sie sahen die Ohnmacht der Regierung und ihres bewaffneten Organs auf der einen Seite wachsen, und auf der anderen Seite stieg ihr Kraftbewußtsein.«[2]

Bauarbeiter brachten das Regime ins Wanken

Die Bauarbeiter der Berliner Stalinallee – besonders diejenigen von Block 40 – gelten als die Initiatoren der Streiks und letztlich des Volksaufstandes, der Ost-Berlin erfasste und sich dann über die Bezirke der DDR ausbreitete. Ohne das Verdienst dieser Bauarbeiter schmälern zu wollen, sollte man jedoch nicht übersehen, dass es schon Anfang Juni 1953 in einer Reihe von Städten zu größeren Streiks gekommen war, in Magdeburg sogar schon im Dezember 1952. Doch dem Aufstand der Berliner Bauarbeiter muss eine ganz besondere Symbolkraft zugemessen werden. Spätestens seit der Blockade Berlins durch die Sowjetunion in den Jahren 1948 und 1949 richtete sich das Augenmerk auf diese geteilte Stadt. Ein solch massives Aufbegehren gegen das SED-Regime und damit letztlich gegen die sowjetische Besatzungsmacht musste ein anderes Echo finden als die vorausgegangenen Proteste in Magdeburg oder Fürstenberg – weltweit und ganz besonders innerhalb der DDR.

Waren die Berliner auch nicht die ersten, die gegen die SED-Diktatur aufstanden, wäre ohne sie der Volksaufstand in der DDR völlig anders verlaufen. Die Hennigsdorfer Stahlwerker wären nicht nach Berlin marschiert, in vielen anderen Städten hätte nicht explizit aus Solidarität mit den Berliner Bauarbeitern die Arbeit niedergelegt und demonstriert werden können. Dass sich darüber hinaus ausgerechnet in der Stadt, die die SED widerrechtlich als ihre Hauptstadt reklamierte und in der sich mit dem sowjetischen Hohen Kommissar, mit der SED-Zentrale und den Ministerien das Machtzentrum des Regimes befand, ein derart umfassender Widerstand Bahn brechen konnte, zeigte der Welt die Schwäche der deutschen Statthalter Moskaus und dem Kreml, dass ohne seine Truppen der »erste sozialistische Staat auf deutschem Boden« schnell der Geschichte angehören würde.

Die Geschichte der Streiks in Ost-Berlin beginnt früher, als gemeinhin bekannt, wie aus einer geheimen Unterlage des Ministeriums für Staatssicherheit hervorgeht.[3] Die Ermittlungen der Stasi ergaben, dass bereits am 20. Mai 1953 eine Brigade von Block G-Nord (VEB Wohnungsbau) in einen dreistündigen Streik getreten war. Streikforderungen waren die Überprüfung der Arbeitsnormen, die Verbesserung der Arbeitsorganisation und eine bessere Materialbelieferung. Betriebsleiter und Funktionäre der Partei sowie der Gewerkschaft Bau-Holz aus der Stalinallee trafen sich am 27. Mai zu einer Besprechung, beharrten jedoch darauf, dass die zehnprozentige Normenerhöhung unbedingt zum 1. Juni in Kraft treten müsse. Am 3. Juni kam es in Block G-Nord und auch am Strausberger Platz zu weiteren Arbeitsniederlegungen und gleichen Forderungen. Am 12. Juni legten die Steinmetzen von Block E-Süd die Arbeit nieder, und wieder stand die Normenfrage im Mittelpunkt. In einer Betriebsversammlung von etwa sechzig Fliesenlegern im Kulturraum des VEB Ausbau verlangten die Arbeiter eine Normensenkung. Nachdem die Regierung andere Fehler eingeräumt habe, müsse sie nun auch in dieser Frage zu Korrekturen bereit sein. Noch am selben Tag meldete der Vorsitzende der Betriebsgewerkschaftsleitung von Block 40 der Volkspolizei-Inspektion Friedrichshain, dass cirka 1.200 Arbeiter streikten. Auf einer Sitzung von Betriebsschutzleitern wurde darüber diskutiert, doch Konsequenzen wurden nicht gezogen, die Sorgen der Bauarbeiter nicht ernst genommen. Einen sich ausweitenden Streik konnten sich die Funktionäre nicht vorstellen. Ebenfalls am 12. Juni verweigerten Maurer des VEB Bau auf der Baustelle Korsanke-Siedlung in Berlin-Rummelsburg die Arbeit.

Erst am Montag, dem 15. Juni, verschärfte sich die Situation. Am Nachmittag traten die Arbeiter von Block 40 in den Streik,

Arbeiter des VEB Wohnungsbau und des VEB Bau schlossen sich an. Gestreikt wurde an diesem 15. Juni nicht nur auf dieser Baustelle, sondern auch bereits auf den Baustellen Krankenhaus Friedrichshain, Biesdorf und Staatsoper Unter den Linden. Auf Versammlungen forderten die Bauarbeiter die Normenherabsetzung um zehn Prozent bis zum 16. Juni und den Empfang einer Delegation durch Ministerpräsident Grotewohl. Das Polizeipräsidium nannte dieses Anliegen in einem Bericht vom 24. Juni: »Bildung einer Delegation aus den aggressivsten Elementen und Einpeitschern der Streikparolen, die den Auftrag haben sollten, den Ministerpräsidenten Otto Grotewohl aufzusuchen.« Noch am selben Abend beschlossen die Bauarbeiter für den 16. Juni einen weiteren Streik und kamen überein, sich um zehn Uhr vor Block 40 in der Stalinallee zu treffen.[4]

Zu den Hintergründen des Streikausbruchs wird immer wieder eine Dampferfahrt ins Gespräch gebracht, die am 13. Juni von Arbeitern der Baustelle Krankenhaus Friedrichshain als Betriebsausflug organisiert worden war. Für das Präsidium der Volkspolizei stand fest, dass dort allein die Ursache der folgenden Unruhen zu suchen war. Denn es waren, so die vermeintliche Erkenntnis, »nur solche Elemente von der Baustelle Friedrichshain und anderen Baustellen eingeladen worden, von denen man annehmen konnte, daß sie mit der Ordnung im demokratischen Sektor von Groß-Berlin und der Deutschen Demokratischen Republik nicht einverstanden waren«.[5] Auf dieser Dampferfahrt seien Beschlüsse zum Streik der Bauarbeiter gefasst worden, die Fahrt sei also eine »Methode des Gegners« gewesen. Resolutionen, die später vorgetragen wurden, seien hier verfasst worden. Als dann die Streiks begannen, hätten die beteiligten Baubetriebe ausschließlich zum VEB Industriebau gehört. »Das deutet darauf hin, daß gerade in den Baustellen dieses VE-Betriebes sich eine Reihe von Agenten des Gegners befinden, die, gesteuert durch ihre Agentenzentrale, diesen Streik längere Zeit vorbereitet und organisiert haben.«

Mit einer solchen Version hoffte die Volkspolizei, ihre Führung zufrieden zu stellen. Die Schuldigen an dem Aufstand wären festgemacht worden, Ort und Zeitpunkt des Beginns der Verschwörungen ebenfalls. Weitere Untersuchungen und eventuelle Selbstkritik wären hinfällig geworden. Doch in diesem Fall hatte die Volkspolizei die Rechnung ohne die Stasi gemacht: Die Staatssicherheit kam bei ihren Untersuchungen der ominösen Dampferfahrt zu einem völlig anderen Ergebnis, das wohlweislich nie öffentlich gemacht wurde: »Verbindungen nach Westberlin wurden nicht ermittelt.«[6]

Am Morgen des 16. Juni geriet die Situation für die SED außer Kontrolle. Gestreikt wurde nicht nur im Block 40, sondern nun auch auf den Baustellen der Hochhäuser A-Nord und -Süd. Zwischen zehn und elf Uhr unternahmen Betriebs-, Partei- und Bauleitung noch einen Versuch, die Arbeiter zu besänftigen, doch scheiterte dieser endgültig, als sich das Gerücht verbreitete, im Krankenhaus Friedrichshain seien Bauarbeiter eingeschlossen worden und würden widerrechtlich festgehalten. Ein Zug von tausend Bauarbeitern setzte sich in Bewegung, und obwohl sich die Nachricht bald als unrichtig herausstellte, wuchs der Zug auf mehr als zweitausend Demonstranten an, unter ihnen nun siebenhundert Arbeiter der Baustelle Krankenhaus Friedrichshain. Über den Leninplatz führte dieser Marsch zur Stalinallee, während sich ein weiterer mit hundert Arbeitern von der Warschauer Straße aus in Richtung Stadtmitte in Bewegung setzte. In Sprechchören hieß es: »Kampf den erhöhten Normen« und »Arbeiter, heraus aus den Produktionsbetrieben, schließt euch dem Streik an«. Am Alexanderplatz vereinigten sich die beiden Demonstrationszüge. Über den Marx-Engels-Platz, Unter den Linden und Thälmann-Platz ging es in Richtung Leipziger Platz zum Haus der Ministerien. Hatten die Arbeiter anfangs lediglich die Senkung der Normen verlangt, forderten sie nun die Senkung der HO-Preise, vor allem aber freie Wahlen, den Sturz der Regierung, die Auflösung der KVP und den Verzicht auf eine Volksarmee. Zudem wurde bereits jetzt zum Generalstreik aufgerufen. Vor dem Haus der Ministerien angelangt, verlangten die Demonstranten, Ministerpräsident Otto Grotewohl und seinen Stellvertreter Walter Ulbricht zu sprechen, doch diese ließen sich nicht sehen. Stattdessen erschien der Parteisekretär des Hauses der Ministerien, wurde aber ebenso ausgepfiffen wie wenig später der stellvertretende Ministerpräsident Heinrich Rau und Minister Fritz Selbmann.

Dass der im Westen ausgemachte »Gegner« für die Streiks verantwortlich war, stand für die Volkspolizei unumstößlich fest: »Vor dem Haus der Ministerien stellten die in der Zwischenzeit durch hereingeschleuste Agenten aus Westberlin amerikanisierten Jugendlichen ganz bewußt die Forderung, daß Staatspräsident Wilhelm Pieck bzw. der Ministerpräsident Otto Grotewohl zu ihnen sprechen sollte. Minister Selbmann, der zu ihnen sprach und versuchte, dem Charakter der Demonstration eine andere Richtung zu geben, wurde am Reden gehindert und gewaltsam von der Tribüne entfernt.« Immer wieder war von den »amerikanisierten Jugendlichen« die Rede, die versucht hätten, »unzufriedene Elemente des demokratischen Sektors für eine generelle Arbeitsniederlegung reifzumachen«.[7]

Während des Rückmarsches passierten die Arbeiter das Gebäude des SED-Zentralkomitees und verliehen hier ihren Anliegen noch einmal besonderen Nachdruck. Vor dem Polizeipräsidium verlangten sie die Freilassung der Gefangenen, und am Rosenthaler Platz gelang es ihnen, einen Lautsprecherwagen der FDJ zu kapern, über den sie dann ihre Forderungen – »Nieder mit der SED – Sturz der Regierung« – lautstark verbreiteten. Längst bestand der Demonstrationszug nicht mehr nur aus Bauarbeitern. Vor allem Jugendliche hatten sich ihm auf seinem Weg durch Ost-Berlin angeschlossen. Parallel dazu formierten sich vierhundert Arbeiter des Lichtenberger Fortschritt-Werkes I zu einem Zug in Richtung Stalinallee und »ergingen sich«, wie es in einem Bericht von VP-Kommandeur Koch heißt, »in Schmählosungen gegen die SED, unsere Regierung und rissen auf ihrem Weg die Transparente ab«.[8] Andere zogen zum Haus der Pioniere, durch die Warschauer Straße und wieder zurück zur Stalinallee. Im gesamten Gebiet Ost-Berlins wurde eine Vielzahl kleinerer Demonstrationszüge festgestellt, die sämtlich in Richtung Stadtmitte zum Friedrichstadtpalast unterwegs waren, wo die führenden SED-Mitglieder und Funktionäre zu einer Parteiaktivtagung zusammengekommen waren. Dabei handelte es sich zwar um eine Krisensitzung, doch in der folgenden SED-Berichterstattung darüber war davon keine Rede. Im Gegenteil. Der linientreue Allgemeine Deutsche Nachrichtendienst (ADN) schrieb euphorisch:

»Zu einer mächtigen Kundgebung der Kampfentschlossenheit und der Treue der Partei zu ihrer Führung gestaltete sich die außerordentliche Parteiaktivtagung der Berliner Parteiorganisation am Dienstagabend im Friedrichstadtpalast. Schon lange vor Beginn hielten Genossen aus allen Teilen Berlins die Ränge dicht besetzt. Und auf dem Schiffbauerdamm erlebten die vielen Tausenden, die keinen Einlaß mehr gefunden hatten, den Verlauf der Kundgebung durch Lautsprecher. Als wenige Minuten vor 20 Uhr das Politbüro der SED mit den Genossen Otto Grotewohl und Walter Ulbricht an der Spitze die mit dem Porträt Wilhelm Piecks geschmückte Bühne des Friedrichstadtpalastes betraten, brauste ein Beifallsorkan durch das weite Oval. Die über 3000 stimmten begeisterte Hochrufe auf das ZK und die Regierung an.«

Zu den »Begeisterten« gehörten ganz sicher nicht die Demonstranten, die den Friedrichstadtpalast inzwischen erreicht hatten. Die Versammlung zu stören, war ihnen jedoch unmöglich, starke Gruppen von SED-Genossen und FDJ-Angehörigen stellten sich ihnen entgegen. Immerhin erschien den SED-Kadern die Situation als so gefährlich, dass sie nur geschlossen und unter Polizeischutz den Heimweg antraten. Auch an den Sektorengrenzen kam es an diesem Abend zu ersten Zwischenfällen: An der Oberbaumbrücke wurden Sektorenschilder gewaltsam entfernt und Volkspolizisten und Mitarbeiter des Amtes für Warenkontrolle angegriffen. Das Wetter kam in dieser Situation den bedrängten Volkspolizisten zugute. Bei starken Regenschauern zogen sich die Demonstranten vorerst zurück.

Die Volkspolizei stand an diesem 16. Juni dem Geschehen nahezu hilflos gegenüber. »Man kann sagen, daß nicht die leiseste Ahnung vorhanden war, Ereignissen entgegenzugehen, wie sie sich in den darauffolgenden Tagen entwickelten und deren Ausgangspunkt der 16. 6. 1953 sein sollte. Als in den Mittagsstunden die ersten Mitteilungen über einen Streik der Bauarbeiter in der Stalinallee laut wurden, begann das große Rätselraten. Niemand konnte sich auch nur annähernd vorstellen, daß eine solche Sache der Wahrheit entsprechen könnte«, räumte Volkspolizei-Kommandeur Koch später ein.[9] Umso mehr bereitete sich die Hauptverwaltung der Volkspolizei auf den neuen Tag vor, für den zum Generalstreik aufgerufen war. Noch am Abend wurden – unabhängig von den Maßnahmen des Polizeipräsidiums – zweihundert Mann des Wachbataillons an das Ost-Berliner Volkspolizei-Präsidium (PDVP) in der Nähe des Alexanderplatzes abgeordnet, Posten verstärkt und weitere Kräfte aus den Zentralschulen und

Wacheinheiten nach Berlin beordert. Dreihundert Abschnittsbevollmächtigte (ABV) aus dem Bezirk Potsdam wurden dem PDVP unterstellt, die ABV der Bezirke Leipzig und Magdeburg hatten sich zum Abmarsch nach Berlin bereitzuhalten. Morgens um vier Uhr wurde Alarm ausgelöst, alle Berliner Volkspolizisten hatten sich unverzüglich in ihren Dienststellen einzufinden.

Die Führung der SED kam am Vormittag des 16. Juni im Haus der Einheit in der Wilhelm-Pieck-Straße, der heutigen Torstraße, zu einer turnusmäßigen Sitzung des Politbüros zusammen, in deren Verlauf sie von den beginnenden Streiks in der Stalinallee Nachricht erhielt. Die Sitzung wurde unterbrochen, ein Kurierdienst zum Haus der Ministerien an der Leipziger Straße eingerichtet ebenso wie eine telefonische Direktverbindung. Nachdem das Politbüro seine Besprechungen wieder aufgenommen hatte, kam es – wie sich Heinz Lippmann, damals Sekretär des FDJ-Zentralrates, erinnerte – zu heftigen Auseinandersetzungen zwischen Walter Ulbricht auf der einen und Stasi-Minister Wilhelm Zaisser und dem Chefredakteur des »Neuen Deutschland«, Rudolf Herrnstadt, auf der anderen Seite. Die beiden, die zu Ulbrichts innerparteilichen Gegnern gehörten, wurden im Übrigen kurz nach dem 17. Juni aus ihren Ämtern entlassen.[10] Auch nach der Parteiaktivtagung im Friedrichstadtpalast trat das Politbüro am späten Abend zusammen, wobei zu dieser Zeit bereits mit sowjetischen Vertretern über die Evakuierung der Familienangehörigen in die Sowjetunion verhandelt wurde. Mit anderen Worten: Die SED-Spitze bereitete zu diesem Zeitpunkt ihre Flucht vor.

Das Verhalten der SED- und der FDJ-Führung in den kritischen Stunden, insbesondere am 17. Juni, beschreibt anschaulich Karl Wilhelm Fricke:

»Borkowski [Redakteur bei ›Unser Rundfunk‹ und 1. Sekretär der FDJ-Kreisleitung Reinickendorf, d. Aut.] wurde Heinz Lippmann zugeordnet, in dessen Zimmer er später Zeuge einer ›deprimierenden Szene‹ wurde, als vom Zentralkomitee das Büro Ulbricht anrief und die FDJ-Führung aufrief, die Familien der leitenden Genossen für eine Evakuierung in die Sowjetunion bereitzumachen. Lippmann lehnte ab mit dem Argument, er halte es für seine Pflicht, in der Stunde der Gefahr an seinem Platz zu bleiben. ›In diesem Augenblick betritt Erich Honecker das Zim-

Vergeblich versuchte die mit Gummiknüppeln ausgerüstete Volkspolizei, mit Straßensperren Demonstranten aufzuhalten.

mer, zusammen mit Margot Feist-Honecker, und hört gerade noch den Schluß des Gespräches. Wütend belehrt er seinen Stellvertreter, daß die Parteidisziplin erfordere, der Weisung Walter Ulbrichts zu folgen. Der angebotene Schutz durch die Genossen entspricht der besseren Erfahrung. Wer soll denn später den Kommunismus aufbauen, wenn wir der Konterrevolution zum Opfer fallen?‹«[11] Zur Flucht in die Sowjetunion kam es nicht, doch wurde am 17. Juni die SED-Parteiführung ins sowjetische Hauptquartier nach Karlshorst befohlen, wo sie de facto unter Quarantäne stand. Das Gesetz des Handelns hatte die sowjetische Besatzungsmacht übernommen, ihre deutschen Statthalter taugten nicht einmal mehr als Ausführungsgehilfen.

Bereits am frühen Morgen des 17. Juni war klar, dass der Aufruf zum Streik auf fruchtbaren Boden gefallen war. Bei Schichtbeginn um sechs Uhr weigerten sich unzählige Arbeiter, in die

Eine Reihe von Baracken des DDR-Amtes für die Kontrolle des Warenverkehrs – wie hier an der Friedrichstraße / Ecke Schützenstraße im Berliner Bezirk Mitte – gingen am 17. Juni 1953 in Flammen auf.

Werke zu gehen. Sie führten erregte Diskussionen und machten sich auf den Weg in das Ost-Berliner Zentrum. Zwei Ziele kristallisierten sich heraus: der Alexanderplatz und das Haus der Ministerien. Gegen 7.30 Uhr setzte die Volkspolizei zwei Kompanien Einsatzkräfte zum Schutz des Hauses der Ministerien in Marsch. Die ersten kleineren Gruppen von Demonstranten, die vor der Volkspolizei eingetroffen waren, wurden unter Einsatz von Polizeiknüppeln vertrieben. Auch ein weiterer Zug, der sich in Richtung des Potsdamer Platzes und damit zur Sektorengrenze bewegte, wurde zunächst aufgerieben. Der Erfolg der Volkspolizei währte nicht lange:

»Die zersprengten Teile schlossen sich zu einem neuen Demonstrationszug zusammen, der noch größer war, und sie zogen gemeinsam zur Sektorengrenze. Dort stießen zu dem Zug zahlreiche Westberliner, und es begann jetzt ein großer Tumult. Dabei wurden Steine auf die Volkspolizei geworfen und die Wachbaracken des AKW [Amt für Kontrolle des Warenverkehrs, d. Aut.] und der Volkspolizei niedergebrannt.«[12]

Nahezu ohne Unterbrechung erreichten immer neue Demonstrationszüge die Leipziger Straße und zwangen die Volkspolizei, zurückzuweichen und den Schutzgürtel um das Haus der Ministerien immer enger zu ziehen. Die HO-Imbissbude gegenüber dem Haus der Ministerien wurde in Brand gesteckt, die Menschen begannen das »Deutschlandlied« und das »Schlesierlied«, die »Hymne« der aus ihrer Heimat vertriebenen Deutschen, zu singen. Die Führung der Volkspolizei wartete auf den Schießbefehl, doch dieser blieb vorerst aus. »Statt dessen mischten sich immer wieder Genossen aus dem Haus der Ministerien ein und kamen mit solch kindischen Vorschlägen, wie Einsatz von Agitatoren unter die aufgehetzte Menge. [...] Für die Angreifer war das Verhalten der VP nur eine moralische Unterstützung. Sie sahen die Ohnmacht der Regierung und ihres bewaffneten Organs auf der einen Seite wachsen, und auf der anderen Seite stieg ihr Kraftbewußtsein.«

Mit Panzern und Kanonen gegen die Berliner

Aller Mut half den aufgebrachten Menschen nichts. Längst befanden sich die sowjetische 1. mechanisierte Schützendivision aus Döberitz, feldmarschmäßig ausgerüstet, sowie weitere Einheiten aus dem Raum Zossen/Großbeeren auf dem Marsch nach Berlin. Auch in West-Berlin war das Dröhnen der Panzerkolonnen zu hören, das nichts Gutes verhieß. Erste Kräfte trafen bereits um 10.30 Uhr vor dem Haus der Ministerien ein und damit früher, als in den meisten Berichten angeben wird, in denen von zwölf Uhr die Rede ist. Die sowjetischen Panzer wurden mit wütendem Protest empfangen, doch blieb den Menschen nichts anderes übrig, als zurückzuweichen, nachdem die Panzerkommandanten rücksichtslos in die Demonstrationszüge hineinfuhren. Der Zynismus der Volkspolizei-Spitze wird darin deutlich, dass sie dieses brutale Vorgehen als »unbekümmertes Postieren der Panzer auf den vorgesehenen Plätzen« verharmloste. Unter dem Schutz der sowjetischen Kräfte wagte sich nun auch die Volkspolizei vor und räumte mit Gewalt zunächst die Leipziger Straße. Im »Tagesspiegel« wurde das Geschehen so beschrieben: »Mehrere hundert Sowjetsoldaten mit leichten Feldgeschützen und Panzerabwehrkanonen wurden zur Verstärkung herangezogen. Um die Mittagszeit eröffneten ›Volkspolizisten‹ aus Karabinern und Maschinenpistolen das Feuer auf die demonstrierenden Arbeiter. Eine vieltausendköpfige Menge stob in die Nebenstraßen und zum Potsdamer Platz.«[13] Zugleich setzte eine erste große Verhaftungswelle ein. Dennoch geriet die Situation aus Sicht der »Staatsorgane« außer Kontrolle. Zwar war die größte Gefahr am Haus der Ministerien für den Moment gebannt, doch nun setzten die Demonstranten das Columbus-Haus in Brand und strömten der Sektorengrenze am Potsdamer Platz zu, wo sie jedoch von sowjetischen Einheiten und Posten der Kasernierten Volkspolizei zurückgedrängt wurden. Weitere Schwerpunkte waren zu dieser Zeit der Alexanderplatz und speziell das Präsidium der Volkspolizei. Vier Mannschaftstransportwagen und mehrere Polizei-Lastwagen gingen in Flammen auf, die Volkspolizei musste sich zunächst in das Gebäude zurückziehen, schlug dann aber zu und vertrieb die Demonstranten. Mit welcher Brutalität die sowjetische Besatzungsmacht gegen die Demonstranten vorging, zeigte sich in erschreckender Weise in der Friedrichstraße, nahe des Sektorenüberganges Checkpoint Charlie. Junge Arbeiter empfingen die anrückenden Panzer mit Steinhageln und versuchten, die Antennen abzureißen. In einem Fall gelang es ihnen sogar, einen Balken in die Ketten eines Panzers zu werfen und ihn damit manövrierunfähig zu machen. Mit Maschinengewehrsalven feuerten die Soldaten nun in die Menge und verletzten zahlreiche Demonstranten, die mit Rettungswagen in West-Berliner Krankenhäuser gebracht wurden. Helfer des Roten Kreuzes – und dieses ist durchaus erwähnenswert –, die die Verletzten bargen, wurden nach Augenzeugenberichten übrigens nicht beschossen.

In der Zwischenzeit hatte die Ost-Berliner Verkehrsgesellschaft (BVG) den gesamten Verkehr im Ostteil der Stadt eingestellt, die S-Bahn, die unter der Regie Ost-Berlins stand, fuhr in ganz Berlin nicht mehr. Panzer sicherten das Gebäude der sowjetischen Botschaft Unter den Linden, das SED-Zentralkomitee in der Wilhelm-Pieck-Straße sowie den Pariser Platz vor dem Brandenburger Tor, auf dem die rote Fahne der sowjetischen Besatzungsmacht wehte. Dieses Symbol war Ziel des damals 22 Jahre alten Lastwagenfahrers Horst Ballentin. Zusammen mit einem Unbekannten stieg er die enge Wendeltreppe zur Plattform des Bran-

Sowjetische Panzer auf ihrem Weg zum Haus der Ministerien (BStU).

Ohnmächtiger Zorn: Mit Pflastersteinen gingen Demonstranten auf dem Leipziger Platz gegen sowjetische Panzer vor – aufhalten konnten sie sie nicht.

Bilder, die um die Welt gingen: Nach 1945 eroberten sowjetische Panzer den Ostteil Berlins ein zweites Mal.

Mit Knüppeln schlugen Demonstranten auf sowjetische Panzer ein, andere versuchten, auf die Kolosse zu klettern und die Antennen abzureißen.

Mit einem riesigen Militäraufgebot räumte die sowjetische Besatzungsmacht den Platz vor dem Haus der Ministerien und riegelte diese SED-Machtzentrale an der Leipziger Straße/Ecke Wilhelmstraße anschließend hermetisch ab. Die Volkspolizei ist im Hintergrund zu sehen.

Auf dem Potsdamer Platz kam es zu heftigen Straßenschlachten. Die Volkspolizei griff jedoch erst dann massiv ein, als sowjetische Truppen aufmarschiert waren und die Menge mit Panzern und Schüssen in die Flucht trieben.

Brennender Zeitungskiosk auf dem Potsdamer Platz (BStU).

denburger Tores hinauf. Unter den Augen von deutschen Volkspolizisten wie sowjetischen Soldaten misslang der erste Versuch, die rote Fahne von ihrem Mast zu lösen, beide brachten sich zunächst wieder in Sicherheit. Ballentin aber wollte nicht aufgeben, zumal die bewaffneten Kräfte auf der Ostseite des Tores bisher keine Anstalten gemacht hatten, in irgendeiner Weise einzugreifen. Erneut kletterte er die enge Wendeltreppe hinauf – wiederum in Begleitung eines ihm Unbekannten –, und dieses Mal gelang das Vorhaben. Die rote Fahne fiel und wurde von der Menschenmenge, die sich um das Tor versammelt hatte, zerrissen und verbrannt. Dem 22-Jährigen reichte das nicht, er wollte unbedingt die Berliner Bärenfahne hissen, doch die Situation gestaltete sich nun geradezu aberwitzig. Ballentin fuhr zunächst zur Siegessäule, um dort eine Fahne zu bekommen, dann zu einem Betrieb in der Potsdamer Straße, erhielt dort ein paar Mark, damit er endlich in einem kleinen Laden die ersehnte Flagge kaufen konnte. Nach Stunden – der Ausnahmezustand war bereits verhängt – war er wieder am Brandenburger Tor. Dort waren inzwischen einige Arbeiter auf der Plattform gewesen, hatten die schwarz-rot-goldene

Unter Lebensgefahr hatten Demonstranten die rote Fahne der Kommunisten vom Brandenburger Tor geholt, sie zerrissen und anschließend die Berliner Bären-Flagge gehisst.

Fahne geschwenkt, sich dann aber angesichts von im Osten aufgebauten Maschinengewehren wieder zurückgezogen. Dennoch stieg Ballentin – nun zum dritten Mal – auf das Tor und hisste die Berliner Flagge, während die ersten Schüsse fielen und die Fahne teilweise zerfetzten. Ballentin hatte Glück. Im Schutz der Menschenmenge, die Tausende zählte, konnte er sich vor den anrückenden sowjetischen Soldaten und Volkspolizisten in Sicherheit bringen.

Zu einem tragischen Ereignis sollte es dagegen auf dem Marx-Engels-Platz – heute wieder Schlossplatz – kommen. 50 000

Die scheinbar »entspannte« Atmosphäre täuscht: Auf der Prachtstraße Unter den Linden kam es zu schweren und blutigen Auseinandersetzungen zwischen Demonstranten und sowjetischen Kräften.

Menschen hatten sich hier um die Mittagszeit versammelt, als plötzlich etwa zwanzig sowjetische T-34-Panzer auffuhren. Die Menschen reagierten mit Pfui-Rufen, als die Panzer begannen, den Platz zu umkreisen, und ein sowjetischer Offizier vom Führungspanzer aus die Menge aufforderte, sich zu zerstreuen. Die Panzer fuhren in scharfen Kurven über den Marx-Engels-Platz, den Menschen blieb nichts anders übrig, als panikartig die Flucht zu ergreifen. Ein junger Demonstrant musste seinen Einsatz für Freiheit mit dem Leben bezahlen: Beim Zurücksetzen eines Panzers wurde er von den Panzerketten zermalmt.

Für das Präsidium der Volkspolizei war mit der Verhängung des Ausnahmezustandes um 13 Uhr der Volksaufstand beendet. Das Geschehen von den Mittagsstunden an wurde mit wenigen Zeilen abgetan: »Für die Volkspolizei entstand nun die Aufgabe, die im demokratischen Sektor noch vorhandenen Elemente aufzuspüren und dingfest zu machen. Diese Aufgabe wurde sofort aufgenommen, verstärkte Streifen patrouillierten durch die Straßen, und die sichergestellten Fahrräder der Verhafteten erwiesen

Ein Bild der Verwüstung und der Trostlosigkeit: Berlin-Mitte am 17. Juni 1953

hierbei einen guten Dienst. Den ganzen Abend und die darauffolgende Nacht erfolgten noch zahlreiche Festnahmen von versteckten Elementen.«[14]

Dieses Bild entspricht in keiner Weise der Wirklichkeit. Denn auch nach dem Inkrafttreten des Ausnahmezustandes hielten die Demonstrationen gegen das SED-Regime bis in die Abendstunden an. Die Menschen versuchten, das Polizeipräsidium sowie eine Dienststelle der Staatssicherheit in der Friedrichstraße zu stürmen, demolierten HO-Geschäfte und Kioske, stürzten das Stalin-Denkmal an der Stalinallee um und forderten vor der sowjetischen Botschaft freie Wahlen, obwohl die sowjetischen Truppen jedes wichtige Gebäude in Ost-Berlins Zentrum, jede wichtige Straßenkreuzung mit Panzern, mit Panzerabwehrkanonen und anderen schweren Waffen besetzt hielten. Erst nach nahezu ununterbrochenem Einsatz ihrer Schusswaffen gelang es gegen 19 Uhr den sowjetischen Soldaten mit Unterstützung von Volkspolizei und KVP, die Ost-Berliner Straßen zu räumen. Am Abend verstärkte die sowjetische Besatzungsmacht ihre militärische Präsenz weiter. Das Volkspolizei-Revier (B) 5/59 meldete: »Nach 20.00 Uhr rollten, von nur kurzen Pausen unterbrochen, sowjetische

Militärstreitkräfte von der Boxhagener Straße kommend durch die Warschauer Straße Richtung Stadtzentrum.«[15]

Die Führung der Volkspolizei ignorierte in ihren Berichten den anhaltenden Volksaufstand nach Verhängung des Ausnahmezustandes nahezu vollständig. Davon, dass die Menschen nicht aufgegeben hatten, zeugt jedoch der Bericht der Feuerwehr, die zwar auch dem Präsidium der Volkspolizei unterstellt war, von dessen Leiter aber offensichtlich eine detaillierte Schadensaufstellung erwartet wurde.

»*Einsatz bei Bränden während der Provokationen.*

Neue Grünstraße, 15.37 Uhr, Unterstellpilz der Volkspolizei. Der Unterstellpilz war vor der Ankunft der Fw. niedergebrannt. [...]

Köpenicker Str., 15.48 Uhr, Holzbaracke des AKW. Infolge Gesamtausdehnung des Feuers beim Eintreffen der Fw. kein Erfolg.

Potsdamer Platz, 16.48 Uhr, Meldung über Brand des Columbus-Hauses, Einsatz erfolgte auf Anordnung der Polizeiführung nicht. [...]

Chausseestr., 17.55 Uhr, Baracke für Warenkontrolle. Durch Steinwurf von Provokateuren stark behindert. 50 qm brannten in voller Ausdehnung, dann Feuer eingekreist. [...]

Potsdamer Platz, 20.50 Uhr, Meldung über Brand des Hauses Vaterland lag bei der Polizeiführung im PDVP vor. Einsatz erfolgte auf Anordnung der Polizeiführung nicht.«[16]

Die Feuerwehr hatte bis in den Abend hinein von Demonstranten entfachte Brände zu löschen, während das Präsidium der Volkspolizei ausdrücklich das Löschen des Columbus-Hauses und des Café Vaterland am Potsdamer Platz untersagte und beide Gebäude ausbrennen ließ.

Erwähnt werden muss auch der folgende Vorfall, da er von der SED propagandistisch rigoros missbraucht wurde. Otto Nuschke, Mitglied der Ost-CDU und stellvertretender DDR-Ministerpräsident, war an der Freiarchenbrücke zwischen dem West-Berliner Bezirk Kreuzberg und dem Ost-Berliner Bezirk Treptow von Demonstranten in seinem Auto in den Westsektor geschoben und von der Polizei sofort in Schutzhaft genommen worden. Gegenüber einem RIAS-Reporter erklärte er, er betrachte den Einsatz des sowjetischen Militärs als völlig selbstverständlich, diese hätten ja auch »nur demonstriert«. Die SED beeilte sich natürlich sofort, von einer »Entführung« Nuschkes zu sprechen.

Noch eine Person bekundete ihre Solidarität mit den sowjetischen Statthaltern – Bertolt Brecht, der an Walter Ulbricht diese Grußadresse richtete:

»Lieber Genosse Ulbricht, die Geschichte wird der revolutionären Ungeduld der Sozialistischen Einheitspartei Deutschlands ihren Respekt zollen. Die große Aussprache mit den Massen über das Tempo des sozialistischen Aufbaues wird zu einer Sichtung und Sicherung der sozialistischen Errungenschaften führen. Es ist mir ein Bedürfnis, Ihnen in diesem Augenblick meine Verbundenheit mit der Sozialistischen Einheitspartei Deutschlands auszusprechen. Ihr Bertolt Brecht.«[17]

Auch Kurt Barthel, Sekretär des Schriftstellerverbandes der DDR, veröffentlichte seine Gedanken zum Volksaufstand, abgedruckt am 20. Juni im »Neuen Deutschland«:

»Maurer – Maler – Zimmerleute. Sonnengebräunte Gesichter und weißleinene Mützen, muskulöse Armee, Nacken – gut durchwachsen, nicht schlecht habt ihr euch in eurer Republik ernährt, man konnte es sehen. Vierschrötig kamt ihr daher... Als wenn man mit der flachen Hand ein wenig Staub vom Jackett putzt, fegte die Sowjetarmee die Stadt rein. Zum Kämpfen hat man nur Lust, wenn man die Ursache dazu hat, und solche Ursache hattet ihr nicht. Eure schlechten Freunde, das Gesindel von drüben, strich auf seinen silbernen Fahrrädern durch die Stadt wie Schwälbchen vor dem Regen. Dann wurden sie weggefangen. Ihr aber dürft wie gute Kinder um neun Uhr abends schlafen gehen.

Nach der blutigen Niederschlagung des Volksaufstandes beherrschten sowjetische Panzer das Straßenbild.

Für euch und den Frieden der Welt wachen die Sowjetarmee und die Kameraden der Deutschen Volkspolizei. Schämt ihr euch so, wie ich mich schäme? Da werdet ihr sehr viel und sehr gut mauern und künftig sehr klug handeln müssen, ehe euch diese Schmach vergessen wird.«

»Fortschrittliche« Belegschaften an der Spitze

Insgesamt streikten am 17. Juni in Ost-Berlin 61 000 Arbeiter in 37 Großbetrieben, dazu Tausende von Betriebsangehörigen in kleineren Unternehmen und damit mehr als in irgendeiner Großstadt der DDR. Als eine völlige Niederlage und ein Zeichen der Ablehnung muss die SED-Führung eine Übersicht der Abteilung Betriebsschutz des PDVP gewertet haben, die nachweist, dass auch und gerade in den Betrieben mit so genannter fortschrittlicher Belegschaft die Arbeit niedergelegt und gegen das Regime protestiert wurde. In dieser Liste sind 161 Betriebe aufgeführt,

Schon am Nachmittag des 17. Juni protestierten auf dem Oranienplatz im West-Berliner Bezirk Kreuzberg Hunderttausende gegen die gewaltsame Niederschlagung des Volksaufstandes im Ostteil der Stadt.

die über einen eigenen Betriebsschutz verfügten. In 74 Betrieben wurde teilweise gestreikt, in acht ruhte die Arbeit vollständig. 10 733 Belegschaftsmitgliedern, die sich nicht am Streik beteiligten, standen 11 033 gegenüber, die die Arbeit niedergelegt hatten.[18]

Hinzu kommt, dass sich die Proteste nicht auf bestimmte Berufe – wie etwa die Bauarbeiter – beschränkten, sondern alle Gruppen erfasst hatten: die Arbeiter in den Vieh- und Schlachthöfen ebenso wie Hafenarbeiter, Beschäftigte in den HO-Warenhäusern, des Berliner Glühlampenwerkes (BGW), der chemischen Industrie, Lagerarbeiter und Mitarbeiter des Rundfunk- und Fernsehzentrums Adlershof und der DEFA Filmgesellschaft. Und wenn die DDR-Staatsführung in vielen Berichten angab und der Öffentlichkeit weismachen wollte, schon am 18. Juni habe sich die Situation in Ost-Berlin und in den Betrieben wieder normalisiert, widerlegt eine weitere Aufstellung des Polizeipräsidiums derartige Behauptungen:

Für den 18. Juni musste die Zahl der streikenden Ost-Berliner

18. Juni 1953: Auf dem Potsdamer Platz, wo am Vortag zigtausend Menschen gegen das SED-Regime gekämpft hatten, herrschte nach Verhängung des Ausnahmezustandes nun Totenstille.

noch immer mit 24 364 angegeben werden, und dies zur Zeit des von der sowjetischen Besatzungsmacht verhängten Ausnahmezustandes. In einigen Betrieben hatte die Streikbewegung gegenüber dem 17. Juni sogar noch zugenommen: So im Werk für Fernmeldewesen (264/353), im VEB Ausbau (1.658/1.788) im IFA-Motorenwerk (31/37), im Rundfunkzentrum Adlershof (60/308) oder im Stemag Werk Pankow (44/330). In einer Vielzahl von kleineren Betrieben, in denen man am 17. Juni noch gearbeitet hatte, wurde am 18. erstmals überhaupt gestreikt, wie etwa in der Druckerei der »Täglichen Rundschau«, in der Garantie- und Kreditbank in der Jägerstraße, in der Gasag-Hauptverwaltung, in den Pharmazeutischen Werken Dr. Remmler, im VEB Schiffsbau-Konstruktionsbüro, beim Deutschen Kraftverkehr oder in der Treptower Konsum Süßwarenfabrik.

Wenn auch die Streikbewegung am 19. Juni an Gewicht verlor, befanden sich doch an diesem Tag noch immer 7.691 Berliner Arbeiter im Ausstand. Schwerpunkte waren zu diesem Zeitpunkt Bergmann-Borsig in Wilhelmsruh mit 935, der VEB Ausbau mit

Britische Militärpolizisten verfolgten das Geschehen auf dem Potsdamer Platz. Beobachten konnten sie am 18. Juni nur noch sowjetische Soldaten oder Volkspolizisten.

1.515 und das Transformatorenwerk »Karl Liebknecht« Oberschöneweide (TRO) mit 630 Streikenden.[19]

Waren die Spitze der Partei und die Führung der Volkspolizei trotz zahlreicher Warnungen und konkreter Hinweise von den Protesten des 17. Juni überrascht worden, schienen die Kommandostrukturen am 18. Juni wieder zu funktionieren. Fernschriftlich wurden alle Volkspolizei-Inspektionen davon in Kenntnis gesetzt, dass Ansammlungen in Fabriken mit allen Mitteln zu unterbinden, Beschäftigte, die sich weigerten, die Arbeit aufzunehmen, aus den Betrieben zu entfernen seien und bei Widerstand »die Rechte des Ausnahmezustandes in vollem Umfang« angewendet werden müssten. Die Streifen in den Straßen wurden verstärkt und hatten darauf zu achten, dass nicht mehr als drei Personen zusammenstehen durften. Diskussionsgruppen sollten – wiederum unter Berufung auf den Ausnahmezustand – mit allen zur Verfügung stehenden Mitteln aufgelöst werden.[20]

Personen, bei denen »Verdachtsmomente« vorlagen, die jedoch nicht zur Einleitung eines Strafverfahrens ausreichten, waren in das Sammellager Magerviehhof in Alt-Friedrichsfelde zu bringen; Gleiches galt für alle, die wegen Verletzung der Sperrstunde zwischen 21 Uhr und fünf Uhr früh festgenommen wurden. Die PDVP-Statistik widerlegt im Übrigen den häufig vermittelten Eindruck, vorwiegend Jugendliche – und hier »Rowdys« aus West-Berlin – hätten sich gegen das System gewandt und den Aufruhr angezettelt. Denn unter der Rubrik »soziale Zusammensetzung« der am 17. Juni Verhafteten werden 382 Arbeiter, fünfzig Angestellte, jedoch nur 24 Schüler sowie je fünf Lehrlinge und Studenten angeführt.

Aufschlussreich ist die Übersicht über die Zerstörungen, die im Laufe des 17. Juni in Ost-Berlin angerichtet wurden. Sie führt die Behauptung der SED ad absurdum, dass die Demonstranten willkürlich plündernd durch die Straßen gezogen seien. Vielmehr wird deutlich, dass vorwiegend Einrichtungen und Symbole des verhassten Regimes Zielscheiben des Volkszorns waren. In einer akribisch geführten Liste führte der PDVP-Operativstab Schäden in Höhe von 500 771,50 Mark auf, wobei lediglich die Volkspolizei-Inspektionen Köpenick und Weißensee »Fehlanzeige« gemeldet hatten. Brennpunkt des Geschehens war zwangsläufig der Bezirk Mitte, konzentrierten sich doch hier die meisten Einrichtungen von SED und Regierung. Allein mit 130 000 Mark wurde der Schaden am Columbus-Haus am Potsdamer Platz beziffert, während sich die Schäden am Haus der Ministerien in Grenzen hielten, wo lediglich einige Scheiben zu Bruch gingen. Gestürmt und verbrannt wurden – wie oben erwähnt – die AKW-Baracken unter anderem am Leipziger Platz, in der Friedrichstraße und Köpenicker Straße sowie eine Baracke der Nationalen Front. Dazu wurden zwei Baracken der Volkspolizei beschädigt. Fenster wurden eingeworfen beziehungsweise Inneneinrichtungen zerstört im Büro des Demokratischen Frauenbundes und mehrerer FDGB- und FDJ-Einrichtungen. Transparente und Flaggen wurden heruntergerissen, die Scheiben des Busses der Akademie für Rechtswissenschaften »Walter Ulbricht« eingeworfen wie auch die Fenster des Klubhauses der Gesellschaft für Deutsch-Sowjetische Freundschaft in der Schönhauser Allee. Bemerkenswert ist nicht zuletzt, dass zahlreiche Sektorenschilder wie auch Sperren und Bodenwellen zwischen West- und Ost-Berlin beseitigt wurden. Dieses dürfte weniger einer Zerstörungswut zuzuschreiben sein,

Zahlreiche Sektorenschilder wurden niedergerissen. Die Menschen wollten zwar auch bessere Lebensbedingungen, vor allem aber auch ein geeintes Berlin.

als vielmehr dem Wunsch nach einem wieder geeinten Berlin. Trotzdem wurde auch eine Vielzahl von HO-Imbissständen und Lebensmittelläden ausgeraubt und zerstört. [21]

Widerstand in den Kinosälen

Auch wenn vom 20. Juni an in den Ost-Berliner Betrieben nahezu wieder vollständig gearbeitet wurde, hatte sich die Stimmung in der Bevölkerung keineswegs zu Gunsten der Herrschenden geändert. Zur tiefen Unzufriedenheit über die Lebensbedingungen war nun Resignation getreten. Gegen SED und Regierung wurde jetzt auf andere, subtilere Weise protestiert. Am 22. Juni meldete die Friedrichshainer Volkspolizei, dass in den Friseurgeschäften weiterhin vielfach »negative Diskussionen geführt« würden und Hausfrauen sich gegen das Schlangestehen wendeten. Zeitungshändler berichteten von einem »starken Nachlassen ihres Umsatzes und folgerten, daß sich ein großer Teil der Bevölkerung vom ›Rias‹ beeinflussen läßt«.

Als eindrucksvolle politische Demonstration muss der Besuch – oder eben der Nicht-Besuch – von Kinos gewertet werden:

»Die Genossen ABV stellen folgendes in bezug auf den Besuch von Filmtheatern fest:

Amor-Lichtspiele: ›Modell Bianka‹ voll besetzt.

Trave-Lichtspiele: ›Lied von der Heimat‹ (sowj. Farbfilm) von ca. 30 Kindern besucht.

Kino ›Aboli‹: ›Die Unbesiegbaren‹ = 4 Personen.«

Auch die übrigen Meldungen – hier exemplarisch die der Volkspolizei-Inspektionen Friedrichshain und Mitte – widerlegten die offiziellen Behauptungen von der Ruhe, die nun eingekehrt sei: »Es wird darauf hingewiesen, daß im VEB Gaselan größere Beträge für Kranzspenden gesammelt werden. Diese Kränze sind für den ehem. Betriebsangehörigen Pannewitz bestimmt, der angeblich bei den Unruhen tödlich verletzt wurde. Die Beerdigung findet am Donnerstag, dem 25.6.53, zwischen 12.00 und 14.00 Uhr auf dem Friedhof in der Leninallee statt. Es wird vermutet, daß ein größerer Teil der Betriebsangehörigen, obgleich es die Betriebsleitung v e r b o t e n hat, an der Beerdigung teilnehmen wird. Zur Versorgung wird bemängelt, daß in allen HO- und Konsumverkaufsstellen keine Margarine zu haben ist. Auch hier kritisieren die Rentner, daß es ein unmöglicher Zustand ist, wenn beim Freibankfleischverkauf etwa 2.000 Menschen warten müssen. Weitere Stimmungen: Es ist gemein, daß man den Westsektor abriegelt, man kann sich noch nicht einmal ein bißchen Margarine kaufen. Es wird Zeit, daß die Sowjettruppen abrücken, ebenso die V [Volkspolizisten, d. Aut.] aus Sachsen.

Eine sowj. Militärstreife verwies gestern Abend, kurz vor der Sperrstunde, einige noch anwesende Lokalgäste. Der Schmied des VE-Gutes verließ nur zögernd die Gaststätte und äußerte: ›Nun werden wir wie das Vieh in die Häuser gejagt.‹ […] Die Hausvertrauensfrau Elli W., Mahlsdorf, brachte zum Ausdruck, daß sie in den letzten Tagen nicht mehr gegrüßt und beachtet wurde. Desgleichen erhalten ihre Kinder auf ihren Gruß Erwachsenen gegenüber keinen Dank mehr. Der Ehemann der W. ist Mitglied der SED, die Kinder Mitglieder der Jungen Pioniere. Ähnliches wurde auch von anderen fortschrittlichen Menschen berichtet. [...] Eine Frau erklärte, daß sie kein Vertrauen mehr haben kann, da in dem Betrieb ihres Mannes jedem Arbeiter eine Liste vorgelegt wird, auf der er unterschriftlich sein Vertrauen zur Regierung bestätigen soll. Sie brachte zum Ausdruck, daß diese Form des Vertrauensbeweises einen moralischen Zwang bedeuten würde.«[22]

Einem solchen Zwang wurden auch die Teilnehmer einer »Standkundgebung« ausgesetzt, die am 26. Juni ihre Solidarität mit der SED und der sowjetischen Besatzungsmacht zum Ausdruck bringen sollten. Mit Losungen und Kampfliedern zogen drei Marschsäulen von Friedrichshain, Mitte und Prenzlauer Berg zum Haus der Ministerien, doch die Kundgebung verlief keinesfalls nach den Vorstellungen der Funktionäre, wenn dieses auch in dem Bericht darüber nicht eingestanden wurde. Da plötzlich starker Regen einsetzte, verließen etwa tausend der 4.500 Teilnehmer aus Prenzlauer Berg den Zug, ähnlich sah es auch bei den übrigen beiden Marschsäulen aus. Für den PDVP-Operativstab Anlass, die Aktion kräftig zu schönen:

»In der Straße Unter den Linden und den umliegenden Straßen hatten sich sowjetische Soldaten vor ihren dort abgestellten Fahrzeugen aufgestellt, und es entstand ein freundschaftliches Hin- und Her-Rufen und Klatschen und Winken. Die Straßen waren fast frei und nur vereinzelt von Zuschauern umsäumt. [...] Die Demonstranten waren in kürzester Zeit völlig durchnäßt, was ihre Kampfstimmung aber keinesfalls beeinträchtigte. Eine Gruppe von etwa 50 Eisenbahnern begab sich trotz des strömenden Regens zu einer am Platze stationierten sowjetischen Einheit, wobei Geschenke überreicht wurden und beide Gruppen ›Hurra‹ riefen.«[23]

Die fünfzig Eisenbahner, die den sowjetischen Soldaten das »Hurra« zuzurufen hatten, dürften die Stimmung in der Ost-Berliner Bevölkerung kaum korrekt wiedergegeben haben. Denn in den Berichten der Abschnittsbevollmächtigten klang es anders. Diese »ABV« waren in den Tagen nach dem 17. Juni besonders gefordert. Ihnen war die Aufgabe zugewiesen worden, die Stimmung der Bevölkerung und eventuelle neue »gegnerische Vorbereitungen« zu erkunden. Sie überprüften die Hausbücher in ihren

Revieren und kontrollierten Wohnungen. Was sie berichteten, unterschied sich wesentlich von den offiziellen Erklärungen, nicht zuletzt auch im Hinblick auf den Einsatz und das Vorgehen der sowjetischen Truppen.

Aus Köpenick wurde gemeldet, Frauen brächten zum Ausdruck, »daß sie glauben, ähnlich wie im Jahre 1945 beim Einmarsch der sowjetischen Streitkräfte, wieder für bestimmte Arbeiten herangezogen zu werden, weil in der Wuhlheide größere Truppenkontingente stationiert sind. Es wird dabei auch die Ansicht vertreten, daß es evtl. wieder Übergriffe von seiten sowj. Soldaten auf Frauen geben würde.«[24] Manche Zivilpersonen würden ihre Unterhaltung abbrechen, wenn Volkspolizisten nahten, hieß es aus Pankow, und im Hinblick auf die »Freunde«:

»Über das Einschreiten der sowj. Armee gehen die Meinungen vielfach sehr auseinander. Während ein geringer Teil diese Maßnahme begrüßt, lehnt ein größerer Teil sie ab. Zum letzteren ein Beispiel aus der VE-Lederfabrik ›Solidarität‹. Hier äußerte eine Kollegin, die Mitglied der Deutsch-sowj. Freundschaft ist: ›Ich will keinen Beitrag mehr zahlen, denn die sowj. Panzer sind in einen friedlichen Demonstrationszug hineingefahren, dieses ist keine sowj. Freundschaft‹.«

Viele Menschen in Ost-Berlin fühlten sich zweifellos an die erste Nachkriegszeit erinnert und hatten schlicht Angst. Sie waren verunsichert und wussten nicht, was sie von den sowjetischen Soldaten zu erwarten hatten und wie sie sich ihnen gegenüber verhalten sollten. Im Bezirk Mitte hatten die Abschnittsbevollmächtigten beispielsweise diese Erfahrungen gemacht:

»Von der Bevölkerung wurden Fragen an die ABV gestellt, wie lange der Ausnahmezustand noch dauert und wann sich die sowj. Truppen wieder zurückziehen. Auf die Frage, warum, kam zum Ausdruck, vor allem in der Landwehr- und umliegenden Straßen, daß die Bevölkerung darüber beunruhigt ist, daß Schießereien des Nachts stattfanden. Von Geschäftsinhabern wird gefragt, ob sie an sowj. Soldaten Schnaps und Bier verkaufen dürfen. Von Lokalinhabern wird gefragt, ob sich mehr als drei Personen im Lokal aufhalten dürfen, da von den sowj. Soldaten Kontrollen gemacht wurden. In der Melchior- und Adalbertstr. herrschte unter einem Teil der Bewohner [die Furcht, d. Aut.], daß sie jetzt, da die Russen da seien, ihre Wohnungen verlassen müßten. Eine

Bewohnerin in der Fischerstr. verriegelte ihre Tür extra mit einer Eisenstange, da sie der Meinung war, daß sich ein 1945 wiederholen würde.« Dass »gegenüber den sowjetischen Einheiten in der Bevölkerung eine ängstliche Stimmung vorhanden« ist, wurde auch aus Friedrichshain bestätigt: »Grund dafür ist, daß in der Barnimstr. der Erich Naft, wohnhaft Barnimstr., erschossen wurde. [...] In der Barnimstr. wurde auch gesagt, nach dem Ami haben wir gerufen, und der Russe ist gekommen. Jetzt müssen wir machen, was die Russen wollen.«[25] Hinzu kommt, dass in den Tagen nach dem 17. Juni zahlreiche Bauarbeiter ganz offiziell bei den volkseigenen »Bau-Unionen« ihre Kündigung einreichten und sich nach West-Berlin absetzten.

Die Demonstrationen waren niedergeknüppelt und niedergeschossen worden, und die Stimmung gegenüber der SED und der sowjetischen Besatzungsmacht verschlimmerte sich von Tag zu Tag. Am 19. Juni berichtete die Abteilung Kriminalpolizei des Volkspolizei-Präsidiums unter anderem über diese Vorfälle:

An der Ecke Friedrichstraße/Leipziger Straße erklärte eine Rentnerin, die zwar in Ost-Berlin wohnte, aber in West-Berlin eine Rente bezog, dass die Russen und die VP mit der Schließung der Sektorengrenzen die Bevölkerung wohl aushungern wolle. Man könne sich nicht einmal mehr ein halbes Pfund Margarine kaufen.

Die Unterhaltung mit einem »biertrinkenden Arbeiter« erbrachte dieses:

»Ich weiß nicht, wer Sie sind, und Sie wissen nicht, wer ich bin. Vielleicht zieht einer nachher den Ausweis aus der Tasche und sagt ›Komm mit‹. Wir wissen ja alle selber, wo uns der Schuh drückt, wir wollen mehr essen und besser leben, auch möchte ich mal ein Paar Lederschuhe an die Beene haben. Nach 8 Jahren will man endlich wissen, wo man hingehört. Wir sind doch alle Sklaven, die im Westen vom Ami und die bei uns, na ja. Arbeiter holen den Arbeiter, und wann sie mich holen, ich bin ja hier und habe Urlaub durch das Theater.«[26]

Während in den Unterlagen der Volkspolizei und der Staatssicherheit verletzte oder gar getötete Demonstranten kaum Erwähnung finden, wird in zahlreichen Dokumenten ausführlich über verletzte Volkspolizisten berichtet. 54 hatten nach den Unterlagen stationär im VP-Krankenhaus behandelt werden müssen, zumeist wegen Prellungen, Platzwunden, Gehirnerschütterungen, aber auch Schussverletzungen. Weitere 65 konnten nach ambulanter Behandlung entlassen werden. Bemerkenswert sind die Briefe, die diese Volkspolizisten aus dem Krankenhaus an ihre Verwandten und Freunde schrieben. Natürlich wurden sie von der PDVP-Politabteilung geöffnet, kontrolliert und teilweise beschlagnahmt. Passieren durften nur die Schreiben, welche die offizielle Version über die Ursachen und den Verlauf der Unruhen beinhalteten. So waren denn auch diese Zeilen eines verletzten Volkspolizisten aus Köthendorf ganz im Sinn der Partei:

»Meine Lieben, es waren schwere Stunden, die wir am 17. 6. durchstanden haben, aber die Hauptsache war dabei, daß die Provokateure, welche zum überwiegenden Teil sich aus Westberliner Faschisten und Verbrechern zusammensetzten, eine Abfuhr erlitten haben. Mordend, raubend und plündernd und dem Vernichtungswahn verfallen, zogen diese Unmenschen durch die Straßen Berlins.

Liebes Buttchen, ich kann Dir sagen, hierbei hat man die amerikanische Unkultur gesehen, die durch die Gangstermethoden der halbwüchsigen Burschen in halblangen Hosen, Ringelsocken und Texashemden zum Ausdruck kam.«[27]

Ähnlich schrieb ein Volkspolizist aus Elstertrebnitz:

»Du wirst am Zuge warten, und Dein Kurt kommt nicht. Es trat plötzlich ein Moment ein, wo wir nach Berlin abberufen wurden. Du wirst ja schon gehört haben, welch ein Verbrechen unsere Gegner geplant hatten und am 17. 6. durchführen wollten. Dieses Vorhaben ist aber an all unserer Kraft gescheitert. Am 17. 6. 1953, 12.20 Uhr, wurde auch ich durch Mordbubenhand niedergeschlagen.«

Die Frage stellt sich, ob diese Briefe tatsächlich der Diktion eines Volkspolizisten entsprachen, in denen es unter anderem auch hieß:

»Ich weiß, ich habe meine Pflicht getan, und ich werde sie weiter tun. Ich bitte Dich, sei stark mit mir, und hasse unsere Gegner noch mehr als bisher, denn auch sie haben nach meinem Leben getrachtet.«

Neben der »klaren politischen Sprache in 70% der Briefe« sei ein »ständig hervorgehobener Punkt bei den verletzten Genossen ihr Stolz und ihre Freude über den Besuch des Gen. Generalinsp.

Karl Maron« gewesen, lobte sich die PDVP-Politabteilung selbst und zitierte: »Gestern hat uns unser Chef der Volkspolizei Karl Maron im Revier besucht, von ihm haben wir jeder eine Schachtel Zigaretten bekommen. Wir können stolz sein auf unseren Chef, ein prächtiger Kerl.« Entsprechend begeistert klang auch die »Information Nr. 4« der PDVP-Politabteilung vom 21. Juni, die den Besuch von Maron und PDVP-Chef Waldemar Schmidt im Berliner Volkspolizei-Krankenhaus zum Inhalt hatte. »Ein Genosse stellte fest: ›Wir leben hier wie die Made im Speck.‹« In einer Grußadresse bedankten sich die Verletzten für den Besuch und erklärten:

»Wenn wir auch hier in Berlin für einige Zeit durch unsere Verletzungen körperlich behindert sind, so sind wir aber gerade und deshalb fester und entschlossener im Kampf um Einheit und Frieden geworden. [...] Treu zu unserer Partei und der mächtigen Sowjet-Union geloben wir, nach Rückkehr in unsere Abschnitte noch besser und gewissenhafter zu arbeiten, damit es dem Gegner nicht noch einmal gelingt, unsere Errungenschaften anzugreifen.«[28]

Allerdings klangen keineswegs alle Schreiben so begeistert. Es gab auch eine Reihe von Briefen, bei denen »die Wachsamkeit bei der Schilderung des Kampfes gegen Provokateure« derart verletzt wurde, »daß die Briefe nicht abgeschickt werden konnten«. Die besorgten Verwandten durften nichts über die Stärke der nach Berlin beorderten Einheiten erfahren. Konfisziert wurden deshalb Schreiben mit solchen Aussagen: »Unser gesamter Lehrgang ist hier, haben über 30 Verletzte. Behalte das, was ich dir schreibe, für Dich.« Oder: »Im VP.-Krankenhaus hat man mich u. d. anderen, alle insgesamt von unserer Schule in Domnitzsch, etwa 50 Mann zusammengeflickt.« Auch »feindliche Gedankengänge« enthielten die Schreiben aus dem Krankenhaus, die die vorgesehenen Empfänger nie erreichten, wie dieses eines Volkspolizisten aus Rosslau:

»Meine Ilse, was sich hier nun abgespielt hat, wirst Du sicherlich schon durch Rundfunk und Presse erfahren haben. Aber pfeife auf Rundfunk und Zeitung. Alles Nähere mündlich. Du wirst sicherlich kein Geld mehr haben. Ich kann Dir aber auch keins schicken, denn ich habe selbst keinen roten Heller mehr. Wo unser Geld rumgammelt, kann ich Dir auch nicht sagen.«[29]

Bereits am 17. Juni kam es zu 516 Verhaftungen, wobei die Aufschlüsselung nach Herkunft und sozialer Zusammensetzung ein weiterer Beleg dafür ist, dass der 17. Juni wenigstens in Berlin vor allem ein Aufstand der Arbeiter war:

»*Zahl der festgenommenen Personen vom 17.6.53:*	516
davon im demokr. Sektor wohnhaft	310
davon in der DDR wohnhaft	35
davon in Westberlin wohnhaft	171
Soziale Zusammensetzung	
Arbeiter	382
Angestellte	50
Intelligenz	2
Schüler	34
Lehrlinge	5
Studenten	5
Sonstige	24
Rentner	2
Gewerbetreibende	6
Ohne Beruf	16[30]

Verhaftet wurden bis zum 18. Juni allein durch die Abteilung Kriminalpolizei und Untersuchung der Volkspolizei 2.241 Personen, von denen 849 in den VP-Inspektionen festgehalten wurden, 388 im Polizeipräsidium und 1.004 im Magerviehhof. 315 Gefangene wurden dem MfS übergeben, 433 den Gerichten, sieben dem sowjetischen Stadtkommandanten. Hinzuweisen ist darauf, dass im Magerviehhof weitaus mehr Gefangene festgehalten wurden. Die Zahl von 1.004 bezog sich lediglich auf die von der Stasi Verhafteten und war damit nach Volkspolizei-Kommandeur Pfaff »nur eine Teilzahl von dem Personenkreis, der im Lager Magerviehhof einsaß«. Von diesen 1.004 Häftlingen wurden bis zum 27. Juni 718 entlassen – darunter 98 West-Berliner – , 76 in die U-Haftanstalt Stadtvogtei eingeliefert und 210 der Stasi übergeben.

Eine Anmerkung in diesem Zusammenhang, bezogen auf die

Bezirke der DDR: Hier waren bis zum 22. Juni, 18 Uhr, 6.057 Menschen festgenommen worden. Auch dort zeigte die Aufschlüsselung nach der Herkunft der Gefangenen, dass es sich um einen Aufstand der DDR-Bevölkerung handelte: Der Anteil der Westdeutschen bzw. West-Berliner war verschwindend gering. 5.777 der Festgenommenen stammten aus der DDR, 42 aus Westdeutschland und 238 aus West-Berlin.

Bevormundung durch die SED

In vielen Berichten der Volkspolizei über den Einsatz am 16. und vor allem am 17. Juni kommt zum Ausdruck, dass nahezu jede Führung fehlte. Zudem kam es zu erheblichen Kompetenzstreitigkeiten zwischen Offizieren der Volkspolizei und den Politstellvertretern der SED. Oberkommissar Gielsch, zugleich Politstellvertreter des Volkspolizei-Bereitschaftskommandos I, kritisierte in einem Bericht vom 5. Juli 1953, es seien »zuwenig die Parteisekretäre der Kp. durch Kp.-Führer und Politistellv. zu Rate gezogen«. Es müsse jetzt ein »scharfer Kampf« geführt werden, »daß man es unterläßt, die Partei zu kommandieren«. Im Übrigen hätten sich die Offiziere der Zentralschule Aschersleben unsolidarisch benommen. »Der Überheblichkeit der Zentralschüler setzten unsere VP.-Wm. einen bissigen Humor gegenüber. Die Notwendigkeit einer guten Zusammenarbeit wurde in den Kp.-Versammlungen unter Anleitung der Polit-Organe klargelegt.« Alle Bezirksbehörden berichteten, es habe schwere Mängel in der Führung gegeben.

»Ungeheuer störend auf den gesamten Einsatz hat sich ausgewirkt, daß durch unklare Befehlsverhältnisse durch die VP.-Führung der Eindruck entstehen mußte, daß man im Präsidium keinen klaren Überblick über das, was sich bei den einzelnen Einsatzorten abspielte, hatte. Anweisungen und Befehle, die waren nicht klar und verständlich oder widersprachen einander oft.«[31]

Und eine weitere Erkenntnis: »Zur kritischen Einschätzung muß gesagt werden, daß bei unserem Einsatz zu merken war, daß die Bindung zur Bevölkerung fehlte. Zum Einsatz unserer Kräfte muß gesagt werden, daß derselbe an den ersten Tagen nicht gut gelenkt war. Z.B. kam es vor, daß Streifen des Abschnitts Ost im Bezirk Mitte Streifen fuhren, während Streifen des Abschnitts Mitte den Auftrag hatten, im Bezirk Treptow die Sektorengrenze zu befahren, obwohl sie mit der Örtlichkeit weniger vertraut waren.«[32]

Streikende fühlten sich im Stich gelassen

Das Verhalten der Schutzmächte in den Westsektoren und der dortigen verantwortlichen deutschen Politiker kann die Ost-Berliner Demonstrierenden nur enttäuscht haben. Es zeigt, dass die westliche Seite sich weigerte, den Ost-Berlinern irgendeine Hilfestellung zu geben:

Schon am Vormittag des 17. Juni hatten die alliierten und deutschen Behörden wie auch die Gewerkschaften die Bitte der Ost-Berliner Arbeiter nach Überlassung von Lebensmitteln strikt abgelehnt.

Auf Anweisung alliierter Behörden musste ein Lautsprecherwagen von russischen Emigrantenorganisationen, die sich an der Sektorengrenze an sowjetische Soldaten wandten, seine Sendungen einstellen.

Britische Militärpolizei übernahm im Bezirk Tiergarten die Sicherung des Sowjetischen Ehrenmales, Bundeskanzler Konrad Adenauer forderte in einer Sitzung des Bundestages die Bevölkerung Ost-Berlins und der DDR auf, sich nicht zu unbedachten Handlungen hinreißen zu lassen.

Die verbalen Proteste der westlichen Stadtkommandanten oder der Bonner Regierung beeindruckten die Ost-Berliner Machthaber in keiner Weise. Tausende von Demonstranten wurden in der Nacht und am 18. Juni verhaftet, und um 15 Uhr gab der sowjetische Stadtkommandant, Generalmajor Dibrowa, die Vollstreckung des standgerichtlichen Todesurteils gegen den West-Berliner Willi Göttling bekannt. Göttling, der keiner politischen Organisation angehört hatte, war vorgeworfen worden, im Auftrag eines ausländischen Aufklärungsdienstes aktiv »Provokationen und Unruhen« organisiert und an »banditenhaften Ausschreitungen« teilgenommen zu haben. Die westlichen Stadtkommandanten, das Abgeordnetenhaus und der Senat protestierten –

In der Nähe des Brandenburger Tores wurden auf westlicher Seite Zelte aufgebaut, in denen Ost-Berliner versorgt wurden, die wegen des Ausnahmezustandes vorerst nicht in ihre Wohnungen zurückkehren konnten.

doch ohne jede Resonanz aus dem Ostteil der Stadt. Kurz gesagt: Der Westen tat alles, um zu einer Deeskalation beizutragen – manche Ost-Berliner mögen sich, wie 1961 beim Mauerbau, verraten gefühlt haben.

Umgekehrt beachteten die sowjetischen Truppen wie auch Volkspolizei beziehungsweise Kasernierte Volkspolizei strikt die Sektorengrenzen und damit den Vier-Mächte-Status der Stadt – mit einer Ausnahme: Am 17. Juni fuhren gegen 22 Uhr zehn sowjetische Panzer auf der Chausseestraße etwa einhundert Meter in den französischen Sektor hinein. »Der Tagesspiegel« vermutete damals, »daß es sich um ortsfremde Truppen gehandelt hat, die mit der Sektorengrenze nicht vertraut waren. Die Sowjetpanzer erkannten offenbar ihren Irrtum, wendeten und fuhren zurück«.[33]

Mindestens siebzehn Menschen mussten im Kugelhagel von sowjetischen Soldaten und deutschen Volkspolizisten ihr Leben lassen. Doch wer meinte, dieses sei das im Senat vorherrschende

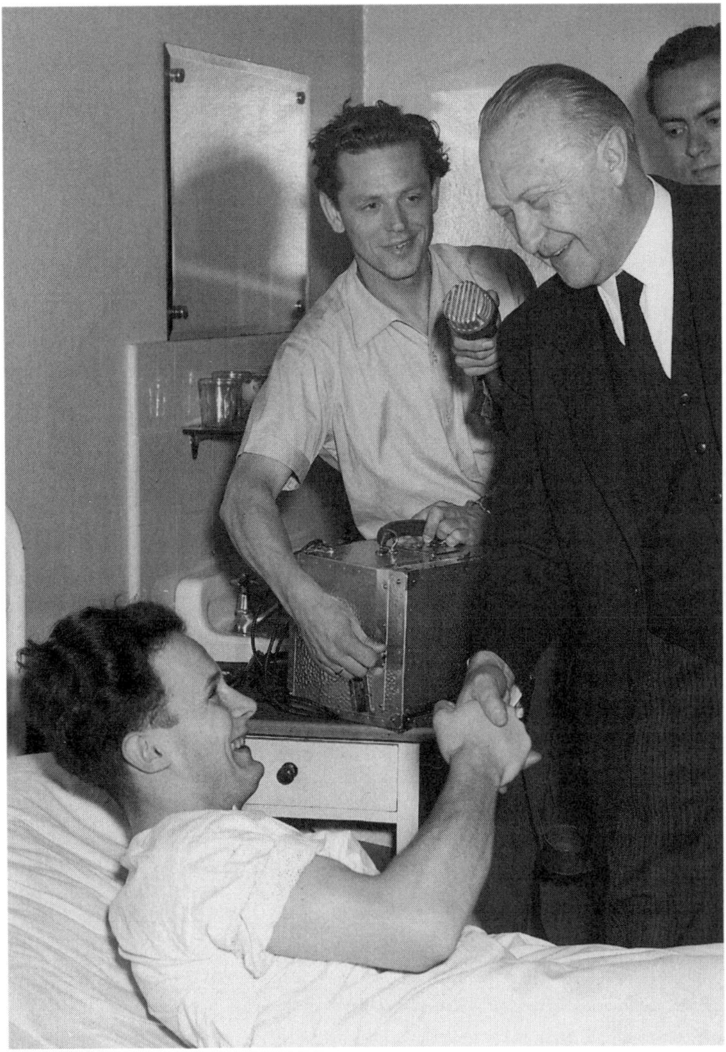

Bundeskanzler Konrad Adenauer kam am 23. Juni nach Berlin und besuchte dabei unter anderem Verletzte, die im Elisabeth-Krankenhaus im Bezirk Tiergarten versorgt wurden.

Eine unübersehbare Menschenmenge hatte sich am 23. Juni vor dem Schöneberger Rathaus zur Trauerfeier für die Opfer des 17. Juni zusammengefunden. Anschließend bewegte sich der Trauerzug mit den Särgen zum Friedhof in der Seestraße.

Beisetzung von Opfern des Volksaufstandes auf dem Friedhof Seestraße; in der Mitte Ernst Reuter, Berlins Regierender Bürgermeister.

Thema, irrte sich. Der West-Berliner Senat befasste sich beispielsweise am 18. Juni mit den Möglichkeiten zur Regelung des Spielbetriebs in den Berliner Westsektoren. Zahlreiche private Spielcasinos, in denen seit dem Verbot des Polizeipräsidenten vom 2. Oktober 1952 nicht mehr »Écarté«, sondern meist nur »Ramso« gespielt wurde, konnten nur verboten werden, wenn das Verwaltungsgericht feststellte, dass es sich dabei um Glücks- und nicht um Geschicklichkeitsspiele handelte. Im Hinblick darauf, dass die Bevölkerung mit dem Begriff »Spielbank allgemein den eines übertriebenen Luxus verbindet, hält der Senat aber die Zweckmäßigkeit der Errichtung einer Spielbank angesichts der sozialen Lage breiter Schichten für zweifelhaft«. Am 18. Juni wurden in West-Berlin im Gloria-Palast die III. Internationalen Berliner Filmfestspiele eröffnet, lediglich auf einen festlichen Empfang wurde angesichts der dramatischen Situation im Ostteil der Stadt verzichtet, und am 21. Juni gewann der FC Kaiserslautern vor 80 000 Zuschauern im Olympiastadion das Endspiel um die Deutsche Fußballmeisterschaft gegen den VfB Stuttgart mit 4 : 1 Toren. Nicht alle, die das Spiel hatten besuchen wollen, durften

1. Juli 1953. Die Sektorengrenzen waren wieder durchlässiger, und vor den Ausgabestellen für Tagespassierscheine bildeten sich lange Menschenschlangen.

dies. Die Ost-Berliner durften die Sektorengrenzen nicht mehr passieren, Volkspolizei und sowjetische Soldaten verwehrten ihnen den Zugang in den Westteil der Stadt. Aber nicht nur ihnen, sondern auch vielen Fußballbegeisterten, die sich schon Tage zuvor – häufig mit Fahrrädern – aus allen Teilen der DDR auf den Weg gemacht hatten, um das Spiel zu sehen und zugleich West-Berlin zu erleben. Sie saßen nun im sowjetisch besetzten Teil Berlins fest, hatten unterwegs immer wieder die lila-farbenen Plakate der Besatzungsmacht lesen müssen, auf denen standrechtliche Erschießungen bekannt gegeben worden waren, und waren froh, als sie sich endlich auf den Heimweg machen konnten.

Chronologie der Ost-Berliner Ereignisse

Nach Akten von Staatssicherheit und Volkspolizei[1]

16. Juni:

12.45: Bauarbeiter aus der Stalinallee marschieren zum FDGB-Zentralvorstand und zum Stadthaus: »Wir lassen uns nicht länger ausbeuten, wir fordern Normsenkung« und »Wir holen die Arbeiter aus den Produktionsbetrieben!«

13.07: Die Demonstranten ziehen in Richtung Wallstraße/Unter den Linden.

13.20: Am Küstriner Platz wird die Arbeit niedergelegt, gleichzeitig in der Panoramastraße zum Streik aufgerufen.

13.30: Sprechchöre: »Wir Bauarbeiter sind keine Sklaven, wir fordern Senkung der HO-Preise«; Pfuirufe am Zentralvorstand der FDJ und vor Stalin-Bildern.

14.30: Gestreikt wird auf den Baustellen der Staatsoper und am Haus der Nationaldemokratischen Partei Deutschlands (NDPD).

14.35: Der Demonstrationszug erreicht das Haus der Ministerien; zu den bisherigen Forderungen kommt der Ruf nach Ulbricht oder Grotewohl.

15.15: Über Funkwagen wird die Rücknahme der Normerhöhungen bekanntgegeben, die Streiks halten an.

16.25: Der Demonstrationszug erreicht das Polizeipräsidium.

21.30: Hundert Angehörige des Wachbataillons werden zur Verstärkung zum Polizeipräsidium entsandt. Die Posten vor der Generalstaatsanwaltschaft werden verstärkt.

21.50: Dreihundert Potsdamer Abschnittsbevollmächtigte erhalten den Befehl, nach Berlin zu marschieren.

22.20 Verlegung weiterer hundert Mann des Wachbataillons zum Polizeipräsidium in Ost-Berlin.

22.50: Demonstrationen Unter den Linden und in der Rosenthaler Straße werden aufgelöst.

22.50: Abfahrt von hundert Volkspolizisten aus Potsdam; die BDVP Magdeburg meldet die Marschbereitschaft von zweihundert Volkspolizisten.

23.05: Ein neuer Demonstrationszug setzt sich vom Alexanderplatz in Richtung Lichtenberg in Bewegung.

23.20: Zusätzliche siebzig Volkspolizisten werden von Potsdam nach Berlin geschickt.

23.27: Verstärkung der Posten vor der Generalstaatsanwaltschaft, dem Verkehrs- bzw. Landwirtschaftsministerium und in der Glinkastraße.

23.35: Einzelposten ziehen an den Gästehäusern der DDR-Regierung Goethestraße, Wilhelmsruh, Weißensee und Parkstraße auf; Doppelposten am Marx-Engelsplatz, vor der Koordinierungsstelle Altes Zeughaus und am Gästehaus Babylon.

23.35: Demonstranten versuchen, in das Ministerium für Maschinenbau in der Mühlenstraße einzudringen.

23.35: In der Saarbrücker Straße zerstreut die Volkspolizei Ansammlungen von Demonstranten.

23.50: Fünfhundert Streckenarbeiter der Reichsbahn in Hohenschöpping, Oranienburg und Potsdam legen die Arbeit nieder.

00.00: 223 Volkspolizisten sind von Potsdam nach Berlin unterwegs.

00.00: Streik im VEB-Wälzlager, Berlin-Lichtenberg.

17. Juni:

00.09: Befehl von Generalinspekteur Seifert an Inspekteur Weidemann, Potsdam, alle Kräfte in Marsch zu setzen, die über Pistolen verfügen.

00.23: Befehl von Seifert an Chefinspekteur Paulsen, spätestens um ein Uhr 244 Mann von Magdeburg nach Berlin zu beordern.

01.50: Chefinspekteur Paulsen meldet den Abmarsch von 240 Mann von Magdeburg nach Berlin.

01.50 Befehl an die BDVP Potsdam, sofort die restlichen vierzig Mann nach Berlin zu schicken.

01.50: Meldung aus Biesenthal: Es gibt nur für 136 »Genossen« Schlafgelegenheiten; es sollen provisorische Schlafgelegenheiten eingerichtet werden.

02.15: Befehl an VP-Inspekteur Schweizer, nach dem die Leipziger Kräfte unmittelbar zum Polizeipräsidium zu marschieren haben.

02.20: Anweisung an Chefinspekteur König, Erfurt: Die Angehörigen der ABV-Schule sind sofort zu alarmieren und marschbereit zu machen. Ausrüstung: Dienstanzug mit Regenmantel, Pistole, Gummiknüppel, Marschverpflegung für einen Tag.

02.50: In Berlin befinden sich jetzt 302 Einsatzkräfte und zwölf Kraftfahrer aus Potsdam.

02.55: Die erste Kompanie der Volkspolizei rückt von Leipzig nach Berlin aus, eine weitere zwanzig Minuten später.

03.05: Der Operativstab des PDVP erhält den Auftrag, die Leipziger Kräfte (vier Lastwagen mit 107 VP-Angehörigen) gegen sechs Uhr vom Kontrollpunkt Waltersdorf zum Polizeipräsidium zu leiten.

03.20: Pistolen werden an den Lehrgang der Arnsdorfer Polizeischule ausgehändigt; sechzig Teilnehmer marschieren nach Berlin ab.

04.10: Hinweise auf eine »Delegation von Unruhestiftern«, die von Berlin in das Wismutgebiet unterwegs ist, »um dort Arbeiter aufzuhetzen. Wenn man auf diese Leute stößt, sind diese festzunehmen und dem MfS zu übergeben«.

04.15: Alle Volkspolizisten werden in Uniform zur HVDVP befohlen.

04.16: Befehl von Chefinspekteur Grünstein, am 17. Juni alle Passierscheinstellen geschlossen zu halten; auf Anfragen soll dies mit »technischen Gründen« erklärt werden.

04.55: Gestört sind drei Fernschreibleitungen nach Potsdam, je eine nach Magdeburg und Halle, dazu die Telefonverbindungen mit Leipzig, Halle, Erfurt und Potsdam.

04.58: Sechs Teilnehmer des U-Lehrganges Arnsdorf befinden sich auf dem Marsch nach Berlin.

05.24: 240 VP-Angehörige aus Leipzig erreichen mit elf Lkw, einem Pkw, einem Sanka und zwei Krädern den Kontrollpunkt Michendorf.

06.15: Die letzten 84 Einsatzkräfte verlassen Leipzig; die Gesamtstärke der Leipziger Einsatzkräfte beträgt damit 313 Mann.

06.20: Die Magdeburger Kräfte treffen am Polizeipräsidium ein.

06.30: Im Kabelwerk Oberspree (KWO), Abteilung Kupferwalzwerke und Gummi, sind die Arbeiter zwar anwesend, weigern sich aber, die Arbeit aufzunehmen.

06.31: Die Arbeiter im Fortschrittwerk I streiken, vierhundert gehen geschlossen in einem Demonstrationszug in die Innenstadt.

06.35: In der Gegend des Werkes Fortschritt III bildet sich ein Demonstrationszug von circa 250 Arbeitern, um in Richtung Stalinallee zu marschieren. Arbeitsniederlegungen im RAW Friedrichshain und im Bremsenwerk Berlin, Nähe Bahnhof Ostkreuz. Der U-Bahn-Eingang Strausberger Platz ist geschlossen. Züge halten nicht mehr.

06.45: Auf dem Strausberger Platz formieren sich sechzig bis siebzig Jugendliche, um in Richtung Alexanderplatz zu marschieren.

06.50: Im KWO Kupferwalzwerk und Gummi ziehen Arbeiter durch die Abteilungen. Ihre Forderungen: »Nieder mit der Regierung« und »Herstellung der alten Löhne«.

07.00: Im Werk »7. Oktober« kommt es zu ersten Diskussionen unter den Arbeitern.

07.05: Die Arbeiter von Knorrbremse, Zweigwerk Rummelsburg, verweigern die Arbeit.

07.05: Im Elektroapparatewerk (EAW) haben sich erste Diskussionsgruppen gebildet.

07.12: Die Lage im KWO wird bedrohlich. Arbeiter dringen in das Walzwerk ein, fordern zur Arbeitsniederlegung auf; ihre Forderung: »Weg mit der Polizei, Volksarmee und Regierung!«

07.15: Zweihundert Arbeiter der Kleinbrennerei von Siemens-Plania verlassen das Werk.

07.18: Im Werk »7. Oktober« ruht die Arbeit in Halle 4 komplett.

Demoliert wurden auch »Volksbuchhandlungen«, in denen die SED »fortschrittliche«, also kommunistische Literatur verkaufen ließ (BStU).

07.20. Zweihundert Bauarbeiter verlassen das Gelände von Bergmann-Borsig.

07.30: Die Arbeiter des Werkes »7. Oktober« verlangen eine Belegschaftsversammlung.

07.35. Demonstrationszug von 150 Konsum-Angehörigen in der Rittergutstraße.

07.38: Im Fortschrittwerk II wird vollständig gestreikt.

07.40: Streik im EAW Treptow: »Abteilungsweise fangen sie an zu brüllen.«

07.42: Das Straßenbahnpersonal am Alexanderplatz wird in Sprechchören aufgefordert, die Straßenbahnen zu verlassen.

07.45: Die EAW-Mitarbeiter befinden sich geschlossen auf dem Betriebshof; einige Abteilungsgewerkschaftsleiter fordern zur Solidarität mit den Bauarbeitern auf.

07.47: Die Arbeiter der Bau-Union in der Stralauer Glashütte streiken.

07.50: Die Belegschaftsversammlung im KWO verlangt das Erscheinen eines Regierungsmitgliedes und droht, sich an den Demonstrationen zu beteiligen.

07.53: Die Angehörigen der HWE, Hauptreparaturwerkstätten Rudolfstraße, haben die Arbeit niedergelegt.
07.55: Im Berliner Glühlampenwerk wird zum Streik aufgefordert.
08.00: Fünfhundert Demonstranten marschieren in Richtung Marx-Engels-Platz; fünfzig Angehörige der HO-Maßabteilung schließen sich an.
08.02: Die Arbeit im EAW J.W. Stalin ruht, die Arbeiter verlassen geschlossen das Werk.
08.05: Eine Gruppe von circa vierhundert Arbeitern verlässt das Kraftwerk Klingenberg.
08.06: Ein Demonstrationszug von 150 Personen passiert das Kraftwerk Rummelsburg.
08.07: Das Werk TRO II in Berlin-Weißensee ist mit rund sechshundert Beschäftigten geschlossen in den Streik getreten.
08.13: Die Beschäftigten der Konsum-Zentrale 1, Hartbergstraße, sind auf die Straße gegangen und diskutieren.
08.15: Fünfhundert Personen versuchen, in das Werk »7. Oktober« einzudringen.
08.15: Beschäftigte des RFT Treptow fordern die Arbeiter des TRO zum Streik auf.
08.22: Die Lehrlinge der Betriebsberufsschule streiken.
08.25: Die Anweisung wird erteilt, das HO-Warenhaus mit verstärkten Wachen zu öffnen; nach ersten Zwischenfällen wird es wieder geschlossen.
08.25: Der Versuch der SED, in den KWO eine Parteiversammlung abzuhalten, ist gescheitert. 6.000 Arbeiter marschieren in Richtung Küstriner Platz und fordern: »Nieder mit der Regierung«.
08.26: Das Siemens-Plania-Werk wird vollständig bestreikt; die Arbeiter verweigern die Teilnahme an einer Belegschaftsversammlung.
08.28: Aus der HO-Mineralwasserfabrik wird der Streik von vierzig bis fünfzig Mitarbeitern gemeldet.
08.31: Die gesamte Belegschaft des »7. Oktober« streikt.
08.35: Vom Osthafen wird gemeldet, dass über die Oberbaumbrücke größere Mengen von West-Berlinern in den Ostsektor strömen, um dort an Demonstrationen teilzunehmen.

Fahrzeuge von SED-Funktionären wurden umgestürzt und angezündet (BStU).

08.40: Im Kraftwerk Klingenberg (KWK) wird eine Streikleitung gebildet. Die Arbeiter wollen den Betrieb besetzen und den Betriebsschutz entwaffnen.

08.40: Rund hundert Fremdarbeiter haben das Kraftwerk Klingenberg verlassen.

08.43 bis 08.46: Die Arbeiter haben die Werke »7. Oktober« und Kühlautomat verlassen.

09.00: Die Zentrale I, Konsum, meldet Schwierigkeiten bei der Auslieferung von Lebensmitteln; die Fahrzeuge werden blockiert.

09.03: Die Arbeiter des KWO wollen den Betriebsschutz entwaffnen.

09.15: Am Bahnhof Friedrichstraße und am Haus der Ministerien werden zwei HO-Verkaufsstellen in Brand gesetzt.

09.20: Auf der Leipziger Straße und der Friedrichstraße werden Transparente abgerissen, auf einen Haufen geworfen und verbrannt.

09.22: Rund 3.000 Demonstranten haben sich an der Friedrichstraße/Ecke Schützenstraße versammelt.

09.25: Zwischen 3.000 und 4.000 Demonstranten setzen sich vom Strausberger Platz in Richtung Alexanderplatz in Marsch. Weitere Geländewagen der sowjetischen Armee fahren auf.

09.25: Mehrere Tausend Menschen marschieren vom Spittelmarkt über die Leipziger Straße bis zur Zimmerstraße; die Volkspolizei kann den Zug nicht stoppen.

09.30: Demonstranten ziehen vom Haus der Ministerien in der Wilhelmstraße in Richtung Westsektor.

09.30: In Berlin streiken die Arbeiter von Schering, Adlershof, RFT Eisenstraße, EAW Treptow, Kabelwerk Köpenick, VEB Goldpunkt, Kabelwerk Oberspree, Fortschritt Lichtenberg und Funkwerk 2 Köpenick.

09.34: Tausende Demonstranten drängen vom Potsdamer Platz, einige Tausend von der Leipziger Straße in Richtung Spittelmarkt. Weitere Demonstranten nähern sich von der Friedrichstraße dem Haus der Ministerien. Da die Volkspolizei zu schwach ist, wird nun die Kasernierte Volkspolizei eingesetzt.

09.35: Angsteinkäufe in den Lebensmittelverkaufsstellen. Die Belegschaften der Fleischwarenfabrik und der Großbäckerei erklären sich solidarisch mit den Bauarbeitern in der Stalinallee. Sie fordern eine Senkung der HO-Preise und die Erhöhung der Löhne.

09.37: In Halle 11 des »7. Oktober« findet eine Versammlung statt, an der SED-Mitglieder und andere Funktionäre teilnehmen. Im Anschluss daran nehmen die SED-Genossen die Arbeit wieder auf.

09.44: Die KWO-Streikleitung verhandelt mit Werksleitung und Parteiorganisation über die Rücknahme der Normerhöhung und die Senkung der HO-Preise um vierzig Prozent.

09.50: Vierhundert Demonstranten marschieren von der Friedrichstraße in Richtung Thälmann-Platz.

09.51: 3.000 weitere Demonstranten sind auf dem Weg zum Alexanderplatz.

09.52: Demonstranten dringen in das Haus der Ministerien und in das »Preußische Herrenhaus« ein.

10.08: Ein Demonstrationszug zwischen Wilhelmstraße und Columbus-Haus führt Transparente mit sich: »Wir fordern freie Wahlen«.

10.15: 6.000 Arbeiter des Stahl- und Walzwerkes Hennigsdorf sind auf dem Weg nach Berlin.

10.15: Auf dem Leipziger Platz werden Holzbuden angezündet, Volkspolizisten werden mit Pflastersteinen beworfen.

10.25: Auf dem Marx-Engels-Platz wird ein junger Demonstrant von einem sowjetischen Panzer überfahren und stirbt.

10.30: Hundert Arbeiter des Wälzlagers Lichtenberg gehen wieder an die Arbeit.

10.30: Die Arbeiter des Vieh- und Schlachthofes fordern eine Belegschaftsversammlung.

10.30: In der Werder Straße hinter der Staatsoper versammeln sich Bauarbeiter

10.35: Etwa 1.000 Demonstranten bewegen sich von Lichtenberg in Richtung Café Warschau, Losungen: »Freiheit und Brot – wir schlagen alle Bonzen tot« und »Nieder mit der Regierung«.

10.38: Demonstranten fordern vor dem Haus der Ministerien die Polizei in Sprechchören auf, die Waffen wegzuwerfen. Parolen: »Volkspolizei, macht euch frei«. Die Volkspolizei hat eine vierfache Kette gebildet.

10.45: Ein Demonstrationszug von rund dreihundert Personen versucht vergeblich, in das Gaswerk Dimitroffstraße einzudringen.

10.45: Arbeiter haben im Werk »7. Oktober« die Engpassmaschinen besetzt, andere dringen in das Gaswerk Lichtenberg ein.

10.47: Im VEB Bärensiegel streiken zweihundert Arbeiter.

10.47: Im VEB Bergmann-Borsig findet eine Belegschaftsversammlung statt.

10.50: Das Transformatorenwerk Oberspree (TRO) liegt völlig still; an den Pumpenstationen arbeiten nur noch einige SED-Mitglieder.

10.58: In den Häusern Mauerstraße/Ecke Friedrichstraße werden die Fenster bis ins dritte Geschoss eingeworfen; die Holzbaracke des Amtes für Warenkontrolle an der Sektorengrenze wird in Brand gesteckt.

11.05: Der Magistrat, der FDGB Wallstraße sowie der VEB Brotfabrik Aktivist werden gestürmt; der Betriebsschutz des Columbus-Hauses wird entwaffnet.

11.06: Bauarbeiter dringen in das Kaufhaus Nord, Ecke Wilhelm-Pieck-Straße/Invalidenstraße ein und fordern die Belegschaft auf, das Geschäft zu schließen.

11.06: Ein neuer Demonstrationszug hat das Haus der Ministerien erreicht.

Sowjetischer T 34-Panzer auf der Friedrichstraße (BStU).

11.13: Ein Teil der Belegschaft der Brotfabrik Aktivist schließt sich den Demonstranten an.

11.15: Vor dem Haus der Ministerien bringen sowjetische Truppen Maschinengewehre in Stellung. Demonstranten beginnen, das Deutschlandlied zu singen.

11.15: Auf dem Marx-Engels-Platz fordern Arbeiter die Bildung einer Streikleitung und die Einstellung des U-Bahn-Betriebes ab zwölf Uhr.

11.18: 120 Arbeiter des VEB Leder streiken; das Wälzlagerwerk wird jetzt völlig bestreikt; ebenso das Funkhaus Nalepastraße.

11.15: Das Polizeipräsidium befiehlt, die Streikführer festzunehmen. Der U-Bahn-Verkehr wird auf Anweisung der BVG-Werksleitung stillgelegt. Die Arbeiter des Straßenbahn-Depots Lichtenberg sind zum Streik entschlossen.

11.25: Aus Richtung Lichtenberg treffen am Strausberger Platz russische Panzer, Granatwerfer und Lastwagen ein und rücken dann zum Alexanderplatz vor.

11.30: Die Tür zur Poststelle des Hauses der Ministerien wird aufgebrochen; brennende Fahnen werden in das Haus geworfen.

Bilder wie nach dem Ende des Zweiten Weltkrieges. Sowjetische Truppen hatten die wichtigsten Straßen Ost-Berlins, wie hier die Leipziger Straße, besetzt und sicherten sie mit Panzern oder Panzerabwehrgeschützen.

11.33: Das HO-Warenhaus am Alexanderplatz wird geschlossen; sowjetische Panzer fahren auf.

11.35: 3.000 Personen ziehen mit Sprechchören von Lichtenberg zum Alexanderplatz.

11.36: Die Belegschaft des RFT Treptow befindet sich komplett im Ausstand. Das Funkwerk I streikt zu zwei Dritteln, das Funkwerk II völlig. Totaler Streik in der Yachtwerft. Die Bevölkerung steht an den Geschäften Schlange.

11.43: Im Haus der Ministerien fallen erste Schüsse; bisher sind hier vier sowjetische Panzer im Einsatz.

11.47: Demonstranten sammeln sich an der Stalinallee/Fruchtstraße.

11.52: Zehn sowjetische Panzer sind aus Richtung Unter den Linden zur Wilhelmstraße vorgestoßen; im ersten Panzer auf dem Vorplatz des Hauses der Ministerien befindet sich der sowjetische Generalmajor Dibrowa. Die Volkspolizei gibt die Zahl der Demonstranten mit 25 000 an.

Aufmarsch der Besatzungsmacht: Sowjetische Panzerspähwagen in endloser Kolonne auf dem Thälmannplatz im Berliner Bezirk Mitte.

11.54: Am Alexanderplatz werden Lastwagen umgestürzt.

12.04: Die Arbeiter der Werkzeugmaschinenfabrik fordern sofortigen Abzug der sowjetischen Panzer und das Ende des brutalen Vorgehens der Polizei.

12.05: Schwerpunkt der Demonstrationen ist der Alexanderplatz; in der Stalinallee kommt es zu weiteren Demonstrationen.

12.10: Die Belegschaftsversammlung von Bergmann-Borsig stellt diese Forderungen: Innerhalb von vier Wochen geheime Wahlen, innerhalb von acht Wochen gesamtdeutsche Wahlen, sofortiger Abzug der Besatzungstruppen, sofortiger Abschluss eines Friedensvertrages.

12.14: Meldung von Volkspolizei-Inspekteur Knöfel: Anzahl der sowjetischen Fahrzeuge in der Innenstadt: zwanzig Panzer, zwölf Panzerspähwagen und eine größere Anzahl Mannschaftstransportwagen.

12.15: An der Ecke Charlottenstraße/Friedrichstraße werden Angehörige der FDJ verprügelt.

12.15: Im Werk »7. Oktober« nehmen SED-Mitglieder die Arbeit auf und verpflichten sich, den Betrieb nachts zu bewachen.

Eine Szene, die sich acht Jahre später – 1961 – wiederholte: sowjetische Panzer, die ihre Kanonen in die Westsektoren richteten (BStU).

12.19: Demonstranten stürmen die Hauptverwaltung der Berliner Verkehrsgesellschaft (Ost).

12.20: Weitere sowjetische Fahrzeuge, Granatwerfer und Panzerabwehrkanonen fahren in Richtung Potsdamer Platz.

12.20: In der Leipziger Straße werden HO-Läden geplündert.

12.22: Maschinengewehre werden eingesetzt, Demonstranten bewerfen die Panzer mit Steinen, Panzer fahren gegen die Arbeiter vor. Demonstranten flüchten in Richtung Potsdamer Platz.

12.30: Über 10 000 Menschen versuchen, von der Charlotten- und Friedrichstraße in Richtung Leipziger Straße vorzudringen; sowjetische Panzereinheiten gehen gegen sie vor.

12.32: Leipziger Straße und Wilhelmstraße sind geräumt; sowjetische Soldaten haben in die Menge geschossen, 40 bis 50 Verhaftungen bei der Räumung des Hauses der Ministerien.

12.35: Der Verkehr von West-Berlin in die DDR ist unterbrochen.

12.40: Demonstranten versuchen, die rote Fahne vom Gebäude der Deutschen Notenbank herunterzuholen.

12.42: Etwa 2.000 Demonstranten haben die Absperrung am Café Warschau durchbrochen und versuchen, zum Alexanderplatz zu kommen.

12.45: Der Schwerpunkt der »Räumungsarbeiten« liegt am Potsdamer Platz, hier sind die sowjetischen Panzerspähwagen konzentriert.

12.50: Die Volkspolizei geht mit Schusswaffen gegen die Arbeiter vor.

12.56: Ein Teil der sowjetischen Panzer bewegt sich in Richtung Brandenburger Tor.

13.00 Verhängung des Ausnahmezustandes über Ost-Berlin:

»Befehl des Militärkommandanten des sowjetischen Sektors von Berlin

Für die Herbeiführung einer festen öffentlichen Ordnung im sowjetischen Sektor von Berlin wird befohlen:

Ab 13 Uhr des 17. Juni 1953 wird im sowjetischen Sektor von Berlin der Ausnahmezustand verhängt.

Alle Demonstrationen, Versammlungen, Kundgebungen und sonstige Menschenansammlungen über drei Personen werden auf Straßen und Plätzen wie auch in öffentlichen Gebäuden verboten.

Jeglicher Verkehr von Fußgängern und der Verkehr von Kraftfahrzeugen und anderen Fahrzeugen wird von 21 Uhr bis 5 Uhr verboten.

Diejenigen, die gegen diesen Befehl verstoßen, werden nach den Kriegsgesetzen bestraft.

Militärkommandant des sowjetischen Sektors von Groß-Berlin
gez. Generalmajor Dibrowa«

13.12: Auf der westlichen Seite des Potsdamer Platzes sind Lautsprecherwagen aufgefahren.

13.13: Mit Hilfe der sowjetischen Truppen gelingt es der Volkspolizei, die Stalinallee zu räumen.

13.21: Auf dem Potsdamer Platz wird mit Waffengewalt vorgegangen; im südlichen Teil der Friedrichstraße und an den Sektorengrenzen sind Lautsprecherwagen des RIAS im Einsatz.

13.25: Mehrere Hundert Demonstranten ziehen von der Liebknechtstraße zum Marx-Engels-Platz. Vom Wohnungsamt Mitte werden Transparente heruntergerissen. Sowjetische Truppen stoppen den Zug kurz vor dem Ziel mit Schüssen.

13.44: Unveränderte Situation am Strausberger Platz; größere Menschenmengen bewegen sich aus dem Stadtinneren in Richtung Stalinallee.

13.50: In einem Projektierungsbüro in der Mauerstraße wird Feuer gelegt.

13.55: Der Potsdamer Platz wird unter Einsatz von Maschinengewehren geräumt.

14.00: Die Demonstranten auf dem Alexanderplatz werden zurückgedrängt; Einheiten der Kasernierten Volkspolizei kommen zum Einsatz.

14.00: Am Strausberger Platz formiert sich ein weiterer Demonstrationszug mit 250 Personen in Richtung Alex.

14.05: Weiterhin Straßenschlachten am Polizeipräsidium.

14.10: Eine Kompanie der Schule Aschersleben trifft in Waltersdorf ein.

14.25: Sowjetische Panzer verhindern den Marsch von Demonstrationszügen an der Charlottenstraße.

14.33: Schüsse am Finanzministerium.

14.45: Maschinenpistolen-Garben aus Richtung Strausberger Platz, dazu zwei Rauchwolken.

15.00: Demonstranten strömen zum Marx-Engels-Platz, Warnschüsse werden abgefeuert.

16.06: In der Nähe der Oberbaumbrücke und in der Nähe des Alexanderplatzes, in Höhe des Gästehauses Babylon, bilden sich neue Ansammlungen; Einsatzkräfte werden dorthin entsandt.

17.35: Im Columbus-Haus am Potsdamer Platz wird Feuer gelegt; die Feuerwehr kommt wegen der Nähe zur Sektorengrenze nicht zum Einsatz.

17.00: In Karlshorst wird ein Jugendlicher von einem sowjetischen Soldaten durch einen Bauchschuss schwer verletzt.

19.10: Alle Ost-Berliner Bahnhöfe sind überfüllt, der Zugverkehr ist völlig eingestellt.

Operativstab PdVP　　　　　　　　　　　　Berlin, den 22. Juli 1953

Betr.: Entstandene Schäden anlässlich der Provokation am 16. und 17. Juni 1953.

Bezirk	Lfd. Nr.	Objekt	Art der Schäden	Wert DM.	Insgesamt
Fried-richs-hain	1	2 über die Sektorengrenze geschobene Pkw(BMW		46.000.-	
	2	1 über die Sektorengrenze geschobener Pkw!(Mercedes)		ca. 6.000.-	
	3	1 beschädigter Wagen des stellv. Ministerpräs.Nuschke		ca. 15.000.-	
	4	Schaden an Fahnen und Transparenten		ca. 15.000.-	
	5	Schaden an persönlichen Dingen der Pkw-Benutzung		ca. 3.500.-	
	6	Autobus der Akademie für Rechtswissenschaften "Walter Ulbricht"	Glasschaden	ca. 500.-	86.000.-
Lichten-berg	1	Verkehrsschildkröte an der Kreuzung Karlshorster-Ecke Hauptstr.	Glasschaden	ca. 15.-	15.-
Mitte	1	Columbushaus Potsdamer Platz	Scheiben und Inneneinreichtg. völlig zerst.	ca 130.000.-	
	2	Haus Vaterland Potsdamer Platz	zerstört und verbrannt	ca. 5.000.-	135.000. -
					221.015.-

\- 2 -

\- 2 -

Bezirk	Lfd. Nr.	Objekt	Art der Schäden	Wert DM.	insgesamt
					Übertrag 221 015.-
Mitte	3	VdK - Konsum - Stresemannstr. 128	Fenster u. Beleuchtung	4 570.-	
	4	HO Imbißstube Leipzigerstr. 124	ausgeraubt	12 000.-	
	5	HO Lebensmittel Leipzigerstr. 125		2 373.-	
	6	HO Genußmittel S-Bahn Potsdamer Platz	ausgeraubt	18 000.-	
	7	Haus der Ministerien	Scheiben zerst.	300.-	
	8	Zeitungstand am Potsdamer-Platz	verbrannt	3 000.-	
	9	Potsdamer Platz	Transparentsäulen verbrannt, 2 Sektorenschilder gestohlen, Transparent d.Mag., Stadtplan, Rekl.Schaukästen zerstört bzw.verbrannt.	5 000.-	
	10	HO Lebensmittelläden(leer) Stresemannstr. 128	Scheiben zerstört	2 250.-	
	11	ehemalige Bücherstube u. Optikerladen	Schaufenster zerstört	300.-	
	12	AKW Baracke Friedrichstr.	verbrannt	6 000.-	
	13	AKW Baracke Leipziger Platz	Inneneinrichtg. verbrannt	6 000.-	59 793.-
					Übertrag 280 808.-

\- 3 -

Penible Aufstellung des Operativstabs des Ost-Berliner Polizeipräsidiums über die am 17. Juni entstandenen Sachschäden an öffentlichen Einrichtungen. Die Volkspolizei errechnete einen Schaden von etwas über 500 000 Mark.

- 3 -

Bezirk	Lfd. Nr.	Objekt	Art der Schäden	Wert DM.	insgesamt
				Übertrag:	280 808.-
Mitte	14	Baracke der Nationalen Front	verbrannt	4 000.-	
	15	VEB Projektierung W 8, Mauerstr. 92	Glasschaden Inneneinrichtg. zerst., Materialien, wissenschaft. Arbeit, Verlust von Privatsachen der Angestellten	150 000.-	
	16	Mittelpromenade W 8, gegenüber Schweizer Haus	Schaukästen und Bücher, Buchtransparent zerst.	1 500.-	
	17	Haus der Kultur Friedrichstr. 168 Brandenburger Tor	Fensterscheibe 1 Fahne verbr. 1 Fahne verbrannt	30.-	
	18	Walter Ulbricht Stadion	Zerstörungen gr. Ausmaßes	35.000.-	
	19	Konsum Verkaufsstelle Wöhlertstr.	zerstört	5 000.-	
	20	Demokratischer Frauenbund Krs. Wedding, Schwartzkopffstr.	Möbel zerst.	1 000.-	
	21	Nationale Front Chausseestr.	Möbel zerst.	1 000.-	
	22	Tribüne Chausseestr. 123	Teile des Geb. u. Inneneinr. zerstört	1 000.-	
	23	BVG Liebknechtstr. 48-50	Fensterscheiben	70.-	
	24	HO Lebensmittel Liebknechtstr.	Inneneinrichtg. Warenverlust	100.-	178 700.-
				Übertrag:	459 508.-

- 4 -

Bezirk	Lfd. Nr.	Objekt	Art der Schäden	Wert DM.	insgesamt
				Übertrag:	459 508.-
Mitte	25	Deruzapht Neue Königstr.	Glasschaden	200.-	
	26	HO Gaststätte Pkator	Glasschaden Zechprellerei	450.- 234.-	
	27	Berolina Hochhaus	Glasschaden	1 200.-	
	28	FDGB Fritz Heckerstr.	Glasschaden	2 214.50	
	29	FDGB Gästehaus Michaelkirchplatz 4	Glasschaden	30.-	
	30	AKW Kp.Köpenickerstr.	Unterkunftsbaracke verbrannt	5 000.-	
	31	Sektorenschilder(8)	zerstört	400.-	
	32	3 Pilze hat zum Unterstellen für die Posten bei schl.Wetter	zerstört	120.-	
	33	Nationale Front Wallstr. 32	beschäd.	1 000. -	
	34	AZKW Brunnenstr.	Einrichtung Glasschaden	2 900.- 100.-	
	35	3 Sektorenschilder	beschädigt	300.-	
	36	4 Querrinnen	aufgerissen und schw. beschädigt	800.-	
	37	1 Schaukasten Brunnenstr	aufgerissen	100.-	14 648.50
Pankow	1	AZKW Baracke	verbrannt	2 000.-	
	2	HO Kiosk Gebäudesch.	geplündert	1 200.-	
	3	" "	Warendiebstahl	4 800.-	8 000.-
				Übertrag:	482 156.50

- 5 -

Bezirk	Lfd. Nr.	Objekt	Art der Schäden	Wert DM.	insgesamt
				Übertrag:	482 156.50
Pankow	4	Baracke AZKW Rosenthal Quickbornerstr.	beschädigt	100.-	
	5	Baracke der VP Schönholz Klemkestr.	beschädigt	80.-	
	6	Baracke der VP Pk., Wollankstr.	beschädigt	150.-	
	7	AZKW Baracke VP.-Baracke Blankenfelder Chaussee	stark beschädigt	1 000.-	
	8	NEP 001-201 in der Greifswalderstr. umgestürzt	erheblich beschädigt	200.-	1 530.-
Prenzlauer-Berg	1	AKW Geschäftslokal Oderbergerstr.30	Einrichtungsgegenstände Glasschaden	2 630.-	
	2	Nationale Front Pappelallee 84	Einrichtung Glasschaden	1 625.-	
	3	FDJ Heim Fr.-Ebert Eberswalderstr	Einrichtung Glasschaden	535.-	
	4	Volksbücherei Schönhauser Allee 144	Glasschaden	50.-	
	5	Zeitungskiosk Tg.Rundschau Schönhauser Allee/Dimitr.	vollkommen vernichtet	2 000.-	
	6	Klubhaus Deutsch- sowj. Freundschaft Schönh.Allee 36	Glasschaden Transparente	800.-	
	7	Sektorengrenze	Bodenwellen zerstört	300.-	7 940.-
				Übertrag:	491 626.50

- 6 -

- 6 -

Bezirk	Lfd. Nr.	Objekt	Art der Schäden	Wert DM.	insgesamt
				Übertrag :	491 626.50
Prenzlauer-Berg	8	AKW Kontrollhaus Bösebrücke	abgebrannt	1 500.-	
	9	Sektorengrenze Gleistunnel	3 Bodenwellen zerstört	500.-	
	10	Matern, Bornholmerstr. 77	Transparent vernichtet	30.-	
	11	Behmbrücke	Asphaltdecke einer Bodenwelle zerstört	150.-	
	12	Fortschritt Werk II Greifswalderstr. 212	Transparent Fensterscheibe zerstört und 1 Armbanduhr entw-	525.-	
	13	VEB Aktivist	Glasschaden	200.-	
	14	Nationale Front Schönhauser Allee 187	Glasschaden Einrichtg.	1 940.-	
	15	ZK der SED Wilh. Pieck Str. 1	Glasschaden	2 000.-	6 845.-
Treptow	1	AKW Kontrollhaus Puschkinallee	beschädigt	900.-	
	2	Sperren Puschkinallee, Trept.Park, Puderstr.	herausgerissen u. beschädigt	400.-	
	3	Sektorenschilder Trept.Str., Mengerzeile, Puschkinallee	zerstört	300.-	
	4	Tr., Puschkinallee Anschauungstafel	beschädigt	300.-	1 900.-
				Übertrag:	500 371.50

- 7 -

- 7 -

Bezirk	Lfd. Nr.	Objekt	Art der Schäden	Wert DM.	insgesamt
				Übertrag :	500 371.50
Treptow	5	RFT Werk	Transparente und Scheiben zerst.	150.-	
	6	Baumschulenweg Köp.Landstr.	Transparente besch-	250.-	400.-
				insgesamt:	500 771.50

Die VP.- Inspektionen Köpenick und Weissensee melden "F e h l a n z e i g e".

Bezirk Potsdam

»VP-Oberkommissar F., Referatsleiter bei der BDVP Potsdam, setzte sich von seiner Dienststelle ab und besuchte mit drei weiteren Vopos eine Hochzeitsfeier, erst zwei Tage später meldete er sich per Telefon bei der BDVP, trat seinen Dienst aber erst gar nicht an, sondern blieb mit Magenschmerzen zu Hause.«[1]

»Wir wollen uns selbst regieren«

Im Bezirk Potsdam deuteten sich Unruhen in den Vormittagsstunden des 12. Juni an, als in der Stadt Brandenburg Beschäftigte des Fuhrunternehmens Taege vor der Untersuchungshaftanstalt demonstrierten und die Freilassung ihres Firmenchefs verlangten. Zwar verlief sich diese friedliche Demonstration nach einiger Zeit, doch für die Bezirksbehörde der Volkspolizei war sie Anlass, bereits am 13. Juni die Sicherungsmaßnahmen bei allen Untersuchungshaftanstalten im Bezirk Potsdam zu verschärfen, das Personal in den Gefängnissen zu verstärken und Einsatzreserven in den Kreisämtern der Volkspolizei zu schaffen. Die Bezirksbehörde der Volkspolizei war damit einigermaßen gewappnet für das, was am 17. Juni auf sie zukommen sollte, wenngleich auch sie von dem Ausmaß des Aufstandes überrascht wurde.[2] In den nächsten drei Tagen blieb es im Bezirk ruhig, doch das änderte sich schlagartig in den Abendstunden des 16. Juni. Gegen 21.30 Uhr legten 1.100 Angehörige der Bau-Union Hohenschöpping, die auf einer Baustelle der Reichsbahn im Kreis Oranienburg beschäftigt waren, die Arbeit nieder und forderten unter anderem die Rücknahme der Normerhöhung und die Zahlung von Auslösegeldern. Vergeblich versuchte der verantwortliche Parteisekretär, die Arbeiter zur Ruhe zu bringen, und erhielt stattdessen die

Antwort: »Wir wollen uns selbst regieren und unsere Regierung von unten aufbauen.«

Den streikenden Arbeitern ging es sowohl um die Verbesserung der materiellen Lebensverhältnisse wie auch um ein anderes politisches System. Damit waren die Forderungen der Menschen im Bezirk Potsdam nahezu identisch mit denen der Demonstranten in der übrigen DDR und in Ost-Berlin. Im Wesentlichen verlangten die Streikenden und Demonstranten die Durchführung freier und geheimer Wahlen, den Sturz der Regierung, die Abschaffung der Zonen- und Sektorengrenzen, die Abschaffung der Normen, eine vierzigprozentige Senkung der HO-Preise sowie die Anpassung der Gehälter der Kasernierten Volkspolizisten an die eines Lohnempfängers. Zudem richteten sich die Proteste unter der Losung »Panzer raus aus Berlin« gegen den Einsatz der sowjetischen Truppen in Berlin.

Von nun an überschlugen sich im Bezirk Potsdam die Ereignisse. Wenige Stunden später, um 2.30 Uhr, wurde die Alarmstufe II, »Hummel«, ausgelöst, um 5.40 Uhr dann die Alarmstufe III, »Hornisse«. In rascher Folge trafen bei der Polizeiführung Potsdam Meldungen über Streiks und Unruhen im gesamten Bezirk ein mit den Brennpunkten Oranienburg, Brandenburg, Königs Wusterhausen, Zossen, Rathenow und Belzig. Da die Potsdamer Polizei starke Kräfte, unter anderem einen Ausbildungslehrgang für Abschnittsbevollmächtigte, nach Ost-Berlin hatte schicken müssen, mobilisierte sie im eigenen Bereich 878 SED-Mitglieder und 898 freiwillige Helfer der VP für Sicherungsaufgaben und Streifendienst. Dass auf diese Freiwilligen Helfer aus SED-Sicht durchaus nicht immer Verlass sein konnte, zeigt diese Bemerkung von BDVP-Chefinspekteur Eikemeyer:

»In vielen Volkspolizeikreisämtern mußte auf Alarmierung der freiwilligen Helfer verzichtet werden, da nicht in allen Fällen feststand, inwieweit sich freiwillige Helfer an den Demonstrationen und Arbeitsniederlegungen beteiligt haben. So wurden zum Beispiel im Bereich des Volkspolizeikreisamtes Brandenburg/H. und Neuruppin keine freiwilligen Helfer eingesetzt.«

Dimensionen, die die schlimmsten Befürchtungen der SED bei weitem übertrafen, nahmen die Proteste der Hennigsdorfer Stahlwerker an. Schon zum Schichtwechsel zwischen sechs und sieben Uhr weigerten sich die Beschäftigten der beiden wichtigsten Schwerpunktbetriebe, die Arbeit aufzunehmen. Sie demonstrierten anfangs in den Hallen und auf dem Werksgelände, doch der Protest weitete sich rasch aus. Die Arbeiter verließen die Werke und zogen in den Ort, wobei sich ihnen immer mehr Angehörige anderer Betriebe anschlossen: die Bauarbeiter aus Hohenschöpping, die schon am Abend zuvor in den Ausstand getreten waren, Beschäftigte der Reichsbahn-Baustellen der Umgehungsbahn Nord, Maurer und Zimmerleute aus der Baustelle der Kasernierten Volkspolizei Oranienburg sowie Bauarbeiter des Flugplatzes Oranienburg und der Baumechanik Nieder-Neuendorf.

Allein in Hennigsdorf streikten am Vormittag des 17. Juni etwa 15.000 Arbeiter und beteiligten sich an Demonstrationen. Ihr erklärtes Ziel war es, nach Ost-Berlin zu gelangen, um sich den dortigen Protestaktionen anzuschließen. Zwar versuchte die Grenzpolizei, sie daran zu hindern, die Stadt zu verlassen, doch war sie machtlos, als mehrere Tausend Arbeiter die Sperrketten durchbrachen und sich auf den Weg über West-Berlin machten, um an den Protestaktionen im Ostteil Berlins teilzunehmen. Der Volkspolizei, die einerseits vom Ausmaß der Demonstrationen überrascht wurde und zum anderen Kräfte nach Ost-Berlin hatte schicken müssen und dadurch personell geschwächt war, blieb nichts anderes übrig, als sich auf die Sicherung einiger Großbetriebe und Feststellung der »Rädelsführer« zu beschränken. Vielen Hennigsdorfern gelang es, teilweise mit U- und S-Bahn, durch die westlichen Sektoren Berlins nach Ost-Berlin zu gelangen, wo sie in den Mittagsstunden das Walter-Ulbricht-Stadion in der Chausseestraße im Bezirk Mitte besetzten.

In den Unterlagen der Nationalen Front finden sich Aussagen, die ein anschauliches Bild über Beginn und Verlauf des Hennigsdorfer Stahlarbeiter-Aufstandes geben, wenngleich sie – wie zu erwarten – zumindest teilweise im Sinne der SED gefärbt sind. So berichtete der parteilose Stahlarbeiter Franz Eisemann, er sei mit in Berlin gewesen und werde diesen 17. Juni nie vergessen:

»Als ich heute morgen um 6 Uhr meine Arbeitsstelle aufsuchte, war es wie alle Tage. Nach etwa 10 Minuten ertönte ein lautes Gebrüll. Keiner wußte, was eigentlich los war, und wir liefen alle zusammen. Ich fragte: ›Was ist denn eigentlich los?‹, einer sagte: ›Wir streiken wegen der Normen.‹ Dann wurde gerufen, wir sollten uns alle auf dem Hof sammeln. Ich dachte: wenn alle gehen, dann gehst du auch mit. Es wurde gesagt: Wir demonstrieren für die Einheit Berlins. Deshalb nahm ich an, daß die Demonstration an der Sektorengrenze stattfinden sollte. Aber dort war der Schlagbaum schon eingerissen, und wir marschierten in den Westsektor hinein. Die Westpolizei drängte uns auf die Bürgersteige und erklärte: ›Hier gibt es keine Demonstration‹. Dann rief wieder einer: ›Antreten!‹, und wir marschierten weiter. Wir kamen dann in die Nähe vom Bahnhof Friedrichstraße. Dort brannte ein Kiosk mit den Emblemen der deutsch-sowjetischen Freundschaft. Wir marschierten dann weiter und machten halt, als Wagen mit verdeckten Maschinengewehren auf der Straße standen. Erst hieß es, wir wollten zum Lustgarten marschieren. Dann wurde gesagt: ›Nein, wir marschieren zur Regierung. Wir wollen einmal Grotewohl erzählen, wie es richtig aussieht.‹«[3]

Bis zum Abend kehrten die meisten Hennigsdorfer zurück. Inzwischen hatten Volkspolizisten die Grenze zwischen der DDR und West-Berlin dichtgemacht, doch nach dem Vorzeigen der Personalausweise wurde den Stahlwerkern die Rückkehr erlaubt.

Der Volkspolizei gelang es nicht, am 17. Juni, wie Chefinspekteur Eikemeier formulierte, »den Demonstranten wirksame polizeiliche Mittel entgegenzusetzen«. Sie konnte vorerst nicht mehr tun, als weitere Großbetriebe in Hennigsdorf abzuriegeln und vor allem die Streikführer zu identifizieren. Am nächsten Tag sollte sie dann um so massiver zuschlagen. Als am 18. Juni die Unruhen nicht nachließen und die Arbeiter ihren Ausstand fortsetzten, besetzten sowjetische Truppen und die Deutsche Grenzpolizei in Verbindung mit dem Betriebsschutz das Stahl- und Walzwerk Hennigsdorf, um das für das Regime so gefährliche Feuer endgültig auszutreten.

Schauplatz heftiger Proteste und Demonstrationen war am 17. Juni die Havelstadt Brandenburg. Vom frühen Morgen an strömten Arbeiter der verschiedenen Bau-Unionen und anderer Baufirmen zusammen, Angehörige des Stahlwerkes Brandenburg, des Schlepperwerkes und weiterer »volkseigener« Betriebe schlossen sich an. Die Zahl der Demonstranten wuchs auf 15 000 Menschen an, die, aufgeteilt in mehrere Kolonnen, in die Brandenburger Innenstadt zogen und dabei bereits Anschlagtafeln und Transparente mit SED-Losungen zerstörten.

Kurz nach neun Uhr besetzten sie das Gebäude der Brandenburger SED-Kreisleitung, wobei die zehn zunächst eingesetzten Volkspolizisten ebenso machtlos waren wie eine Gruppe von weiteren fünf VP-Angehörigen, die zur Verstärkung geschickt wurde. Propaganda- und anderes Agitationsmaterial wurde aus den Fenstern geworfen, außerdem eine Reihe von Telefonapparaten. Die Ereignisse in Brandenburg eskalierten, als die Arbeiter zum Kreisgericht zogen. Durch das Gerichtsgebäude drangen sie in den Hof der Untersuchungshaftanstalt Steinstraße ein und warfen mit Mauersteinen durch die Fenster in die Wach- und Büroräume der Haftanstalt. Aus Pistolen und Karabinern, die sie Volkspolizisten abgenommen hatten, fielen Schüsse, ohne jedoch Schaden anzurichten. In das Zellengebäude des Untersuchungsgefängnisses konnten die Demonstrierenden zwar nicht vordringen, doch erzwangen sie zumindest Verhandlungen mit der Gefängnisleitung, als deren Ergebnis 42 Häftlinge entlassen und die Waffen der Volkspolizisten eingesammelt wurden. Den Kreisrichter Benkendorf nahmen die Demonstranten mit sich und schlugen ihn zusammen. Nur durch das Eingreifen eines Brandenburger Arztes konnte sein Leben gerettet werden. Um 12.30 Uhr fuhren sowjetische Soldaten auf und räumten mit Waffengewalt das Gefängnis.

Gegenüber der aufgebrachten Menge war die Volkspolizei in den ersten Stunden des Aufstandes völlig überfordert, denn die Zielscheiben des Volkszorns waren über das Stadtgebiet verstreut liegende staatliche beziehungsweise andere Einrichtungen des SED-Regimes. So versuchten etwa dreihundert Demonstranten in das Volkspolizei-Revier einzudringen, wurden aber abgewehrt.

Im Haus der Freundschaft, in der Kreisverwaltung und im Jugendclubhaus der FDJ »Philipp Müller« wurden Scheiben eingeworfen und Transparente heruntergerissen, Propagandamaterial auf die Straße geworfen; ein einsamer, im FDGB-Haus zurückgebliebener Volkspolizist war nicht in der Lage, den Ansturm der Demonstranten aufzuhalten.

Zu gewalttätigen Auseinandersetzungen kam es bei dem Versuch, das Volkspolizeikreisamt zu stürmen, das seit elf Uhr von etwa 6.000 Menschen belagert wurde. Gegen Mittag hatten die Arbeiter den Innenhof des Gebäudes besetzt. Zwar war inzwischen ein Feuerwehr-Fahrzeug eingetroffen, das – als Wasserwerfer eingesetzt – die Demonstranten vertreiben sollte, doch wegen des zu niedrigen Wasserdrucks konnte nur eins von drei Rohren benutzt werden; zu wenig, um die Menge ernsthaft einzuschüchtern. In dieser Situation gab der VPKA-Leiter den Befehl, nicht nur Warnschüsse abzugeben, sondern gezielt auf alle zu schießen, die versuchen sollten, die Hofmauer zu übersteigen.[4] Obwohl durch das Fenster der Wache Schüsse auf die Demonstranten abgegeben wurden, konnten einige von ihnen – die Berichte sprechen von zwanzig bis dreißig – bis zum Treppenflur des ersten Stockwerkes vordringen. Hier allerdings warteten bereits sowjetische Soldaten auf sie, die sie mit entsicherten Waffen aus dem Gebäude drängten.

Für viele Brandenburger Volkspolizisten sollte dieser Tag schwer wiegende Konsequenzen haben. Denn aus SED-Sicht unternahmen sie zu wenig, um den Aufstand niederzuschlagen. Auf die Ausgabe von Gummiknüppeln wurde verzichtet mit der Begründung, diese könnten ihnen abgenommen werden, und sie würden dann selbst verprügelt. Einige Vopos diskutierten mit den Arbeitern, und sieben Volkspolizisten sowie sechs Feuerwehrleute versteckten sich im Keller des Polizeigebäudes. Andere beschafften sich im benachbarten Jugendhof weiße Kittel und zogen diese über ihre Uniformen.

Die Volkspolizei war unorganisiert und hilflos. Als der Befehl erteilt wurde, Waffen auszugeben, fand sich kein Schlüssel zur Waffenkammer. Der zuständige Leiter des Technischen Dienstes war anderweitig eingesetzt, und niemand war in der Lage, den Schreibtisch zu öffnen, in dem sich der Waffenkammer-Schlüssel befand! Selbst eine 95 Mann starke Kompanie, die die Bezirksbehörde der Volkspolizei entsandt hatte, konnte nichts ausrichten. Sie wurde von der Menschenmenge eingeschlossen und damit isoliert. Die Kasernierte Volkspolizei wiederum berief sich darauf, aus Berlin keinen Schießbefehl beziehungsweise keinen Befehl zum gewaltsamen Vorgehen erhalten zu haben, und sah den Auseinandersetzungen weitgehend tatenlos zu.

Die geringste Strafe für die Angehörigen der Brandenburger Volkspolizei bestand in der Degradierung. Der Leiter der Schutzpolizei wurde zudem aus der Volkspolizei ausgestoßen. Gegen nahezu alle SED-Funktionäre innerhalb des Polizeiamtes wurden disziplinarische Maßnahmen und Parteiverfahren eingeleitet, weil sie es – so ein Instrukteurbericht – durch ihr Verhalten nicht verstanden hätten, »die Genossen zur Standhaftigkeit zu erziehen«. Außerdem hätten sie, wie beispielsweise Volkspolizei-Meister Oschmann, Sekretär der Parteiorganisation des Amtes, durch den Ausruf »Nicht schießen« dazu beigetragen, »die Kampfentschlossenheit der Genossen zu demoralisieren und die einstürmende Menge zu ermuntern, gewaltsam gegen die U-Haftanstalt vorzugehen«.

Unter besonderer Beobachtung von SED und Volkspolizei stand das Karl-Marx-Werk in Potsdam. Hier bahnte sich zwar ein Streik an, doch die Staatsmacht war fest entschlossen, einen Demonstrationszug der Arbeiter in die Stadt zu unterbinden. Ein solcher Protestmarsch hätte nach Überzeugung der SED für andere Betriebe das Signal bedeutet, ebenfalls zu streiken. In dem Bericht der BDVP wird diese Furcht überdeutlich:

»Die Auswirkung einer solchen Demonstration hätte zur Folge gehabt, daß sich ein großer Teil anderer Betriebe angeschlossen hätte, was darin zum Ausdruck kam, daß die anderen Potsdamer Großbetriebe durch Delegationen die Haltung des Karl-Marx-Werkes erforschen ließen. Von den Delegationen, die zum Karl-Marx-Werk entsandt wurden, wurde zum Ausdruck gebracht, daß, wenn die Werktätigen dieses Betriebes die Arbeit niederlegen, sich die anderen Betriebe ebenfalls anschließen würden.«[5]

Volkspolizisten riegelten also das Werk ab, der Einsatz sowjetischer Truppen und die Drohungen eines sowjetischen Generals, Streikende sofort zu verhaften, führten schließlich dazu, dass noch am 17. Juni die Arbeit aufgenommen wurde.

Zug nach Belzig geentert

Um 14 Uhr verhängten die sowjetischen Militärkommandanten der Kreise und kurz darauf der Kommandant des Bezirkes den Ausnahmezustand. An dem Willen der Menschen, die SED-Herrschaft zu beenden, änderte dieses nichts. Insgesamt traten an diesem 17. Juni im Bezirk Potsdam nach BDVP-Zählungen 40 000 Menschen in den Ausstand, 45 000 beteiligten sich an Demonstrationen gegen das Regime. Gestreikt wurde in 59 Volkseigenen Betrieben, drei genossenschaftlichen und fünf privaten Betrieben, Zahlen, die die Definition der Unruhen als Volksaufstand rechtfertigen, wie auch die übrige Protestbewegung im Bezirk Potsdam deutlich macht:

Bei der Reichsbahn in Rathenow streikten die Arbeiter bei Schichtbeginn um sechs Uhr. Es schlossen sich HO und Konsum an. Insgesamt wuchs die Menge der Protestierenden in Rathenow auf über 6.000 Menschen an. Zu einem tragischen Zwischenfall kam es, als der Leiter des Betriebsschutzes (B) bei der HO, Wilhelm Hagedorn, im Verlauf der Proteste so schwer verletzt wurde, dass er wenig später im Krankenhaus starb. Aufgebrachte – in diesem Fall wohl kriminelle – Demonstranten hatten ihn schwer verwundet in die Havel geworfen und verfolgt, als er sich schwimmend ans andere Ufer retten wollte. Volkspolizisten hielten die Besatzung eines Kahnes in Schach, die Hagedorn ertränken wollte, und retteten seine Frau und drei andere Personen, die ebenfalls schwere Verletzungen erlitten hatten.

In Premnitz legten 2.600 Beschäftigte des Kunstseidenwerkes die Arbeit nieder. Allerdings zerstreute hier die Volkspolizei sehr schnell die Demonstrationen, so dass die Arbeit bald wieder aufgenommen wurde.

Gegen 6.40 Uhr begannen die Gleisbauarbeiter der Bau-Union Niemegk und Treuenbrietzen mit ihren Protestaktionen. Rund 120 von ihnen hielten auf offener Strecke den Personenzug nach Treuenbrietzen an und forderten die Arbeiter, die auf dem Weg zu ihren Betrieben waren, auf, sich ihnen anzuschließen. Als diese sich weigerten und es im Zug zu Handgemengen kam, »enterten« die Streikenden einen Zug in Richtung Belzig, hielten unterwegs immer wieder, um weitere Regime-Gegner aufzunehmen, und organisierten in Belzig eine Kundgebung, an der sich am Ende circa

1 000 Menschen beteiligten. Erst als sowjetische Soldaten gewaltsam eingriffen und Warnschüsse abfeuerten, löste sich diese Demonstration auf.

Am frühen Morgen, gegen 6.30 Uhr, beschlagnahmten dreihundert Arbeiter der Baustelle Wünsdorf Lastwagen des dortigen Volkseigenen Betriebes und fuhren über Zossen zum S-Bahnhof Rangsdorf, um gemeinsam mit den Berliner Streikenden zu protestieren. Auf dem Weg nach Rangsdorf schlossen sich die Arbeiter weiterer Baustellen an, so dass sich etwa achthundert Streikende auf dem Weg nach Berlin befanden.

Arbeiter des VEB »Carl von Ossietzky«, Teltow, riefen vormittags, gegen zehn Uhr, zum Streik auf und forderten den Sturz der Regierung. Die Protestler gaben auf, nachdem die Volkspolizei die Streikleitung verhaftet hatte.

Zu größeren Demonstrationen, mit circa 1.200 Bauarbeitern, kam es in Ludwigsfelde. Hier wurde eine aus 27 Arbeitern bestehende Streikleitung gewählt. Sie setzte zunächst durch, dass Sendungen des RIAS über den Betriebsfunk verbreitet wurden. Sowjetische Kräfte sowie Volkspolizei griffen ein und verhafteten die gesamte Streikleitung. Dennoch kam es auch am nächsten Tag zu Protesten und Arbeitsniederlegungen, die erst beendet wurden, als erneut, und diesmal massiver, Volkspolizei und sowjetische Soldaten zuschlugen.

In den Morgenstunden des 17. Juni legten im Kreis Königs Wusterhausen zunächst sechshundert Angehörige der Bau-Union Wildau die Arbeit nieder. Sie versuchten, die Beschäftigten des Schwermaschinenbauwerkes in Wildau zur Teilnahme und zum Zug nach Berlin zu bewegen. SED-Agitatoren organisierten eine mehrstündige Betriebsversammlung, so dass sich die geplante Kundgebung verschob. Insgesamt beteiligten sich im Bereich des Volkspolizeikreisamtes Königs Wusterhausen 5.000 Arbeiter an den Streiks, die weitgehend noch am selben Tag durch sowjetische Kräfte und Volkspolizei teils gewaltsam beendet wurden.

In Friesack demonstrierten am Nachmittag sechshundert Menschen, überwiegend »bürgerliche Kräfte«, vor dem Rathaus und rissen Losungen der Partei ab. Zwanzig Volkspolizisten »verjagten« gewaltsam die Demonstranten und verhinderten die Erstürmung der Gemeindeverwaltung. In den späten Abendstunden versuchten siebzig Demonstranten, in die Zentralschule der Nationalen Front in Bantikow, Kreis Kyritz, einzudringen. Zuvor hatten sie die Parteilosungen heruntergerissen und Telefonleitungen gekappt. Die Volkspolizei griff ein, dann übernahmen sowjetische Truppen den weiteren Schutz des Gebäudes.

Streiks auch in den kleinsten Betrieben

Wenngleich Streikschwerpunkte wie Hennigsdorf oder der Sturm auf die Haftanstalt Brandenburg das Bild und die Erinnerung an den Volksaufstand im Bezirk Potsdam prägen, darf nicht übersehen werden, dass im gesamten Bezirk Arbeiter in den Ausstand traten, selbst in kleinsten Betrieben und weniger spektakulär. In einem Fernschreiben führte die BDVP Potsdam am Morgen des 18. Juni die Betriebe auf, in denen gestreikt worden war:

> VPKA Brandenburg: Bau-Union Brandenburg, 2.000; Thälmann-Werk, 1.500; Schlepperwerk, 3.000; »Willi Becker«, Kirchmöser, 1.500; RAW Brandenburg West, 1.500; Stahlbau Brandenburg, 1.500
>
> VPKA Gransee: Objekt Vogelsang, 800; Sonderbaustelle der Sowjetarmee, 50
>
> VPKA Oranienburg: Stahlwerk Hennigsdorf, 3.000; EW Hennigsdorf, 5.000; Bau-Union Hohen-Neuendorf, 1.000; Bau-Union Beetzow, 2.000; Bau-Union Leipzig, 700; Eisengießerei Birkenwerder, 60; BEB Holz, Liebenwalde, 50; Feinmechanik Nieder-Neuendorf, 200
>
> VPKA Rathenow: VE Optische Werke, 30; HO und Konsum, 60; Kunstseidenwerk Premnitz, 30; Sägewerk Mielow, 30
>
> VPKA Kyritz: Gutskomplex Barsikow, 50; VE Mühle, Wusterhausen, 10
>
> VPKA Belzig: Bau-Union, 350; MTS Niemegk, 50; Ziegelei, 20; Sägewerk, 20
>
> VPKA Nauen; Bahnbau Brieselang, 400; VE Gummiwaren Brieselang, 120; VE Metallwarenverarbeitungsbetrieb Falkensee, 80; Bau-Union Friesack, 400

VPKA Zossen: Ludwigsfelde, 500; RFT Dahmendorf, 200; Maybach 2, Wünsdorf, 50; Bau-Union Potsdam, Außenstelle Zossen, 200

VPKA Königs Wusterhausen: ABUS Wildau, 3.000; Bau-Union »Heinrich Rau«, 400

Kalksandsteinwerk Nieder-Neuendorf, 200; Zweigbetrieb Senzig, 100; Bau-Union Funkamt, 100; Reichsbahn, 200; Großtischlerei Eichwalde, 100. [6]

Sehr aussagekräftig ist diese Übersicht vom 18. Juni, zumal in ihr Zahlen offensichtlich ehrlicher genannt werden als in späteren Statistiken:[7]

Kreis	**Demonstranten**	**Streikende**
Brandenburg	15 000	15 000
Jüterbog	-	-
Luckenwalde	-	-
Zossen	950	900
Königs Wusterhausen	4.500	4.000
Potsdam	3.000	2.600
Nauen	1.000	700
Oranienburg	12 000	10 000
Gransee	-	50
Ruppin	-	-
Pritzwalk	-	-
Kyritz	350	-
Rathenow	8.000	7.000
Gesamt:	**44 300**	**40 250**

»Die politische Situation nicht verstanden«

Nachdem es unter dem Eindruck des Ausnahmezustandes am 18. Juni im Bezirk kaum noch und am 19. Juni gar keine Arbeitsniederlegungen mehr gab und sowjetische Truppen die Städte und Dörfer kontrollierten, machte die Volkspolizei eine Rechnung auf: Gemeldet wurden 598 Festnahmen, 355 Personen waren wieder freigelassen, 62 an das MfS überstellt worden.

Und noch eine andere Bilanz zog die BDVP Potsdam, in der die Disziplin und die Bereitschaft der Volkspolizisten, gegen die eigene Bevölkerung vorzugehen, im Mittelpunkt standen. BDVP und so genannte Instrukteurgruppen kamen zu dem für sie katastrophalen Ergebnis, dass es mit dem politisch-moralischen Bewusstsein vieler Volkspolizisten nicht zum Besten bestellt gewesen war. Sie waren keineswegs bereit gewesen, sich den Befehlen der Partei zu unterwerfen. Aus mannigfaltigen Gründen hatten sie sich geweigert, aktiv an der Niederschlagung des Volksaufstandes teilzunehmen. So konstatierte die BDVP Potsdam, dass »in den ersten beiden Tagen bei der VP Nauen keine Einsatzfreude vorhanden« war. Volkspolizei-Wachtmeister L. vom Volkspolizeiamt (B) Ludwigsfelde war zur Zellenbewachung eingesetzt. Er erklärte gegenüber den Festgenommenen, er empfinde es als ungerecht, »daß der Streik abgewürgt wurde. In seiner Vernehmung erklärte er sich mit ihnen solidarisch«. Volkspolizei-Oberkommissar F., Referatsleiter bei der BDVP Potsdam, setzte sich von seiner Dienststelle ab und besuchte mit drei weiteren Vopos eine Hochzeitsfeier, erst zwei Tage später meldete er sich per Telefon bei der BDVP, trat seinen Dienst aber erst gar nicht an, sondern blieb mit Magenschmerzen zu Hause.

Abgesehen von Disziplinverstößen resümierte die BDVP zusätzlich »negative Meinungen von Volkspolizisten, die darauf schließen lassen, daß sie die politische Situation und die Zusammenhänge der Politik unserer Partei noch nicht verstanden haben: VP-Obwm. K., [...] Potsdam: Ich mache doch meine Nerven nicht für die Volkspolizei kaputt, meine Verpflichtung ist im August abgelaufen, und ich werde mich entpflichten lassen. VP-Wm. von Z. von der gleichen Dienststelle diskutierte im Anschluß an eine Politinformation, in welcher über den Aufbau der Schwerindustrie in der Sowjetunion gesprochen wurde, sinngemäß: Das konnten sie mit denen dort machen, aber nicht bei uns, wir haben eine ganz andere Kultur. VP-Meister K., [...], Werder, sagte: Jetzt spricht Grotewohl die Arbeiter mit liebe Freunde an, das hätte er viel früher tun sollen«.[8]

Bezirk Magdeburg

»Die Unruhen am 17. 6. 53 waren eine Folge des Nichtbeachtens der Signale vom Dezember 1952.«[1]

Erste »Signale« schon im Dezember '52

Ein höchst aufschlussreiches Dokument im Zusammenhang mit den Unruhen des Jahres 1953 – nicht nur des Juni – stammt von der Magdeburger SED-Parteikontrollkommission. Der einleitende Satz des Schriftstückes vom 30. September 1953 zeigt, dass es an der Wirklichkeit weit vorbeigeht, den Volksaufstand auf den Juni 1953 zu reduzieren:

»Die Unruhen am 17. 6. 53 waren eine Folge des Nichtbeachtens der Signale vom Dezember 1952. Als Beispiel folgendes: Während im Dezember 1952 im Karl-Liebknecht-Werk Arbeitsniederlegungen im gesamten Betriebsteil Salbke möglich waren und eine Handvoll Provokateure die Arbeiter bedrohen und verhetzen konnten, hatten am 17. 6. 53 11 Abteilungen des Karl-Liebknecht-Werkes trotz stärkster faschistischer Provokationen in Ordnung weitergearbeitet. Die Mitglieder unserer Partei haben gemeinsam mit parteilosen Kollegen standhaft ihren Betrieb gegen faschistische Provokationen verteidigt. So war im Dezember 1952 die Motorendreherei Salbke Zentrum der Feindarbeit und des Streiks und am 17. 6. durch das mutige Auftreten des 1. Sekretärs [...] ein hervorragendes Beispiel der Abwehr der faschistischen Provokateure und der Standhaftigkeit.«[2]

Mit anderen Worten: Anderswo mögen die Streiks und Unruhen erst im Mai oder Anfang Juni 1953 begonnen haben beziehungsweise eskaliert sein, in Magdeburg hatte es bereits ein halbes Jahr zuvor Arbeitsniederlegungen gegeben, die das Ausmaß der Juni-Streiks – wenngleich nicht der gewalttätigen Ausschreitungen – bei weitem übertrafen. Die Kontrollkommission führte dieses darauf zurück, dass nach den Arbeitsniederlegungen im Dezember 1952 in der Grundorganisation der SED »gründliche Auseinandersetzungen mit dem Ergebnis der Entlarvung einer Reihe von Parteifeinden stattgefunden haben, Trotzkisten und Schumacher-Agenten« seien enttarnt worden. Beispielsweise sei in der Dreherei »Pawel Bykow« im Dezember 1952 »eine aus 52 Personen bestehende Konzentration aus der Partei Ausgeschlossener zerschlagen und somit eine gute Grundlage für die Arbeit im Betrieb geschaffen« worden. In keinem anderen als dem Karl-Liebknecht-Werk sei es am 17. Juni zu einer geschlossenen Haltung »gegen die faschistischen Provokationen« gekommen.

Mag es im Karl-Liebknecht-Werk in den Juni-Tagen relativ ruhig gewesen sein, die Gewalt eskalierte in der Stadt Magdeburg und im gesamten Bezirk dennoch. Schon am Abend des 16. Juni hatte Volkspolizei-Generalinspekteur Seifert die Weisung erteilt, die Magdeburger Ausbildungseinheit in Alarmzustand zu versetzen, wobei er davon ausging, diese Einheiten würden eher in Berlin als in Magdeburg selbst benötigt. Gegen ein Uhr nachts wurden 240 Volkspolizisten nach Berlin in Marsch gesetzt, wobei nach Bekunden der Magdeburger Polizeiführung zu diesem Zeitpunkt nicht bekannt war, dass es in Ost-Berlin am Vortag schon zu ersten massiven Arbeitsniederlegungen gekommen war. Dennoch wappnete sich die Bezirksbehörde gegen Unruhen im eigenen Bezirk, vor allem auf Grund der im Dezember gemachten und oben beschriebenen Erfahrungen. Die Abteilung Betriebsschutz der Bezirksbehörde der Volkspolizei (BDVP) erhielt um 23.20 Uhr den Auftrag, zusätzliche Sicherungsmaßnahmen einzuleiten, und noch in der Nacht kamen in der SED-Kreisleitung die Leiter der Volkspolizeikreisämter sowie die Parteisekretäre von Betrieben und Stadtbezirken zusammen, um Maßnahmen gegen die aufbegehrende Arbeiterschaft zu beraten. Beschlossen wurde unter anderem, dass alle Parteisekretäre und verantwortlichen Funktionäre sich spätestens um fünf Uhr in ihren Betrieben einfinden sollten, um jeden Versuch von Arbeitsniederlegung oder die Bildung von Demonstrationszügen zu unterbinden. Volkspolizei-Offizieren wurde befohlen, sich zur selben Zeit in ihren Dienststellen zu melden, wobei nicht jeder Volkspolizist beabsichtigte, bei dem sich abzeichnenden Volksaufstand eine Heldenrolle einzunehmen. VP-Meister N. beispielsweise hatte beim Ausbruch der Unruhen nichts Eiligeres zu tun, »als die offen stehenden fortschrittlichen Bücher in seiner Wohnung im Schreibtisch [zu verstecken] sowie zwei Bilder von Arbeiterführern von den Wänden [zu entfernen] und durch Landschaftsbilder [zu ersetzen]. Ferner hat N. seine Uniform in einem alten Kleiderschrank versteckt. N. begründete seine Handlung damit, daß er Angst vor den kommenden Dingen gehabt hätte«.[3]

Die Furcht des Volkspolizei-Meisters war nicht unbegründet, denn es zeigte sich schnell, dass die Arbeiter in den Betrieben der Agitation der SED-Funktionäre überdrüssig waren. Sie waren nicht mehr gewillt, stillzuhalten oder sich gar einschüchtern zu lassen. Vielmehr liefen beim Einsatzstab der BDVP zunehmend Meldungen über den beginnenden Volksaufstand ein, die keinen Zweifel daran ließen, dass die SED die Kontrolle über die Menschen verlor.[4] In Magdeburg wurden Straßenbahnzüge aufgehalten, Autos gestoppt, der gesamte Straßenverkehr in Neustadt ruhte. Um 10.50 Uhr trafen die Demonstrationszüge der Großbetriebe im Stadtzentrum am Hasselbachplatz zusammen. Ein Teil versuchte, den Eisenbahnverkehr zwischen Magdeburg und Halle lahm zu legen, andere Demonstranten drangen in die FDJ-Bezirksleitung und die FDJ-Stadtbezirksleitung Mitte sowie in die Bezirksleitung der SED ein. Um 11.45 Uhr stürmten sie das Fernmeldeamt und rissen hier Partei-Transparente und Bilder von Partei- und Staatsfunktionären von den Wänden. Für 11.25 Uhr nannte die Volkspolizei 8.000 Menschen, die nach kurzer Belagerung in das Gebäude der VP-Bezirksbehörde eindrangen. Mit Fahrzeugen sollte der Zugang zur gleichfalls gefährdeten Haftanstalt blockert werden, doch die Wut der Streikenden gegen das Regime steigerte sich von Minute zu Minute. Die Volkspolizei konnte es nicht verhindern, dass sie über die Einfriedungsmauern kletterten, die Sperrketten zurückdrängten und das Haupttor zur Haftanstalt an der Halberstädter Straße mit Balken aufbrachen. Tausende Demonstranten drängten sich im Innenhof und verschafften sich schließlich, bewaffnet mit Steinen, Beilen, Brechstangen und Knüppeln, Zugang zu den Gebäuden der Haftanstalt. Gleichzeitig stürmten die Aufständischen das benachbarte Justizgebäude, warfen wahllos die Akten aus den Fenstern und zündeten sie an.

Magdeburg gehörte zu den Schwerpunkten des Volksaufstandes in der DDR. In langen Schlangen zogen die Menschen zu den Zuchthäusern, um dort die politischen Gefangenen zu befreien.

In Leipzigs Zentrum ging ein Zeitungskiosk in Flammen auf.

Befehl des Militärkommandanten des Bezirkes Magdeburg

Für die Herbeiführung einer festen öffentlichen Ordnung wird befohlen:

1. Ab 14 Uhr des 17. Juni 1953 wird für den Bezirk Magdeburg der Ausnahmezustand verhängt.

2. Alle Demonstrationen, Versammlungen, Kundgebungen und Ansammlungen über drei Personen werden auf Straßen, Plätzen sowie vor öffentlichen Gebäuden verboten.

3. Jeglicher Verkehr von Fußgängern, Kraftfahrzeugen und Fahrzeugen wird von 21 Uhr abends bis 5 Uhr morgens verboten.

4. Diejenigen, die gegen diesen Befehl verstoßen, werden nach dem Kriegsgesetz bestraft.

Militärkommando für den Bezirk Magdeburg

Befehl des sowjetischen Militärkommandanten von Magdeburg über die Verhängung des Ausnahmezustandes.

Die Volkspolizei stand den aufgebrachten Demonstranten vorerst nahezu hilflos gegenüber, denn um acht Uhr hatte Chef-Inspekteur Paulsen den Befehl erteilt, dass Offiziere ihre Waffe untergeschnallt zu tragen hätten, Wachtmeister mussten ihre Schusswaffen sogar abgeben und einschließen. Paulsen hatte auf diese Weise blutige Zwischenfälle vermeiden wollen und verschärfte seinen Befehl noch, selbst nachdem in der Strafvollzugsanstalt zwei Volkspolizisten und ein MfS-Angehöriger von Demonstranten erschossen worden waren. In mehreren Volkspolizei-Revieren wurden die Waffen jetzt in Kellern außerhalb der Dienststellen versteckt, in anderen in Waffenschränken eingeschlossen. Die Hauptverwaltung der Volkspolizei kam Tage später zu dem Ergebnis: »Praktisch führte diese Taktik dazu, daß die faschistischen Banditen bis zum Zeitpunkt des Eingreifens der sowjetischen Armee keinem Widerstand begegneten und dadurch zu immer neuen Brutalitäten ermuntert wurden.«[5]

Gegen zwölf Uhr nahm der sowjetische Kommandant von Magdeburg die Niederschlagung des Aufstandes selbst in die Hände, und mit dem Eingreifen der sowjetischen Armee änderte sich die Situation völlig. Von Rücksichtnahme war keine Rede mehr. In nur einer halben Stunde gelang es den sowjetischen Soldaten, die Demonstranten mit Waffengewalt aus dem Gebäude der BDVP und wenig später vom gesamten Gelände zu vertreiben. Bezeichnend ist, dass in den Berichten der BDVP nur selten von dem hohen Blutzoll die Rede ist, die diese Räumung forderte, denn drei Demonstranten fielen im sowjetischen Kugelhagel: die 16-jährige Landarbeiterin Dora Borgmann, der Kellner Kurt Fritzsch und Horst Prietz, Mitglied der FDJ und der Gesellschaft für Sport und Technik (GST).

Gegen 13 Uhr wurde ein 50-köpfiges Volkspolizei-Kommando zusammengestellt, das gemeinsam mit den sowjetischen Soldaten die nächste Umgebung der Bezirksbehörde zu »säubern« hatte. Darüber hinaus ordnete »der Major der Freunde an, daß die Volkspolizei die innere Sicherheit, insbesondere des Hofgeländes, übernehmen soll. Die Russen räumten den Bahndamm«. Ab 14 Uhr wurde über den gesamten Bezirk Magdeburg der Ausnahmezustand verhängt. Verstöße sollten nach dem Kriegsrecht bestraft werden, auch unter Androhung der standrechtlichen Erschießung. Viele Arbeiter zogen sich zurück, um ihr Leben angesichts der akuten Gefahren nicht unnötig zu riskieren. Um 18 Uhr herrschte im Kern von Magdeburg weitgehend Ruhe, lediglich in der Halberstädter/Hallischen Straße demonstrierten noch Menschen vor dem BDVP-Gebäude. Aber auch diese Gruppen wurden von den sowjetischen Kräften aufgerieben.

Ein weiterer Schwerpunkt des Aufstandes in Magdeburg war die Strafvollzugsanstalt Sudenburg, vor der sich am Vormittag Tausende Demonstranten eingefunden hatten, um die Freilassung der politischen Häftlinge durchzusetzen. Erneut kam es zu Todesopfern, dieses Mal in den Reihen von Volkspolizei und Staatssicherheit. Der Sturm auf die Anstalt begann gegen 11.30 Uhr, als die Demonstranten mit einem Rüstbaum, den sie sich auf einer benachbarten Baustelle besorgt hatten, das Tor zum Gelände der MfS-Dienststelle aufbrachen und zunächst bis zur Eingangstür

Die Protestaktionen der Arbeiter konzentrierten sich in Magdeburg auf ein relativ kleines Gebiet der Stadt, in dem sich die wichtigsten Dienststellen von SED, Polizei und Staatssicherheit sowie Gefängnisse befanden.
Legende: BDVP – Bezirksbehörde der Deutschen Volkspolizei; UHA/MfS – Untersuchungshaftanstalt/Ministerium für Staatssicherheit; SVA/VP – Strafvollzugsanstalt/Volkspolizei; BG – Bezirksgericht); BStU, MfS, AS Magdeburg, Nr. 4, Abt. XIV

vordringen konnten. Die ersten Schüsse fielen, und zwar aus den Reihen der Demonstranten. Tödlich getroffen wurde dabei MfS-Oberfeldwebel Hans Waldbach. Zur selben Zeit mussten die Besatzungen der Postentürme in Deckung gehen, sich dann ganz zurückziehen, weil sie vom nahe gelegenen Bahndamm mit Steinen angegriffen wurden. Bei ihrem Rückzug warfen sie ihre Waffen teilweise in den Hof der Vollzugsanstalt, mehrere Karabiner fielen den Aufständischen in die Hände.

Es war ein Volksaufstand, doch entwickelten sich Teile der entfesselten Menge nun zum Mob. Sie rissen den Posten die Uniformen herunter und misshandelten sie. Einigen der Posten gelang es, sich in die Vollzugsanstalt zu retten, sicher waren sie jedoch dort nicht. Mit Rammböcken wurden die Tore zum MfS-Gebäude und zur Vollzugsanstalt aufgebrochen, allerdings wagte niemand, in die Häuser vorzudringen. Stattdessen wurden zwei Volkspolizisten als Kugelfang genommen, während aus den Fenstern des besetzten Gerichtsgebäudes immer wieder Schüsse fielen, denen Unterwachtmeister Gerhard Händler, der die Pforte verteidigen sollte, zum Opfer fiel. Auf der anderen Seite wurden zwei Demonstranten durch gezielte Schüsse verletzt und außer Gefecht gesetzt. Noch ein weiteres Todesopfer forderte die Schlacht um die Vollzugsanstalt. Nachdem sich 150 Aufständische auf dem Dach eines Werkstattgebäudes verschanzt hatten und von hier aus die Volkspolizisten aufforderten, ihre Waffen niederzulegen, wurde Oberwachtmeister Georg Gaiczik tödlich getroffen, als er seinen Genossen, die den Hinterhof verteidigten, zu Hilfe eilen wollte.

Gefährlich wurde die Situation für drei andere Volkspolizisten, die sich in den oberen Etagen aufhielten, denn die Menge hatte mit einem Brandsatz die Aufgangstreppe im Gerichtsgebäude in Flammen gesetzt.

Ein Augenzeuge, damals als Assessor im Gericht und später bei der Militärstaatsanwaltschaft der DDR tätig, erinnert sich an die chaotischen Zustände, die beim Sturm auf das Gebäude herrschten. Völlig willkürlich rissen die Demonstranten Akten aus den Schränken und gingen nicht etwa gezielt – beispielsweise auf der Suche nach Strafgefangenen-Akten – vor. Was immer ihnen an Papieren in die Hände fiel, wurde aus den Fenstern geworfen, auf der Straße mit Benzin übergossen und angezündet, wichtige Katasterunterlagen verbrannten ebenso wie Schriftverkehr oder Propagandamaterial. Die Mitarbeiter des Gerichtes, egal ob uniformierte oder zivile Kräfte, bangten um ihr Leben, bis es endlich selbst den Wortführern des Protestes daran gelegen war, die Lage zu beruhigen. Ohne weiteres ließen sie die Feuerwehr passieren, um die Brände im Haus und auf der Straße zu löschen.

Die Volkspolizei war zu keinem Zeitpunkt in der Lage, dem Ansturm zu widerstehen. Selbst als ein sowjetischer Offizier mit mehreren Soldaten eintraf, um die Sicherung des Tores zu übernehmen, ließ der Druck der Demonstranten nicht nach. Es bedurfte auch in Sudenburg des Einsatzes weiterer Einheiten und vor allem sowjetischer Panzer, um den Aufstand niederzuschlagen.

Gefangene verzichteten auf »Befreiung«

Wie explosiv die Lage vor und in der Haftanstalt Sudenburg war, zeigen nicht zuletzt folgende Vorfälle: Die Vollzugsanstalt hatte zwei Außenkommandos eingesetzt, unter anderem in der Firma Fahlberg & List. Ein Lastwagen, der dieses Außenkommando zurück in die Anstalt bringen sollte, traf im selben Moment vor dem Gebäude ein wie die Masse der Demonstranten, die sofort den Lkw stürmten, die begleitenden Volkspolizisten aus dem Wagen zerrten und entwaffneten.

Ein weiteres Außenkommando der Sudenburger Haftanstalt mit neunzig Häftlingen war im Hüttenkombinat/West in Calbe beschäftigt. Bei den ersten Anzeichen des Aufstandes wurden die Gefangenen in ihre Unterkunft gebracht. Der Kommandoleiter verpackte die zehn Pistolen der Wachmannschaften und brachte sie beim Betriebsschutz in Sicherheit, sie sollten in keinem Fall in fremde Hände fallen. Arbeitern des Hüttenkombinates gelang es jedoch, einen großen Teil der Gefangenen zu befreien. Sie brachten sie in das Lager des Dienstes für Deutschland (DfD) und versorgten sie hier mit zivil wirkender Bekleidung. 29 Häftlinge wollten sich allerdings gar nicht befreien lassen. Sie wurden in der darauf folgenden Nacht in die Sudenburger Anstalt gebracht.

Für beide Seiten glimpflicher verlief der Versuch, Gefangene aus der Untersuchungshaftanstalt Magdeburg-Neustadt zu befreien. Hier hatten sich gegen 10.30 Uhr circa zwanzig Demonstranten eingefunden, gingen nach kurzer Zeit aber wieder auseinander. Zwei Stunden später kamen die nächsten, dieses Mal vorwiegend Beschäftigte der Staatswerft Rothensee sowie Jugendliche aus dem Lehrlingsheim der Bau-Union. Sie forderten die Freilassung der Häftlinge und ließen sich auch vom Parteisekretär der Anstalt nicht von ihrem Verlangen abbringen, als dieser ihnen erklärte, es seien in den letzten Tagen ohnehin schon sechzig Gefangene entlassen worden, weitere würden folgen. Um die Mittagszeit war die Zahl der Demonstranten auf 2.000 angestiegen, andere, die mit einem Lkw eintrafen, stellten der Anstaltsleitung das Ultimatum, bis 15.30 Uhr alle Gefangenen freizulassen, andernfalls werde die Anstalt gestürmt. Gegen 15.20 Uhr versuchten die Protestierenden, mit einem starken Baumstamm das Haupttor zu sprengen. Als dieses nicht gelang, brachen sie mit Äxten und Vorschlaghämmern eine Nebentür auf und strömten in den Anstaltshof, wo sie aus den Zellen im Alt- und Neubau 221 Gefangene befreiten. Doch auch hier zog eine Reihe von Häftlingen es vor, in der Haftanstalt zu bleiben. Einige stellten sich auf die Seite der Volkspolizei und wurden kurz darauf durch vorzeitige Entlassung entsprechend belohnt. In einem Bericht der Volkspolizei vom 20. Juni 1953 liest sich das so:

»Die Polizisten zogen sich in die Küche zurück. Hier ergriff der Koch ein großes Messer, stellte sich vor die Tür und erklärte, jeden, der es wagen sollte, in die Küche einzudringen, sticht er nieder. Tatsächlich hat es niemand gewagt, in die Küche einzudringen. Bei dem Koch handelt es sich um einen Menschen, der zu 3 Jahren verurteilt wurde, weil er als Leiter eines HO-Betriebes 170 kg Fleisch verderben ließ. Er erklärte, daß er einsieht, welchen Fehler er gemacht hat und hält die Strafe für gerecht.«[6]

Die Volkspolizisten in der Anstalt leisteten längst keinen Widerstand mehr, gaben sogar Effekten und Wertsachen heraus. Sie verließen sich darauf, dass der Einsatz sowjetischer Truppen nicht lange würde auf sich warten lassen. Und wie vorauszusehen, fuhren schon kurz nach der Besetzung Panzer auf, Soldaten der Sowjetarmee räumten die Anstalt und verhinderten zudem die beabsichtigte Besetzung der Unterkunft der Ausbildungseinheit.

Ruhe kehrte damit in Magdeburg nicht ein. Gegen 17 Uhr bildet sich in Magdeburg-Südwest (Groß-Ottersleben) eine große Menschenmenge in der Nähe des Volkspolizei-Reviers und der SED-Kreisparteischule. Nachdem sich die Versammlung durch das Eingreifen von Abschnittsbevollmächtigten vermeintlich auflöste, formierte sie sich um 18 Uhr erneut und verlangte, sofort die Parteischule zu räumen. Als dem Ultimatum nicht nachgegeben wurde, flogen die ersten Steine, wurden Türen aufgebrochen und zahlreiche Unterlagen vernichtet. Hier rückten sowjetische Truppen gegen 20 Uhr an und blockierten sofort die Ausgänge, um ein Entkommen der Demonstranten zu verhindern. Die meisten von ihnen wurden an Ort und Stelle verhaftet, nur wenigen gelang durch den Sprung aus den Fenstern die Flucht.

Es lag auf der Hand, dass der Schwerpunkt des Aufstandes in Magdeburg mit seinen zahlreichen industriellen Großbetrieben liegen würde. Doch nahezu im gesamten Bezirk gingen die Menschen am 17. Juni auf die Straße:

Im Kreis Wernigerode streikten 4.500 Arbeiter aus fünf Betrieben, im Kreis Stendal 130 Arbeiter des VEB KfZ-Reparaturbau, und im Kreis Halberstadt waren alle größeren Fabriken und Betriebe mit insgesamt 5.000 Streikenden betroffen. Sechshundert Beschäftigte von NAGEMA und des E-Werkes Wermseer (Kreis Staßfurt) traten in den Ausstand. In Tangerhütte kam es im VEB Gusswerke und in der Maschinen- und Traktoren-Station Mahlwinkel zur Arbeitsniederlegung von sechshundert beziehungsweise 35 Beschäftigten. Hundert Jugendliche demonstrierten in der Nacht zum 17. Juni in Loburg. Ihr Versuch, Volkspolizisten zu entwaffnen, scheiterte, die Anführer wurden verhaftet. In Havelberg legten die sechzig Beschäftigten des VEB Möbelfabriken um 8.30 Uhr die Arbeit nieder. Gegen 11.35 Uhr traten zweihundert Arbeiter des VEB Motorenwerke Barleben (Kreis Wolmirstedt) in den Streik und formierten sich zu einem Protestmarsch nach Magdeburg. Unterwegs schlossen sich ihnen dreihundert weitere Arbeiter an. Andere versuchten, die FDGB-Schule in Barleben zu stürmen, wurden jedoch von der Schutzpolizei unter Einsatz von Gummiknüppeln und mit der Drohung, die Schusswaffe einzusetzen, vertrieben. Um 13.30 Uhr fuhren in Schönebeck in den Betrieben Gerätewerk, IFA-Werk und Jagdpatronen Lastwagen mit Demonstranten auf, die die Arbeiter zur Teilnahme am Streik aufriefen. Betriebsschutz und Volkspolizei griffen unverzüglich ein, verhafteten Demonstranten und vereitelten damit Streiks und Kundgebungen. Kurze Streiks wurden aus der Pumpenfabrik Salzwedel, aus Havelberg sowie aus Genthin gemeldet, und in Schlagenthin forderten die Einwohner – unter ihnen ein hauptamtlicher Feuerwehrmann, der anschließend disziplinarisch bestraft wurde – die Freilassung mehrerer Häftlinge. Im Eisenwerk West legten die Beschäftigten von den Mittagsstunden an die Arbeit nieder. Straßensperren wurden errichtet, die Streikenden forderten die eintreffende Spätschicht auf, sich an den Protesten zu beteiligen. SED-Propaganda und Parteifahnen wurden heruntergerissen und verbrannt. Im Keller des Kultursaales befanden sich zu dieser Zeit ein Außenkommando von 89 Gefangenen sowie die Wachmannschaft. Nach Überwältigung der Wachen konnten die Gefangenen – vorerst – entkommen.

Sowjetische Armee verfranste sich

Zu einer Zuspitzung der Lage kam es am 17. Juni vor einer weiteren Haftanstalt im Bezirk Magdeburg, und zwar in Gommern. Um 12.20 Uhr hatte die Leitung des Untersuchungsgefängnisses telefonisch die Nachricht erhalten, dass ein fahrplanmäßiger Zug mit fünfhundert Demonstranten aus Magdeburg unterwegs sei, um die dortigen Gefangenen zu befreien. Eintreffen sollte dieser Zug um 15 Uhr. Unverzüglich forderte die Volkspolizei Burg Verstärkung durch die Kasernierte Volkspolizei an, doch diese lehnte die Hilfestellung mit der Begründung ab, hierfür gebe es aus Berlin nicht den erforderlichen Befehl. Nachdem dem Anstaltsleiter mitgeteilt wurde, es seien Protestierende mit zehn Lastwagen zur Befreiung eines Inhaftierten unterwegs, wandte sich dieser an den sowjetischen Kommandanten, der – im Gegensatz zur KVP – den Einsatz seiner Truppen sofort zusagte. Nach Ankunft des Zuges um 15.45 Uhr marschierten die Magdeburger Arbeiter zur Haftanstalt. Erneut versicherte der sowjetische Kommandant der Volkspolizei, seine Einheiten stünden bereit. Es sollten zwei Vopos zum Ortseingang geschickt werden, damit sie die Truppen zur Haftanstalt lotsen könnten. Mittlerweile waren etwa achthundert Demonstranten vor dem Gefängnis eingetroffen und verlangten die Freilassung aller inhaftierten Grenzgänger und der politischen Häftlinge innerhalb von dreißig Minuten. Das Ultimatum verstrich, der Sturm auf die Anstalt nahm seinen Anfang. Die Tore wurden aufgebrochen, die Demonstranten drangen in die Verwahrhäuser und öffneten die Zellen. In der Erwartung, dass es nicht mehr lange dauern würde, bis die zugesagten sowjetischen Kräfte eintreffen würden, begann der Anstaltsleiter auf Zeit zu spielen. So ging er auf die Forderung nach Einsicht in die Gefangenenakten ein, um die Demonstranten hinzuhalten. Was nun folgte, entbehrte trotz des ernsten Hintergrundes nicht einer gewissen Komik und erinnert an Lenins Satz, nach dem Deutsche, wenn sie einen Bahnhof stürmen wollten, zunächst eine Bahnsteigkarte lösen würden:

»Der Anstaltsleiter stellte deshalb eine Liste der Grenzgänger auf, die ihre Strafe bereits verbüßt haben und auf den Abtransport nach Westdeutschland warteten, und gab den Auftrag, diese zur Effektenkammer zu führen. Während dieser Zeit hatten die Randalisten alle Häftlinge befreit und auf dem Hof versammelt. Die Häftlinge lehnten es jedoch ab, ohne Entlassungspapiere die Anstalt zu verlassen. Inzwischen hatten die Banditen die Verwaltungsgebäude gestürmt und zertrümmerten sämtliche Bilder. Da der Anstaltsleiter und die Genossen die Aufwiegler hinhielten und die Entlassungen nur langsam durchführten, wurden diese aggressiv und begannen mit tätlichen Angriffen auf die VP.-Angehörigen. [...] Nachdem unter dem Druck der Masse ca. 12 – 15 Entlassungsscheine ausgeschrieben waren, erschienen die Soldaten der Roten Armee und stellten Ruhe und Ordnung wieder her. Die Häftlinge wurden wieder in die Zellen gebracht, und mit der Reparatur der Schlösser wurde sofort wieder begonnen.«[7]

Im Übrigen klärte sich bald auf, warum die vom Anstaltsleiter sehnlichst erwarteten sowjetischen Einheiten sich verspätet hatten: Weil die angeforderten Volkspolizisten am Ortsausgang nicht erschienen waren, hatten sich die sowjetischen Soldaten schlicht und einfach verfahren.

Trotz der allgegenwärtigen Präsenz der sowjetischen Truppen und des Ausnahmezustandes war der Bezirk am 18. Juni von »normalen« Verhältnissen noch weit entfernt. Zwar waren viele Demonstranten an ihre Arbeitsplätze zurückgekehrt, doch gab es weiterhin Streiks und Ausschreitungen in der Magdeburger

Staatswerft Rothensee, bei ABU-Förderanlagen und im Werk »7. Oktober«. Durch massives militärisches Vorgehen gelang es den sowjetischen Truppen bis zum Mittag, die »Teilaktionen zu liquidieren«. In einigen Kreisen des Bezirkes hatte die Protestbewegung am 18. Juni im Vergleich zum Vortag sogar noch zugenommen. 1.500 Angehörige des Elmo-Werkes in Wernigerode legten die Arbeit nieder. Ihnen schlossen sich die Beschäftigten des Kupfer- und Blechwerkes Ilsenburg und kleinerer Betriebe an. Weitere Zentren des Aufstandes waren nunmehr die NAGEMA-Maschinenfabrik in Staßfurt sowie in Halberstadt das Ausbesserungswerk der Reichsbahn und das Elektrokombinat.

Die Perfidie, mit der die SED vorging, wurde gerade in Halberstadt besonders deutlich. Vertreter der SED und des Rates des Bezirks ließen sich auf eine gemeinsame Sitzung mit den Streikleitungen aus zehn Betrieben ein, in der die Streikenden unter anderem die Umbesetzung der Regierung sowie die Aufhebung des Ausnahmezustandes verlangten. Tagsüber sollte die Volkspolizei den Schutz der Betriebe übernehmen, nachts sowjetische Soldaten. Tatsächlich benutzte die SED diese Sitzung nur, um die Identität der Streikführer festzustellen: Unmittelbar im Anschluss ließ sie »Maßnahmen zur Festnahme der Streikleitungen« einleiten und durchführen.[8] Am Abend des 18. Juni hatten sowjetische Armee, Volkspolizei und KVP den letzten offenen Widerstand im Bezirk Magdeburg gebrochen, am 19. Juni herrschte weitgehend wieder das, was die SED als »Ruhe und Ordnung« bezeichnete, das Regime hatte gesiegt.

Brutale Härte: Demonstranten standrechtlich erschossen

In der Folgezeit setzte die zu erwartende Verhaftungswelle ein. Überdurchschnittlich viele der 659 Festgenommenen wurden »wegen der Schwere der Verbrechen« an das Ministerium für Staatssicherheit und an die sowjetischen Militärkommandanten übergeben: 75 waren nun der Härte der sowjetischen Willkür ausgeliefert, 173 der der Stasi. Dass die Besatzungsmacht keinerlei Pardon geben wollte, demonstrierte sie in schrecklicher Weise. Die Magdeburger Alfred Dartsch und Herbert Strauch wurden

Bekanntmachung des Militärkommandanten der Stadt Magdeburg

Ich mache hiermit bekannt, daß die Einwohner der Stadt Magdeburg, Dartsch, Alfred, und Strauch, Herbert, wegen der aktiven provokatorischen Handlungen am 17. Juni 1953, die gegen die festgelegte Ordnung gerichtet waren, als auch wegen der Teilnahme an den banditischen Handlungen vom Gericht des Militärtribunals zum Tode durch Erschießen verurteilt worden sind.

Das Urteil ist am 18. Juni 1953 vollstreckt worden.

Der Militärkommandant der Stadt Magdeburg

In Ost-Berlin und vielen Orten der DDR ließen sowjetische Militärtribunale Demonstranten standrechtlich erschießen und teilten die Vollstreckung der Willkürurteile mit Plakatanschlägen und in Zeitungen mit.

vom Tribunal der sowjetischen Besatzungstruppen zum Tode verurteilt und noch am 18. Juni standrechtlich erschossen. Urteil und Vollstreckung wurden zur Abschreckung auf Plakaten im ganzen Stadtgebiet bekannt gemacht.

Im Zusammenhang mit dem Volksaufstand in Magdeburg muss ein weiterer Aspekt kurz angesprochen werden: Im April 2000 erhielt der Magdeburger Oberbürgermeister einen Brief aus der Ukraine. Ein Veteran der russischen Armee, wohnhaft in Belaja Zerkow, vertraute ihm ein »Geheimnis« an, das er von einem Freund erfahren habe, der allerdings schon längst verstorben sei. Da er selbst schon 81 Jahre alt sei, so schrieb der Veteran, fürchte er, die Ereignisse, die sich innerhalb der sowjetischen Armee nach dem 17. Juni 1953 zugetragen hätten, könnten für immer im Dunkeln der Geschichte bleiben.

Nahe des Ortes Biederitz seien am 28. Juni 1953 achtzehn sowjetische Armeeangehörige – darunter zwei Offiziere – standrechtlich erschossen worden, weil sie sich geweigert hätten, auf die unbewaffnete aufständische Bevölkerung von Magdeburg zu schießen. Sie seien, so heißt es in dem Brief weiter, durch Militärgerichte zum Tode verurteilt worden. Das betroffene Regiment sei anschließend auf Befehl von Marschall Gretschko aufgelöst worden. Mit diesem Brief schien sich zu bestätigen, was schon 1953 in einem Flugblatt des »Revolutionsstabes des NTS«, einer Widerstandsbewegung, behauptet worden war und seitdem von vielen als wahr betrachtet wurde und wohl noch immer wird. Das Flugblatt hatte folgenden Text:

»FREUNDE! BRÜDER!

Am 28. Juni wurden im Sommerlager des 73. Schützenregiments 18 Soldaten von einem Sonderkommando standrechtlich erschossen. Zu den 18 Toten gehörten der Gefreite Alexander Tscherbin, der Sergeant Nikolai Tjuljakow und der Soldat Djatkowski. Die Namen der anderen sind unbekannt. Die feigen kommunistischen Henker haben den Exekutionsbefehl nicht bekanntgegeben. Sie fürchten sich vor Euch, Soldaten und Offiziere. Sie wagen nicht, Euch die Wahrheit über den Kampf einzugestehen, den die besten Söhne unseres Volkes für die Freiheit aller vom Kommunismus unterjochten Werktätigen führen. Sie wissen, die Stunde der Vergeltung ist nahe. In Deutschland, in Polen, in der Tschechoslowakei ist der heroische Kampf um die Freiheit entbrannt.

18 russische Soldaten weigerten sich, auf die unbewaffneten deutschen Arbeiter zu schießen und halfen ihnen, die Gefangenen zu befreien, und haben dafür mit ihrem Leben bezahlt. [...] Der 28. Juni wird in die Geschichte eingehen und zum Gedenktag an die 18 Magdeburger Helden werden. [...]«[9]

Berichte über angeblich hingerichtete sowjetische Soldaten ziehen sich bis heute durch die deutsche Nachkriegs-Geschichtsschreibung. 1998 schien sich ihre Richtigkeit zu bestätigen. An der Klausener Straße in Magdeburg wurden in einem Massengrab Teile von 32 Skeletten gefunden. Die Vermutung kam auf, es könne sich dabei um die sterblichen Überreste exekutierter Soldaten handeln, zumal sich das Massengrab auf dem ehemaligen Kasernengelände der sowjetischen Truppen in Magdeburg befand, auf dem auch der russische Geheimdienst SMERCH (»Tod den Spionen«) seinen Sitz hatte. Wissenschaftler der Universität Magdeburg schlossen aus Pflanzen- und Gräserpollen, die sie den Nasenhöhlen der Skelette entnahmen, die Opfer müssten während der Sommerzeit getötet worden sein. Das Alter der Getöteten schätzten sie auf achtzehn bis dreißig Jahre. Mit dem genannten Brief und den Skelettfunden schien für manche festzustehen, dass die Gerüchte über die Ermordung von sowjetischen Soldaten im Zusammenhang mit den Ereignissen vom 17. Juni den Realitäten entsprachen. Wissenschaftliche Untersuchungen ergaben jedoch bald, dass die in Magdeburg gefundenen Skelettteile in keiner Weise mit erschossenen sowjetischen Soldaten in Verbindung gebracht werden konnten.

So bleibt denn das NTS-Flugblatt der einzige Hinweis, in dem von der standrechtlichen Hinrichtung sowjetischer Soldaten gesprochen wird. In seinem Buch »Der 17. Juni« ergänzt Rainer Hildebrandt, die achtzehn erschossenen Soldaten hätten zu einem MP-Schützenkommando gehört, die Erschießung habe auf einer Waldlichtung stattgefunden, das Sammelkommando der MP-Schützen habe geschlossen und unbewaffnet antreten müssen: »Die Soldaten wurden in Dreiergruppen am Rande eines Massengrabes von einem Spezialkommando einer Sonderheit erschossen. Bisher konnte weder die genaue Bezeichnung der Sondereinheit festgestellt werden noch, wer den Schießbefehl unterzeichnet hat. [...] Das Sammelkommando der MP-Schützen war am 17. Juni aus verschiedenen Divisionsabteilungen zusammengestellt worden, zu denen auch das 73. Regiment gehört, und wurde zur Unterdrückung des Aufstandes deutscher Arbeiter nach Magdeburg-Neustadt abkommandiert, wo der Angriff auf das Gefängnis stattgefunden hatte. Die Soldaten des Sammelkommandos griffen entgegen dem Befehl nicht zu den Waffen und ermöglichten dadurch die Befreiung von Gefangenen.«[10]

Die Quelle für eine solche Darstellung ist suspekt, in jedem Fall unklar, und es gibt Anhaltspunkte dafür, dass es sich bei der ursprünglichen und einzigen Quelle, dem NTS-Flugblatt, um eine typische Fälschung des Kalten Krieges handelt. Der geschilderte Vorgang lässt sich weder durch Akten noch durch Zeitzeugen belegen, auch wenn selbst die Berliner Senatskanzlei in einem Schreiben an den Autor vom 21. Mai 2001 von 23 im Raum Berlin hingerichteten sowjetischen Soldaten sprach. Sie bezog sich in ihrer Aussage auf das NTS-Flugblatt, ohne konkretere Angaben machen zu können. In Berlin ist zu Ehren der angeblich bei Biederitz erschossenen sowjetischen Soldaten ein Denkmal errichtet worden, an dem zum 17. Juni Kränze niedergelegt werden. Es ist nicht ausgeschlossen, sondern eher wahrscheinlich, dass damit Opfer geehrt werden, die es nie gegeben hat.

Auch in anderen Teilen der damaligen DDR kursierten Vermutungen, denen zufolge sowjetische Soldaten wegen Befehlsverweigerung erschossen worden sein sollten. In Jena sprachen die Menschen über die standrechtliche Erschießung von sowjetischen Soldaten. Lange Zeit hielten sich hartnäckig Gerüchte, denen zufolge im weitläufigen Kasernengelände an der Löbstedter Straße ein sowjetischer Soldat vor den Augen seiner Kameraden erschossen worden sein soll. Ebenso soll in Weimar zumindest ein sowjetischer Soldat vor versammelter Mannschaft exekutiert worden sein. In beiden Fällen gibt es weder Augenzeugen noch Anhaltspunkte in den Archiven.

Unabhängig davon, dass unwiderlegbare Zeugnisse für derartige standrechtlichen Erschießungen dem Autor nicht vorliegen, soll auf eine Aussage des ehemaligen Dolmetschers der Jenaer Kommandantur, Anatoli Begow, gegenüber der »Geschichtswerkstatt Jena« hingewiesen werden. Todesurteile habe es bis weit in die 80er Jahre in jeder sowjetischen Garnison in der DDR gegeben, erklärte er. Sie seien jeweils abgeschirmt vor der deutschen Bevölkerung vollstreckt worden. Es sei Usus gewesen, »Deserteure und andere Verbrecher« aus Gründen der Abschreckung vor versammelter Mannschaft hinzurichten.[11]

Bezirk Halle

»Inwieweit ich schneller zu einer umfassenden Einschätzung der Lage hätte kommen können, kann ich selbst schwer beurteilen, da eine solche Lage für mich als Funktionär, der schon lange in der Partei der Arbeiterklasse tätig ist, etwas völlig Neues und auch Erschütterndes war, daß breite Teile unserer Arbeiterschaft gegen uns auf die Straßen gingen.«[1]

Elf Todesopfer und Streiks noch im Juli

Der Volksaufstand im Bezirk Halle forderte so viele Todesopfer wie sonst nirgendwo in der DDR. Mindestens elf Menschen starben »durch Einsatz von Waffen der Volkspolizei« im direkten Zusammenhang mit dem 17. Juni, darunter zwei unbeteiligte Passanten.[2] Die Zahl der Opfer, die in den darauf folgenden Tagen in den Krankenhäusern verstarben, lässt sich – so der Archivar der Stadt in einem Schreiben an den Autor – nicht mehr ermitteln.[3] Darüber hinaus wurde die aus dem Zuchthaus kurzfristig befreite Erna Dorn später auf Drängen von Justizministerin Hilde Benjamin hingerichtet. Und noch in einem anderen Punkt unterschied sich das Geschehen im Bezirk von der übrigen DDR: Bis in den späten Juli hinein hielten Streiks und Unruhen an, gelang es SED und sowjetischen Kräften nicht, den Volksaufstand restlos zu ersticken.

Dabei schien der Morgen des 17. Juni für die Bezirksbehörde der Volkspolizei (BDVP) Halle nahezu normal anzubrechen, wenn nicht in der Nacht, gegen zwei Uhr, der Chef der Volkspolizei Halle von Generalinspekteur Seifert die Anweisung erhalten hätte, Transportraum für 350 Mann bereitzustellen und eine große Zahl von Waffen und Polizeiknüppeln sofort zur Polizeischule Aschersleben zu bringen. Hintergrund der Anweisung: Der dortige Lehrgang sollte schnellstens nach Berlin in Marsch gesetzt werden. Ohne nähere Angaben von Gründen wurde dann um 4.55 Uhr der Befehl zur Alarmierung der BDVP-Angehörigen erteilt, Hinweise auf das Geschehen in Berlin fehlten. Um 7.50 Uhr beschlossen die Abteilungsleiter der Volkspolizei, dass sich zwar jeder einsatzbereit halten, die Schulungsarbeit dagegen normal weiterlaufen sollte. Umso überraschter war die Volkspolizei-Führung, als um 8.30 Uhr die Meldung eintraf, die Frühschicht des »Otto Brosowski-Schachtes« sei nicht eingefahren, außerdem gebe es erste Ansammlungen auf den Werkshöfen der Film- und Farbenfabrik Wolfen. Um neun Uhr kam die Nachricht, dass sich die Wolfener Arbeiter auf dem Weg durch die Stadt in Richtung Bitterfeld befänden. Erst jetzt wurde die Polit-Schulung abgebrochen, und als gegen 9.45 Uhr bekannt wurde, dass sich die Streiks und Demonstrationen in den Kreisen häuften, erkannte die BDVP endlich den Ernst der Lage. Das Ausbildungsbataillon der Behörde wurde eiligst neu formiert, doch noch hieß es, wegen der zahlenmäßigen Unterlegenheit der Volkspolizei und der daraus resultierenden Aussichtslosigkeit sollte sie nicht gegen die Demonstranten vorgehen, nur die Dienststellen waren notfalls mit Waffengewalt zu verteidigen.[4]

Partei und Staatsorgane hätten durchaus gewarnt sein können, denn bereits am 15. Juni hatten sich annähernd dreihundert Menschen vor der Vollzugsanstalt II in Halle versammelt, um auf die angekündigte Freilassung von Häftlingen zu warten. Obwohl es zu keinerlei Provokationen kam, ordnete die BDVP an, gegen die Verwandten und Freunde der Gefangenen vorzugehen.[5] Da es am darauf folgenden Tag vor der Haftanstalt ruhig blieb, wurden die Streifen wieder eingezogen. Dafür aber bildeten sich an diesem 16. Juni im VEB Waggonbau Halle-Ammendorf immer wieder Gruppen von Arbeitern, die die Regierungsbeschlüsse diskutierten und ihrer Unzufriedenheit Luft machten.

Ammendorf war am 17. Juni das erste Werk im Bezirk, in dem der Proteststurm ausbrach. Schon am frühen Morgen, um sechs Uhr, erschienen Arbeiter im Verwaltungsgebäude, um mit dem Parteisekretär zu sprechen und die Normenfrage sowie den niedrigen Verdienst zu erörtern. Noch während des Gespräches hatten sich gegen 8.30 Uhr vor dem Gebäude 2.000 Arbeiter versammelt, und die Stasi konstatierte: »Schon hier war festzustellen, daß die Zusammenrottung einen feindlichen Charakter trug, da antidemokratische Losungen verbreitet wurden, die mit Gejohle begrüßt wurden.«[6] Sprecher der Arbeiter verlangten unter anderem, die Regierung müsse für ihre Fehler zur Verantwortung gezogen werden, Normen und HO-Preise seien zu senken, und im Übrigen könne nur der Westen den Weg zur Befreiung aufzeigen. Auf einigen Transparenten war zu lesen: »Spitzbart, Bauch und Brille sind nicht des Volkes Wille.« Parteifunktionäre kamen erst gar nicht zu Wort, stattdessen verließen die Arbeiter in kleinen Gruppen das Werk und schlossen sich auf der Stalinallee zu einem Demonstrationszug zusammen. Eine rasch gebildete Streikleitung rief telefonisch die Belegschaften anderer Betriebe, unter anderem des IFA-Karosseriewerkes, der Maschinenfabrik Halle, der Grube Ammendorf sowie der MTS-Reparaturwerkstatt zur Teilnahme an dem Protestmarsch auf, so dass schließlich 6.000 Menschen auf dem Weg in die Hallenser Innenstadt waren. Ungehindert passierten die Demonstranten die Unterkunft der Kasernierten Volkspolizei, die zu diesem Zeitpunkt noch keinen Befehl zum Eingreifen erhalten hatte, rissen unterwegs SED-Parolen von den Häusern und Laternen und erreichten um 11.40 Uhr den Thälmannplatz, wo der Versuch, in die SED-Kreisleitung einzudringen, am Widerstand des Betriebsschutzes scheiterte.

Ein Teil der Demonstranten zog weiter zur Justizverwaltung in der Klement-Gottwald-Straße, verlangte die Freilassung der Gefangenen, zerriss Parteilosungen und richtete erhebliche Zerstörungen an. In der SED-Bezirksleitung hatten sich inzwischen die Mitglieder der Betriebsparteiorganisation verbarrikadiert und trotzten so – gemeinsam mit anderen SED-Funktionären – dem Ansturm der Arbeiter. Dagegen gelang es einer Gruppe von zwanzig Demonstranten, das Gebäude des Rates des Bezirks zu besetzen. Dem für die Sicherheit verantwortlichen Offizier wurde später vorgehalten, nicht geschossen zu haben, und »verräterisches Verhalten« bescheinigt. Ebenfalls etwa zwanzig Demonstranten drangen zur selben Zeit in das Volkspolizeikreisamt ein, das von 27 KVP-Angehörigen gesichert werden sollte. Diese waren zwar mit Karabinern ausgerüstet, ihnen fehlte jedoch die Munition. Auch in diesem Fall wurden Vorwürfe gegen den verantwortlichen Offizier erhoben: »Dabei beging der Führer dieser

Gruppe den Fehler, durch Aufreißen der Schlösser zu zeigen, daß sie keine Munition im Magazin hätten.« Geschossen wurde vor dem VPKA und der Strafvollzugsanstalt I Kirchtor dennoch, wo zumindest die Volkspolizei erstmals an diesem 17. Juni in Halle mit Waffengewalt gegen die Menge vorging und sie zerstreute.

Blutbad vor dem »Roten Ochsen«

Geradezu dramatisch entwickelte sich die Situation vor und in der Vollzugsanstalt II in der Kleinen Steinstraße, bei der Bevölkerung als »Roter Ochse« bekannt und berüchtigt. Gegen 12.20 Uhr hatte die aufgebrachte Menge mit Lastwagen die Holztore der Anstalt aufgedrückt und die Innenhöfe besetzt. Sie drang in das Verwaltungsgebäude vor, während sich die Wachen und zusätzliche Sicherungskräfte im Zellentrakt verschanzten. Erst setzte die Volkspolizei Wasserwerfer ein, doch als sich die Demonstranten daranmachten, die Tür zu diesem Trakt aufzubrechen, gaben die Volkspolizisten gezielte Schüsse ab. Ein Passant, Gerhard Schmidt, wurde getroffen, hielt sich nach Augenzeugenberichten die Brust und brach zusammen. Ein Arzt, der in direkter Nachbarschaft wohnte, barg den Schwerverletzten, gab ihm eine Herzspritze und wollte ihn in eine chirurgische Klinik bringen lassen. Auf dem Weg dorthin starb er. Die Geschichtsklitterer der SED behaupteten später in zynischer Weise, Schmidt sei Opfer um sich schießender Demonstranten gewesen! Die Menge zog sich zurück, während führende Volkspolizei-Offiziere über das Vorgehen gegen die protestierenden Arbeiter stritten:

»Gegen 14 Uhr traf ein Zug der KVP – Kfz-Schule Halle – in Stärke von 27 Mann ein. Der Zugführer, ein Hauptmann, meldete sich bei Gen. VP. Komm. Polster und erhielt den Auftrag, die Provokateure aus den Höfen der Anstalt zu entfernen. Dabei stellte er dem Gen. Komm. Polster die Frage, ob dies mit oder ohne Waffeneinsatz durchzuführen sei. Gen. VP. Komm. Polster gab zur Antwort, daß dies nur mit Waffen durchzuführen sei. Ein anderer Offizier schlug vor, den Einsatz ohne Waffen durchzuführen und nach Möglichkeit mit den Provokateuren zu diskutieren. [...] Die Posten wurden nochmals angewiesen, beim gewaltsamen Eindringen von der Schußwaffe Gebrauch zu machen.«[7]

Zu weiteren Irritationen bei der Volkspolizei kam es, als Demonstranten, die sich dem Gebäude genähert hatten, ein Schreiben von Staatsanwalt Teifel vorlegten, aus dem hervorging, dass alle Gefangenen mit Freiheitsstrafen bis zu drei Jahren zu entlassen seien:

»Der Gen. VP.-Komm. Polster war durchaus von Anfang an der richtigen Meinung, daß nur unter Anwendung der Schußwaffe die Provokateure zurückzuschlagen wären. Er wurde durch die Äußerungen des VP. Obkomm. Steuber und des Zugführers der KVP, die gegen einen Schußwaffen-Gebrauch auftraten, unsicher gemacht und duldete es, daß sich die Provokateure der zerschossenen Gitterglastür näherten und ihm das Schreiben des Staatsanwalts, Gen. Teifel, übergeben konnten.«[8]

Als tatsächlich einige Häftlinge entlassen wurden, nutzten die Demonstranten diese Gelegenheit, durch die nun offenen Türen endgültig in das Zellengebäude zu gelangen. Die Euphorie der Menge und der befreiten Häftlinge währte nicht lange. Wasserwerfer kamen zum Einsatz, und gegen 15.30 Uhr griff die sowjetische Militärmacht ein. Fünf Lastwagen, jeweils mit zwanzig bis dreißig bewaffneten Soldaten besetzt, fuhren auf den Hof des Zuchthauses und begannen, die Menschen zurückzudrängen. Im einsetzenden Kugelhagel flohen die Demonstranten. Als schließlich sowjetische Panzer anrückten, gaben sie auf. Die Bilanz der Auseinandersetzungen um den »Roten Ochsen«: Fünf Demonstranten starben durch Schüsse, die – darauf wird in späteren Berichten der BDVP verwiesen – aus Waffen der Volkspolizei stammten. Volkspolizisten, die das Feuer auf Demonstranten eröffnet hatten, durften sich der Belobigung, des Sonderurlaubs und in vielen Fällen der Beförderung sicher sein. Als Vorbilder nannten SED und BDVP-Führung diejenigen, die keinerlei Pardon gegenüber den Protestierenden gezeigt hatten.[9]

Aber nicht alle Kräfte der Volkspolizei waren bereit, ihre Waffen gegen die Arbeiter zu richten. Einige zeigten ganz offen ihre Furcht, wie eine Wachtmeisterin der Vollzugsanstalt II Halle, die sich von einer Gefangenen Zivilkleidung geben ließ, nach Hause fuhr und sich von dort krankmeldete. Unterkommissar Markmann von der Polit-Abteilung der BDVP Halle warf seine Waffe auf einen Lastwagen, um sich »dadurch unbewaffnet in die Hände der Provokateure zu begeben«. Oberrat Ludwig, ebenfalls

Angehöriger der Polit-Abteilung, entfernte auf Forderung der Demonstranten das Magazin aus seiner Waffe und warf die Munition in einen Gully. Oberkommissar Steuber, Parteisekretär des Volkspolizeikreisamtes Halle, erklärte, zu schießen sei falsch. Daraufhin stürmten Demonstranten das Gebäude. Volkspolizei-Rat Heim hatte den Auftrag, den Rat des Bezirkes zu sichern. Als die Demonstranten versuchten, in das Gebäude einzudringen, gab Heim den Befehl, die Waffen einzustecken, und erteilte Schießverbot.

Trotz Ausnahmezustand: 25 000 auf dem Hallmarkt

Der Höhepunkt des Widerstandes gegen die SED-Diktatur in Halle stand allerdings noch bevor. Zwar verhängte der sowjetische Kommandant um 16 Uhr über Halle den Ausnahmezustand, dennoch zogen einzelne Gruppen durch die Stadt, um zu einer Massenkundgebung aufzurufen, die um 18 Uhr auf dem Hallmarkt stattfinden sollte. Das Echo darauf war eine einzige Absage an das herrschende Regime. Mehr als 25 000 Menschen strömten trotz der Gefahr, erschossen oder verhaftet zu werden auf den Markt. Die wesentlichen Forderungen dieser Kundgebung waren: Rücktritt der Regierung, Freilassung aller politischen Gefangenen sowie Wahlen zur Herstellung der deutschen Einheit. Zudem ging es den Menschen um die Gründung einer parteipolitisch unabhängigen Gewerkschaft und um Wahlen von Betriebsräten als echter Arbeitervertretung. Wie brisant die Lage auf dem Hallmarkt war, der von zweihundert mit Karabinern bewaffneten Polizeikräften gesichert werden sollte, gibt sehr anschaulich und eindringlicher als jedes Protokoll der Bericht eines Teilnehmers dieser Kundgebung wieder:

»Es war die erste Demonstration, während derer die Leute nicht wegliefen, sondern noch dazukamen. Alle Blicke gingen in Richtung Marktkirche, wo hoch über dem Hallmarkt ein Redner zu der Menschenmenge sprach. Der Hallmarkt war so voll, daß ich ihn von der Talamtstraße her nicht mehr betreten konnte und bereits zurückwollte.

Da, plötzlich: Lautes Motorengeräusch. Gerassel von Panzerketten. Ein T 34 fuhr mit hoher Geschwindigkeit runter zum Hallmarkt. Ich wagte kaum hinzusehen, traute dann aber kaum meinen Augen: Die letzte Reihe der Arbeiter drehte sich um und winkte dem Panzer furchtlos mit erhobenen Händen ein ›Halt‹ entgegen. Wenige (oder nur einen?) Meter vor der Menschenmauer stoppte der Panzer. Der Motor heulte noch einmal auf – und dann aus. Dann sprangen ein paar Leute auf den Panzer, der Kommandant erschien im Turm. Man redete auf ihn ein: ›Wir Arbeiter! Klassenbrüder, nicht schießen, keine Konterrevolution.‹ Der Offizier wies sie mit einer Handbewegung ab: Weggehen!

Der Panzer fuhr langsam an und rollte in die Menge, die sich langsam öffnete und sofort hinter ihm wieder schloß. So gelangte er langsam an die Ecke zum Hallorenring, wo er stehenblieb. Der Turm begann sich zu drehen, bis die Kanone des Panzers auf die Rednertribüne über dem Hallmarkt wies. Der Redner beruhigte die Menschenmenge: ›Die Russen werden nicht auf uns schießen.‹ Und so geschah es: Die Kundgebung ging weiter – und offensichtlich ihrem Ende entgegen. Auf halbem Weg zum Marktplatz hörte ich plötzlich vom Hallmarkt das Deutschlandlied! Die erste Strophe! Das seit 1945 meistgehaßte und verbotene Lied. [...]

Am nächsten Tag erfuhren wir, daß der der Kundgebung folgende Zug am Hallorenring aus dem Gebäude der ehemaligen Sozialversicherung – damals sowjetische Kommandantur – beschossen wurde. Auf dem Markt standen rechts und links der Treppe des Rathauses je ein T 34, auf dem Vorplatz waren Spuren von Panzerketten sichtbar. An der Ecke Steinstraße/Kl. Steinstraße stand ein MG-Posten – wohl zum Schutz der UHA. Der Ausnahmezustand wurde durchgesetzt, der Aufstand war niedergeschlagen. Die Menschen auch.«[10]

Eine besondere Bedeutung kam am 17. Juni in Halle dem »Nationalen Komitee freies Deutschland« zu, das Arbeiter als Koordinierungsgremium gegründet hatten. Von ihm aus sollte Verbindung mit den anderen Zentren des Aufstandes in Mitteldeutschland, unter anderem Bitterfeld, Wolfen, Merseburg, Schkopau/Buna und Leuna, aufgenommen werden. Dieses Komitee war es, das die machtvolle Kundgebung auf dem Hallmarkt organisiert und Lautsprecheranlagen aufgebaut hatte, und es stellte zugleich den einzigen Versuch dar, den Volksaufstand überregional zu organisieren. Das Komitee löste sich bereits am

18. Juni wieder auf, doch es verwundert kaum, dass die Stasi seine Mitglieder mit besonderer Härte verfolgte und durch die ihr gefügige Justiz extrem hohe Strafen – bis zu zwölf Jahre Zuchthaus – verhängen ließ.

Uni Halle: »Sympathie mit faschistischen Elementen«

Auch der Universitätsbetrieb in Halle war vom Aufstand erfasst, wobei sich vor allem Studenten der Landwirtschaftlichen Fakultät bei den Protestaktionen hervortaten, unter anderem durch die Besetzung der Volkspolizei-Lautsprecheranlage am Reileck, von der aus sie die Forderungen der Streikenden verbreiteten. Andere Studenten beteiligten sich an den Märschen zum Haus der Einheit, dem Rat des Bezirks und der Haftanstalt. Hallenser Studenten, die in Bitterfeld Berufspraktika absolvierten, besuchten Kundgebungen und erklärten sich mit den Streikenden solidarisch. Zum »Verhalten des Lehrkörpers« der Universität Halle ist in der MfS-Analyse zu lesen:

»Verschiedene Professoren der Universität nahmen ›regen Anteil‹ an den Ereignissen des 17. 6. 1953. [...] Prof. R. begab sich in unmittelbare Nähe der Ausschreitungen im Stadtinneren. Er ließ es sich auch nicht nehmen, an der faschistischen Kundgebung auf dem Hallmarkt teilzunehmen, wobei er seine Sympathie mit den faschistischen Elementen durch seinen Beifall zum Ausdruck brachte. Prof. R. gehört zum reaktionären Zentrum der ›Leopoldina‹. Mit Prof. R. nahm auch Prof. G. (beide Professoren der Mathematisch-Naturwissenschaftlichen Fakultät) an dieser ›Kundgebung‹ teil, der ebenfalls Beifall spendete. Prof. S. und Prof. H., die sonst bei Kundgebungen und Demonstrationen ihr Fernbleiben aus gesundheitlichen Gründen entschuldigten, waren den ganzen Tag unterwegs, um sich über die Lage zu ›informieren‹.«[11]

Den Lehrenden der Universität widmete die Stasi ohnehin – und nun noch mehr – ihre besondere Aufmerksamkeit. Weil sie auch unter der Professorenschaft und den übrigen Beschäftigten ihre Spitzel eingeschleust hatte, entging ihr nicht, dass im Juli mehrere Ärzte der Universitätskliniken in der Wohnung von Professor M. zusammengekommen waren:

»Hier machte Dr. [...] den Vorschlag, für die ›Opfer des 17. Juni 1953 in der DDR‹ eine Sammlung durchzuführen und den Geldbetrag dann diesen ›Opfern‹ zuzustellen. Als erster ging Dr. [...] auf diesen Vorschlag ein und erklärte: ›Für diese Sache bin ich gern bereit, monatlich einen Betrag von 25 DM zu geben‹. Auch die anderen Ärzte nickten zustimmend. Diese Sammlung war damit eine beschlossene Sache.«[12]

Ein wirklicher Volksaufstand

Der Volksaufstand hatte am 17. und 18. Juni 1953 nahezu den gesamten Bezirk Halle erfasst, es gab kaum einen größeren Betrieb, in dem nicht gestreikt wurde und wo die Arbeiter nicht gegen das Regime auf die Straße gingen. Bedeutsam zur Einschätzung des Aufstandes ist zudem, dass Angehörige sämtlicher Wirtschaftszweige gegen SED und Regierung demonstrierten und sich diese Streiks nicht auf verstaatlichte Unternehmen beschränkten, wie ein Dokument der Staatssicherheit zeigt. Demonstrationen und Arbeitsniederlegungen gab es in fast allen Kreisstädten, so in Merseburg, Dessau, Bitterfeld, Roßlau, Hettstedt, Weißenfels und Halle.[13]

Überall fanden sich am 17. Juni Transparente mit Aufrufen zum Streik, mit den Parolen wie: »Nieder mit der Regierung, Abzug der Besatzungstruppen, Wiederherstellung der Einheit Deutschlands, freie und geheime Wahlen, HO macht uns k.o.«, und der Unmut und Widerstand machten vor der Partei nicht Halt. An Protestzügen in Thale beteiligten sich circa 150 SED-Mitglieder, darunter 25 Funktionäre, sowie siebenhundert FDGB-Mitglieder. Im VEB Messgerätewerk Quedlinburg legten sechshundert Gewerkschaftsmitglieder, davon sechs Funktionäre, 75 SED-Mitglieder und ein Gruppenfunktionär, die Arbeit nieder.

Kreis Bitterfeld: Partei- und Staatsmacht zusammengebrochen

Zentrum des Aufstandes waren hier die Film- beziehungsweise die Farbenfabrik Wolfen, wo sich schon beim Frühschichtwechsel die meisten Arbeiter auf den Höfen und Straßen der weitläufigen Werksgelände versammelten. Sie schlossen sich uneingeschränkt den Forderungen der Berliner Streikenden an, die unter den Menschen in Wolfen weitgehend bekannt waren. In beiden Werken befanden sich die gesamten Belegschaften im Ausstand, formierten sich zu Demonstrationszügen und besetzten die Hauptgebäude der Verwaltung, die Telefonzentralen sowie die Werkfunkanlagen. Streikleitungen wurden gebildet, die die Beschäftigten aufforderten, nach Bitterfeld zu marschieren. Um acht Uhr hatten 1.500 Arbeiter der Farbenfabrik das Werk verlassen und waren auf dem Weg zur Filmfabrik. Unterwegs schlossen sich ihnen zahlreiche Einwohner Wolfens an, so dass der Zug, als er die Filmfabrik erreichte, auf 10 000 Menschen angeschwollen war. Noch nie zuvor hatte die Stadt Bitterfeld eine solche Kundgebung gesehen, wie sie ab zehn Uhr auf dem »Platz der Jugend« stattfand. Forderungen nach dem Sturz der Regierung, dem Abzug der sowjetischen Besatzungstruppen und freien Wahlen standen im Mittelpunkt der Reden, bevor sich der Zorn der Demonstranten gegen die Einrichtungen der Partei- und Staatsmacht richtete. Gestürmt wurden die Dienststelle der Stasi, die SED-Kreisleitung sowie die Gebäude des Kreisrates und der Stadtverwaltung. Wo immer die Menschen Transparente der SED und der »Massenorganisationen« fanden, wurden diese abgerissen und zerstört. Es gelang in Bitterfeld sogar, das Volkspolizeikreisamt sowie das Untersuchungsgefängnis zu stürmen und sämtliche Gefangenen zu befreien. Um die Mittagszeit befand sich Bitterfeld nahezu vollständig unter Kontrolle der Aufständischen. Der Chef der BDVP Halle stellte später dazu fest: »Im Kreis Bitterfeld war auf diese Weise in den Mittagsstunden eine solche Lage entstanden, daß es keinerlei Organe mehr gab, welche die Staatsautorität verkörpern konnten.«[14]

Dass es zu einer derartigen Situation hatte kommen können, lastete die SED auf der Suche nach Schuldigen später einzelnen VP-Offizieren an. So hatte der Leiter des VPKA Bitterfeld dem

Betriebsschutz der Großbetriebe den Rat gegeben, die Waffen einzuschließen. Schlimmer noch: Er habe Verrat begangen, »indem er im Amt selber vor Eindringen der Provokateure das in seinem Zimmer befindliche Leninbild von der Wand nahm, indem er die Sichtwerbung an den Außenwänden des VPKA aus ›Vorsichtsgründen‹ abnehmen ließ und dies auch anderen Dienststellen in Bitterfeld anriet, angeblich, um die Demonstranten nicht noch mehr zu reizen, und indem er sich mit dem Instrukteur der BDVP, dem Genossen Oberrat Behrendt, vor Eindringen der Demonstranten in die Haftanstalt ohne bewaffnete Gruppe zu dieser begab und gemeinsam mit dem Kreisstaatsanwalt Flügge mit den Provokateuren eine Kommission bildete, die die Akten der einsitzenden Häftlinge durchsah und auf diese Weise, soweit sie nicht bereits gewaltsam befreit waren, da kein Widerstand geleistet wurde, diese entließ. Er war durch sein verräterisches Verhalten ca. 4 Stunden in den Händen der Aufrührer und ließ sich von ihnen als ihr Werkzeug benutzen. Auf diese Weise war der Widerstandwille der meisten VP-Offiziere und Wachtmeister im Kreise Bitterfeld lahmgelegt.« (Erwähnt sei an dieser Stelle, dass der Leiter des VPKA bereits kurz nach den Ereignissen wegen »aktiven Verrats« verhaftet wurde.)

Gegen 14 Uhr stellten in Bitterfeld starke sowjetische Kräfte das wieder her, was sie unter »Ruhe und Ordnung« verstanden. Sie richteten die Kanonen ihrer Panzer auf die Menschen, feuerten Warnschüsse ab und nahmen Massenverhaftungen vor. Sowjetische Soldaten räumten die besetzten Gebäude, in die nun wieder Partei- und Staatsfunktionäre zurückzogen, um die endgültige Niederschlagung des Aufstandes zu organisieren. Mit »energischen Maßnahmen« – sprich dem Einsatz von Schusswaffen und Knüppeln – und unter dem Schutz der sowjetischen Besatzungsmacht brach die Polizei den Widerstandswillen der meisten Arbeiter, die am 18. Juni zu achtzig Prozent in die Werke zurückkehrten. Eine Ausnahme bildete die Filmfabrik Wolfen, in der an diesem Tag noch die Hälfte der Demonstranten durchhielt, die am 19. Juni dann aber doch resignierten, zumal sämtliche Streikleiter inzwischen verhaftet waren (und dann zu Zuchthausstrafen bis zu acht Jahren verurteilt wurden), womit jede Führung fehlte.

Kreis Merseburg: Werkssirenen gaben das Signal

Im Kreis Merseburg war das Buna-Werk über lange Zeit Schwerpunkt des Protestes. Nach Schichtwechsel um 6.30 Uhr begannen am 17. Juni die ersten Proteste. Als um 9.52 Uhr die Werkssirenen heulten, war dieses das Signal für 5.000 Werksangehörige, sich auf der Hauptstraße des Werkes zu sammeln, in Sprechchören gegen die Regierung zu protestieren und die verschlossenen Werkstore aufzusprengen. Sie traten den Marsch in die Stadt Merseburg an, dem sich unterwegs weitere 1.000 Gegner des SED-Regimes anschlossen. An der Spitze des Zuges fuhr ein den Demonstranten in die Hände gefallener Lautsprecherwagen der SED-Kreisleitung, über den die Streikleitung die Bevölkerung zur Teilnahme am Widerstand aufrief.

In den Leuna-Werken formierte sich ab 9.30 Uhr der Widerstand. Größere Gruppen von Arbeitern zogen zur Hauptverwaltung, dem Sitz der sowjetischen Generaldirektion, sangen das dem Regime so verhasste Deutschlandlied und forderten den Sturz der Regierung und des SED-Zentralkomitees, die Absetzung aller Funktionäre sowie die Senkung der HO-Preise. Transparente und Bilder wurden vernichtet, das Verwaltungsgebäude teilweise besetzt. Von den 4.000 Leuna-Beschäftigten zogen gegen elf Uhr rund 3.500 in Richtung Merseburg. Damit waren es rund 10 000 Buna- und Leuna-Arbeiter, die auf dem Marx-Engels-Platz in Merseburg zusammentrafen und auf einer Großkundgebung ihre Forderungen bekräftigten.

Im Anschluss zogen sie vor das Gebäude der Staatssicherheit und zur Untersuchungshaftanstalt, wo es ihnen gelang, sämtliche Gefangenen zu befreien. Angekreidet wurde die Erstürmung dieser Dienststellen wiederum einigen wenigen Offizieren, dieses Mal sogar einem MfS-Offizier:

»Im Kreis Merseburg stellte sich eine außerordentliche Unfähigkeit des Amtsleiters, Kdr. Wildgrube, bei der Organisierung des Widerstandes heraus. Noch vor Eintreffen der Demonstranten vor der Haftanstalt und dem VPKA wurde dort Schulung durchgeführt. Es war den Offizieren und Wachtmeistern keine Kenntnis von der bedrohlichen Lage gegeben worden. [...] Hierbei ist besonders zu erwähnen das Verhalten des Leiters der

Dienststelle des MfS Merseburg, Major Glauberg, der sich im Gebäude des VPKA Merseburg bei der Kriminalpolizei befand, dort den K-Angehörigen angeraten hat, die Waffen abzulegen, seine eigene und das Parteidokument in den Blechschrank der K verschloß, so daß auch von ihm aus, der von jeher versuchte, einen starken Einfluß auf die Volkspolizei zu nehmen, der Widerstand desorganisiert wurde.«[15] Schließlich griffen starke sowjetische Einheiten ein, verjagten die Demonstranten und verhafteten gemeinsam mit der Volkspolizei zahlreiche Gegner des Regimes.

Aus einer späteren Aufstellung der Stasi geht hervor, zu welch drastischen Strafen die vermeintlichen und wirklichen Anführer der Proteste im Kreis Merseburg verurteilt wurden. Vier Arbeiter, die am Sturm auf die MfS-Dienststelle beteiligt waren, erhielten Zuchthausstrafen bis zu vier Jahren und kamen damit noch recht »glimpflich« davon, denn die Rachejustiz der SED schlug in anderen Fällen noch härter zu. So hatten im Braunkohlenwerk Großkayna, Kreis Merseburg, die Beschäftigten eine siebenköpfige Delegation gewählt, die mit der Werksleitung und dem 1. Sekretär der SED über bessere Arbeitsbedingung verhandelte. Der Sprecher dieser Delegation wurde zu sechs Jahren Zuchthaus verurteilt, wobei darauf hinzuweisen ist, dass es im Braunkohlenwerk Großkayna zu keinerlei Ausschreitungen gekommen war, die ein solches Strafmaß auch nur im Geringsten hätten rechtfertigen können. Die übrigen Delegations-Angehörigen verschwanden zwischen zwei und vier Jahre hinter den Kerkermauern der SED.[16]

Kreis Eisleben: Den sowjetischen Waffen getrotzt

In Eisleben setzten sich im Mansfeld-Kombinat am frühen Morgen des 17. Juni Bauarbeiter an die Spitze des Widerstandes, Bergarbeiter schlossen sich ihnen an. Handgeschriebene Flugblätter mit dem Text »Mansfelder, auf zum Generalstreik« wurden verbreitet, dazu »Bauarbeiter, schließt euch den Bauarbeitern Berlins an und erklärt euch solidarisch«, »Nieder mit der Regierung«, »Weg mit dem Spitzbart« und »Weg mit dem Schwarzbrot, wir essen nur helles«. Während zunächst alle Schächte und

Hütten des Mansfeld-Kombinates die Arbeit aufnahmen, weigerte sich die Frühschicht des Otto-Brosowski-Schachtes von vornherein, einzufahren, und verlangte detaillierte Aufklärung über die Berliner Ereignisse. Die Brosowski-Kumpel versammelten sich in der Vorhalle des Schachtes und richteten weitgehende Forderungen an die Betriebsleitung.[17] Eine schnell gebildete Streikleitung verlangte den Sturz der Regierung. Inzwischen hatten fünfhundert Angehörige der Bau-Union Eisleben auf der Baustelle des neuen Kulturhauses die Arbeit niedergelegt, zogen durch die Stadt und bekundeten gleichfalls ihre Solidarität mit den Berliner Arbeitern. Ohne Zwischenfälle löste sich dieser Protest nach einer Stunde wieder auf.

In den Mittagsstunden hatte sich die Widerstandsbewegung auf nahezu alle Bereiche des Mansfelder Bergbaus ausgeweitet. Mit Ausnahme des Thomas-Müntzer-Schachtes wurden nun sämtliche Schächte des Kombinates bestreikt. Gegen 15 Uhr machten sich die Bergleute des Schachtes »Fortschritt« auf den Weg nach Eisleben. Bei der Demonstration auf dem dortigen Marktplatz spitzte sich die Lage gefährlich zu, als der sowjetische Kommandant den Ausnahmezustand verhängte und ein VP-Oberkommissar den Befehl auf dem Marktplatz verkünden musste. Angeblich hatte eine Frau durch ein Fenster die sowjetischen Soldaten auf dem Marktplatz fotografiert und wurde auf Anordnung des Militär-Kommandanten unverzüglich festgenommen. Die Demonstranten, die sich auf dem Platz aufhielten, setzen sich jetzt zum Gebäude der Volkspolizei in Bewegung, das von einem sowjetischen Offizier und sechs Soldaten geschützt wurde, um die Freilassung der Verhafteten durchzusetzen. Zwar feuerten die sowjetischen Soldaten Warnschüsse ab, doch dieses Mal ließen sich die Menschen nicht abschrecken. Sie drückten das Tor auf, setzten zwölf Volkspolizisten außer Gefecht und erbeuteten fünf Pistolen. Ebenso gelang es ihnen, das Untersuchungsgefängnis zu stürmen und alle Gefangenen zu befreien. Zurückgeschlagen wurde dagegen der Versuch der Arbeiter, die Gefangenen im Haftarbeitslager Volkstedt zu befreien. Die Einheiten der Volkspolizei waren massiv verstärkt worden, außerdem machten nun sowjetische Truppen Ernst und stoppten die Bergarbeiter mit Panzern und Warnschüssen. Zudem hatte der Leiter des Haftlagers ausdrücklich Schießbefehl erteilt, den Demonstranten blieb nichts anderes übrig, als sich zurückzuziehen.

Noch in der Nacht zum 18. Juni ruhte die Arbeit im Mansfeld Kombinat nahezu vollständig, die Frühschichten weigerten sich, in die Schächte einzufahren. Erst am 19. Juni waren – nachdem starke Polizeikräfte die Schachtanlagen besetzt hatten – achtzig Prozent der Belegschaft des Otto-Brosowski-Schachtes bereit, die Arbeit wieder aufzunehmen, wie im Laufe des Tages die meisten anderen auch.

Kreis Roßlau: An einem Tag den Widerstand gebrochen

1.600 Arbeiter der Roßlauer Schiffswerft – und damit drei Viertel der gesamten Belegschaft – weigerten sich am Morgen des 17. Juni, die Arbeit aufzunehmen und kamen stattdessen zu einer Belegschaftsversammlung zusammen. Ihnen ging es nicht um Normerhöhung oder HO-Preise, sie stellten von vornherein und ausschließlich politische – im SED-Jargon: »faschistische« – Forderungen. Sie wollten vor allem die Absetzung der Regierung und die Befreiung der politischen Gefangenen. Gegen 9.30 Uhr verließen sie das Werftgelände und erhielten auf ihrem Marsch durch die Stadt weiteren Zulauf aus anderen Betrieben, so dass sich schließlich nahezu 4.000 Menschen in die Innenstadt bewegten.

Im Gebäude des Frauenbundes und am Kulturhaus, beim Elbewerk Roßlau wurden Fensterscheiben zerschlagen und Losungen abgerissen. Scheiben gingen im Kreisgericht zu Bruch, Katasterunterlagen landeten auf der Straße. Um 14.30 Uhr stürmten die Demonstranten das Untersuchungsgefängnis und befreiten die Häftlinge. Wiederum zeigte sich die Volkspolizei hilf- und machtlos. Erst sowjetische Soldaten konnten eine Ausweitung des Protestes verhindern und vereitelten Versuche, in die SED-Kreisleitung beziehungsweise in das Zuchthaus Coswig einzudringen. Diese sowjetische Unterstützung brauchte die SED auch, um am 18. Juni erneute Demonstrationen auf dem Werftgelände gewaltsam zu zerschlagen. Am 19. Juni flammte der Protest noch einmal im Schwefelsäure-Werk Alcid in Coswig auf, am Tag darauf war im Kreis Roßlau die Friedhofsruhe wiederhergestellt.

Bildeten sich in den Industriezentren des Bezirkes Demonstrationen mit 10 000 und mehr Menschen – oder wie in Halle mit

25 000 Kundgebungsteilnehmern –, artikulierte sich der Protest auf dem Lande in anderer Weise. So versuchten Fleischer vom Schlachthof Weißenfels, das Gefängnis und das Kreispolizeiamt zu stürmen, in Quedlinburg besetzten Demonstranten das Rathaus, die SED-Kreisleitung, FDJ-Kreisleitung, die FDGB-Kreisleitung sowie das Gebäude der Bäuerlichen Handelsgenossenschaft. 2.000 Beschäftigte des Dessauer VEB Polysius verlangten in einer Resolution freie Wahlen sowie einen Lebensstandard wie 1934, und in den Landwirtschaftlichen Produktionsgenossenschaften mehrten sich die Auflösungserscheinungen. Betroffen waren davon unter anderem die LPG Bennstedt, Peißen, Oppin und Burgstedt. In der LPG Rudeburg erklärten die meisten Mitglieder ihren Austritt, in anderen Genossenschaften weigerten sich die Mitglieder, andere Felder als die ihrer früheren Arbeitgeber zu beackern. Im Kreis Naumburg lösten sich die Genossenschaften Kukulau, Frankenau und Saaleck auf, und die Bauern der LPG Heiligenthal, Kreis Hettstedt, gingen nicht an die Arbeit, um damit gegen die Verhaftung von Bergarbeitern zu protestieren.

Nahezu der gesamte Bezirk Halle befand sich in Aufruhr: Weil der sowjetische Stadtkommandant vor den wichtigsten Betrieben in Aschersleben Panzer-Abwehr-Geschütze postierte, streikten Arbeiter der Bau-Union. Nach Abzug der Kanonen nahmen sie die Arbeit wieder auf. In Wittenberg verweigerten insgesamt achthundert Beschäftigte verschiedener Volkseigener Betriebe die Arbeitsaufnahme. In Zeitz streikten dreihundert von 1.700 Beschäftigten der Sowjetischen Aktiengesellschaft AMO. 1.000 Belegschaftsangehörige der Kyffhäuser-Hütte Artern nahmen an einer Protestkundgebung teil, 1.613 legten die Arbeit nieder. Im VEB Kaliwerk Roßleben streikten 180 Untertage-Arbeiter sowie die Beschäftigten des VEB Zuckerfabrik. 1.000 Mitarbeiter der Zentralwerkstatt Gräfenhainichen versammelten sich zu einer Protestkundgebung, ebenso 30 des Kreisbau-Betriebs Wittenberg, Baustelle Gohrau. 250 Angehörige des VEB Winde- und Gerätebau in Wittenberg traten in den Ausstand, außerdem 88 des VEB Blechwaren und 400 der Firma Kreisse & Co. In Naumburg wurden Handzettel mit dem Text gefunden: »Spitzbart und Brille ist nicht der Deutschen Wille«. Ebenfalls in Naumburg versammelten sich am 18. Juni an die hundert Oberschüler, vor allem Mitglieder der Jungen Gemeinde, doch KVP-Angehörige trieben sie auseinander. In Zschornewitz malten Unbekannte auf die Straße: »Nieder mit der Pieck'schen Banditenclique«. In Ringleben wurden regierungsfeindliche, selbst geschriebene Flugblätter gefunden. Im Messgerätewerk Quedlinburg verweigerten die Beschäftigten am 18. Juni die Arbeit, weil einige ihrer Kollegen verhaftet wurden. Die SED-Kreisleitung meldete, dass die Mutter des Box-Europameisters Ulli Nitzschke auf den Straßen zum Streik aufrief. Die SED-Kreisleitung beauftragte einen Genossen, sich »individuell« mit dem Problem zu befassen. Die Streikleitung des Kaliwerkes Teutschental besetzte Wasserturm, Maschinenhaus und Zentrale, der Betriebsschutz erklärte sich mit der Streikleitung solidarisch. 282 Beschäftigte des VEB Metallwerke Harzgerode streikten am 18. Juni, weitere 235 der Walzengießerei Quedlinburg, 215 der Waggonfabrik, 400 der Mewa-Union und 260 des VEB Holzwerkes Thale. Streikleitungen wurden unter anderem bei Tewa Rothenburg, im VEB Schweißwerk Diemitz, im Maschinenwerk Drescher EKM Hohenturm, Weise & Co. Stahlbau, Bücher und Hoffmann sowie bei den IFA-Werken Stalinallee gebildet.[18]

Diese Liste zeigt sehr deutlich, dass der Protest gegen das SED-Regime verbreiteter und vielfältiger war, als es die Funktionäre später wahrhaben wollten, dass in wesentlich mehr Orten, als in bisherigen Dokumentationen genannt, Widerstand gegen das Regime geleistet wurde.

»Unwürdiges Verhalten einiger VP-Offiziere«

In den Berichten über das Geschehen in den Kreisen des Bezirks Halle war bereits wiederholt die Rede von dem Versuch der SED, einzelnen Volkspolizei-Offizieren die Schuld für die Erstürmung von Gebäuden der Partei oder staatlichen Einrichtungen zuzuweisen. Mit dem Einsatz von so genannten »Instrukteurbrigaden« verschärfte die SED dieses Vorgehen und wurde – der Vorgabe entsprechend – in jedem Fall fündig.

»Der Polit-Stellvertreter sowie der Amtsleiter des VPKA (BS) Lauchhammer zeigten während der Tage des 17. 6. unwürdigste Feigheit. Obwohl die Kumpels von Lauchhammer sich weigerten, am Streik teilzunehmen, und ihren Produktionsbetrieb gegen die

Provokateure, die sich hinter den Bauarbeitern befanden, schützten, flüchtete der Polit-Stellv. des VPKA, als die Provokateure mit aufgeputschten Arbeitern der dortigen Baubetriebe am VPKA vorbeizogen, durch ein Hinterfenster des VPKA und versteckte sich in einem Getreidefeld. [...] Kommissar H., VPKA Eisleben, versteckte sich auf dem Dach, flüchtete über eine Mauer und zog sich dann zu Haus Zivil an. [...] Der Gen. VP-U.-Komm. M., Polit-Abteilung der BDVP, nahm nach eigenen Angaben, als er sich bedroht sah, die Munition aus dem Pistolenmagazin und warf diese in einen Kanal. [...] In Kirchscheidungen wurden die an der Flutbrücke stehenden VP-Angehörigen durch den Lokführer des Güterzuges 8633 aufgefordert, den Sowjetstern von ihren Wachhäuschen abzunehmen. Aus Angst vor den kommenden Ereignissen kam der VP-Wm. B. dieser Aufforderung nach und warf den 50 cm großen Sowjetstern unter das Wachhäuschen.«[19]

Das Auflodern der Streiks im Juli

Zur Geschichte des »17. Juni« im Bezirk Halle gehören nicht zuletzt die massiven Streikbewegungen, zu denen es Mitte Juli erneut kam. Die Arbeiter verlangten – wie schon einen Monat zuvor – den Sturz der Regierung, freie Wahlen und die Einheit Deutschlands. Aufgeschreckt wurde der Operativstab der Polizeiführung in Berlin am 15. Juli, als von der BDVP in Halle die ersten Nachrichten über den neuerlichen Streikausbruch im Schkopauer Buna-Werk eintrafen. Unverzüglich ließ Generalinspekteur Seifert Einheiten der Volkspolizei-Zentralschule Arnsdorf in das Gebiet Halle-Merseburg verlegen. Den Befehl hierzu erteilte er in einem Blitz-Fernschreiben, aufgegeben am 15. Juli um 14.35 Uhr, dem zufolge die Volkspolizisten mit Pistolen und Gummiknüppeln auszurüsten waren. Soweit der eigene Bestand an Waffen nicht reichte, sollten Pistolen und Munition direkt vom Auslieferungslager Schönebeck nach Halle geschickt werden.[20] Da in Schkopau die Proteste zwischen dem 15. und 17. Juli Dimensionen erreichten, die diejenigen der Juni-Tage noch übertrafen, wurde am 15. Juli ein »Kampfstab« gebildet, der sich aus Angehörigen der SED-Kreisleitung, der KVP, des Betriebsschutzes sowie der Staatssicherheit zusammensetzte. Als der Vertreter der

Mitteldeutsche Tageszeitung

Freiheit

Organ der Sozialistischen Einheitspartei Deutschlands / Bezirk Halle (Land Sachsen-Anhalt)

Nr. 138 / 8. Jahrgang — Halle (Saale), Donnerstag, den 18. Juni 1953 — Preis 0,15 DM

Erklärung der Regierung der Deutschen Demokratischen Republik

Maßnahmen der Regierung der Deutschen Demokratischen Republik zur Verbesserung der Lage der Bevölkerung sind von faschistischen und anderen reaktionären Elementen in Westberlin mit Provokationen und schweren Störungen der Ordnung im demokratischen Sektor von Berlin beantwortet worden. Diese Provokationen sollen die Herstellung der Einheit Deutschlands erschweren.

Der Anlaß für die Arbeitsniederlegung der Bauarbeiter in Berlin ist durch den gestrigen Beschluß in der Normenfrage fortgefallen.

Die Unruhen, zu denen es danach gekommen ist, sind das Werk von Provokateuren und faschistischen Agenten ausländischer Mächte und ihrer Helfershelfer aus deutschen kapitalistischen Monopolen. Diese Kräfte sind mit der demokratischen Macht in der Deutschen Demokratischen Republik, die die Verbesserung der Lage der Bevölkerung organisiert, unzufrieden. Die Regierung fordert die Bevölkerung auf:

1. Die Maßnahmen zur sofortigen Wiederherstellung der Ordnung in der Stadt zu unterstützen und die Bedingungen für eine normale und ruhige Arbeit in den Betrieben zu schaffen.

2. Die Schuldigen an den Unruhen werden zur Verantwortung gezogen und streng bestraft. Die Arbeiter und alle ehrlichen Bürger werden aufgefordert, die Provokateure zu ergreifen und den Staatsorganen zu übergeben.

3. Es ist notwendig, daß die Arbeiter und die technische Intelligenz in Zusammenarbeit mit den Machtorganen selbst die notwendigen Maßnahmen zur Wiederherstellung des normalen Arbeitsverlaufes ergreifen.

Die Regierung der Deutschen Demokratischen Republik
Otto Grotewohl
Ministerpräsident

Am 18. Juni forderte die SED über ihre Zeitungen die Menschen auf, den Widerstand aufzugeben und wieder an die Arbeit zu gehen.

sowjetischen Besatzungsmacht, Gardeoberst Rodionow, nach einem Gespräch mit den Streikenden konstatiert hatte, bei deren Anliegen handele es sich um »faschistische Forderungen«, war der Weg zur gewaltsamen Niederschlagung dieser Proteste frei.

Die Dramatik dieser Stunden lässt sich an zahlreichen Fernschreiben ablesen, die nahezu stündlich über die Entwicklung informierten. Gegen 9.45 Uhr hatten in den Chemischen Werken Buna Schkopau/Merseburg 3.000 Angehörige der Schlosserei, der Karbidzubereitung und anderer Werkstätten mit dem Aufstand begonnen und an den Gebäuden Transparente angebracht, auf denen zu lesen war: »Hier wird gestreikt«. Sie verlangten, dass die Volkspolizisten, die den Betrieb bewachten, ihre Waffen ablegten, die Demontage der Wachtürme, die Freilassung der im Juni verhafteten Kollegen sowie die Bezahlung der Streiktage des Vormonats. Funktionäre, die die Streikenden zur Wiederaufnahme der Arbeit bewegen wollten, wurden kurzerhand aus den

Werkstätten geworfen. Da die SED fürchtete, der wieder aufgeflammte Protest könne sich ausbreiten, beorderte die BDVP Halle um die Mittagszeit zusätzliche Polizeikräfte mit Karabinern und Maschinengewehren nach Merseburg. Um 13.25 Uhr lag der gesamte Betrieb still, und die Arbeiter bereiteten sich auf einen Marsch in die Merseburger Innenstadt vor, der jedoch von der Kasernierten Volkspolizei verhindert wurde. Wie schon im Juni drohte der SED die Kontrolle über die Menschen zu entgleiten, denn um 15.30 Uhr wurde bekannt, dass nunmehr auch im Werk I des Bitterfelder Braunkohlewerkes »Freiheit« die Arbeiter in einen Sitzstreik getreten waren, während gleichzeitig 150 sowjetische Soldaten und Kasernierte Volkspolizei in das Buna-Werk einrückten. Einschüchtern ließen sich die Arbeiter vorerst noch nicht, obwohl Minister Fritz Selbmann auf einer Belegschaftsversammlung mit schwersten Strafen drohte und immer mehr bewaffnete Kräfte, unter anderem 270 Angehörige der VP-Zentralschule Arnsdorf, im Werk aufmarschierten. 2.500 Arbeiter der Nachtschicht hielten den Streik bis zum Morgen durch, danach immerhin noch 1.000. Erst als weitere zweihundert für ihre Härte bekannte KVP-Angehörige im Buna-Werk zum Einsatz kamen, brach der Aufstand zusammen.[21]

Um diesen Streik richtig einzuschätzen, ist es unabdingbar, sich in Erinnerung zu rufen, dass in den zurückliegenden Wochen seit dem 17. Juni Hunderte von Demonstranten verhaftet und in Schnellverfahren zu teils extrem hohen Zuchthausstrafen verurteilt worden waren. Großbetriebe wie Buna und Leuna hatten sich in Heerlager von Volkspolizei, Kasernierter Volkspolizei und sowjetischen Truppen verwandelt. Zudem wurden die Werke wie Gefängnisse bewacht, durch Streifen ebenso mit schwer bewaffneten Posten auf den Wachtürmen rings um die Werksgelände. In der Mittagszeit des 17. Juli erhielt die Einsatzleitung in Halle die Nachricht, dass dieser neuerliche Streik beendet sei und wieder voll gearbeitet werde. Dies schmälerte den Mut der Buna- und Leuna-Arbeiter aber keineswegs, denn angesichts der erdrückenden militärischen Übermacht nicht aufzugeben, wäre selbstmörderisch gewesen.

Bezirk Cottbus

»Wir brauchen Ausbildung an Maschinenwaffen, und vor allen Dingen muß mit Maschinenwaffen Übungsschießen durchgeführt werden. Es ist unbedingt erforderlich, daß an einigen Punkten des Bezirkes vollmotorisierte und mit Maschinenwaffen ausgerüstete Kommandos bis zur Zugstärke stationiert werden.«[1]

Der Zynismus der SED: »Gewetzt wie die Hasen«

Nicht in den Industriestandorten, sondern auf dem Lande begannen im Bezirk Cottbus die Proteste gegen die Drangsalierung durch die SED. Eine erste Kundgebung fand bereits am 14. Juni 1953 in Rade statt, wo eine noch relativ kleine Gruppe die üblichen Forderungen, so nach dem Sturz der Regierung, stellte. Auch am 17. Juni gab es die erste Demonstration nicht in einer der Städte, sondern gleichfalls auf dem Lande. Morgens um sieben Uhr sammelten sich auf dem Marktplatz von Jessen 250 »Großbauern«, denen sich Arbeiter der volkseigenen Ziegelei Gorrenberge und der Maschinen-Traktoren-Leitwerkstatt Jessen anschlossen. Vor der Kreisverwaltung forderten sie vom Staatsanwalt die Freilassung aller inhaftierten »Großbauern«, die nach dem Regierungsbeschluss vom 11. Juni längst hätte erfolgen müssen, sofern es Inhaftierte mit Strafen bis zu drei Jahren betraf. Nach der Ankündigung, dieses nachzuholen, und nachdem tatsächlich einige Bauern auf freien Fuß gesetzt wurden, zogen sich die Demonstranten auf den Jessener Marktplatz zurück. Später räumte die Bezirksbehörde der Volkspolizei ein, dass dem Staatsanwalt gar nichts anderes als die Freilassung übrig geblieben war: »Die Kräfte des Volkspolizeikreisamtes Jessen hätten unter Beachtung der zur Verfügung stehenden Waffen und Ausrüstung niemals die Lage bei ernsten Zwischenfällen meistern können.« Also setzte die Volkspolizei erst einmal auf Zeit, schickte jedoch Kriminalpolizisten in Zivil unter die Demonstranten, um die Identität der Anführer festzustellen. Dieses Vorhaben gelang ihnen offensichtlich:

»Von der Demonstration auf dem Markt haben wir ausgezeichnete Bilder. [...] Wir haben neun Verhaftungen, dabei einen Jugendlichen, der einem Jungen Pionier den Finger brach, weil er sein rotes Halstuch nicht abmachen wollte. Alle Festnahmen werden mit dem Staatsanwalt abgesprochen. Gute Zusammenarbeit. Der Keim der Dinge lag im Dorf Rade. Hier ist eine Bauernversammlung. [...] Es gab einige Diskussionen und die Streitbewegung [sic!] ging von dieser Versammlung über das gesamte Kreisgebiet. Sie [die Bauern, d. Aut.] haben das gut organisiert, zwischen allen Dörfern hatten sie einen Radfahrer-Kurierdienst. Wie die Panzer kamen, sind sie gewetzt wie die Hasen. Heute spielen die Kinder bei den Panzern. Bloß die Erwachsenen gucken noch sehr argwöhnisch dorthin.«[2]

Zurück zur Jessener Kundgebung: Ihre Absicht, Delegationen zu den Untersuchungshaftanstalten Herzberg und Liebenwerda zu schicken, gaben die Bauern auf und kehrten noch am Vormittag auf ihre Höfe zurück.[3] Obwohl der Protest der Bauern friedlich zu Ende gegangen war, ließ der sowjetische Kommandant vorbeugend alle wichtigen Betriebe und Gebäude besetzen und übertrug sowjetischen Soldaten den Streifendienst im Kreis: »Die Organe der Volkspolizei brauchten sich somit nur mit der Festnahme der Rädelsführer zu befassen.«[4]

Völlig andere Dimensionen bekam der Protest in Cottbus, wo um 10.30 Uhr die 2.500 Beschäftigten des Reichsbahnausbesserungswerkes nach dem Ertönen der Werksirene die Arbeit niederlegten und sich zu einem Marsch ins Stadtzentrum versammelten. Schneller als in anderen Städten griffen die sowjetischen Einheiten ein und stoppten die Demonstranten, bevor sie ihr Ziel erreichten. In den Mittagsstunden formierte sich ein weiterer Zug, vorwiegend aus jungen Leuten – im SED-Jargon: »besonders Angehörige der Jungen Gemeinde und weibliche Wesen – Prostituierte« –, dem sich auf dem Weg ins Stadtzentrum zahlreiche Einwohner anschlossen. Die Protestierenden verlangten beim Eintreffen vor dem Rat des Bezirks Cottbus, dass alle Funktionäre des Staatsapparates das Gebäude verlassen sollten. Diese hatten sich jedoch längst verbarrikadiert, ein Sturm auf das Haus schien daher aussichtslos. Nächstes Ziel war die nur hundert Meter entfernt liegende Untersuchungshaftanstalt, deren Erstürmung die Volkspolizei zwar verhindern konnte. Allerdings war sie zu schwach, um die Demonstration zu zerschlagen, an der nun auch die Arbeiter zahlreicher Industriebetriebe teilnahmen. Dieses gelang in Ansätzen erst, als Einsatzkräfte der BDVP und des Volkspolizeikreisamtes (VPKA) anrückten. Mit Knüppeln gingen die Volkspolizei-Ketten gegen die Menge vor und konnten angesichts des »ernsten Widerstandes« die Straße dennoch nicht räumen. In dieser Situation erteilte der sowjetische Militärkommandant den Befehl zum Einsatz. Mit Panzerspähwagen und Panzern fuhr die sowjetische Armee vor dem Untersuchungsgefängnis auf, doch der Protest nahm kein Ende.

»Das Erscheinen derselben [der sowjetischen Soldaten, d. Aut.] versetzte die Menge zwar in Schrecken, jedoch steigerte sich jetzt die Wut um ein mehrfaches. Neben wüsten Hetzreden gegen die sowjetischen Offiziere wurde in einzelnen Fällen auch tätlich gegen die Angehörigen der Sowjetarmee vorgegangen. Bei dem Versuch der gewaltsamen Entwendung einer MPi machten dann die Sowjetsoldaten von der Schußwaffe Gebrauch und gaben mehrere Warnschüsse ab.«[5]

Wie erbittert die Menschen in Cottbus Widerstand gegen eine militärische Übermacht leisteten, wie groß Wut und Verzweiflung gewesen sein müssen, zeigt sich vor allem daran, dass die sowjetischen Einheiten, unterstützt von der Volkspolizei, trotz Abgabe von Warnschüssen, trotz des Vorgehens mit Knüppeln, volle zwei Stunden brauchten, um die Demonstration endgültig aufzulösen. Zudem setzte die BDVP mehrmals den Einsatzzug der Wacheinheit ein, um weiterhin aufkeimenden Protest im Ansatz niederzuschlagen. »Als besonders hartnäckig erwiesen sich hier die Arbeiter der Bauunion, die immer wieder versuchten, den Streik auf neue Betriebe auszudehnen.« Ab 18 Uhr herrschte Totenstille in der Stadt, die nun einem Heerlager glich. Überall waren sowjetische Panzer zur Sicherung öffentlicher Gebäude postiert: Vor der Untersuchungshaftanstalt ebenso wie vor dem Zuchthaus oder dem Postamt. Zusätzlich verhängte der Militärkommandant über Cottbus den Ausnahmezustand, der neue Protestkundgebungen nahezu unmöglich machte.

Ausgesprochen zynisch kommentierte Volkspolizei-Rat Hannemann die Furcht der Bevölkerung vor den sowjetischen Waffen. Nach einer Dienstbesprechung beim Chef der BDVP protokollierte er, dass die Stimmung in Cottbus »als leicht beunruhigt zu bezeichnen« sei: »Durch das blitzschnelle Eingreifen der Sowjetarmee mit Panzern sind viele kopflos geworden und unterstützen die Machenschaften des Pöbels. Sie bezeichnen den Einsatz der Sowjetarmee als Schwäche des demokratischen Staates.« Hinsichtlich der Zusammensetzung der Demonstranten wich Hannemanns »Erkenntnis« von allen anderen ab. Neben protestierenden Jugendlichen hatte er unter den Aufständischen auch zahlreiche »Zirkusleute« ausgemacht.[6]

Militär sicherte die Koksproduktion

Schauplatz massiver Auseinandersetzungen war vom Vormittag des 17. Juni an Lauchhammer, der Industrieschwerpunkt des Bezirks. Im Mittelpunkt des Geschehens stand die Großkokerei »Mátyás Rákosi«, in der die Stimmung jedoch durchaus gespalten war. Während die Stammarbeiter sich nur zum geringen Teil am Streik beteiligten, traten die auf dem Gelände beschäftigten Arbeiter der unterschiedlichen Baubetriebe geschlossen in den Ausstand. Die Initialzündung ging von der zu Bauarbeiten eingesetzten Berliner Firma »Gaselan« aus. Einer der Gaselan-Arbeiter war am Vortag in Berlin gewesen und hatte ausführlich über das dort Erlebte berichtet. Die Folge waren spontane Solidaritätskundgebungen und Protestversammlungen, die zu einer bedrohlichen Lage in der Kokerei führten. Eine Unterbrechung der Kokszufuhren hätte die weitere Beschickung der Koksöfen gefährdet, ein Ausgehen der Öfen wiederum eine Stilllegung der Produktion von mindestens vierundzwanzig Tagen bedeutet. Da schnell absehbar war, dass die Volkspolizei allein die Situation nicht in den Griff bekommen würde, wurde zusätzlich der Betriebsschutz-Lehrgang aus Annahütte nach Lauchhammer beordert, dazu ein Kommando der Wacheinheit der BDVP Cottbus. Am Abend rückten starke sowjetische Panzereinheiten in das Lauchhammer-Gebiet ein. Diese geballte Militärmacht sicherte als erstes die Brikettproduktion und Beschickung der Koksöfen, anschließend ging sie gegen die streikende Belegschaft vor: Zahlreiche Demonstranten wurden festgenommen, die übrigen gewaltsam vertrieben, selbst kleinere Ansammlungen sofort zerstreut.

Von Demonstranten besetzt wurde der Dienstraum des Betriebsschutzes im Braunkohlenwerk »Friedenswacht« in Lauchhammer. Fahnen und Losungen wurden heruntergerissen, außerdem der Volkspolizei-Stern vom Dach entfernt. Aus Furcht vor der aufgebrachten Menge vor dem Gebäude befahl der Polit-Stellvertreter zwei Wachtmeistern, durch ein Fenster auf der Rückseite zu flüchten. Anderthalb Stunden versteckten sich die beiden in einem Kornfeld. Ihre spätere Begründung, sie hätten bisher noch nicht viel von ihrem Leben gehabt und wollten einer harten Auseinandersetzung mit den Demonstranten aus dem Weg gehen, ließen Partei- und Volkspolizei-Instrukteure nicht gelten. Zehn Tage Arrest und anschließende Strafverfahren waren die Folge.

Zu weiteren Protesten kam es am 17. Juni 1953 vor allem in Finsterwalde. Hier waren die Belegschaften des Kreisbaubetriebes, der FIMAG und des Tewa-Drahtziehwerkes in den Ausstand getreten. Auslösendes Moment für den Streik bei Tewa war ein Solidaritätstelegramm, das der Betriebsleiter ohne Wissen, geschweige denn mit Zustimmung der Beschäftigten an die Regierung geschickt hatte. Militärisch griffen die sowjetischen Truppen nicht ein, es genügten die entsprechenden Drohungen des sowjetischen Kreiskommandanten, um die Demonstranten zum Aufgeben zu bringen. Von der Volkspolizei aufgelöst wurden die Demonstrationen von Arbeitern des Bahnbetriebswerkes in Lübbenau sowie eines Teiles der Belegschaft der Venus-Werke.

Bauarbeiter waren es, die im Kreis Lübben den Protest entfachten, der schnell auf die Trikotagenfabrik »Spree« übersprang. Dreihundert Menschen, unter ihnen viele Jugendliche, forderten vor der Polizeidienststelle die Freilassung von Gefangenen. Den Volkspolizisten riefen sie zu: »Wollt ihr Deutsche sein, so tretet in unsere Reihen ein, wir wollen unsere Freiheit, wir wollen frei sein.« Eintreffende sowjetische Soldaten diskutierten nicht erst, sondern schossen in die Menge, ein Demonstrant erlitt dabei schwere Verletzungen. Weiter bildete sich in den späten Abendstunden in Sielow, Kreis Cottbus, ein Demonstrationszug. Mitglieder der SED wurden angegriffen und niedergeschlagen. Das

Ertönen der Feuerwehrsirene war für die meisten Bewohner das Zeichen, sich auf dem Dorfplatz einzufinden, um vor den Häusern von Volkspolizisten gegen das gewaltsame Vorgehen der Staatsmacht zu protestieren. Der BDVP Cottbus wurde dieser Vorfall erst am nächsten Tag bekannt, dann aber reagierte sie unverzüglich: Die Anführer dieser Aktion wurden in einem »planmäßigen Einsatz« sämtlich verhaftet. Festgenommen wurden auch in Grunewald streikende Bauarbeiter der dortigen Bau-Union.

Mehr noch als die Akten der Volkspolizei geben die Berichte der Nationalen Front Aufschluss über die Stimmung, die auf dem Lande herrschte, die nicht eben positiv für die SED war. Natürlich stellten die Funktionäre der Nationalen Front an den Beginn ihrer Berichte den Hinweis, dass die »deutschen Kriegsbrandstifter Adenauer, Ollenhauer, Kaiser und Reuter ihr wahres Gesicht« gezeigt hätten, indem sie »die DDR aufrollen und somit die DDR als feste Basis unseres nationalen Befreiungskampfes zerschlagen, um damit einen Ausgangspunkt für die Auslösung des 3. Weltkrieges gegen die Sowjetunion« zu schaffen.[7] Nach derartigen semantischen Pflichtübungen kamen die Verfasser dennoch nicht umhin, die wirkliche Lage im Bezirk zu beschreiben:[8]

In der Kaulahütte Krauschwitz versammelten sich etwa 500 Menschen zum Protest. Zunächst beruhigte sich die Lage, doch als Lastwagen mit Volkspolizisten und sowjetischen Soldaten erschienen, schlossen sich die Arbeiter wieder zusammen, einer riss sein Hemd auf und rief dem sowjetischen Kommandanten zu: »Schieß doch!«. In allen drei Schichten kam es im Maschinen- und Gerätebau Spremberg zu mehrstündigen Streiks. Bauern in der Gemeinde Weißkeißel, Kreis Weißwasser, erklärten, man müsse den RIAS hören, um etwas von den Vorgängen in Berlin zu erfahren: »Unsere Sender sagen ja nicht die Wahrheit.« Von Mitarbeitern des Bahnhofes Cottbus und der Cottbuser Wolle wurden zahlreiche Exemplare der Zeitung »Deutschlands Stimme« mit der Begründung zurückgegeben, dass sie auf Grund der neuen politischen Situation diese Zeitungen nicht mehr loswürden.

»Kaum glaublich ist das Verhalten des Kollegen K., politischer Mitarbeiter des Kreissekretariates Jessen. Er war ständig drüben bei seiner Frau, welche im nebenan liegenden Kreispolizeiamt tätig ist, und erkundigte sich laufend, wer sich unter den Verhafteten befindet. Weiter bestand seine Tätigkeit darin, die neuesten Hetznachrichten des Rias aufzugreifen und zu verbreiten.«

In dem Bericht fehlten allerdings auch nicht die von der SED erwarteten »Ergebenheitsadressen«:

»Die Genossenschaftsbauern der LPG in Illmersdorf, Krs. Cottbus, forderten die strenge Bestrafung der faschistischen Provokateure und verpflichteten sich zur Ablieferung des Brotgetreides, um dadurch mitzuhelfen, alle Voraussetzungen zu schaffen, den Lebensstandard der Werktätigen laufend zu verbessern.« Dazu habe ein CDU-Mitglied aus Drebkau betont, die von der Regierung gefassten Beschlüsse würden »von den Anhängern der Kirche freudig und lebhaft begrüßt, und diese [seien] vor allem dankbar dafür, daß trotz des Ausnahmezustandes der Gottesdienst erfolgen [konnte]. Hieran kommt die Stärke der Regierung zum Ausdruck, die alles tut, um die gefaßten Beschlüsse zu verwirklichen, und somit alles Trennende beiseite stellt, um den Weg für die Einheit unseres Vaterlandes zu ebnen.«[9]

Der Protest der Gefangenen

So dachten die Wenigsten im Bezirk Cottbus. Mehr noch als in den Betrieben brodelte es am 17. Juni in den Haftanstalten und besonders in deren Außenlagern. So führten die Gefangenen im Außenkommando Preschen Sympathie-Streiks aus Solidarität mit den Berliner Demonstranten durch, und im Außenkommando Drewitz, wo ohnehin sechzig Prozent der Bevölkerung gegen die Regierung demonstrierten, weigerten sich 210 Gefangene, sich einschließen zu lassen. Für die Volkspolizei hieß das, diese Lager schnellstens zu räumen und die Häftlinge hinter die festen Mauern des Zuchthauses Cottbus zu verlegen, was sich schwieriger als erwartet gestaltete. Es gärte in den Sommerhaftlagern nicht nur unter der Oberfläche. Besonders in Preschen gab es schon seit Wochen wegen unzureichender Verpflegung erhebliche Unruhe unter den Gefangenen. Hinzu kam bei den Volkspolizisten »ein merkliches Nachlassen der Dienstfreudigkeit«, nicht zuletzt ausgelöst durch die von der Regierung beschlossene Neuregelung der Trennungsentschädigungen, die bei dem Wachpersonal zu schmerzlichen finanziellen Einbußen geführt hatte. Zahlreiche Gefangene hatten wegen der nachlässigen Bewachung in den ersten Juni-Tagen aus den Sommerhaftlagern fliehen können, außerdem wollten sie nur mit denjenigen Bauarbeitern zusammenarbeiten, die dann später der Streikbewegung vorangingen.

Die BDVP ahnte durchaus, zu welchen Krisenpunkten sich diese Haftlager entwickeln konnten, und befahl deshalb am 17. Juni die Einstellung aller Arbeiten und die Rückführung in die Haftanstalten. Weil die Verlegung tagsüber zu riskant erschien, wurden die Preschener Häftlinge in der Nacht zum 18. Juni in zwei Transporten nach Cottbus gebracht. Vorkommnisse gab es dabei nicht, allerdings – so der BDVP-Bericht – waren die Gefangenen »über die starken Bewegungen sowjetischer Truppeneinheiten« erstaunt.

So einfach verlief der Transport der Gefangenen aus dem Sommerhaftlager Drewitz dagegen nicht. Sechshundert Häftlinge waren im Schutz der Nacht zwar nach Cottbus gebracht worden, doch um 7.30 Uhr unterbrach die Volkspolizei die Aktion: »Die restlose Überführung aller Gefangenen vom Lager Drewitz konnte in den Morgenstunden des 18. Juni nicht mehr erfolgen, da der anbrechende Tag und der nach Aufhebung der Sperrstunde wieder einsetzende öffentliche Verkehr die Bewegung einer derartigen Lastwagen-Kolonne mit entsprechenden Sicherungsfahrzeugen nicht mehr zuließ. Es mußten also ca. zweihundert Gefangene im Lager zurückbleiben. Dieser Umstand bildete jedoch im Laufe des 18. Juni einen erheblichen Gefahrenpunkt, der am Morgen noch nicht abzusehen war.«[10] Denn vierhundert aufgebrachte Bauarbeiter zogen zum Haftlager und verlangten die Freilassung der Gefangenen. Das Wachpersonal hätte einem Sturm kaum widerstehen können, denn ein großer Teil der Sicherheitskräfte war mit den übrigen Häftlingen bereits abgezogen worden. Ein heftiges Gewitter kam der Staatsmacht zugute. Als es vorüber war, waren vier Züge der Kasernierten Volkspolizei, dazu zwei Züge der Wacheinheit der Volkspolizei-Bezirksbehörde am Lager eingetroffen. Zwei ebenfalls alarmierte Züge der sowjetischen Streitkräfte mit Panzern brauchten nicht mehr einzugreifen, sondern beschränkten sich auf die Sicherung des Außenlagers. In der Nacht zum 19. Juni wurden die restlichen Häftlinge nach Cottbus geschafft, wo sich eine andere Schwierigkeit ergab.

Für die Hunderte von zusätzlichen Gefangenen gab es keinen ausreichenden Platz in der Vollzugsanstalt Cottbus. Im Innenhof mussten daher fünf Zelte aufgeschlagen werden. Eine Gruppe sowjetischer Soldaten mit Maschinengewehren überwachte die Haftanstalt, unterstützt von mit Karabinern bewaffneten Volkspolizisten, während vor dem Eingang sowjetische Panzer potenzielle Demonstranten abschreckten.

Nebenbei führte die Überbelegung der Haftanstalt zu einer kuriosen Auseinandersetzung. Volkspolizei-Rat Hannemann warf dem Intendanten der Haftanstalt vor, »ein seelenloser Bürokrat« zu sein:

»Er wollte stur an seinem Speiseplan festhalten und nicht einsehen, daß er am 18. 6. 1953 Eintopf zu kochen hat. Bei der Ausgabe einer Kartoffelspeise hätte die Verpflegung der Häftlinge von 8 bis 21 Uhr gedauert, was ernste Folgen gehabt hätte. Ein harter Befehl erst bewog den VP.O. Komm. D. zu einer anderen Haltung.«[11]

Feigheit und »versöhnlerisches Verhalten«

Am 19. Juni war der Aufstand im Bezirk Cottbus weitgehend niedergeschlagen. In 76 Betrieben hatten Arbeiter durch Streiks gegen SED und Regierung protestiert. 39 042 Streikende waren der Volkspolizei gemeldet, davon aus Senftenberg 26 288, aus Cottbus 5.718 und aus Lübben 2.143. Befanden sich am 17. Juni 11 017 Arbeiter im Ausstand, stieg ihre Zahl am 18. auf 14 983 an, sank am 19. Juni auf 6.335, am 20. Juni auf 5.532 und betrug selbst am 23. Juni noch 600.[12]

2.551 Volkspolizisten waren am 17. und 18. Juni im Bezirk Cottbus im Einsatz. Wie viele sowjetische Kräfte letztlich den Volksaufstand niederschlugen, ist nicht bekannt. Todesopfer gab es glücklicherweise nicht, jedoch einige Verletzte. Diese relativ »positive« Bilanz mag darauf zurückzuführen sein, dass die Volkspolizei nicht in dem Maß Gewalt anwendete, wie sie es in anderen Bezirken tat. Feigheit oder auch »versöhnlerisches Verhalten« warf die SED im Nachhinein zahlreichen leitenden Volkspolizei-Angehörigen vor. Entsprechend groß war die Zahl der Disziplinarverfahren, Arreststrafen, Ausschlüsse aus Volkspolizei und Partei, was das berufliche Aus für viele Volkspolizisten bedeutete. Schonungslos rechnete die SED mit denen ab, die sich geweigert hatten, die befohlene Härte auszuüben, oder gar Sympathien mit den Protestierenden aufbrachten:

»Der VP.-Komm. F. von der Abteilung J [Justiz, d. Aut.] der BDVP Cottbus verbreitete am 17. 6. Hetzmeldungen und diffamierte die Einsatzbereitschaft der Berliner Volkspolizei gegen die Provokateure. Diese Hetzmeldung erzählte er Zivilpersonen, und er wurde wegen dieser Handlung in Arrest genommen, aus der Partei ausgeschlossen und ein Verfahren gegen ihn eingeleitet.

Der Komm. H., Polit-Stellvertreter im VPA (B) Lauchhammer, zeigte Feigheit im Einsatz. Er gab den Befehl zum Verlassen einer Unterkunft und ermöglichte dadurch, daß Provokateure Losungen, Fahnen und den Vp.-Stern von der Unterkunft entfernen konnten. [...] Er wurde mit 10 Tagen Arrest bestraft und ein Verfahren gegen ihn eingeleitet.

Im VPKA Cottbus entlarvte sich der Hwm. L. selbst als Provokateur, indem er die Absetzung von Walter Ulbricht forderte. [...]

Vp. Komm. Z. im VPKA Forst hielt es nicht für nötig, sich beim Verlassen der Dienststelle ordnungsgemäß abzumelden. Wie schlecht er seine Frau für die Ziele unserer Republik gewonnen hatte, zeigt das nachfolgende Beispiel: Am 20.6. konnte Z. für kurze Zeit nach Hause fahren. Kurz darauf wurde er jedoch gebraucht und sollte telefonisch in seiner Wohnung angerufen werden. Der Ruf kam dort auch ordnungsgemäß an; als er den Hörer abnehmen wollte, sprang seine Frau hinzu und verweigerte ihm das. Es kam zu einer Auseinandersetzung, und als er sich schließlich doch des Telefons bemächtigte, sprang seine Frau in den Korridor und riß dort die Telefonleitung heraus. Seine Frau ist Unteroffizier bei der KVP-Grenzeinheit in Forst. Über das MFS wurden notwendige Maßnahmen gegen die Z. eingeleitet, da die Dienststelle zu dem Vorfall keine Stellung genommen hat. [...]

VPA (B) Mátyás Rákosi, Amtsleiter, enttäuschte vollkommen. Anstatt alle Kräfte sofort und schwungvoll einzusetzen, zögerte er und glaubte, die Demonstranten würden sich zurückziehen. Ich veranlasse in kürzester Zeit die Ablösung als Amtsleiter.

Der Unterkommissar I. im VPKA Herzberg zeigte wesentliche Schwächen im Einsatz. Unplanmäßig ging er an die Aufgaben heran und kümmerte sich nicht im geringsten um die Parteiarbeit.

Er beschäftigte sich sehr viel mit den weiblichen Volkspolizisten, bei den Genossen war er jedoch selbst wenig zu sehen.«[13]

Doch nicht nur Volkspolizisten brachten aus unterschiedlichen Motiven nicht den gewünschten Einsatz. Auch Funktionäre von Massenorganisationen oder der Nationalen Front verweigerten die Solidarität mit Partei und Regierung. So unterzeichneten die Wohnbezirks-Vorsitzenden von Lauchhammer die Forderung von Arbeitern, die Regierung abzulösen. Der Ortsausschuss-Vorsitzende der Schützberger Nationalen Front verbrannte sein Mitgliedsbuch der Gesellschaft für Deutsch-Sowjetische Freundschaft. Noch weiter ging der Ortsausschuss-Vorsitzende von Annaberg. Er sandte das komplette Propagandamaterial an den Bezirksausschuss Cottbus zurück mit der Bemerkung, der Annaberger Ortsausschuss sei aufgelöst.[14]

»Wir brauchen Maschinenwaffen«

Obwohl sich im Bezirk Cottbus gewalttätige Auseinandersetzungen in Grenzen gehalten hatten, wollte die Polizeiführung doch besser auf einen nächsten »Tag X« vorbereitet sein. Kübelwagen sowie Fahrzeuge mit Funkausrüstung fehlten, dazu Brotbeutel, Kochgeschirre und Feldflaschen. Die Mützen hätten sich als unpraktisch erwiesen, wurde moniert, da sie ständig vom Kopf rutschten, Helme mit Kinnriemen würden viel fester sitzen, und für die Taschenlampen habe es keine Batterien gegeben. Vor allem aber müsse sofort die Taktik der Sowjetarmee übernommen werden, ohne die die Volkspolizei künftig nicht mehr bestehen könne. Der Boxsport in der Volkspolizei müsse gefördert werden, da viele der Volkspolizisten zu weich seien. Sie wichen gleich beim ersten Auftreten von Gegnern zurück. Durch den Boxsport sollten sie Vertrauen zur eigenen Körperkraft gewinnen und auch im Einstecken von Treffern hart gemacht werden.

Dass sich die Volkspolizei keineswegs aus »Barmherzigkeit« gegenüber den Demonstranten eher zurückhaltend verhalten hatte und die Führung bei künftigen Auseinandersetzungen ein anderes Vorgehen plante, zeigt schließlich diese Forderung: »Wir brauchen Ausbildung an Maschinenwaffen, und vor allen Dingen muß mit Maschinenwaffen Übungsschießen durchgeführt werden. […] Es ist unbedingt erforderlich, daß an einigen Punkten des Bezirkes vollmotorisierte und mit Maschinenwaffen ausgerüstete Kommandos bis zur Zugstärke stationiert werden.«[15]

Hungerstreik im Zuchthaus Cottbus

Zur umfassenden Beschreibung des Volksaufstandes im Bezirk Cottbus gehört auch die Tatsache, dass sich trotz der Regierungsbeschlüsse vom 9. Juni 1953 nichts zum Besseren gewendet hatte. Das Gegenteil war der Fall, und einige Gruppen – in erster Linie die Gefangenen – litten in besonderer Weise unter den eingetretenen Verschlechterungen. Die Haftarbeitslager waren aus Furcht vor neuen Befreiungsversuchen zum größten Teil geräumt, die Häftlinge in die ohnehin schon überfüllten Zuchthäuser verlegt worden. Gegen diese unmenschlichen Bedingungen traten bis zu 318 Insassen des Zuchthauses Cottbus am 20. und 25. Juli in mehrtägige Hungerstreiks. Der Staatsanwalt des Bezirkes Cottbus, Abteilung Haftanstalten, schilderte die Ursachen für die Hungerstreiks in außergewöhnlicher Ehrlichkeit:

»Der neue Kurs unserer Regierung und die Ereignisse am 17. 6. 1953 blieben nicht ohne Wirkung auf die Strafgefangenen in der Vollzugsanstalt Cottbus. Aus Gründen der Planveränderungen einzelner größerer Bauobjekte wurden einige Haftarbeitslager aufgelöst und die Gefangenen in die Anstalten zurückgeführt. So erhielt auch die Vollzugsanstalt Cottbus ca. 200 Gefangene, die auf der Insel Rügen eingesetzt waren. Desweiteren war es aus Gründen der Sicherheit im Zusammenhang mit den Ereignissen am 17.6.1953 erforderlich, einige Haftarbeitslager im Bezirk Cottbus, z.B. Drewitz und Preschen, ebenfalls in die Vollzugsanstalt Cottbus zurückzuziehen. Durch diese erhebliche Zahl an Gefangenen wurde die Vollzugsanstalt Cottbus ganz außergewöhnlich überbelegt. Gerade in den Tagen vom 17.6. bis 20.7.1953 war die Vollzugsanstalt bei einer Normalbelegung von 1300 Gefangenen zeitweise mit bis 3100 Gefangenen belegt. Daß die Voraussetzungen in der Vollzugsanstalt Cottbus für eine solche hohe Belegung nicht gegeben sind und auch das Bewachungspersonal der VP auf die Dauer den sich daraus ergebenden Anforderungen nicht standhalten kann, ergibt sich aus der Sache selbst.

Die Folge waren mehr und mehr auftretende Schwierigkeiten in der Überwachung der Aufsicht und Betreuung der Gefangenen durch das Bewachungspersonal, zum anderen ließ die Disziplin der Gefangenen gegenüber dem Bewachungspersonal erheblich nach und nahm zeitweise sehr bedrohliche Formen an, die nur zum Teil der Anstaltsleitung bzw. weiteren übergeordneten Stellen überhaupt nicht zur Kenntnis gelangte.«[16]

Bezirk Leipzig

»Genossen, nicht vergessen dürfen wir die entscheidenden Aktionen unserer sowjetischen Freunde, die uns in diesem Kampf wieder unschätzbare Hilfe geleistet haben. Und Sie werden selbst festgestellt haben, wie besonders herzlich das Verhältnis zwischen unseren Freunden u. unseren Volkspolizisten gerade in diesen entscheidenden Stunden war und immer bleiben wird.«[1]

Den aufziehenden Sturm ignoriert

Wie in vielen anderen Regionen der DDR waren die von der SED angeordneten Normerhöhungen auch im Bezirk Leipzig bereits vor dem 17. Juni Auslöser für erste Streiks. So hatten die Beschäftigten der Leipziger Baumwollspinnerei schon am 13. Juni für zwei Stunden die Arbeit niedergelegt, um gegen den Regierungsbeschluss zu protestieren. Am selben Tag traten Hunderte Arbeiter im VEB SANAR und 250 Arbeiter im VEB Hammer-Schuhfabrik in Roßwein, Kreis Döbeln, in den Ausstand.[2] Immer mehr Meldungen über »gegnerische Tätigkeiten« liefen beim Operativstab der BDVP ein. In der »Kulturecke« und in der Garderobe der Baumwollspinnerei fanden sich am 14. Juni gegen die SED und Staatsführung gerichtete Parolen. Auf dem Straßenbahndepot Leipzig Möckern wurden Transparente der SED beschädigt. Zur »Stimmung unter der Bevölkerung« wurde im Bereich Altenburg Unzufriedenheit darüber festgestellt, dass ein ehemaliger Leiter einer Konsumverteilerstelle vorzeitig freigelassen werden sollte, der wegen Diebstahls von Markenzucker eine dreijährige Zuchthausstrafe erhalten hatte. Nicht einverstanden mit dem »Neuen Kurs« zeigten sich SED-Mitglieder im VEB Plasta Groitzsch und in der Schlossfabrik Oertel, die wegen des ihrer Ansicht nach zu weichen Kurses ihre Parteibücher zurückgaben.[3] Handzettel mit Angriffen gegen die DDR-Regierung wurden am 15. Juni im Raum Geithain, in Frohburg und in Leipzig gefunden. Am selben Tag entfernten Unbekannte aus der HO-Gaststätte »Leipziger Zoo« sämtliche Bilder von Ulbricht und Grotewohl.[4]

Im Bereich der Volkspolizei-Behörde Leipzig kam es ebenfalls am 15. Juni zu weiteren Streiks. Für drei Stunden trat die Belegschaft des VEB Nestmann-Eisengießerei in Gößnitz in den Ausstand, um damit die Freilassung der ehemaligen Chefin zu erzwingen, die wegen einer angeblichen Steuerschuld von 75 000 Mark festgenommen worden war. Nachdem der Kreisstaatsanwalt zu der Belegschaft gesprochen und die Freilassung für den darauf folgenden Tag zugesagt hatte, nahmen die Beschäftigten die Arbeit wieder auf. Für vier Stunden standen an diesem Tag die Maschinen in der Kämmerei der Leipziger Baumwollspinnerei still, wobei es hier um die Zahlung eines gesetzlichen Lohnausgleiches für veränderte Arbeitsbedingungen ging. Dieser Streik wurde nach Versprechungen des Zentral- beziehungsweise des Bezirksvorstandes des FDGB vorläufig beigelegt.[5]

Unmittelbar vor Ausbruch des Volksaufstandes am 17. Juni erhielten Werksleitungen, SED-Funktionäre und »einfache« Arbeiter zunehmend Post mit falschen Absendern. Ihr überwiegender Inhalt: regierungsfeindliche Flugblätter, die in den meisten Fällen sofort der Stasi übergeben wurden. Im Umlauf waren zudem gefälschte Briefmarken mit dem Kopf Wilhelm Piecks, um dessen Hals ein Henkerstrick gelegt war. Die Inschrift dieser Marken, die häufig unbemerkt in den Postämtern der DDR aufgegeben wurden, lautete: »Undeutsche Undemokratische Diktatur.«[6] Wiederum aus Leipzig wurde am 16. Juni ein zweistündiger Streik im VEB MEGU gemeldet. In all den genannten Betrieben wählten die Belegschaften Delegationen, die mit Betriebsgewerkschaftsleitungen und den Betriebsparteiorganisationen über die Erfüllung ihrer Forderungen verhandeln sollten.

Dass die Zeichen auf Sturm standen, wenngleich Partei, Stasi und Polizei sie ignorierten, gestand der Chef der Leipziger Volkspolizei, Inspekteur Winkelmann, in seinem Bericht von Ende Juni an VP-Chef Maron ein, als er davon sprach, vor den Haftanstalten im Bezirk hätten sich an den Tagen vor dem 17. Juni wiederholt Gruppen gebildet, um – wenn auch vergeblich – auf die Entlassung ihrer Angehörigen zu warten.

Den Ernst der Lage begannen die verantwortlichen Kräfte jedoch erst am 16. Juni zu erahnen, als Generalinspekteur Seifert um 21.45 Uhr aus Berlin telefonisch den Befehl erteilte, die VP-Angehörigen der Schule Dommitzsch in Einsatzbereitschaft zu halten, und Chefinspekteur Grünstein um 4.30 Uhr alle Amtsleiter und Polit-Stellvertreter in die Kreisämter der Volkspolizei beorderte. Warum dies geschah, blieb für die SED und Volkspolizei im Bezirk Leipzig zunächst im Dunkeln:

»Um 5.00 Uhr wurde der 1. Sekretär der Bezirksleitung der SED Gen. Fröhlich vom Chef der BDVP, Gen. VP-Insp. Winkelmann, benachrichtigt, daß irgendwelche Dinge in Berlin oder der Republik vor sich gehen würden, da VP-Kräfte angefordert seien. (Bis dahin war von Berlin noch keinerlei Hinweis ergangen, worum es sich handelte.)«[7]

Erst nach und nach erfuhr die Führung der Volkspolizei, dass sich die Menschen in Ost-Berlin und in Teilen der Regionen gegen das Regime erhoben, und ergriff nun erste Maßnahmen, um sich im eigenen Verantwortungsbereich gegen einen Aufstand zu wappnen. Um 7.30 Uhr hielt BDVP-Chef Winkelmann Rücksprache mit den sowjetischen Militärkommandanten, um das Vorgehen beim Ausbruch von Protesten zu besprechen. Lange ließen diese nicht auf sich warten: Um acht Uhr trafen aus Schkeuditz die ersten Streikmeldungen ein, wo sich Arbeiter zunächst auf den Baustellen der Bau-Union im VEB MAB Schkeuditz und auf dem Flughafen Schkeuditz zum Protestzug formierten. Rund 1.200 Demonstranten zogen durch den Ort und rissen am SED-Parteiheim Transparente, die noch für die Normerhöhung warben, herunter. Gestürmt wurde die Schkeuditzer Dachpappenfabrik, wobei es dem zunächst eingeschlossenen Betriebsschutz schließlich gelang, die Fabrik zu räumen. Außerhalb von Schkeuditz löste sich der Demonstrationszug ohne weitere Vorkommnisse auf.

Unbeteiligte Rentnerin erschossen

In Leipzig versammelten sich die Bauarbeiter der Windmühlenstraße um zehn Uhr zum Demonstrationszug ins Stadtinnere. Nach Erreichen des Karl-Marx-Platzes verteilten sie sich auf den gesamten Stadtkern. Auf mitgeführten Transparenten erklärten sie zum einen ihre Solidarität mit den Berliner Bauarbeitern, forderten ein Ende der »Normenschinderei« und verlangten darüber hinaus »Mehr Butter – Keine Kanonen«. Ziele der Protestmärsche waren – wie überall in Ost-Berlin und in der DDR – ausschließlich staatliche Gebäude und Einrichtungen beziehungsweise solche der SED und anderer Massenorganisationen sowie Symbole des Regimes. So drangen dreihundert Demonstranten in das Gebäude des staatlichen Rundfunks ein und rissen Transparente und Bilder herunter, ließen aber die Technik des Senders unberührt. Gegen 11.45 Uhr hatten 5.000 Leipziger die Bezirks- und Kreisleitung der FDJ in der Ritterstraße umlagert, drangen in das Gebäude ein, warfen Akten aus den Fenstern und verprügelten die Funktionäre. Bei Auseinandersetzungen wurden zwei Vopos entwaffnet. Weil schnell klar war, dass die Staatsmacht gegenüber der aufgebrachten Menge nichts ausrichten konnte, zog sich die Volkspolizei vorerst zurück; sie und zwanzig Mann des Wachbataillons wurden unter dem Schutz sowjetischer Soldaten zum Bahnhof und dort in Sicherheit gebracht.

Erfolgreicher waren Volkspolizei und Betriebsschutz am Dimitroff-Kraftwerk, zu dem etwa hundert Demonstranten gezogen waren. Einigen gelang es zwar, in den Vorhof des Kraftwerkes vorzudringen, allerdings wurden sie nach kurzer Zeit vom Gelände gedrängt. Ähnlich sah es am HO-Kaufhaus I in der Petersstraße aus, dessen sofortige Schließung die Menge verlangte. Dem Betriebsschutz gelang es, das Gebäude zu halten, doch vor dem Kaufhaus musste die 65 Jahre alte Rentnerin Elisabeth Bröcker ihr Leben lassen. Sie, die sich zufällig an diesem Ort aufgehalten hatte und nicht zu den Demonstranten gehörte, wurde von der Kugel eines Kriminalpolizisten getroffen und erlag später ihren schweren Bauchverletzungen.

Auf dem Platz des Friedens richtete sich der Zorn der über 3.000 Menschen wiederum ausschließlich gegen das SED-Regime. Zwei Demonstrationszüge bewegten sich zum Untersuchungsgefängnis in der Beethovenstraße, das mit Volkspolizei und Staatsanwaltschaft in einem Gebäude untergebracht war, und erneut verlangten die Menschen in Sprechchören die Freilassung der Gefangenen. Zielscheibe anderer Demonstranten war derweil das Gebäude des Pass- und Meldewesens in der Harkortstraße. Hier gingen die Scheiben ebenso zu Bruch wie beim VPKA, beim Kreisgericht, in der Universität und im Untersuchungsgefängnis. Menschen versammelten sich vor der SED-Bezirksleitung und vor dem Bezirksrat auf der Karl-Liebknecht-Straße, auf dem Karl-Marx-Platz, dem Platz des Friedens und vor allem auf dem Bahnhofs-Vorplatz, und sie versuchten, die Räume der »Leipziger Volkszeitung«, das Post- und Fernmeldeamt und eine Reihe anderer Objekte, die für das Regime standen, zu stürmen.

»Aufklärungslokale« verwüstet

Ab 12.30 Uhr eskalierte der Aufstand der Leipziger. Mit Rammen und Brechstangen gelang es ihnen, die Tore zum Hof des Kreisgerichtes aufzubrechen. Demonstranten strömten in den Hof, wurden jedoch mit Warnschüssen sofort zurückgetrieben. Gleiches mussten die Aufständischen erleben, die für kurze Zeit den Hof des Amtes für Pass- und Meldewesen besetzten. Die Wut der Bevölkerung richtete sich gegen die Nationale Front, deren Pavillon in Flammen aufging. Insgesamt vierzehn der 104 »Aufklärungslokale« dieser SED-Hilfsorganisation wurden in Leipzig an diesem Tag aufgebrochen, teilweise verwüstet. Dabei ging es den Demonstranten, wie aus einem Bericht des Bezirksausschusses der Nationalen Front hervorgeht, offensichtlich ausschließlich um die »Literatur« – sprich das Propagandamaterial – in diesen Lokalen, das in den meisten Fällen auf die Straße geworfen und dann verbrannt wurde. Realitätsfern erklärte der Bezirksausschuss der Nationalen Front die Attacken auf seine Lokale damit, »daß unsere Aufklärungsarbeit dem Gegner ein Dorn im Auge war, uns also bestätigt, daß ihre Tätigkeit für uns erfolgreich war und sich ein großer Teil unserer Aufklärungslokale zu wirklichen politischen Zentralen entwickelt hatten«.[8]

Um 14.25 Uhr drangen sechzig bis achtzig Personen in die

Wache der Transportpolizei (Trapo) auf dem Hauptbahnhof ein. Unter Führung eines ehemaligen VP-Wachtmeisters gelang es ihnen, den Transportpolizisten 32 Pistolen abzunehmen. Erst als Einheiten der sowjetischen Armee eingriffen, zogen sich die Demonstranten aus dem Bahnhof zurück. Bemängelt wurde später, dass die Trapo sich nicht ausreichend verteidigt habe. Stattdessen hätten einige Trapo-Angehörige noch vor dem Eintreffen der Aufständischen die Schulterstücke von ihren Uniformen entfernt.

Verliefen diese Protestaktionen noch einigermaßen glimpflich, kam es beim – letztlich vergeblichen – Sturm auf das Gebäude der Volkspolizei zu einem weiteren Todesopfer des Aufstandes. Flaschen mit Spiritus und Benzin flogen, Wasserwerfer gingen in Stellung, anschließend wurde das Feuer auf die Demonstranten eröffnet. Verstärkungen der Bezirkbehörde der Volkspolizei, die Wacheinheit, hundert Angehörige der Kasernierten Volkspolizei und nunmehr auch sowjetische Soldaten machten jetzt rücksichtslos von der Waffe Gebrauch.

Dieter Teich, 29-jähriger Mitarbeiter der Leipziger Verkehrsbetriebe, wurde auf dem Dimitroffplatz von Volkspolizisten erschossen. Arbeiter legten ihn auf eine Bahre, der Marsch durch die Innenstadt zum Bahnhofsvorplatz gestaltete sich zum Trauerzug und zu einer einzigen Anklage gegen die Unmenschlichkeit des SED-Regimes. Viele Menschen warfen als Zeichen der Anteilnahme Blumen auf den Getöteten und erwiesen ihm somit die letzte Ehre, bevor das Opfer zur Dienststelle der Transportpolizei am Hauptbahnhof und von dort in das Institut der gerichtlichen Medizin überführt wurde.

Auch bei dem Versuch, das BDVP-Gebäude zu stürmen, setzte die Volkspolizei die Schusswaffen ein und zerstreute die Demonstranten, ohne dass bei dem ersten Ansturm jemand zu Schaden gekommen wäre. Anders sah es dann am späten Nachmittag aus. Als dreihundert Demonstranten eine Stunde nach Verhängung des Ausnahmezustandes die BDVP besetzen wollten, wurde von Deutschen und von sowjetischen Soldaten scharf geschossen. Dieses Mal meldete die BDVP zwei verletzte Demonstranten und 35 Festnahmen, verschwieg allerdings zunächst in ihrem Bericht, dass zwei Menschen – Johannes Köhler und Paul Ochsenbauer – im Kugelhagel der Volkspolizei gestorben waren.

Alles in allem kann man das Zusammenwirken der unterschiedlichen bewaffneten Kräfte der DDR am 17. Juni nur chaotisch nennen. Der BDVP-Chef beklagte sich denn auch in seiner Bilanz darüber, dass mit der KVP an diesem Tag nicht zu rechnen gewesen sei: »Die Verbindung wurde bereits in den Vormittagsstunden des 17. Juni aufgenommen, konnte aber zu keinem Erfolg führen, da die Dienststellen der KVP nur mit Genehmigung ihrer vorgesetzten Dienststelle in Berlin Kräfte zum Einsatz bringen konnten. Gegen 14 Uhr erschien ein Verbindungsoffizier der KVP in Zivil und ohne Vollmachten in der Einsatzleitung des VPKA Leipzig. Zu bemerken ist, daß die Kräfte der KVP im VPKA Leipzig um 16.15 Uhr ohne Munition eintrafen.« Auf eine ähnliche Argumentation zogen sich die örtlichen KVP-Führungen auch in anderen Bezirken der DDR zurück. Sicherlich auch aus dieser Erfahrung heraus beschlossen noch am Vormittag des 17. Juni »die Genossen Heinrich Rau, Fröhlich und VP-Insp. Winkelmann, aus zuverlässigen SED-Mitgliedern Arbeiterwehren aufzustellen« – die Geburtsstunde der späteren »Kampfgruppen der Arbeiterklasse«. Ähnliche Arbeiterwehren wurden am 17. und 18. Juni in einer Vielzahl von Betrieben im Bezirk Leipzig aufgestellt, so in der Leipziger Kammgarnspinnerei, im VEG Breitenfeld und bei Abus-Stahlbau. Der brutale Schusswaffeneinsatz gegen Demonstranten rief in der Bevölkerung tiefe Erschütterung hervor. Dazu hieß es im Situationsbericht des SED-Kreisausschusses Eilenburg unter anderem:

»In Döbeln: Diskussionen über Leipzig. Es wird entsprechend der Wahrheit diskutiert. Zum Gebrauch der Schußwaffen durch die Sowjetarmee: Auf der einen Seite wird Freundschaft zur Sowjetunion gepredigt, auf der anderen Seite schießen die Sowjetsoldaten auf unsere Arbeiter.« Geradezu perfide war die »Argumentation« der SED auch in diesem Fall: »Ihnen wurde erklärt, daß Sowjetsoldaten nicht auf unsere Arbeiter schießen, sondern auf die faschistischen Provokateure.«[9]

Kreis Delitzsch: Tod durch gezielte Kopfschüsse

Ebenso blutig endete der Widerstand der Bürger im Kreis Delitzsch, wo ausgerechnet der Arbeitsschutzinspektor beim Rat des Landkreises am 17. Juni um 12.45 Uhr die Arbeiter des Bahnhofs Delitzsch zum Streik aufforderte. Dreihundert Beschäftigte des RAW folgten dem Aufruf und zogen zur SED-Kreisleitung. Fünfzig von ihnen gelang es, in das Gebäude vorzudringen, wo sie als erstes Bilder der führenden SED-Politiker von den Wänden rissen und Telefonverbindungen kappten. Der Versuch des 1. Sekretärs der SED-Kreisleitung, zu den Demonstranten zu sprechen, die immer wieder die Ablösung der Regierung, Freiheit und Demokratie verlangten, ging unter wütenden Beschimpfungen und Protestrufen unter. Als plötzlich sowjetische Soldaten aus dem Gebäude stürmten und mit ihren Maschinenpistolen Warnschüsse abfeuerten, gelang es ihnen zusammen mit Angehörigen der Abteilung »Kriminalpolizei« und zwanzig Volkspolizisten, das Gebäude zu räumen und die weitere Sicherung der SED-Kreisleitung zu übernehmen.

Einen weiteren Schwerpunkt der Unruhen in Delitzsch stellte das Volkspolizeikreisamt dar. Hier hatten sich gegen 16.30 Uhr annähernd sechshundert Jugendliche versammelt, denen sich ständig weitere Demonstranten anschlossen, darunter viele Arbeiter aus Bitterfeld, die mit der Bahn eintrafen. In einem Instrukteursbericht wurde die Situation so beschrieben: »Die Erregung der Menge und die Provokationen nahmen mit jedem Eintreffen eines Zuges aus Bitterfeld zu.«[10] Sie forderten, die Inhaftierten, vorwiegend Bauern, die wegen der Nichterfüllung ihres Ablieferungssolls verhaftet waren, freizulassen. Um 17 Uhr begann der Versuch, das VPKA zu stürmen. Er endete in einer Katastrophe. Ohne Zögern erteilte der Leiter des Amtes Schießbefehl. Durch gezielte Kopfschüsse wurden der 29-jährige Gerhard Dubielzig vom RAW Delitzsch und der 20 Jahre alte Joachim Brauer aus Brodau getötet. Zwei Jugendliche erlitten durch die Schüsse aus dem oberen Stockwerk des VPKA schwere Verletzungen. Angesichts dieses Blutbades liefen die Menschen auseinander und verließen fluchtartig den Platz. Sowjetische Soldaten übernahmen nun die Kontrolle über die Stadt, mit angelegten Gewehren patrouillierten sie durch die Straßen, später erschienen die ersten sowjetischen Panzer – an Widerstand war nicht mehr zu denken. Umso bemerkenswerter ist, dass noch gegen 22 Uhr aufgebrachte Menschen versuchten, das Volkseigene Gut in Zschortau zu besetzen, aber auch sie mussten sich der schnell anrückenden Sowjetarmee geschlagen geben. Weitere Ziele waren das LPG-Büro und die Gemeindeverwaltung, wo etwa hundert Demonstranten Bilder und Plakate auf die Straße warfen und von sowjetischen Einheiten verjagt wurden.

Kreis Eilenburg: Mangelnden Widerstand verurteilt

In Bad Düben demonstrierten circa 1.500 Menschen, vorwiegend Jugendliche – unter ihnen eine große Zahl von Oberschülern, die in Eilenburg zur Schule gingen. Sie zerstörten Transparente der SED und stürmten das Parteibüro. In der Werkzeugmaschinenfabrik (WEMA) streikten die Beschäftigten, bis sowjetische Panzer auf das Werksgelände rollten. Derart unter Druck gesetzt, stellten die Arbeiter ihre Maschinen an, ohne allerdings tatsächlich zu produzieren; sie traten in einen Sitzstreik. Der Versuch, das VPKA zu stürmen, scheiterte, weil sich hier zufällig ein sowjetischer Offizier mit mehreren Soldaten aufhielt. Drei der demonstrierenden Jugendlichen wurden auf der Stelle festgenommen.[11] Beruhigt hatte sich die Lage in Bad Düben damit aber noch nicht. Am späten Nachmittag bildeten sich kleinere Gruppen von Arbeitern, die vorwiegend in den Werken Wolfen und Bitterfeld beschäftigt waren. Die Menge, die auf dreihundert Demonstranten anwuchs, demolierte die mit sozialistischen Parolen versehene Holzverkleidung der »Friedenssäule« auf dem Marktplatz, marschierte zur SED-Parteigeschäftsstelle, riss hier Bilder und Parteilosungen von den Wänden und zerschnitt sie. Andere belagerten den inzwischen um fünfzehn Mann verstärkten Volkspolizei-Gruppenposten Düben. Zwei Demonstranten drangen bis in die Wachstube vor und verlangten das Ablegen der Waffen und Uniformen. Um 20.50 Uhr rückten zusätzliche Kräfte der Volkspolizei sowie ein sowjetisches Kommando mit aus Torgau herbeibeorderten Panzern T 34 an, vertrieben die Arbeiter und nahmen die beiden Anführer dieser Protestaktion fest. Kritisch bemerkte die BDVP später, dass »den eindringenden Provokateuren« kein Widerstand entgegengesetzt, sondern versucht wurde, »mit Diskussionen die Provokation auf friedlichem Wege zu lösen«.[12] Neben Streiks und Demonstrationen gab es weitere Formen des Protestes gegen Partei und Regierung. In Authausen fingierte die Leitung einer FDJ-Gruppe gemeinsam mit dem früheren Bürgermeister einen Befehl an einen Lehrer, alle Fahnen und Bilder der führenden SED-Persönlichkeiten herauszugeben, um sie zu verbrennen. Der amtierende Bürgermeister und eine Anzahl von SED-Mitgliedern waren Augenzeuge der Verbrennungsaktion, griffen aber nicht ein.

Kreis Schmölln: Volkspolizei nicht energisch genug

»Nieder mit der Regierung« war die Hauptforderung der vierhundert Menschen, die am frühen Nachmittag, gegen 14 Uhr, auf dem Schmöllner Marktplatz zusammengekommen waren, um vor dem Volkspolizei-Gebäude gegen das Regime zu protestieren. Schon eine Stunde später war die Zahl auf 3.000 Demonstranten angewachsen. Zwar erteilte der sowjetische Kommandant dem Leiter des Amtes die Anweisung, den Platz zu räumen, doch griffen nach seiner Auffassung die achtzehn eingesetzten Volkspolizisten nicht energisch genug durch. Stattdessen versuchten sie, mit den Demonstranten zu diskutieren und sie zum Aufgeben zu bewegen. Selbst der Einsatz weiterer Polizeikräfte brachte nicht den gewünschten Erfolg. Die Schuldigen waren schnell ausgemacht: »Nach Angaben des 1. Kreissekretärs von Schmölln ist die zögernde Haltung darauf zurückzuführen, daß die Volkspolizisten in der Stadt mit vielen bekannt sind und keinem wehe tun wollten. Unter anderem versuchten die Provokateure einen PKW des VPKA mit Kraftfahrer umzuwerfen. Nachdem einer den Kraftfahrer erkannte, sagte er, ach, das ist ja der Oskar, und die Provokateure haben den Wagen in das VPKA einfahren lassen.«[13] Derartige Skrupel kannten die sowjetischen Soldaten, die nun anrückten, nicht. Angesichts der gepanzerten Fahrzeuge und der schussbereiten Maschinengewehre verließen die Menschen fluchtartig den Platz, um sich in Sicherheit zu bringen. Auch in Petschau, Kreis Borna, protestierten Bauern gegen SED und Regierung, zerstörten ein Pieck-Bild und zerschnitten Telefonkabel. Volkspolizei und sowjetische Kräfte griffen unverzüglich ein und sprengten die Demonstration.

Nach Angaben der BDVP beteiligten sich am 17. Juni 1953 im Bezirk Leipzig rund 30 000 Menschen an Demonstrationen, 25 000 davon allein in der Stadt Leipzig. 12 500 Arbeiter befanden sich im Ausstand, die Streikbeteiligung in den 28 betroffenen Betrieben lag zwischen 25 und 100 Prozent. Anders als etwa in Berlin weitete sich im Bezirk Leipzig am 18. Juni die Streikbewegung sogar noch aus. Nunmehr wurden vierzig Betriebe bestreikt, 21 500 Arbeiter wollten damit – nach Zählung der Polizei – ihren Forderungen Nachdruck verleihen, in Wirklichkeit waren es, wie aus der Addition der Angaben in Einzelberichten hervorgeht, erheblich mehr. Einer der Schwerpunkte war erneut die Großbaustelle der Bau-Union in der Leipziger Windmühlenstraße. Von hier machten sich vorwiegend junge Arbeiter per Fahrrad auf den Weg, um die Beschäftigten anderer Betriebe zur Teilnahme am Streik aufzufordern. An diesem Tag waren Volkspolizei, Kasernierte Volkspolizei und die sowjetische Besatzungsmacht jedoch besser gewappnet. Sie verhafteten zahlreiche Arbeiter der Bau-Union und »brachten das dortige Objekt zur völligen Ruhe«, bevor sich Demonstrationszüge bilden konnten. Gleiches galt für den Platz des Friedens und die Außenbezirke, wo sich immer wieder Menschen zum Protest versammelten. Da die Volkspolizei inzwischen Funkwagen einsetzte, gelang es ihr – mit Hilfe der »Freunde« – , diese »Unruheherde« schnell zu zerschlagen, ehe die Menschenmengen zu groß und damit kaum mehr beherrschbar wurden.[14]

Ohne das Eingreifen der sowjetischen Truppen wäre das SED-Regime den Demonstranten gegenüber mehr oder weniger hilflos gewesen. Auf dem Leipziger Platz des Friedens beziehungsweise auf dem Vorplatz des Hauptbahnhofes trieben sowjetische Soldaten am frühen Nachmittag Bürger auseinander, die sich zu einem Protestmarsch versammeln wollten. Im Reichsbahnausbesserungswerk Engelsdorf kam es zu Arbeitsbeginn zum Streik. Nach der Meldung, Maschinen und Lokomotiven würden zerstört, griffen Volkspolizei sowie sowjetische Offiziere und Mannschaften ein. »Besondere Anstrengungen, die Lage zu beherrschen«, waren im RFT-Werk Stötteritz erforderlich, weil die gewählte Streikleitung es immer wieder verstand, die Arbeiter zum Durchhalten zu motivieren. Die Volkspolizei sah keinen anderen Weg, als »die Hilfe der sowj. Freunde in Anspruch [zu nehmen], um die Streikleitung festzunehmen und die Arbeitsaufnahme durchzuführen«. Im Werk IFA III besetzten Arbeiter die Telegrafenzentrale und schalteten den Betriebsschutz aus. Erneut brauchte die Polizei die Unterstützung sowjetischer Kräfte, um die Anführer des Protestes festzunehmen. In Groitzsch, Kreis Borna, streikten in acht Betrieben circa achthundert Arbeiter. In Eilenburg drohten die Arbeiter mit Streik, als ein sowjetisches Panzerfahrzeug auf das Gelände fuhr. Am Nachmittag verfasste die Belegschaft eine Resolution, in der sie den Rücktritt der DDR-Regierung forderte.[15]

Als sich in der Maschinen- und Traktorenstation Liebertwolkwitz Bauern zum Protest versammelten, schlug ein Einsatzkommando der Kasernierten Volkspolizei zu und sprengte die Demonstration bereits in ihren Ansätzen.[16] Im Braunkohlenwerk Kulkwitz begannen bei Schichtbeginn die Gleisarbeiter zu streiken und forderten die übrigen Beschäftigten auf, sich ihnen anzuschließen. Bis neun Uhr hatten alle Abteilungen – mit Ausnahme des Kohlenförderbandes zur Beschickung des Kraftwerkes – die Arbeit niedergelegt. Werkleitung, Parteisekretär, Personalleiter und der Leiter des Betriebsschutzes sollten sofort abgesetzt und durch einen von der Belegschaft benannten Betriebsleiter ersetzt werden. Nach langen Diskussionen mit SED-Funktionären und insbesondere nach massiven Drohungen gingen die Beschäftigten wieder an die Arbeit, ohne ihr Ziel erreicht zu haben.[17] Die Mitarbeiter der Stadtverwaltung Eilenburg enthielten sich hundertprozentig der Stimme, als sie von Parteifunktionären aufgefordert wurden, eine Zustimmungserklärung zur Politik der DDR-Regierung abzugeben. Der SED-Kreisausschuss Eilenburg bemerkte dazu: »Unter den Angestellten befanden sich auch eine ganze Reihe von Mitgliedern der SED.«[18]

Zu den Opfern, die am 18. Juni zu beklagen waren, gehörte auch Volkspolizei-Rat Erich Kunze, der in der Nacht zum 19. Juni von einer sowjetischen Patrouille erschossen wurde. Über diese Tatsache schwiegen sich SED und Volkspolizei aus. Stattdessen vermerkte Volkspolizei-Chef Winkelmann in seinem Bericht über verletzte Volkspolizisten, »daß ein großer Teil der (35) Verletzten und auch der Tote Offiziere sind, was auf den persönlichen Einsatz dieser Offiziere zurückzuführen ist«, ohne auf die näheren Umstände einzugehen. Bemerkt sei an dieser Stelle, dass es um die Beerdigung des getöteten Offiziers zu einer äußerst unwürdigen Auseinandersetzung kam. Die Witwe erhielt 1.000 DM und konnte mit ihren vier Kindern in dem Heimatort Adorf umziehen, wo sie auch die Bestattung ihres erschossenen Mannes wünschte. Doch der sowjetische Militärkommandant von Leipzig bestand auf einer Verbrennung und Beisetzung der Urne in Leipzig. Nach langem Verhandeln konnte der Polit-Stellvertreter der Volkspolizei-Bezirksbehörde eine Kompromisslösung erwirken: Die Witwe stimmte einer Verbrennung zu, dafür wurde die Urne später nach Adorf überführt.

Von zivilem Ungehorsam bis zur Sabotage

Nachdem Kundgebungen durch den massiven Einsatz vor allem sowjetischer Kräfte nahezu unmöglich geworden waren, fand die Bevölkerung der DDR andere Mittel, mit denen sie sich gegen die SED-Diktatur wehrte. In den Unterlagen der BDVP finden sich für die Tage nach Verhängung des Ausnahmezustandes diese Beispiele:

Im VEB Ferrolegierungswerk Lippendorf wurden in einem Kompressor zwei Stahlkugeln gefunden, außerdem hatten Unbekannte Kabel mit Säure übergossen. In Leipzig wurden die Scheiben des Gebäudes des FDJ-Bezirkes V eingeschlagen. Auf Flugblättern wurde in Grimma zum Generalstreik aufgerufen, »Hetzparolen« fanden sich an Häusern in Otterwisch, wo Jugendliche auch SED-Transparente von Hauswänden rissen. Schaufensterscheiben in Bad Lausick wurden mit der Forderung nach dem Sturz der Regierung beschrieben, in Kospa warfen Unbekannte die »Friedenssäule« der dortigen LPG in einen Teich. Auf dem Waldheimer Bahnhofsgelände stellte die Transportpolizei zahlreiche Flugblätter mit SED-feindlichem Inhalt sicher. Zwei Jugendliche im Alter von 17 Jahren wurden in Döbeln verhaftet, als bei einer Leibesvisitation selbst angefertigte »Reifentöter« gefunden wurden. Die Jugendlichen gaben an, damit hätten sowjetische Kraftfahrzeuge aufgehalten werden sollen.[19]

Wenn auch die sowjetische Besatzungsmacht schon am 18. Juni die Situation weitgehend beherrschte, flackerten doch immer wieder Streiks auf, der Widerstand hielt an. Die sechshundert Beschäftigten des VEB MAGEMA in Schkeuditz weigerten sich am 19. Juni ebenso wie die 124 Angehörigen des VEB WEMA und die Belegschaften des Sägewerkes Malis und der Möbelfabrik Große in Düben zunächst, die Arbeit aufzunehmen, um somit ihre Solidarität mit den Berliner Bauarbeitern auszudrücken. Ebenso riefen Traktoristen der MTS-Ausweichstation Mörtitz zum Streik auf. In vielen Orten des Bezirks Leipzig spielte am 19. Juni zudem die Frage der Trauerbeflaggung eine große Rolle. Ohne Wissen der Parteileitung berief der Vorsitzende der Betriebsgewerkschaftsleitung im Betonwerk Lausig eine Betriebsversammlung ein, die beschloss, zu Ehren der Opfer des 17. Juni halbmast zu flaggen. Dasselbe verlangten die Arbeiter des VEB Textima in Altenburg, und im Kreisbaubetrieb Altenburg setzte die Belegschaft schließlich durch, dass die auf vollmast gehisste DDR-Flagge wieder eingezogen wurde.[20]

Im Kreis Grimma beunruhigten Gerüchte über eine bevorstehende Währungsreform die Menschen und führten zu Angsteinkäufen: »Es ist vorgekommen, daß einzelne Bauern 4 – 6 Wecker erwarben. Ebenso ist in allen Teilen des Kreises – außer dem Gebiet von Colditz – ein rapides Absinken in der Milchablieferung bei den Molkereien festzustellen, das ungefähr 18 % der bisher abgelieferten Mengen ausmacht.«[21] In zahlreichen Landwirtschaftlichen Produktionsgenossenschaften kam es zu Auflösungserscheinungen. So wurde die LPG Bucha aufgelöst, in Krauschwitz trat der Vorsitzende, zugleich Bürgermeister des Ortes, aus der LPG aus, ebenso eine Brigade der LPG Dahlen.[22]

Sonderschichten und erste Arbeiterwehren

Erst am 24. Juni wagte sich die Spitze der Regierung in den Bezirk. 3.000 Arbeiter des Kombinats Böhlen nahmen an einer Kundgebung von Ministerpräsident Grotewohl teil. Seien die Kumpel anfangs noch skeptisch gewesen, hätten sie später die

Rede Grotewohls mit großem Beifall unterbrochen, ist im entsprechenden BDVP-Bericht zu lesen. Allerdings wollten durchaus nicht alle Kumpel den Ministerpräsidenten hören: »Eine schlechte Beteiligung erfolgte durch die Kumpels des Abraums. Ein durch die Betriebsleitung zur Verfügung gestellter Omnibus, womit die Genannten zum Kundgebungsplatz gebracht werden sollten, kam leer zurück.«[23] Verschwiegen werden soll aber keineswegs, dass sich in mehreren Betrieben des Bezirkes die Belegschaften – freiwillig oder nicht – verpflichteten, Produktionsausfälle aufzuholen. Im VEB Deutzen, Kreis Borna, fuhren »anläßlich der schändlichen Provokationen« einige Belegschaftsmitglieder Sonderschichten, wobei sich die Brigade Schiensbeck besonders hervortat: Sie übererfüllte ihre Norm am 18. Juni um 290 Prozent. Einen anderen Weg beschritten die Beschäftigten des VEB Faria-Mügeln, Kreis Oschatz, und beschlossen »eine sogenannte Arbeiterwehr zu bilden, die zur Aufgabe hat, ihren Betrieb unversöhnlich vor Provokateuren und Agenten zu schützen«.[24]

Die Härte, mit der sich das SED-Regime an seinen Gegnern rächte, wurde nicht nur durch die folgenden Willkür-Urteile deutlich, sondern auch im Umgang mit den Erschossenen und deren Angehörigen:

»Im Reichsbahnausbesserungswerk Delitzsch herrschte bei allen Arbeitern große Betroffenheit. Einer der Ihren, der Schlosser Gerhard Dubielzig, ist einer der Toten in der Dübener Straße. Im Meisterbereich Fensterschlosser und auch an anderen Stellen im Werk wird nicht gearbeitet. Der Arbeitsplatz von Gerhard Dubielzig ist mit schwarzem Papier ausgelegt. Brennende Kerzen, ein Bild und Blumen sind aufgestellt. Eine Spendenliste für die Angehörigen liegt aus, in der sich viele eintragen, auch die Vorgesetzten aus der Verwaltung. Der Gewerkschaftsgruppenorganisator nimmt das gespendete Geld abends mit nach Hause. In der Nacht muß er es den Sicherheitskräften ausliefern. Erst nach Protesten der Arbeitskollegen wird es der Familie ausgehändigt.

Da an vielen Stellen des Betriebes aus Solidarität nicht gearbeitet wird, findet am Nachmittag eine Betriebsversammlung statt. Alle Betriebsangehörigen werden vom Werkdirektor barsch aufgefordert, die Arbeit wieder aufzunehmen. Ein sicherlich nicht zufällig anwesender sowjetischer Offizier droht Arbeitsverweigerern mit Erschießen.

Die Leiche von Gerhard Dubielzig wird noch am gleichen Abend des 17. Juni nach Leipzig überführt, ohne daß die Eltern ihren toten Sohn nochmals sehen können. Erst am 24. Juli 1953 findet im engsten Familienkreis die Urnenbeisetzung statt. Seinen Arbeitskollegen wird die Teilnahme nicht gestattet. Am gleichen Tag darf die Urne von Joachim Bauer, auch nur im engsten Familienkreis und unter strengen Sicherheitsmaßnahmen, auf dem Friedhof in Brodau beigesetzt werden. Die Eltern hatten am 17. Juni abends noch die Gelegenheit, im Krankenhaus ihren toten Sohn zu sehen.

Einer der beiden Verletzten liegt vier Wochen im Delitzscher Krankenhaus, ohne daß sich jemand von den Sicherheitsorganen um ihn kümmert. Er wird erst am 11. August verhaftet und danach verurteilt. Ein weiterer Verwundeter ist ein 14-jähriger Junge mit einem Schulterdurchschuß; ohne daß er vernommen wird, liegt er drei Wochen im Delitzscher Krankenhaus.«[25]

Die Bilanz des 17. und 18. Juni für den Bezirk Leipzig ist erschütternd. Sieben Demonstranten wurden von deutschen und sowjetischen Kräften erschossen, 60 erlitten zum Teil schwerste Schussverletzungen. Am 17. und 18. Juni gaben allein Volkspolizisten 3.200 Schüsse »auf die Provokateure und Angreifer« ab. Wie viele Schüsse aus den Waffen von Kasernierter Volkspolizei, Staatssicherheit und sowjetischen Einheiten fielen, ist nicht bekannt; es dürfte sich um ein Vielfaches handeln. Innerhalb von zwei Tagen kam es zu 480 Festnahmen, wobei bis in das Jahr 1954 hinein ständig weitere Verhaftungen wegen der Teilnahme am Volksaufstand vom 17. Juni erfolgten.

Bezirk Dresden

»Es muß insgesamt erwähnt werden, daß in sehr vielen Betrieben der Bau-Union [...] die Bauarbeiter sehr schnell zur Arbeitsniederlegung bewegt werden konnten, mit der Begründung, daß sie sich mit den Berliner Bauarbeitern solidarisch erklärten.«[1]

»Vor allem Jugendliche mit vollem Elan dabei«

Görlitz, die geteilte Stadt an der Neiße, steht in ganz besonderer Weise für den Volksaufstand des 17. Juni 1953. Es war die einzige Stadt, in der für kurze Zeit der Oberbürgermeister abgesetzt, die SED-Herrschaft im Rathaus beseitigt und durch ein »Stadtkomitee« ersetzt war. Es dauerte zwar nur wenige Stunden, bis das sowjetische Militär eingriff, doch nirgendwo sonst kam es in der DDR zu einem vergleichbaren Versuch, eine Selbstverwaltung zu installieren, die bestrebt war, den Aufstand in geordnete Bahnen zu lenken und Ausschreitungen und Plünderungen zu verhindern.

Dass es den Arbeitern von Görlitz überhaupt gelingen konnte, diesen so symbolträchtigen Akt zu vollziehen, grenzt beinahe an ein Wunder, denn die Volkspolizei im Bezirk Dresden und die sowjetischen Militärkommandanten waren schon frühzeitig alarmiert und darüber informiert worden, dass es an diesem 17. Juni zu Unruhen kommen könne.

Um vier Uhr nachts hatte der Dresdener Chef der Bezirksbehörde der Volkspolizei, Inspekteur Huhn, aus Berlin den Befehl erhalten, die Einsatzbereitschaft der Volkspolizei herzustellen, fünf Minuten später wurde die sowjetische Kommandantur über die bevorstehenden Unruhen informiert, und um 4.45 Uhr wurden die Volkspolizeikreisämter fernschriftlich in Alarmbereitschaft versetzt. Die BDVP-Abteilungsleiter beschlossen in ihrer morgendlichen Besprechung, zwei bewaffnete Einsatzzüge aufzustellen und an die Wacheinheit und den Hundeführerlehrgang Waffen auszugeben. Zusätzlich wurden die Kreisämter der Volkspolizei angewiesen, neben Einsatzzügen der Schutzpolizei Reservezüge mit Waffen und Polizeiknüppeln aufzustellen. Die Abschnittsbevollmächtigten hatten in ihren Abschnitten zu bleiben und Anzeichen von Streiks oder Demonstrationen zu melden. Weiter waren Hunderte von »Freiwilligen Helfern« zu mobilisieren. Gebäude der Partei und der FDJ sollten von SED- und FDJ-Kadern und -Mitglieder besonders gesichert werden. Aus Sicht der Polizeiführung war damit alles getan, um eventuelle Unruhen schnell in den Griff zu bekommen, zumal die sowjetischen Besatzungstruppen zur Niederschlagung ausufernder Protestaktionen bereitstanden.[2]

Noch während Einzelheiten des Vorgehens besprochen wurden, trafen ab 9.20 Uhr bei der Polizeiführung in Dresden die ersten Streikmeldungen aus Görlitz ein. Hier hatten kurz vor neun Uhr im Werk LOWA Görlitz I Betriebsversammlungen stattgefunden, die sich rasch zum Volksaufstand entwickelten. Vor allem junge Arbeiter bekannten ihre Solidarität mit den Berliner Bauarbeitern und stellten Forderungen, denen sich die Beschäftigten des LOWA-Werkes II anschlossen. Gemeinsam zogen sie zum VEB Maschinenbau, wo 2.000 von ihnen vor den Werkstoren demonstrierten und siebenhundert in den Hallen und Abteilungen die Maschinenbauer zur Teilnahme am Streik aufforderten. Nahezu die gesamte Belegschaft dieses VEB trat in den Ausstand, ein Drittel zog mit in die Innenstadt. Funktionäre der Betriebsparteiorganisation versuchten im Beisein des Görlitzer Oberbürgermeisters Ehrlich, die zurückgebliebenen Arbeiter zur Beendigung des Streiks zu bewegen, doch diese blieben trotz aller Bemühungen der Funktionäre hart und verließen nach und nach das Werk.

Der immer größer werdende Zug der Demonstranten erreichte um 10.15 Uhr die Betriebe KEMA und Fein-Optik, deren Belegschaften sich bis auf wenige Ausnahmen der Protestbewegung anschlossen, und Volkspolizei-Inspekteur Huhn kam nicht umhin zuzugeben, dass »besonders Jugendliche mit vollem Eifer« der Streikaufforderung nachkamen. SED-Kreisleitung und der Oberbürgermeister unternahmen einen letzten Versuch, den Demonstrationszug zum Leninplatz zu lenken, weil Ehrlich dort zu den aufgebrachten Menschen sprechen wollte. Dieses Vorhaben scheiterte kläglich, weil sich der Protest inzwischen zum Volksaufstand entwickelt hatte. Tausende Görlitzer stürmten zwischen 11.30 Uhr und 12.30 Uhr die SED-Kreisleitung, das Kreisgericht, HO-Läden, eine Grundschule, das Haus der Pioniere, die Räume der Gesellschaft für Deutsch-Sowjetische Freundschaft, des Demokratischen Frauenbundes und der Nationalen Front, das Rathaus, die Untersuchungshaftanstalt, die Arbeiter- und Bauernfakultät sowie den Bahnhof. Einrichtungen wurden demoliert, Bilder und Transparente heruntergerissen. Lediglich das Volkspolizeikreisamt blieb vom Zorn der Görlitzer verschont.

Dagegen entwickelten sich um die Dienststelle der Deutschen Grenzpolizei (DGP) heftige Auseinandersetzungen. Nach der Alarmierung war hier die bis dahin normal verlaufende Schulung erst um elf Uhr abgebrochen und eine »Rundumverteidigung« des Gebäudes befohlen worden. Die Grenzpolizisten sahen zu, wie das benachbarte Gebäude der Gesellschaft für Deutsch-Sowjetische Freundschaft besetzt wurde, beschränkten sich jedoch zunächst darauf, das eigene Haus mit allen verfügbaren Kräften zu sichern. Der Schutz der benachbarten Stasi-Kreisdienststelle wurde für nicht notwendig erachtet, da sie sich unmittelbar neben der sowjetischen Stadtkommandantur befand und die Führung der Grenzpolizei davon ausging, dass sowjetische Soldaten den Schutz des Stasi-Gebäudes übernehmen würden. Nachdem die Demonstranten die Grenzpolizisten vergeblich aufgefordert hatten, ihre Waffen niederzulegen, versuchten sie über den Garten der sowjetischen Kommandantur ins DGP-Gebäude einzudringen, was nun jedoch mit sowjetischer Unterstützung vereitelt wurde. Einige Arbeiter rissen ihre Jacken auf und riefen den Grenzpolizisten zu: »Schießt doch, ihr Feiglinge, wir sind ja auch nur Arbeiter«, andere schickten Kinder vor. Als die streikenden Arbeiter die Aussichtslosigkeit ihres Unterfangens erkannten, zogen sie sich zurück, jedoch mit der Ankündigung, am Nachmittag zurückzukehren. Die DGP-Führung nutzte die eingetretene Verschnaufpause, um eine Einsatzgruppe zur Sicherung der »Friedensbrücke« an die Grenze und eine weitere zur SED-Kreisleitung in Marsch zu setzen.[3]

Zu weiteren Zusammenstößen zwischen Aufständischen und

der Staatsmacht kam es vor dem Görlitzer Untersuchungsgefängnis. Nachdem sich gegen 9.45 Uhr bereits Hunderte Görlitzer vor der Kreisregistrierstelle der Kasernierten Volkspolizei im Rathaus eingefunden hatten, war kurze Zeit später die enge Straße vor der Untersuchungshaftanstalt ein einziges Menschenmeer. Freistunde und Sprechgenehmigungen wurden abgebrochen, sämtliche Häftlinge in ihre Zellen gesperrt. Die Demonstranten verlangten, die politischen Gefangenen freizulassen, und mit Hämmern und Äxten gelang es ihnen, drei Türen aufzubrechen. Wenig später strömte die Menge in das Zellenhaus. Eine Delegation von drei Arbeitern, in einigen Berichten ist von fünf die Rede, wurde beauftragt, mit dem Anstaltsleiter über die Freilassung der Häftlinge zu verhandeln, und dieser ließ sich, was ihm später angekreidet wurde, darauf ein. Der Leiter der Abteilung Strafvollzug der BDVP, Volkspolizei-Rat Wronski, meinte dazu in seinem Bericht vom 8. Juli: »Hierzu wurde vom Anstaltsleiter an VP-Mstr. Kunert der Befehl erteilt, die Tür zum Einlaß der Kommission zu öffnen. Diese blödsinnige Maßnahme war der Anlaß, daß die Randalierenden weiter eindrangen und in das Zellenhaus gelangten. [...] Unter dem Druck der Menge schloß der Anstaltsleiter die im III. Stock befindlichen Zellen sogar selbst auf. Erwähnenswert ist hierbei noch, daß der Anstaltsleiter vor dem Eindringen der Menge seine Pistole einem anderen Genossen zur Aufbewahrung gab. Außer VP-Mstr. Kunert schlossen sich die übrigen Genossen dieser Maßnahme an.«[4] Die Delegation erhielt sogar die Erlaubnis, die Gefangenenakten zu überprüfen, um festzulegen, wer von den 52 Häftlingen entlassen werden könnte. Auf das Prüfergebnis wollte die Masse der Demonstranten aber nicht warten. Sie brach die Gittertüren zu den Zellen auf und befreite sämtliche Gefangenen, bevor noch die Delegation mit der Überprüfung der Unterlagen beginnen konnte. Sie zwang den Anstaltsleiter, die Effekten der Häftlinge herauszugeben, und ließ sich nicht auf weitere Scheinverhandlungen ein. Um zwölf Uhr hatten die meisten Demonstranten die Haftanstalt wieder verlassen, das Gebäude war leer, auch das Personal war abgezogen und meldete sich erst vier Stunden später im Kreisamt der Volkspolizei.

»Kapitulantenstimmung« im Görlitzer Frauengefängnis

Nahezu parallel wandten sich etwa 2.500 Demonstranten der Frauen-Haftanstalt zu. Zunächst ging die Feuerwehr mit Rohren gegen die Menge vor, es fielen erste Warnschüsse. Die 34 weiblichen Aufseherinnen beziehungsweise Verwaltungskräfte hatten sich in das Zellengebäude zurückgezogen, die zehn männlichen Sicherungskräfte sollten das Eingangstor sichern, konnten aber wenig ausrichten. Auch hier bestand eine dreiköpfige Delegation darauf, die Gefangenenakten einzusehen, und wies ein Schreiben des Oberbürgermeisters mit der entsprechenden Erlaubnis vor. Gleichzeitig aber brachen Arbeiter die Türen zu Höfen und Gebäuden mit Brecheisen auf, und ein kurz vor der Entlassung stehender Hauptwachtmeister der Volkspolizei schleuste einen Teil von ihnen durch einen Hintereingang in das »Verwahrhaus«. Die Zellen wurden teils gewaltsam, teils mit erbeuteten Schlüsseln geöffnet, sämtliche Häftlinge innerhalb kurzer Zeit befreit. Unter dem Stammpersonal war längst Panik ausgebrochen: »Jeder der Funktionäre begab sich dorthin, wo er es für richtig hielt, die Wachtmeister handelten nach eigenem Ermessen, legten ihre Uniformen ab, zogen sich teils Gefangenen-, teils aus der Produktion stammende Kleidung an und verschwanden.«[5]

Erleichtert worden war die Befreiung der Gefangenen auch in diesem Fall durch das Verhalten der Anstaltsleitung. So hatte der Leiter seine Pistole eingeschlossen und seine Schulterstücke abgenommen, eine Wachtmeisterin beherbergte in den folgenden zwei Nächten sogar zwei befreite Strafgefangene in ihrer Wohnung. Einer zur Verstärkung beorderten Gruppe von sechzehn Volkspolizisten gelang es angesichts der Menschenmenge erst gar nicht, bis zur Haftanstalt vorzudringen. Ihr Lastwagen wurde umzingelt, den Polizisten blieb nichts anderes übrig, als paarweise abzusteigen und sich in ein Nebengebäude der Anstalt zurückzuziehen. Nach weiteren Verhandlungen setzten sie sich durch ein Hinterfenster ab. Über Stunden unternahm die Volkspolizei keinerlei Versuch, das Frauenzuchthaus zu räumen, die eigenen Kräfte hätten hierfür nicht ausgereicht. Dieses gelang erst, als gegen 15 Uhr eine Kompanie des Wachzuges aus Dresden und kurz darauf sowjetische Truppen eintrafen.

Die Kritik an der Anstaltsleitung und die entsprechenden Bestrafungen ließen nicht lange auf sich warten. In dem Bericht über den Inspekteureinsatz vom 23. Juni hieß es kurz und knapp: »Nach Ansicht der Inspekteurgruppe wäre das Objekt noch zu halten gewesen. Es ist wegen ausgesprochener Kapitulantenstimmung gefallen.«[6]

Mehrere Stunden war, wie bereits erwähnt, auch die Görlitzer Dienststelle der Staatssicherheit belagert. Als gegen elf Uhr die Görlitzer vor der Dienststelle erschienen, verbarrikadierten sich die Stasi-Angehörigen und gingen nicht auf die Forderung ein, die politischen Gefangenen zu entlassen. Die Demonstranten brachen ein Zellenfenster auf und befreiten einen Gefangenen, von dem sie hörten, es befänden sich noch weitere Häftlinge in dem Stasi-Gebäude. Sie erneuerten ihre Forderung, kletterten über einen Zaun und begannen, die Eingangstür einzudrücken. In diesem Moment wurden aus dem Inneren die ersten Schüsse auf sie abgegeben. Erwähnenswert ist, daß die Soldaten der sowjetischen Kommandantur in der Nachbarschaft des Gebäudes nicht einschritten, sondern sich vorerst darauf beschränkten, das Geschehen zu beobachten.

Über 2.000 Görlitzer hatten sich vor der Dienststelle eingefunden, in manchen Berichten ist sogar von 4.000 die Rede. Der Beteuerung des Dienststellenleiters, es befänden sich keine Gefangenen mehr in dem Gebäude, mochten weder die Demonstranten Glauben schenken noch der anwesende 1. Sekretär der SED-Kreisleitung. Nach einem Telefonat mit dem Leiter der Stasi-Bezirksverwaltung wurde einer zehnköpfigen Delegation erlaubt, das Gebäude zu inspizieren. Das Ergebnis: Es befanden sich dort tatsächlich keine weiteren Gefangenen. Ungeachtet dessen begann die Menge dennoch, das Gebäude zu stürmen. Die Türen wurden aufgebrochen, Einrichtungsgegenstände demoliert, Akten auf die Straße geworfen. Selbst jetzt griff die sowjetische Kommandantur nicht ein, es wurde lediglich ein Soldat mit Maschinenpistole vor dem Haus postiert. Erst als um 14 Uhr der Ausnahmezustand über den Bezirk und damit auch über Görlitz verhängt wurde, räumten sowjetische Soldaten gewaltsam die MfS-Dienststelle.

Den Oberbürgermeister abgesetzt

Der Aufstand der Görlitzer unterschied sich von den Protestaktionen in anderen Teilen der DDR beziehungsweise in Ost-Berlin vor allem dadurch, dass hier der Versuch unternommen wurde, eine Selbstverwaltung zu installieren. Angesichts der Machtverhältnisse und der Tatsache, dass die sowjetische Besatzungsmacht dieses nie dulden würde, war dieses Bemühen von vornherein zum Scheitern verurteilt. Umso bemerkenswerter und mutiger war es – und umso härter wurden die daran Beteiligten anschließend von der SED-Justiz bestraft. Nach der so genannten Mittagskundgebung auf dem Obermarkt im Herzen von Görlitz, an der sich etwa 30 000 bis 40 000 Menschen beteiligten, wurde um 13 Uhr im Hotel »Schwarzenberg« ein »Stadtkomitee« gebildet, für das sich sofort zwanzig Görlitzer aus allen sozialen Schichten zur Verfügung stellten – vom Arzt und Rechtsanwalt bis zum Rentner und Oberschüler. Erstes Ziel dieses Komitees war es, Ruhe und Ordnung in der Stadt zu gewährleisten und trotz des Aufstandes Ausschreitungen und Auswüchse zu verhindern. Als Instrument hierfür sollte eine unbewaffnete, mit Armbinden versehene »Arbeiterwehr« aufgestellt werden, die auch für circa zwei Stunden aktiv und in der Stadt unterwegs war, um gegen etwaige Plünderungen vorzugehen. Während Mitglieder des Komitees verschiedene Brennpunkte des Aufstandes in der Stadt aufsuchten, um dort vermittelnd tätig zu werden, wurde das Görlitzer Rathaus besetzt, ohne dass die Demonstranten auf irgendeinen Widerstand stießen, die Türen standen weit offen. Als Oberbürgermeister Ehrlich in das Rathaus zurückkehrte, wurde er vom Stadtkomitee für abgesetzt erklärt. Obwohl ab 15 Uhr der Ausnahmezustand über die Stadt verhängt war, ließen sich selbst jetzt Zigtausende von Görlitzern und Einwohnern aus dem Umland nicht davon abbringen, an einer Nachmittagskundgebung teilzunehmen. Auf dieser Kundgebung forderten – wie schon vormittags – mehrere Redner die deutsche Wiedervereinigung, den Abzug der sowjetischen Besatzungstruppen, die Beseitigung der Oder-Neiße-Grenze, das Abtreten der SED und Prozesse gegen die führenden Funktionäre der Staatspartei. Zudem – und dies unterschied die Görlitzer Kundgebung von anderen – sprachen Mitglieder des Stadtkomitees und gaben bekannt, die Betriebe hätten neue Stadtverordnete bestimmt, neuer Oberbürgermeister solle der Arzt Dr. Hütter werden.

Das Vorhaben, eine neue Stadtverwaltung zu bilden, musste scheitern, denn ab 16 Uhr rückten nicht nur eine vierhundert Mann starke Einheit der Kasernierten Volkspolizei aus Löbau, sondern insbesondere sowjetische Panzer der Garnison Dresden in die Stadt ein. Als Erstes räumte die Polizei das Rathaus, weil sich hier der Stadtfunk befand, der schnellstens ausgeschaltet werden sollte. Um 18 Uhr verstärkte die sowjetische Besatzungsmacht ihre militärische Präsenz und »säuberte« innerhalb kurzer Zeit besetzte Gebäude, Plätze und Straßen von den aufständischen Görlitzern. Oberbürgermeister Ehrlich war unterdessen unter dem Schutz sowjetischer Soldaten ins Rathaus zurückgekehrt, das Stadtkomitee hatte aufgehört zu existieren. Noch am Abend setzte eine Verhaftungswelle größten Ausmaßes ein, serienweise fällte die SED-Justiz in Schnellverfahren nun härteste Urteile gegen die Görlitzer, die für einige Stunden das Regime ins Wanken gebracht hatten.[7]

Angemerkt sei, dass es um den Einsatz der Kasernierten Volkspolizei erhebliche Kontroversen gegeben hatte. Der Chef der KVP Löbau hatte sich anfangs geweigert, nach Görlitz auszurücken, weil er keinen entsprechenden Befehl aus Berlin erhalten hatte. Erst nachdem Oberstleutnant Garaschtschenko von der Sowjetischen Kontrollkommission dem Löbauer Standortältesten unmissverständlich mitteilte, dass er auf Anordnung des Hohen Kommissars der UdSSR mit seinen Kräften nach Görlitz auszurücken habe, andernfalls die volle Verantwortung tragen müsse, setzte sich die Kasernierte Volkspolizei in Marsch.

»Ostelbische Junker« ins Spiel gebracht

Hatte der Aufstand in der Stadt Görlitz bereits am Morgen des 17. Juni begonnen, blieb es im Kreisgebiet bis in die Mittagsstunden weitgehend ruhig, wobei darauf hinzuweisen ist, dass zahlreiche Einwohner aus dem Umland nach Görlitz gefahren waren, um sich hier an den Demonstrationen zu beteiligen. Hauptsächlich Bauern protestierten gegen das SED-Regime und forderten zum Beispiel in Zodel die Rückkehr des ehemaligen Gutsherrn, was für die Volkspolizei Beweis genug dafür war, dass »die ostelbischen Junker ihre Hand im Spiel hatten«.[8] Weitere Schwerpunkte begrenzter Proteste waren die Orte Ludwigsdorf, später noch Schönau, Reichenbach und Bertsdorf. Zu Unruhen kam es zudem in den Grenzorten zu Polen wie Oberludwigsdorf, Deschka, Rothenburg und Bremenhain. In diesen Gemeinden wurde in erster Linie die Aufhebung der Oder-Neiße-Linie verlangt. Vereinzelt begannen die Menschen bereits damit, Grenzschilder und Grenzpfähle zu beseitigen. In Deschka beschlossen die Bauern, die Landwirtschaftliche Produktionsgenossenschaft aufzulösen, was jedoch letztlich verhindert wurde: Grenzpolizisten besetzten die Genossenschaft, lösten die Bauernversammlung auf und schritten – gemeinsam mit der Kasernierten Volkspolizei und sowjetischen Einheiten – auch in Reichenbach ein, als bekannt geworden war, dass Demonstranten das Rathaus und den Reichenbacher Sender stürmen wollten. Aus Furcht vor möglichen Übergriffen blieb der Sender auch nach dem 17. Juni für längere Zeit von der Deutschen Grenzpolizei besetzt.[9]

Dass es im Kreisgebiet Görlitz vergleichsweise friedlich blieb, dürfte nicht zuletzt darauf zurückzuführen sein, dass die Volkspolizei in Zusammenarbeit mit der Stasi und der Kasernierten Volkspolizei schon frühzeitig und prophylaktisch potenzielle »Provokateure« festgenommen hatte und im Laufe des 17. und 18. Juni auf Grund von Fotos, die »während der Umtriebe« von der Abteilung Kriminalpolizei gemacht wurden, der größte Teil der Demonstrierenden verhaftet wurde.

Niedersedlitz: »Wir marschieren«

Fast zur selben Zeit wie in der Stadt Görlitz begannen am 17. Juni die Unruhen auch in Dresden. Von 8.30 Uhr an hatte im Sachsenwerk Niedersedlitz der 1. Parteisekretär über den Betriebsfunk eine dreiviertelstündige Rede über Fragen der Normerhöhung gehalten, nach deren Ende sich innerhalb kürzester Zeit 2.000 Werksangehörige – und damit die Hälfte der gesamten Belegschaft – zu einer Protestkundgebung versammelten. Ihnen ging es nur am Rande um die Normen, vor allem bestanden die Sachsenwerk-Arbeiter auf einer offenen Aufklärung über die Ereignisse in Berlin. Diese hatten sich im Werk herumgesprochen, denn am Vortag hatten sich dreißig SED-Mitglieder der Betriebsparteischule in Berlin zum Besuch der Stalinallee aufgehalten und berichteten nun vom Streik der Berliner Bauarbeiter. Zunächst wollte der 2. Vorsitzende der Betriebsgewerkschaftsleitung die Arbeiter des Sachsenwerkes beruhigen, wurde aber ebenso ausgebuht wie der 1. Sekretär und dann der Werksleiter. Aus der Menge wurden die Forderungen nach einer neuen Regierung und nach freien Wahlen immer lauter. Der Werksleiter versuchte, die Situation zu retten, indem er vorschlug, einen Vertreter der Regierung im Werk sprechen zu lassen, doch auch dieses Bemühen schlug fehl. Die Arbeiter wollten nicht mehr zuhören, sondern handeln. Noch während ein Teil von ihnen auf dem Weg zurück in die Werkstätten war, hieß es plötzlich: »Wir marschieren«, und 1.000 Arbeiter setzten sich in Richtung der Abus-Werke in Bewegung. Otto Buchwitz, Mitglied des SED-Parteivorstandes, erschien im Werk, sprach zu den dort gebliebenen Werksangehörigen, konnte die SED-feindliche Stimmung aber nicht mehr beeinflussen.

Dem Demonstrationszug schlossen sich auf dem Weg in die Stadt die Beschäftigten der Betriebe Hutfabrik Niedersedlitz, Gardinenfabrik Dobritz, Kamerawerke Zeiss-Ikon und der Berufsschule Mügelner Straße an; gemeinsames Ziel war der Dresdener Theaterplatz, um dort eine Protestkundgebung durchzuführen. Aufs Höchste alarmiert, hielt die Polizei Rücksprache mit dem sowjetischen Kontrolloffizier, der daraufhin den Ausnahmezustand verhängte und ihn über den Stadtfunk verbreiten ließ. Ein Volkspolizei-Offizier erhielt zudem den Auftrag, dem Demonstrationszug entgegenzufahren und den anmarschierenden Arbeitern den Wortlaut des Befehls über den Ausnahmezustand zu verlesen. Doch obwohl der Offizier von sowjetischen Soldaten begleitet wurde, kam er nicht zu Wort, und die Demonstranten setzten ihren Weg in die Innenstadt fort. Schon zu diesem Zeitpunkt wollte die BDVP die Feuerwehr gegen die Demonstranten einsetzen, doch der sowjetische Kontrolloffizier und die SED-Bezirksleitung rieten noch ab. Zur geplanten Kundgebung am Theaterplatz sollte es dennoch nicht kommen.

Vier Züge der Bezirksbehörde der Volkspolizei, dazu Kräfte der Volkspolizei und der sowjetischen Kommandantur wollten den Zug aufhalten, kamen jedoch zu spät. 2.000 Demonstranten hatten den Straßenbahnverkehr zum Erliegen gebracht und sowohl Theater- wie auch Postplatz erreicht. Zwar gelang es den sowjetischen Soldaten, den Theaterplatz schnell – und ohne Schusswaffeneinsatz – zu räumen, doch auf dem Postplatz eskalierte der Aufruhr. Auf den Versuch, das Telegrafenamt zu besetzen, reagierte die Volkspolizei mit Warnschüssen, Kasernierte Volkspolizei und »Freunde« verhinderten zugleich die Erstürmung des HO-Kaufhauses. Die Zugangsstraßen zum Postplatz wurden hermetisch abgeriegelt, um einen weiteren Zustrom von Demonstranten zu unterbinden. Die starke militärische Präsenz hatte zur Folge, dass die meisten der Demonstranten aufgaben und sich zurückzogen, die übrigen wurden durch deutsche und sowjetische Kräfte vertrieben oder verhaftet. Um 19 Uhr hatten – für diesen Tag zumindest – auch die letzten Arbeiter resigniert. In der Nacht zum 18. Juni setzte eine Verhaftungswelle ein, in deren Verlauf allein in Dresden zweihundert Menschen festgenommen wurden.

Sturm auf die Stasi-Zentrale

Für die SED bedrohliche Ausmaße nahmen die Protestaktionen der Arbeiter in der Kreisstadt Niesky an. Schon um zehn Uhr hatte sich unter den Werksangehörigen der LOWA Niesky »eine gewisse Unruhe bemerkbar gemacht, die vorerst in kleineren Gruppen über die Maßnahmen der Regierung und über die Normen diskutierten«. Beschwichtigungsversuche der Werksleitung und des 1. Sekretärs der Betriebsparteiorganisation blieben erfolglos. Um 11.30 Uhr befand sich das gesamte Werk im Ausstand, die Beschäftigten versammelten sich zum Protest auf der Schiebebühne des Betriebes, wo unter anderem ein Leipziger Röntgeningenieur die Arbeiter mit der Frage: »In Berlin wird bereits marschiert, warum in Niesky noch nicht?« zum Verlassen des Werkes bewegen wollte. Doch erst am Nachmittag hatte der Zorn der LOWA-Beschäftigten ein Ausmaß erreicht, das dazu führte, dass sie sich zu einem Demonstrationszug zusammenschlossen und in Richtung SED-Kreisleitung, Stasi-Dienststelle und Volkspolizeikreisamt marschierten. Ohne auf großen Widerstand zu stoßen, wurde das SED-Gebäude gestürmt. Als sich das Gerücht verbreitete, in der Stasi-Kreisleitung würden Gefangene festgehalten, wurden Volkspolizisten, die die Dienststelle sichern sollten, mit Steinen beworfen und konnten dem Ansturm nicht standhalten. Akten und Büromaterial flogen auf die Straße. Häftlinge wurden nicht gefunden, dennoch unternahmen einige der wütenden Arbeiter den Versuch, das Gebäude in Brand zu setzen. Die Situation schien außer Kontrolle zu geraten, denn es traf ein zusätzliches Einsatzkommando der Volkspolizei ein, dessen Leiter mit dem Einsatz von Schusswaffen drohte, worauf die Demonstranten riefen: »Ihr Schweine wollt auf die Arbeiter schießen!« Als die ersten Warnschüsse fielen, zogen sich die Demonstranten zwar für einen Moment zurück, griffen dann aber erneut an. Steine und Bierflaschen flogen, drei Volkspolizisten verloren den Anschluss an ihre Gruppe, wurden umringt und entwaffnet.

Angesichts der zahlenmäßigen Überlegenheit der Demonstranten zogen sich die Volkspolizisten zu ihrer Dienststelle zurück. Als auch dieses Gebäude gestürmt werden sollte, rückte ein Kommando der Grenzpolizei an, das sofort Warnschüsse aus Maschinenpistolen abfeuerte. In Niesky entwickelte sich jetzt ein nahezu bürgerkriegsähnlicher Zustand: Anderthalb Stunden dauerte es, bis die Menge den Versuch aufgab, das Polizeigebäude zu besetzen. Ein Teil zog weiter zum Rat des Kreises, ein anderer erneut zum Stasi-Gebäude. Zehn Grenzpolizisten, die die Dienststelle sichern sollten, wurden zurückgedrängt, um 18 Uhr war die Dienststelle in der Hand der Demonstranten. Die Stasi-Mitarbeiter, die noch ausgeharrt hatten, wurden entwaffnet, vier von ihnen in einen Hundezwinger gesperrt, mit Steinen beworfen und verhöhnt. Die SED setzte angesichts dieser Lage nicht mehr auf die Volkspolizei, sondern ausschließlich auf die Grenzpolizei. Fünfzig aus Bautzen beorderte Grenzpolizisten räumten innerhalb von anderthalb Stunden und unter Einsatz von Knüppeln und der Abgabe von Warnschüssen die Stasi-Dienststelle, begannen die Demonstranten von den Straßen zu vertreiben. Unterstützt wurden sie von weiteren fünfzig Bautzener »Genossen«, die gegen 21 Uhr in Niesky eintrafen.

Wenn auch die Ereignisse des 17. Juni in Görlitz, Dresden und Niesky im Mittelpunkt des Volksaufstandes in Sachsen standen, kochte es doch auch in vielen anderen Städten und Betrieben des Bezirks. Insgesamt beteiligten sich am 17. Juni im Bezirk – nach BDVP-Angaben – 22 562 Arbeiter an Streiks, 43 200 Menschen gingen zu Protestzügen auf die Straße.[10]

Auf Grund der für die Partei und Staatsmacht unerwarteten Heftigkeit des Volksaufstandes wurden in der Nacht zum 18. Juni die Sicherungsmaßnahmen im gesamten Bezirk erheblich verstärkt. Alle wichtigen Gebäude wurden durch Volkspolizisten und sowjetische Soldaten besetzt, dazu sämtliche Verkehrsknotenpunkte, Brücken und Bahnanlagen. Um 4.30 Uhr wurde ein Sperrgürtel mit drei Kontrollpunkten um die Stadt Dresden gelegt, um ein Einströmen von Demonstranten aus dem Umland zu verhindern. Sowjetische Kräfte übernahmen die Aufgabe, die Betriebe abzuriegeln, in denen es am Vortag zu Streiks und Unruhen gekommen war. Gleichzeitig verstärkte man die Fahndung nach entwichenen Häftlingen und bildete, wie der Dresdener Polizei-Chef berichtete, Vernehmungsgruppen, »um dem hohen Anteil der zugeführten Personen gerecht zu werden«.

Noch ließen sich die Arbeiter im Bezirk auch durch verschärfte Maßnahmen nicht von weiteren Protesten gegen die Regierung abhalten. Sowohl im Sachsenwerk Niedersedlitz wie auch im Trafo- und Röntgenwerk kam es auch am Morgen des 18. Juni zu Arbeitsniederlegungen.[11] Nunmehr allerdings griffen sowjetische Einheiten unmittelbar ein, wie etwa im Trafowerk, als sich dort Jugendliche weigerten, das Werktor freizugeben. Sie wurden mit Warnschüssen von sowjetischen Soldaten vertrieben. Im Stadtinneren, auf dem Postplatz, wollten die Menschen am Abend zu einer weiteren Protestkundgebung zusammenkommen. Auch hier zeigte die sowjetische Besatzungsmacht keinerlei Nachsicht. Nach der Aufforderung, den Platz zu räumen, gab sie scharfe Schüsse ab. Drei Demonstranten erlitten Verletzungen, die übrigen verließen panikartig den gefährlichen Ort.

Zu einem neuen Schwerpunkt des Protestes entwickelte sich an diesem Tag der Kreis Riesa. Im Stahlwerk Gröditz legten achthundert Beschäftigte die Arbeit nieder, vierhundert von ihnen marschierten zum Zellstoffwerk Gröditz, wo sich 150 Belegschaftsmitglieder dem Demonstrationszug anschlossen und dann gemeinsam ins Stahlwerk zurückzogen. Unter der Androhung sowjetischer Einheiten, scharf zu schießen, kehrten die meisten an ihren Arbeitsplatz zurück. Protestversammlungen wurden ebenso aus dem Stahlwerk Riesa gemeldet. Hier blieben die Arbeiter jedoch auf dem Werksgelände – nicht freiwillig, sondern weil sowjetische Einheiten sie am Verlassen hinderten. Welche Bedeutung die SED gerade den beiden Stahlwerken beimaß, wird erkenntlich aus der Tatsache, dass Minister Fritz Selbmann am 18. Juni sowohl in Gröditz als auch in Riesa zu den Arbeitern sprach und sie – nicht zuletzt durch Drohungen – veranlasste, die Streiks aufzugeben.

Der 18. Juni unterschied sich in vielerlei Hinsicht vom Vortag. Die Zahl der Streikenden nahm sogar noch zu, die der Demonstranten außerhalb der Werkstore dagegen ab. Dies bedeutet: Der Protest war keineswegs erloschen. Wenn er nicht auf die Straßen getragen wurde, dann einzig und allein, weil wichtige Großbetriebe von Volkspolizei, Kasernierter Volkspolizei und sowjetischen Einheiten besetzt oder doch abgesperrt waren und Protestversammlungen wie in Görlitz und Niesky »durch das Eingreifen der Freunde« und der Kasernierten Volkspolizei aus Krietzschen und Löbau sofort aufgelöst wurden. Widerstand gab es innerhalb des Bezirks Dresden in zahlreichen Betrieben: »In den übrigen Kreisen des Bezirkes wurde in verschiedenen kleineren Betrieben der Versuch unternommen, Streikleitungen zu bilden bzw. die Arbeit niederzulegen – durch das sofortige Einschreiten der operativen Kräfte (Freunde, KVP und VP) kam es in keinem Betrieb zu abgeschlossenen Arbeitsniederlegungen, lediglich in kleineren Abteilungen einzelner Betriebe wurde verschiedentlich vorübergehend die Arbeit unterbrochen. Es muß insgesamt erwähnt werden, daß in sehr vielen Betrieben die Bau-Union, die mit Investitionsmaßnahmen beschäftigt ist, der Ausgangspunkt der Arbeitsniederlegungen war bzw. die Bauarbeiter sehr schnell zur Arbeitsniederlegung bewegt werden konnten, mit der Begründung, daß sie sich mit den Berliner Bauarbeitern solidarisch erklärten.«

Die sowjetische Besatzungsmacht und die DDR-Staatsmacht hatten die Kontrolle über den Bezirk zwar auf den Straßen weitgehend zurückgewonnen. In den Betrieben hatten die Arbeiter dagegen noch längst nicht aufgegeben.[12] Insgesamt beteiligten sich am 18. Juni im Bezirk Dresden – nach Zählung der Volkspolizei – 27 415 Beschäftigte an Arbeitsniederlegungen, auch wenn diese in den meisten Fällen nur wenige Stunden andauerten, bevor sowjetische Soldaten oder Kasernierte Volkspolizei zuschlugen. Die Zahl der Demonstranten außerhalb der Werkstore war dagegen drastisch zurückgegangen: Sie betrug im gesamten Bezirksgebiet nur noch 1.850.

In der Nacht zum 19. Juni kam es noch einmal zu einer kurzen Protestversammlung im Zellstoffwerk Gröditz, auf der die Arbeiter ihre Forderungen nach Neuwahlen bekräftigten, tagsüber streikten dreihundert Arbeiter der Bau-Union in Dresden sowie Beschäftigte des Phänomen-Werkes in Zittau, und am 20. Juni legten die Beschäftigten im Fortschritt-Werk Neustadt, Kreis Sebnitz, die Arbeit für kurze Zeit nieder. Die Streikbewegung im Bezirk Dresden hatte ihr Ende gefunden, auch wenn von einer allgemeinen Beruhigung der Lage noch keine Rede sein konnte. So führten Gerüchte über einen bevorstehenden Streik der Reichsbahner in der Nacht zum 22. Juni zur Besetzung aller wichtigen Objekte der Bahn durch die Kasernierte Volkspolizei und die Transportpolizei. Am 25. Juni 1953 wurde der Ausnahmezustand in den größten Teilen des Bezirkes aufgehoben, nicht aber in den Kreisen Dresden und Görlitz.

Bezirk Gera

»Trotz der überaus zahlreichen Beweise der Treue und Verbundenheit zur Regierung und zur Partei wird jetzt bei einem Teil der Bevölkerung im ganzen Bezirk eine abwartende und sogar ablehnende Haltung eingenommen. Eine gesellschaftliche Arbeit wird von den Einheimischen nicht mehr geleistet.«[1]

»Will man uns verhungern lassen?«

Ähnlich wie in den übrigen Regionen der DDR zeichnete die Volkspolizei in ihren Analysen für den Chef der Volkspolizei, Generalinspekteur Kurt Maron, ein relativ wahrheitsgetreues Bild über die Stimmung in der Bevölkerung, die dann letztlich zu massiven Unruhen und Protesten im Bezirk Gera führte. Bemerkenswert ist dabei auch in diesem Fall, dass die Volkspolizei in ihren ersten Analysen keinesfalls von einem faschistischen Putschversuch sprach, sondern die Ursachen für den Unmut unter den Menschen ausschließlich als »hausgemacht« bezeichnete.

Vor dem Kommuniqué der Partei, in dem zahlreiche Restriktionen in der Versorgung der Bevölkerung zurückgenommen wurden, sei die überwiegende Meinung gewesen: »Marmelade und Kunsthonig essen diejenigen, die am wenigsten verdienen, also trifft es die Ärmsten.«[2] Heftige Diskussionen habe es wegen der mangelhaften Brennstoffversorgung gegeben, zudem hätten sich »zum Teil ernste Situationen [gezeigt, d. Aut.], da die Gesundheit von Kleinkindern gefährdet war«. Und weiter: »Bei Werktätigen, die nicht in größeren Betrieben arbeiten, stand vor allem die Versorgungsfrage, Margarine, Butter, Brennstoff. Diskussionen, daß in der Regierung Saboteure sitzen, Mißtrauenserscheinungen gegenüber unserer Presse. In der Landwirtschaft starke Depressionen bei Einzelbauern, vor allem in den Fragen Ablieferungsschulden, ungenügende Hilfen durch die MTS und Unverständnis des Staatsapparates bei Auftreten von objektiven Schwierigkeiten, wie Futtermittelknappheit, tragendes Vieh, Wetterschäden und durch Schwierigkeiten entstandene Steuerschulden.

Dabei ist zu beachten, daß sich in einer Reihe von Kreisen, wo die Festnahmen im Mai erst begannen, diese sich noch nicht so stark auf die Republikflucht ausgewirkt haben. Besonders [in, d. Aut.] Kategorien, denen die Lebensmittelkarten entzogen wurden, entstanden starke Unzufriedenheiten. [...] Im Vordergrund stand dabei die Frage der Lebensmittelkarten. ›Die Lebensmittelkarte hat man uns entzogen, in der HO bekommen wir nichts zu kaufen, will man uns verhungern lassen?‹ Durch diese Maßnahme haben wir mit einem Schlag die Masse des Kleinbürgertums in breite Front gegen den Staat gebracht. [...] In den bürgerlichen Kreisen (kapitalistischen) Großhandel, Unternehmen herrschte Furcht. Das macht sich in der steigenden Republikflucht bemerkbar, in der Aufgabe ihrer Unternehmen und Geschäfte.

Intelligenz: Dort stand vor allem die Frage der Rechtssicherheit (Jena), Frage der Interzonenpässe, Unstimmigkeiten wegen falschem Umgang mit der Intelligenz von seiten des Staatsapparates, was sich ebenfalls in der verstärkten Republikflucht ausdrückte. [...]

Situation vom Kommuniqué der Partei bis zum 17.6.1953: [...] Eine Reihe von Kleinbauern und fortgeschrittenen Bauern verstand jedoch die Rückgabe der Betriebe an Großbauern nicht. Schwankungen in den LPGs. [...] Seit den Ereignissen des 17. 6. 1953 bis jetzt [29. Juni 1953, d. Aut.] sind ca. 450 Austritte und 12 Auflösungen von rund 250 LPGs zu verzeichnen.

Im Kleinbürgertum wurde die Rückgabe der Lebensmittelkarten und Rückgabe von Eigentum an die Geflüchteten zwar begrüßt, aber als ein Zeichen der Schwäche und der Krise der Regierung hingestellt. Im Kleinbürgertum begannen sofort wilde Gerüchte über unseren Ministerpräsidenten, über Walter Ulbricht usw. In der Partei Verwirrungserscheinungen; zwar Begrüßung dieser Maßnahmen, jedoch äußerste Unklarheiten auf Grund der fehlenden Argumentation.«

In der Nacht zum 17. Juni ging die Führung der Volkspolizei anscheinend davon aus, dass die aus Berlin gemeldeten Unruhen nicht auf den Bezirk übergreifen würden. Vielmehr traf um 4.30 Uhr ein Befehl von Volkspolizei-Chefinspekteur Grünstein ein, nach dem zwar alle Volkspolizisten auf den Dienststellen zusammengezogen werden sollten, allerdings vorrangig, um zu verhindern, dass Delegationen von Arbeitern sich den Berliner Demonstranten anschlössen. Entsprechend wurden die Volkspolizeikreisämter zwischen 4.50 und 5.10 Uhr alarmiert und erhielten die Anweisung, Bahnhöfe zu besetzen und alle Personen, die Fahrkarten nach Berlin kauften, festzunehmen.[3] Wie nahezu überall in der DDR schätzte damit auch die Volkspolizei in Gera die tatsächliche Situation völlig falsch ein, denn in der Saalfelder Maxhütte forderten schon um sechs Uhr Bauarbeiter Aufklärung über das Geschehen in Berlin, von dem sie bisher nur gerüchteweise gehört hatten. Gegen zehn Uhr war die Stimmung bereits derart aufgeheizt, dass circa achthundert Bauarbeiter versuchten, in das Verwaltungsgebäude einzudringen, von der Volkspolizei jedoch daran gehindert wurden. Zu einem Zwischenfall kam es, als Gefangene, die auf einem Schrottplatz in Saalfeld eingesetzt waren, ins Haftarbeitslager Maxhütte zurückgebracht werden sollten. Während der Fahrt geriet der Transport in einen Demonstrationszug. Spontan versuchten die Protestierenden, die Gefangenen zu befreien, doch der Leiter des Bewachungspersonals brachte seinen Karabiner in Anschlag und drohte damit, bevor nur ein Häftling befreit sei, habe er fünf Demonstranten erschossen. Nach dieser Drohung verlief der Rücktransport ohne weitere Zwischenfälle.

Mittlerweile formierte sich der Protest der Menschen gegen das SED-Regime auch in Jena. Zu ersten Unruhen kam es ab 8.30 Uhr im Nebenbetrieb Zeiss-Süd, als Arbeiter damit begannen, SED-Parolen und Bilder sozialistischer Persönlichkeiten von den Wänden zu entfernen. Es gelang den Zeiss-Arbeitern, erst zum Nachbarbetrieb Gewosei (Geraer Woll- und Seidenweberei) und dann weiter zum Zeiss-Hauptwerk zu marschieren, wo um 8.45 Uhr die Arbeit niedergelegt wurde. Gemeinsam marschierten die Demonstranten ab 9.30 Uhr in Richtung Holzmarkt. In ihrer Analyse räumte die Volkspolizei ein, sie sei von dieser Massendemonstration, an der sich inzwischen über 20 000 Menschen be-

MAX KNUPE

Fotos vom Volksaufstand in Jena, die ein Student am 17. Juni heimlich aufgenommen hatte. Sie beweisen, dass auch hier der Aufstand von der großen Mehrheit der Menschen getragen wurde, bevor sowjetische Panzer ihn niederschlugen. Die Aufnahmen gelangten im Jahr nach dem 17. Juni in die Hände der Staatssicherheit, die von ihnen Vergrößerungen machen ließ, um weitere »Provokateure« zu identifizieren und festzunehmen:
»Hiesige Dienststelle ist der Ansicht, wenn diese Bilder sowie der Film scharf entwickelt werden, daß noch mancher Provokateur zu erkennen ist, der heute noch frei herumläuft und am 17.6.1954 negativ in Erscheinung treten kann.«[1]
[BStU, MfS/BV Gera, AS 20/74, Bd. 1, StfS, KV Saalfeld, Schreiben an das StfS, BV Gera vom 11. Juni 1954]

teiligten, »völlig überrumpelt« worden. Besetzt und verwüstet wurden unter anderem die Gebäude der Gesellschaft für Deutsch-Sowjetische Freundschaft, der Stasi, des Rates des Kreises und der SED-Kreisleitung. Obwohl die Volkspolizei mehrere Züge der Wacheinheit mit Karabinern und Gummiknüppeln in Marsch setzte, konnte sie in Jena zunächst wenig ausrichten.

Ebenso richtete sich der Volkszorn gegen Einrichtungen der Nationalen Front. Die Kreissekretariate Jena-Stadt und Jena-Land wurden aufgebrochen, Propagandamaterial auf die Straße geworfen. Für die Nationale Front bedeutete die Vernichtung der Unterlagen einen herben Rückschlag bei der Vorbereitung zur Wahl der »Hausgemeinschaften«, die flächendeckend in der gesamten DDR installiert werden sollten und für deren Bildung in den Tagen des Juni-Aufstandes die sowjetischen Militärkommandanten sogar den Ausnahmezustand gelockert hatten. Kreissekretär Schuhmann formulierte einen flammenden Appell:

»Wir müssen diejenigen sein, die die Patrioten in unserem Stadtgebiet in ihrem Bewußtsein klar ihre Aufgaben erkennen lassen. Deswegen muß unsere Losung sein: ›Erfüllt kühner denn je die Aufgaben der Nationalen Front!‹ [...] Durch die Tumulte am 17. Juni sind uns sämtliche Unterlagen vernichtet worden. Wir fordern unsere Wohnbezirke auf, uns sofort die Unterlagen für die Haus- und Hofgemeinschaften zu geben. Unterstützen Sie uns bitte in dieser großen Aufgabe und bekennen wir uns mehr denn je als Patrioten in dem großen Befreiungskampf für unser Vaterland.«[4]

Haftanstalt im Sturm genommen

Einen Befreiungskampf, wenn auch in anderem Sinn, führten Tausende von Demonstranten, die am 17. Juni gegen zehn Uhr das lediglich mit drei Männern und zwei Frauen als Wachpersonal besetzte Untersuchungsgefängnis in Jena belagerten. Unterstützung erhielten sie durch 2.000 Wismut-Kumpel, die mit vierzig Kippern und anderen Fahrzeugen in die Innenstadt transportiert wurden. Schnell kam es zu ersten gewaltsamen Auseinandersetzungen: Ein Mannschaftstransportwagen der Volkspolizei wurde umgestürzt, die Besatzung verprügelt. Unvorbereitet, wie sie war, gelang es der Volkspolizei nicht, die Haftanstalt zu halten, zumal eine Volkspolizistin, die in der Haftanstalt Dienst tat, den Demonstranten den Weg zeigte. Dass der Sturm auf die Haftanstalt, bei dem 49 Häftlinge befreit wurden, überhaupt gelang, ist umso erstaunlicher, als sich dem Gebäude direkt gegenüber ein sowjetisches Lazarett befand, das von Soldaten und Offizieren bewacht wurde. Im Verlauf der Erstürmung erlitten vier Volkspolizisten Verletzungen und sollten im Kreiskrankenhaus versorgt werden, doch die Ärzte protestierten auf ihre Weise: »Hierbei ist besonders zu bemerken, daß die Ärzte des Kreiskrankenhauses die Behandlung der VP-Angehörigen ablehnten. Die Schwerverletzten wurden daraufhin auf Anweisung des sowj. Kommandanten in das sowj. Hospital zur Behandlung übernommen.«[5]

Ab Mittag setzte die sowjetische Besatzungsmacht auf die gewaltsame Niederschlagung der Demonstrationen und fuhr mit Panzern in der Innenstadt auf. Noch ließen sich die Jenaer nicht einschüchtern. Sie schoben Straßenbahnwagen als Barrikaden vor die Panzer, deren Besatzungen daraufhin Warnschüsse abgaben. Anschließend drangen die sowjetischen Soldaten in die besetzte SED-Kreisleitung ein und verhafteten wahllos mehrere Menschen, darunter Alfred Diener, der am 18. Juni in Weimar standrechtlich erschossen wurde. Andere wurden in geheimen Schnellverfahren zu fünfzehn bis fünfundzwanzig Jahren Arbeitslager in der Sowjetunion verurteilt.[6]

In der Sprache der Volkspolizei war natürlich nicht vom Mut der Demonstranten die Rede. Die »Randalisten« hätten sich äußerst dummdreist gegenüber den sowjetischen Einheiten verhalten, Panzer bestiegen und den Soldaten zugerufen: »Gegen Euch haben wir nichts, Ihr seid unsere Freunde!« Weiter hätten sie versucht, Gegenstände in die Kanonenrohre zu stecken, sich in geschlossener Linie vor die Panzer gestellt und die Soldaten mit allen Mitteln am Weiterfahren gehindert. »Gegenüber Gera, wo wir es faktisch, was Feindseligkeiten betrifft, nur mit einigen Wismut-Radau-Brüdern aus Katzendorf zu tun hatten und einer Schar Halbwüchsiger, stand in Jena eine große Zahl ernsthafter Feinde auf dem Plan. Das zeigt, daß der Gegner in Jena sehr stark Fuß gefaßt hat und besonders stark in Zeiss sitzt. Das beweisen auch die später durchgeführten Parteiversammlungen, die in einer sehr seltsamen Atmosphäre verlaufen sind. Die Volkspolizei in Jena hat die Situation nicht beherrscht. Es war keine straffe Organisation vorhanden.«[7]

In Gera formierte sich der Protest gegen das Regime ab acht Uhr mit einer Belegschaftsversammlung im VEB Roto-Record. Eines der ersten Ziele der Protestler war die Arbeiter- und Bauern-Fakultät (ABF), die verwüstet wurde, woran sich auch fünfzig bis sechzig Schüler beteiligten. Insgesamt demonstrierten in den Mittagsstunden circa 20 000 Menschen auf den Straßen Geras. Wie in vielen anderen Orten der DDR war auch in Gera die Haftanstalt Ziel der Volkswut. Gegen 12.30 Uhr drangen Demonstranten in das Geraer Untersuchungsgefängnis in der Amthor-Straße ein, während gleichzeitig der Versuch, die SED-Kreisleitung zu besetzen, fehlschlug. Anders als in Jena konnten die mit Maschinenpistolen bewaffnete Volkspolizei und Kasernierte Volkspolizei in Gera die Erstürmung der meisten Angriffsziele der Demonstranten verhindern. So versuchten gegen 17 Uhr Wismut-Arbeiter, die Hauptpost zu besetzen, hatten bereits die Fensterscheiben eingeschlagen, wurden dann aber von der Volkspolizei zurückgeworfen. Die Unruhen in Gera schienen relativ früh beendet zu sein, doch am Nachmittag rückten Wismut-Kumpel an, kippten einen Mannschaftswagen der Kasernierten Volkspolizei um und nahmen der Besatzung zum Teil die Waffen ab. »Unklare Befehlsgebung in dieser Situation durch den Kommandoleiter führte zu einer bestimmten Verwirrung«, hieß es später in der Analyse der Volkspolizei, doch auch in Gera konnte sich das Regime auf die sowjetischen Truppen verlassen. In der Amthor-Straße fuhren sie mit drei Panzern auf, räumten die Straßenzüge um die Haftanstalt und verhafteten ein große Zahl von Demonstranten. Als am Abend Wismut-Arbeiter erneut versuchten, eine Demonstration, dieses Mal auf dem Platz der Republik, zu organisieren, wurde die Menschenmenge auch hier durch sowjetischen Panzereinsatz schnell zerstreut. Zwischenzeitlich hatte die Volkspolizei die Stadtzugänge gesperrt sowie das Elektrizitätswerk besetzt, weil es hier Streikdrohungen gegeben hatte. Angesichts des massiven sowjetischen Aufmarsches konnte die Volkspolizei melden, ab 20 Uhr habe »vollkommene Ruhe« geherrscht.

Vor dem Jutewerk in Weida kam es morgens um acht Uhr zu einer ersten Demonstration, in deren Mittelpunkt die Forderung stand: »Der Spitzbart muß weg«. Gegen Mittag versammelten sich rund 1.500 Personen vor dem Rathaus, in sämtlichen Betrieben der Stadt wurde mittlerweile gestreikt. Mehrfach versuchten die Streikenden, das Gebäude der Volkspolizei zu besetzen, wurden jedoch immer wieder zurückgedrängt, zumal die Geraer Bezirksbehörde inzwischen drei Züge Volkspolizisten nach Weida geschickt hatte, die rücksichtslos von der Waffe Gebrauch machten. Nach der Sicherung der Dienststelle begannen die Volkspolizisten mit der Räumung der umliegenden Straße und eröffneten das Feuer auf die Arbeiter, die ihren Anordnungen nicht umgehend folgten. Insgesamt gaben die Volkspolizisten über dreihundert Schüsse ab. Gemeinsam mit sowjetischen Soldaten zerstreuten sie sofort jede sich neu bildende Menschenansammlung durch Warnschüsse und den Einsatz von Bajonetten. Zu beklagen war ein von deutschen Volkspolizisten erschossener Demonstrant:

»Als Provokateure die Anweisungen nicht beachteten, wurde Feuer gegeben. Es gab zwei Verwundete, wovon einer verstarb. Zwei Mann blieben vor Schreck gleich liegen. Die Radaubrüder und faschistischen Banditen gaben in Weida jedoch noch keine Ruhe, so daß mehrfach dann in Verbindung mit sowjetischen Soldaten die Stadt durchkämmt werden mußte. Randalisten wurden auf den LKW geladen und mitgenommen. Mit Gummiknüppeln und Bajonett wurden Halbstarke zur Ordnung gerufen.«[8] Menschenverachtender konnte der Tod eines Demonstranten kaum beschrieben werden.

Im Bezirk Gera wurde darüber hinaus am 17. Juni in zahlreichen Orten gestreikt und demonstriert:

Greiz: Arbeiter versammelten sich ab acht Uhr im VEB Textilveredlungswerk III, forderten die Senkung von Normen und Preisen und den Sturz der Regierung. Gegen Mittag setzten sie sich mit etwa vierzig Fahrzeugen in Richtung Wismut in Bewegung, um die dortigen Demonstranten zu unterstützen. Außerdem trat im VEB Lehrkombinat Textilia eine Klasse geschlossen aus der FDJ aus.

Rudolstadt: Proteste gab es am Vormittag im VEB Werk in Königsee und bei der Bau-Union, Baustelle Kunstfaserwerk »Wilhelm Pieck«, Schwarza.

Eisenberg: Im VEB Schamottewerk wurde gegen zehn Uhr eine Streikleitung gebildet. Um 11.30 Uhr wurden Proteste aus der

Furniererei des VEB Möbel und aus den Etuiwerken Eisenberg gemeldet, um 14 Uhr die Forderung nach einer Belegschaftsversammlung im Stahlwerk Silbitz, ab 15 Uhr ruhte die Arbeit im Stahlwerk. Pumpstation, Telefonzentrale und Parteileitung waren durch Streikposten besetzt. Den geplanten Marsch der Silbitz-Stahlwerker vom Werksgelände verhinderten zwei Züge der Volkspolizei. Dagegen gelang es den Arbeitern vom Schamottewerk I zum Werk II zu marschieren und von dort aus zum VEB Sanar, dessen Arbeiter sich dem Zug anschlossen. Durch den massiven Einsatz von Volkspolizei und sowjetischen Truppen wurden die Aufzüge schnell zerstreut.

Stadtroda: Zweihundert Personen versuchten gegen 14 Uhr in den VEB Möbelfabrik Stadtroda einzudringen. Gestürmt wurde das FDGB-Ferienheim Neumühle.

Kahla: Gegen 14 Uhr drangen Arbeiter der Hescho Kahla gemeinsam mit Zeiss-Arbeitern in das Rathaus ein und griffen gleichzeitig das Volkspolizei-Revier an. Der sowjetische Kommandant setzte unverzüglich Truppen ein, die die Demonstrationen auflösten. Der Versuch, die Stasi-Dienststelle zu besetzen, scheiterte. Der Volkspolizei wurde Schießbefehl erteilt, zusätzlich fuhren auch hier sowjetische Panzer auf.

Camburg: Rund 1.000 Menschen demonstrierten um 17.20 Uhr vor dem Volkspolizei-Revier.

Pößneck: Hier kam es am 18. Juni zu Protestaktionen gegen die DDR-Regierung. Gegen 5.30 Uhr legten 120 Arbeiter im VEB Pressformenbau Triptis die Arbeit nieder und bildeten ein Streikkomitee. Zweihundert Arbeitern gelang es, in Richtung Neustadt zu marschieren.

Streikwelle trotz Ausnahmezustand

In den Darstellungen der Ereignisse um den 17. Juni spielt der Bezirk Gera im Allgemeinen keine große Rolle. Zu Unrecht, wie nicht nur die Massenproteste in Jena und Gera zeigen. Flächendeckend waren die Menschen gegen das SED-Regime aufgestanden, wie in der BDVP-Analyse eingestanden wurde.[9] Nach der Bilanz der Volkspolizei wurden die SED-Kreisleitungen Jena-Stadt und Jena-Land, die Kreisleitung der Gesellschaft für Sport und Technik, die FDJ-Kreisleitung, die Kreisleitung der Nationalen Front Jena-Stadt und -Land sowie das Gebäude der Gesellschaft für Deutsch-sowjetische Freundschaft gestürmt, dazu die Räume der FDGB-Kreisleitung, die Kreisleitung des Demokratischen Frauenbundes Deutschlands sowie das Wohnheim der Arbeiter- und Bauernfakultät.

Obwohl über die Kreise Gera, Jena, Greiz, Stadtroda, Eisenberg, Saalfeld, Pößneck, Rudolstadt der Ausnahmezustand verhängt war, gaben die Arbeiter im Bezirk Gera auch am 18. Juni trotz der damit für sie verbundenen Gefahren nicht auf. Für diesen Tag meldete die Volkspolizei noch immer die Streiks aus dem Stahlwerk Silbitz, von der Bau-Union Maxhütte, dem Wohnungsbau Gorndorf, dem Schamottewerk Eisenberg, dem VEB Werk in Königsee, dem VEB Lederwerke Weida und dem Press- und Formwerk Triptis, Kreis Pößneck.

Fast resignierend kam der Chef der BDVP in seinen »Schlußfolgerungen« deshalb auch zu diesen Erkenntnissen :

»Wir haben die Situation unbedingt verkannt, den Charakter der Ausschreitungen erst zu spät begriffen. [....] Die Tatsache, daß der erste Bezirkssekretär um 6.45 Uhr noch zu einer Tagung beim Zentralkomitee nach Berlin fuhr, hat mich ebenfalls in der Meinung bestärkt, daß lediglich in Berlin irgendwelche Streiks stattfinden. Das wirkliche Begreifen des Charakters der Ausschreitungen begann erst mit der Verhängung des Ausnahmezustandes in Berlin und kurze Zeit später über Gera und Jena. Bei uns zeigte sich zuerst eine anfängliche Verwirrung über die Tatsache, daß Arbeiter auf der Straße demonstrieren. [...] Wir haben den Gegner unterschätzt. Seine kluge organisatorische Tätigkeit wurde nicht erkannt, und falsche Vorstellungen über die Möglichkeiten der Form des Klassenkampfes waren bei uns zu verzeichnen. Ich hätte es nicht für möglich gehalten, daß der Gegner in der Lage ist, solche Formen zu entwickeln. Völlige Überraschung der Sicherheitsorgane und der Partei, ohne daß wir das geringste vorher gemerkt haben. Das zeigt unsere mangelhafte Verbindung mit den breiten Massen und vor allem in den Betrieben sowie die ungenügende konspirative Arbeit.«[10] Abschließend führte Volkspolizei-Inspekteur Engelmann in seinem Bericht einige »persönliche Schlußfolgerungen« auf, die zeigten, wie die SED bei künftigen Unruhen vorgehen wollte: »Mit Provokateuren wird nicht diskutiert. Bei Angriffen auf das Leben unserer Volkspolizisten, auf Dienststellen, Haftanstalten, Parteihäuser und andere volkseigene Objekte wird geschossen. Das gilt es jetzt jedem einzelnen klarzumachen.«[11]

»Die haben uns gerade noch gefehlt«

Als williger Helfer der SED zeigte sich einmal mehr die Nationale Front, deren so genannte Aufklärungskioske in zahlreichen Orten nicht nur im Bezirk Gera Zielscheibe der Demonstranten gewesen waren. Bemerkenswert sind die semantischen Kunstgriffe, mit denen die Nationale Front in ihren Berichten – der Erwartungshaltung ihrer Führung entsprechend – das Bild der friedliebenden Sowjetarmee zeichnete. Angeblich begrüßten danach die meisten Menschen das Vorgehen der sowjetischen Truppen. Exemplarisch für diese Realitätsferne ist der Informationsbericht des Bezirkssekretariats Gera vom 25. Juni, der letztlich für alle Bezirke steht. Immer mehr werde von den werktätigen Menschen erkannt, dass feindliche Elemente einige Missstimmungen der Arbeiter ihren verbrecherischen Zwecken nutzbar machten, heißt es darin. Die Zeitungen der DDR würden in diesen Tagen besonders eifrig studiert und trügen wesentlich zur Aufklärung und Beruhigung bei. Die Arbeiter der Dolomitwerke Wünschendorf hätten Provokateure dreimal zurückgeschlagen, und die Belegschaft der Möbel- und Etuiwerke Eisenberg ein Transparent mit dem Wortlaut: »Am 17. Juni erfüllten wir unseren Tagesplan mit 115 % und am 18.6. erfüllten wir den Tagesplan mit 103 %. Arbeiter, folgt unserem Beispiel!« angebracht. Generell sei das »besonnene Vorgehen der Besatzungsmacht, welches die Ruhe schnell wieder einkehren ließ«, begrüßt worden, und weiter:

»Ein Beispiel aus Rudolstadt zeigt die Haltung der sowjetischen Freunde in diesen Tagen und soll im Bericht nicht unerwähnt bleiben. Eine Frau äußerte auf der Straße: ›Daß die nun wieder rumlaufen, die haben uns gerade noch gefehlt.‹ Diesen Ausruf hörte der sowjetische Offizier, trat auf die Frau zu und sagte in einfachen Worten in deutscher Sprache: ›Auch Sie werden uns noch einmal brauchen‹ und setzte unbekümmert mit seinen Soldaten die Streife fort.«[12] Trotz aller Schönfärberei kam aber selbst die Nationale Front nicht umhin, »negative Erscheinungen« einzuräumen: »Trotz der überaus zahlreichen Beweise der Treue und Verbundenheit zur Regierung und zur Partei wird jetzt bei einem Teil der Bevölkerung im ganzen Bezirk eine abwartende und sogar ablehnende Haltung eingenommen. In Gera-Stadt z.B. ist es trotz der Anleitung des Kreissekretariats den Wohnbezirksausschuß-Vorsitzenden noch nicht gelungen, die Aufklärungsarbeit wieder aufzunehmen. Die Aufklärer zeigen wenig Bereitschaft, die Diskussion durch aktive Hausaufklärung zu beeinflussen. In der Gemeinde Neuendorf, Krs. Lobenstein, gehen die Bauern lieber in die Kirche als zu Hausversammlungen. Des weiteren erklärte der Ortsausschußvorsitzende Glassel, daß die Bevölkerung dieser Gemeinde in Diskussionen sagt, sie wolle lieber die Amerikaner. Eine gesellschaftliche Arbeit wird von den Einheimischen nicht mehr geleistet.«

Ebenso stellte die Nationale Front im Kreis Stadtroda eine »abwartende Haltung« fest. Vor allem in Scheiditz sei die Stimmung negativ. Verantwortlich hierfür seien die beiden Mitglieder der Liberal-Demokratischen Partei Deutschlands in der Gemeinde: »Einer davon ist der Bürgermeister, der eifriger Rias-Hörer ist und faschistische Argumentationen in die Gemeinde trägt. Die Stimmung in Scheiditz war am 17.6. so, daß man der Meinung war, Hitler würde morgen zurückkommen.«[13] Mit diesem abschließenden Hinweis hatte das Bezirkssekretariat zugleich die Argumentationslinie der SED aufgenommen, für die der Volksaufstand ein faschistischer, vom RIAS gesteuerter Putschversuch war.

Bezirk Karl-Marx-Stadt

»Das Verhalten der gesamten Bevölkerung des Bezirkes Karl-Marx-Stadt hat bewiesen, daß dieser Bezirk mit Recht den Namen des größten Sohnes des deutschen Volkes trägt.«[1]

Die Bezirksgrenzen dichtgemacht

1.200 Beschäftigte der Bau-Union Dresden, die auf der Baustelle der Zinkhütte Freiberg arbeiteten, traten am 18. Juni in den Ausstand, um neben dem Sturz der Regierung die Herabsetzung der Normen, die Aufhebung des Ausnahmezustandes, freie Wahlen und höhere Löhne zu fordern. Mehrstündige Streiks wurden aus einer Reihe anderer Betriebe gemeldet. Dreißig Beschäftigte legten bei Fichtel & Sachs in Reichenbach die Arbeit nieder. In Karl-Marx-Stadt weigerten sich jeweils zweihundert Angehörige im VEB Büromaschinenwerk sowie im VEB Spinn- und Zwirnereimaschinenbau für mehrere Stunden, die Arbeit aufzunehmen, und im Kreis Hohenstein waren der VEB Möbelstoffwerk und VEB Newa von Streiks betroffen, an denen sich zweihundert beziehungsweise dreihundert Arbeiter beteiligten. Zwanzig Arbeiter im VEB Wärmegerätewerk Crimmitschau drohten mit Streik, falls die Arbeitsnormen nicht herabgesetzt würden. Nach einer zweistündigen Belegschaftsversammlung gingen sie wieder an ihre Maschinen. Ebenfalls zwei Stunden dauerte eine zweistündige Belegschaftsversammlung im IFA-Karosseriewerk Meerane, in der es in erster Linie ebenfalls um die Normenfrage ging. Danach wurde die Arbeit normal fortgesetzt. Zweihundert Personen beteiligten sich im VEB Peniger Maschinenfabrik Abus an einem Solidaritätsstreik für die Berliner Bauarbeiter, der nach zwei Stunden zu Ende ging. Dazu wurden aus dem »Schwerpunktbetrieb der DDR Nr. 5, Wälzlagerfabrik« in Fraureuth heftige Diskussionen und zum Teil Arbeitsniederlegungen der Beschäftigten gemeldet.[2]

Blieb die SED im Bezirk von weiteren Massenprotesten verschont, trat der »Gegner« im Bezirk, wie Volkspolizei-Bezirks-Chef Schwager es in seinem Bericht formulierte, doch mit anderen Mitteln in Erscheinung. In zahlreichen Gemeinden wurden regierungsfeindliche Flugblätter gefunden, dazu gegen die Partei gerichtete Losungen an Wände geschrieben und Anschlagtafeln der SED beschädigt. »Seid Deutsche, nieder mit der SED«, hieß es auf den Flugblättern in Aue, »Kolleginnen und Kollegen, die Stunde der Befreiung ist gekommen« in Zwickau, »Genossen und FDJler – leistet Widerstand – kämpft gegen den Bolschewismus in Freiberg« und »Kampf den Verrätern – Wo bleibt die Unterstützung für den Kampf von Berlin« in Marienberg.[3]

Dass der Aufstand den Bezirk Karl-Marx-Stadt nicht in gleicher Weise erfasste wie die Nachbarbezirke, mag nicht zuletzt daran gelegen haben, dass die Bezirksgrenzen weitgehend abgeschottet wurden. Beispielsweise war am 18. Juni in der BDVP ein Anruf eingegangen, nach dem sich vierzig Fahrzeuge der Wismut AG aus Katzendorf, Kreis Gera, in Richtung Karl-Marx-Stadt in Bewegung gesetzt hatten. Das sofort alarmierte Kreisamt der Volkspolizei Werdau setzte sich mit der zuständigen sowjetischen Kommandantur in Verbindung, die an der Bezirksgrenze Straßensperren errichten ließ. Als die Wismut-Arbeiter hier eintrafen, wurden sie mit schussbereiten Waffen gezwungen, ihre Fahrzeuge zu verlassen und sich auf den Rückweg zu begeben. Die Volkspolizei verbuchte es denn auch als Erfolg, dass es durch diese Maßnahme gelungen sei, »Provokateure und Aufwiegler von Betrieben des Bezirkes Karl-Marx-Stadt fernzuhalten und eine Konzentrierung derartiger Elemente zu verhindern«.

Unabhängig von der relativen Ruhe hatte die sowjetische Seite dennoch – unterschiedlich zwischen dem 17. Juni, 21 Uhr, und dem 18. Juni, zwölf Uhr – den Ausnahmezustand über die Kreise des Bezirks verhängt, ein Vorgehen, das zu einer »gespannten Stimmung unter der Bevölkerung« sowie zu Hamstereinkäufen führte. Im Kreis Zwickau schlossen sich jugendliche Bergarbeiter zusammen und wollten während der Sperrstunden zum Bahnhof marschieren, wurden daran aber von der Volkspolizei gehindert.

Weitere Verstöße gegen das nächtliche Ausgangsverbot wurden nicht registriert.

Im Übrigen waren die 2.969 eingesetzten Volkspolizisten weitgehend mit vorbeugenden Maßnahmen beschäftigt. So mussten aus sämtlichen Sirenen im Bezirk die Sicherungen entfernt werden, weil das Gerücht aufkam, mit ihrem Aufheulen sollte das Signal zu einem Generalstreik gegeben werden. Neben Gebäuden der SED und staatlichen Einrichtungen wurden die meisten Großbäckereien, Molkereien, Schlacht- und Viehhöfe verstärkt von Volkspolizisten und sowjetischen Soldaten bewacht oder gar besetzt, die während der Sperrstunden auch gemeinsame Streifen durchführten. Da SED und Volkspolizei das Absetzen von Spionen, Saboteuren und Provokateuren aus der Luft fürchtete, wurden auf erhöhten Punkten im Bezirk Beobachtungsposten eingesetzt, die unverzüglich etwaige Blink- und Lichtzeichen sowie Flugzeuggeräusche melden sollten. Transportpolizei, KVP und sowjetische Truppen besetzten potenzielle Gefahrenpunkte wie Bahnhöfe, die Außensicherung übernahm jeweils Volkspolizei, die durch dreihundert freiwillige VP-Helfer und 2.400 SED-Mitglieder unterstützt wurde.

Die Volkspolizei musste also nicht wie in den meisten übrigen Bezirken einen Aufstand gewaltsam niederschlagen, sondern konnte selbst in diesen Tagen moralisch aufgerüstet – und geködert – werden. An sie wurden Zigaretten, Vitalade und Bohnenkaffee ausgegeben, was die Stimmung laut Volkspolizei-Inspekteur Schwager wesentlich erhöht haben soll. Ergänzend lieferte die Polit-Abteilung der Bezirksbehörde der Volkspolizei das moralische Rüstzeug: In den Wacheinheiten und mehreren Volkspolizeikreisämtern organisierte sie 35 Filmvorführungen, bei denen sieben Spielfilme, »welche der damaligen Situation sowie dem Polizeieinsatz entsprachen«, gezeigt wurden, zum Beispiel »Rotes Banner«, »Auf grünem Fels«, »In friedlichen Tagen«, »Der wahre Mensch«, und »Die Entführung«.

Bezirk Erfurt

»Alle Provokateure, Saboteure, die sich im Laufe der Nacht und am morgigen Tage eines Angriffes auf Angehörige der Deutschen Volkspolizei, Staatsfunktionäre oder des Herunterreißens von Emblemen der Deutschen Demokratischen Republik (z.B. Bilder von Wilhelm Pieck, Otto Grotewohl, des Genossen Stalin, sonstige Embleme und Transparente) schuldig machen, werden im Beisein der Massen erschossen, ohne Urteil.«[1]

Massenentlassungen schürten das Feuer

Bereits zu Beginn des Jahres 1953 zeichnete sich die zunehmende Unzufriedenheit der Beschäftigten in einem der größten Werke des Bezirks, im VEB Rheinmetall in Sömmerda, in aller Deutlichkeit ab. Doch hier wie überall schlossen Partei, Staatssicherheit, Volkspolizei und nicht zuletzt die Werksleitung beide Augen vor dem aufziehenden Gewitter. Unabhängig von den allgemein unbefriedigenden Lebensumständen hatten Massenentlassungen zusätzlich den Zorn der Belegschaft entfacht. Das Werk, das Schreibmaschinen, Buchungs- und Rechenmaschinen herstellte und nach dem Krieg zunächst unter sowjetischer Verwaltung stand, war 1952 als Volkseigener Betrieb an die DDR übergeben worden. Dies bedeutete zugleich eine Reduzierung der Produktion von 124 Millionen Mark auf zunächst 90 Millionen und dann schließlich auf 64 Millionen Mark jährlich. Konsequenz dieser drastischen Reduzierung: VEB Rheinmetall hatte nicht nur einen 50-prozentigen Arbeitskräfteüberhang, sondern geriet angesichts mangelnder Nachfrage in zusätzliche Absatzschwierigkeiten.

Im ersten Quartal 1953 wurden zunächst siebenhundert Beschäftigte entlassen, dann – nachdem sich Hoffnungen, in die Produktion optischer Geräte einsteigen zu können, zerschlagen hatten – weitere 2.000. Bis in den Juni hinein standen immer mehr Arbeiter von heute auf morgen auf der Straße, insbesondere die, denen die Werksleitung eine »schlechte Arbeitsmoral« bescheinigte. Verbitterung rief vor allem hervor, dass eine Vielzahl von allein erziehenden Müttern entlassen wurde, während es im Betrieb gleichzeitig eine Reihe von Doppelverdienern – meist SED-Mitglieder – gab. Der ohnehin angestaute Unmut verstärkte sich durch die Normerhöhung, die Bezirksbehörde der Volkspolizei sprach später von einer »verschärften Unzufriedenheit« im Werk. Die Stimmung bei Rheinmetall war außerordentlich gereizt:

»Am Vorabend der Ausschreitungen in Sömmerda, also am 16.6.53, wurde nach Arbeitsschluß eine Kontrolle am Tor I durchgeführt. Es wurde festgestellt, daß die Arbeiter gegenüber unseren Volkspolizisten, die sich in jeder Weise diszipliniert benahmen, einen ziemlich verbitterten Eindruck machten. Ohne Gruß und ohne Wort warfen sie ihre Aktentaschen auf den Tisch. Ein Genosse wurde nach der Ursache seiner Verbitterung gefragt und erklärte, daß dieses der Ausdruck der Erhöhung der Normen und der Entlassungen ist; es sei eine Schinderei, in dem Betrieb zu arbeiten.«[2]

Es bedurfte offensichtlich nur noch des berühmten Tropfens, der in Sömmerda das Fass zum Überlaufen bringen sollte, im konkreten Fall der Meldungen über die Streiks aus Berlin, die über den RIAS auch diesen Teil Thüringens erreichten. In den Abteilungen für Rechen- und Schreibmaschinen bildeten sich morgens um sieben Uhr erste Gruppen, die über die Ereignisse in Berlin diskutierten. Wie ein Lauffeuer verbreiteten sich die Nachrichten durch das Werk, und bereits wenig später hatten 8.000 Beschäftigte die Arbeit niedergelegt, um gemeinsam zum Marktplatz von Sömmerda zu ziehen. Zwar versuchte die Werkleitung die Arbeiter daran zu hindern, doch nachdem die Menge das Eisentor an der Verwaltung aufgebrochen hatte und Volkspolizisten an einem anderen Tor beiseite gedrängt waren, setzte sich der Demonstrationszug in Richtung Markt in Bewegung und verlangte in Sprechchören den Sturz der Regierung und freie Wahlen. Parallel dazu wurden Gruppen in andere Betriebe geschickt, um die dortigen Beschäftigten aufzufordern, sich dem Protest anzuschließen, so 520 Arbeiter des VEB Dachziegelwerkes und 503 Angehörige des Kreis- und Lehrbauhofes Sömmerda. Während die über 8.000 Menschen auf dem Marktplatz von Sömmerda gegen das Regime aufstanden, besetzten Volkspolizei-Einheiten, Betriebsschutz, die Schutzpolizei, ein Zug der Wacheinheit sowie eine sowjetische Operativgruppe das Werk und riegelten es hermetisch ab. Die Rheinmetaller waren nicht die Einzigen, die aufbegehrten: Um die Mittagszeit wurde die Volkspolizei zu einem anderen Einsatzort in Sömmerda gerufen. In einer Gaststätte waren etwa dreihundert Bauern zusammengekommen. Ihnen ging es um eine Reihe wirtschaftlicher Fragen, aber auch um freie Wahlen für ganz Deutschland. Ein zehnköpfiges Bauern-Komitee wurde in der Nacht zum 18. Juni verhaftet, ebenso wie im Übrigen auch die Streikleitung von VEB Rheinmetall.

Mit Maschinengewehren Protestmarsch verhindert

Zu Tausenden gingen in der Stadt und im Kreis Weimar die Menschen am 17. Juni auf die Straße. Kurz nach acht Uhr kamen die Beschäftigten des VEB Mähdrescherwerk Weimar, das gerade auf Kranbau umgestellt wurde, zu einer Betriebsversammlung zusammen, um mehr über das Berliner Geschehen vom Vortag zu erfahren. Die 3.000 Beschäftigten nahmen im Anschluss die Arbeit erst gar nicht auf, wählten einen 17-köpfigen Ausschuss, der künftig den Betrieb leiten sollte, und verlangten nun den Rücktritt der Regierung, den Rücktritt der BGL und der Parteileitung, die Senkung der Arbeitsnormen um zehn Prozent und Wiedereinstellung von 150 im Januar entlassenen Arbeitern. Nach der Betriebsversammlung sollte eine Demonstration stattfinden, für die bereits Transparente vorbereitet waren, die zum Sturz der Regierung aufriefen. Aufs Höchste alarmiert, mischten sich Kriminalpolizisten, Agitatoren der SED-Kreisleitung und der Stasi unter die Menge, um die Anführer dieses Protestes zu identifizieren. Parallel dazu nahm die Leitung des Volkspolizeikreisamtes Kontakt mit dem 1. Kreissekretär der SED, der Staatssicherheit und dem sowjetischen Stadtkommandanten auf, um das militärische Vorgehen gegen die Arbeiter vorzubereiten. So befahl der BDVP-

Chefinspekteur König, an die bereitstehenden Züge Gewehre und Pistolen auszugeben. Um 12.15 Uhr rissen die Arbeiter die Losungen der SED herunter, formierten sich zu einem Zug und bewegten sich in Richtung Werkstor. Mit zwei Zügen der Wacheinheit versuchte die Volkspolizei den Protestmarsch in die Stadt zu verhindern. Unterstützt wurde sie dabei durch sowjetische Kräfte, die mit zwei Lastwagen und aufmontierten schweren Zwillingsmaschinengewehren am Eingang des Werkes auffuhren. Angesichts dieser schwer bewaffneten Militärmacht gaben die Arbeiter ihr Vorhaben auf und verließen einzeln das Gelände. Stasi und Kriminalpolizei warteten noch bis zur Nacht auf den 18. Juni, dann schlugen sie zu: Der gesamte 17er-Ausschuss wurde festgenommen.

Protestiert wurde an diesem 17. Juni fast im gesamten Bezirk Erfurt:

Im VEB RFT-Funkwerk Erfurt streikten hundert Frauen der Abteilung Werkzeugbau, um die Freilassung eines festgenommenen Betriebsangehörigen durchzusetzen. Hundert Bauarbeiter, die im Pathologischen Institut Erfurt beschäftigt waren, traten mit in den Ausstand, um so für die Senkung der Normen zu kämpfen. Zwei Stunden standen bei EMW Eisenach die Maschinen still. Die 6.600 Beschäftigten wollten so der Forderung nach niedrigeren Normen Nachdruck verleihen.

Ein weiteres Beispiel dafür, dass sich der Volksaufstand keineswegs auf Industriestandorte des Bezirks beschränkte, lieferten die Bauern aus Mühlhausen und den umliegenden Gemeinden. In Oberdorla und Altengottern beispielsweise wurden die Bürger aufgefordert, an der Demonstration in der Kreisstadt teilzunehmen. Auf dem Mühlhausener Marktplatz waren schließlich 2.500 Menschen zusammengekommen, um ihre Solidarität mit den streikenden Arbeitern und Bauern in den anderen Regionen der DDR zu bekunden, sich für Freiheit und den Sturz der Regierung einzusetzen, für die Freilassung von inhaftierten Bauern und für die Absetzung des Vorsitzenden der Bäuerlichen Handelsgenossenschaft.

Ungeachtet des Risikos zogen die Bauern vor das Mühlhausener Gerichtsgebäude und verlangten hier die Freilassung zweier Landwirte, die wegen angeblicher Wirtschaftsverbrechen verhaftet waren. Angesichts der Entschlossenheit der inzwischen auf 3.000 Demonstranten angewachsenen Menge gab die Volkspolizei zunächst nach und entließ die beiden Inhaftierten. Der größte Teil der Demonstranten zog sich nach diesem vermeintlichen Erfolg zurück. Wie kaum anders zu erwarten, dauerte es auch in Mühlhausen nicht lange, bis die Staatsmacht der DDR zuschlug: In den Abendstunden wurden die Anführer des Protestes verhaftet, einige von ihnen dem sowjetischen Kommandanten und der Staatssicherheit übergeben. Selbst als gegen 20 Uhr sowjetische Soldaten auf dem Marktplatz den Befehl des Kreiskommandanten verlasen, demzufolge ab sofort jegliche Demonstration und Ansammlung von mehr als drei Personen verboten wurde, ab 21 Uhr sämtliche Straßen geräumt sein mussten und der Ausnahmezustand verhängt war, ließen die Mühlhausener sich (noch) nicht einschüchtern. Sie begleiteten das Verlesen des sowjetischen Befehls mit lautstarken Protesten und vertrieben die Kasernierte Volkspolizei vom Eingangstor des Amtsgerichtes. Erst als der sowjetische Kommandant mit zwanzig schussbereiten Soldaten anrückte, gaben die Demonstranten auf und verließen fluchtartig den Marktplatz.

Zu weiteren Protesten kam es unter anderem in Bad Tennstedt, wo der örtliche Pfarrer und der ehemalige Bürgermeister an der Spitze eines Demonstrationszuges standen, dessen Teilnehmer nicht nur den Sturz der Regierung, sondern zugleich eine Steuerreform, Preissenkungen sowie Freiheit für mehrere inhaftierte Bürger der Stadt verlangten. Dieser Demonstration, obwohl zahlenmäßig recht klein und friedlich verlaufen, widmeten Volkspolizei und MfS besondere Aufmerksamkeit, hatte hier doch ein »Vertreter der Kirche seine Stellung mißbraucht und gegen den Staat gehetzt«. Da diese Versammlung, an der sich anfangs zwölf Personen beteiligt hatten, ein durchaus willkommenes Alibi für die spätere Verfolgung der Kirche bot, wurde der Verlauf entsprechend ausführlich protokolliert:

»An der Spitze dieses Zuges marschierten der Pfarrer und Superintendent S. und forderten durch Rufen und einladende Handbewegungen die an der Straße stehenden Menschen auf, sich an der Demonstration zu beteiligen. Nach ca. 1 Stunde hatte sich die Anzahl der Demonstrierenden auf ca. 250 Personen erhöht. Während der Demonstration wurde in Sprechchören gerufen: ›Wir fordern eine neue Regierung‹. Auf dem Marktplatz, wohin die

Demonstration führte, kamen dann ca. 500 Menschen zusammen. Als erster sprach dann der Superintendent S. Er begann seine Ausführungen mit den Worten: ›Einigkeit, Recht und Freiheit‹ und sprach die erste Strophe des ›Deutschland-Liedes‹, welche von den Anwesenden im Chor nach Aufforderung des S. mitgesprochen wurde. S. rief weiter aus: ›Hinweg mit der Regierung, wir fordern eine neue Regierung‹ und daß vor einigen Tagen wohl noch keiner gedacht hätte, daß er jetzt frei wäre und diese Freiheit nur den Berlinern zu verdanken habe. Er führte weiter aus, daß diese Freiheitswelle jetzt von Ort zu Ort gehe. [...] Das Schlußwort sprach wiederum der Superintendent S. Er bedankte sich für den Mut der Bevölkerung, die an der Demonstration teilnahm und sprach das Gebet, das von den Demonstranten im Chor nachgesprochen wurde: ›Nun danket alle Gott ...‹«[3]

Gegen 19 Uhr griff die Sowjetmacht ein und vertrieb die Demonstranten. Kurz darauf befahl der sowjetische Kommandant, unverzüglich Plakate zu drucken, auf denen der nunmehr verhängte Ausnahmezustand verkündet wurde. Ungeachtet dessen hatten sich vor dem Bürgermeisteramt erneut Menschen zum Protest zusammengefunden, vorwiegend Frauen und Jugendliche. Sie wurden durch eine Einsatzgruppe der Volkspolizei verjagt, doch kaum hatten die Vopos den Ort verlassen, versammelten sich die Jugendlichen erneut und zerstörten die Wandtafeln der FDJ und Transparente der Nationalen Front. Einige warfen Scheiben in Gebäuden von Partei und Staatsorganen ein und rissen vor dem Amtsgericht Angehörigen der Kasernierten Volkspolizei die Schulterstücke von den Uniformen. Als dann zwanzig schwer bewaffnete sowjetische Soldaten anrückten, blieb selbst den mutigsten Demonstranten nichts anderes übrig, als das Feld zu räumen. Volkspolizisten und Stasi nahmen noch in der Nacht eine Reihe Demonstranten fest, suchten aber insbesondere fieberhaft nach Pfarrer S., der sich auf der Flucht befand. Die Frau des Pfarrers wurde jedoch von Stasi-Mitarbeitern »einem eingehenden Verhör unterzogen« und derart unter Druck gesetzt, dass sie schließlich das Versteck preisgab: den Heuboden einer befreundeten Familie. Die Verhaftung des Pfarrers war dann nur noch eine Sache von Minuten.

Mehr Kriegs- als Ausnahmezustand

Vom Abend des 17. Juni an herrschte in der Stadt Erfurt sowie in den Kreisstädten der Ausnahmezustand. Besonders der Chef der BDVP Erfurt wollte nunmehr mit aller Härte gegen alle Demonstranten vorgehen und drohte unverhohlen damit, dass die Volkspolizei nun selbst bei geringsten Anlässen schießen und erschießen werde.

»Es ist streng darauf zu achten, daß nicht wahllos in die Massen geschossen wird, daß keine unschuldigen Kinder oder Frauen dabei getroffen werden, sondern die Täter sind durch einen kräftigen Stoß aus der Menge herauszuholen und auf der Stelle zu erschießen.

Die im Laufe des heutigen und des gestrigen Tages festgenommenen Personen, die als Hauptrădelsführer erkannt sind, werden heute sofort nach Erfurt überführt und morgen früh erschossen.

Wer sich einer Festnahme durch die Volkspolizei tätlich oder in einer anderen Form widersetzt, wird ohne Urteil erschossen.«[4]

»Widerliche Boogie-Woogie-Binder«

Die Nerven von Partei- und Polizeiführung lagen blank: SED und die von ihr abhängigen Einrichtungen mochten nicht davon ablassen, in Jugendlichen, die westliche Nickys trugen, von vornherein Agenten und Provokateure zu sehen: »Da am 18.6.53 bekannt wurde, daß einige Provokateure in den sogenannten Nicky-Hemden auf dem Anger in Erfurt provozierten und sich dort eine Menschenmenge versammelte, wurden sofort in Zusammenarbeit mit der KVP alle Hauptstraßen der Stadt, alle Straßenkreuzungen, alle Verkehrsknotenpunkte mit Doppelposten bei Tag und Nacht besetzt.«[5] Insgesamt wurden 1.650 KVP-Angehörige auf den Domplatz, Anger und Bahnhofsplatz beordert, um die protestierende Menge in Schach zu halten. Zwar hielten sich die sowjetischen Kräfte optisch zurück, doch drohten sie damit, demonstrativ mit Panzern einzurücken, sollte nicht bald Ruhe einkehren. Festgenommen wurden an diesem Tag auf dem Erfurter Anger unter anderem »7 Provokateure in den sogenannten Nicky-Hemden«. Die Antwort auf die selbst gestellte Frage

»Wer waren diese Provokateure in Erfurt, die zum Streik, zum Sturz unserer Regierung aufriefen?« gab sich BDVP-Chef König gleich selbst:

»Sie stammen aus Erfurt und gingen vor längerer Zeit nach Westberlin. Von dort wurden sie vor etwa zwei Monaten nach Stalinstadt geschickt, als Gelegenheitsarbeiter ›arbeiteten‹ sie dort. Kurz vor dem ›Tage X‹ tauchten sie unter, natürlich ohne Urlaubsmeldung und ohne polizeiliche Abmeldung, und gingen zu ihren Auftraggebern nach Westberlin. Hier wurden sie nach ›amerikanischer Lebensweise‹ eingekleidet. Cowboyhemden, widerliche Boogie-Woogie-Binder, Ringelsöckchen, und dazu trugen sie einen Haarschnitt, den sie Stehkrause nennen.«[6]

Es ist kennzeichnend für den Juni-Aufstand, dass in vielen Bezirken die Streiks und Unruhen am 18. Juni erheblich größere Dimensionen annahmen als am Vortag. Dies war im Bezirk Erfurt nicht anders, obwohl in der Nacht zum 18. Juni der Chef der sowjetischen Garnison Erfurt den Ausnahmezustand erklärt hatte, in den Kreisstädten war dieses durch die Kreiskommandanten geschehen. Bei der Verkündung war die SED williger Helfer: »In Zusammenarbeit mit der Partei wurden die gedruckten Plakate in den Morgenstunden des 18. 6. durch die mot. Schutzpolizei zum Aushang gebracht.« Trotzdem erschienen erneut dreißig Prozent der Tagesschicht des VEB Rheinmetall Sömmerda nicht zur Arbeit, die Übrigen forderten die Freilassung der verhafteten Demonstranten. Erst nach stundenlangen Diskussionen und entsprechenden Drohungen durch Agitatoren der SED-Bezirksleitung gingen die Arbeiter wieder an ihre Maschinen.

Ein derart leichtes Spiel hatte die SED im Mähdrescherwerk Weimar nicht. Um sieben Uhr hatte der sowjetische Stadtkommandant den Ausnahmezustand über die Stadt und den Landkreis Weimar verhängt, hatte an allen öffentlichen Gebäuden und anderen wichtigen Einrichtungen starke sowjetische Posten aufziehen lassen, doch die 3.000 Arbeiter des Mähdrescherwerkes hielten durch und erklärten, sie würden so lange streiken, bis der 17er-Ausschuss freigelassen würde. Um ihrer Forderung Nachdruck zu verleihen, nahmen sie die Telefonzentrale des Betriebes in Beschlag. Obwohl zwei bewaffnete Züge der Volkspolizei anrückten, die Telefonzentrale räumten und die wichtigsten Hallen aus Furcht vor Sabotageakten besetzten, gaben nicht alle Arbeiter auf. Trotz des wachsenden Drucks durch die bewaffneten Kräfte wurde die Produktion in den Abteilungen Neufertigung I, Mechanische Werkstätten und Halle »Roter Oktober« an diesem Tag nicht wieder aufgenommen.

Alarmmeldungen erreichten die Polizei in der Nacht zum 18. Juni aus dem VEB IFA-Schlepperwerk Nordhausen, dem größten der DDR mit 2.204 Arbeitern. Ab vier Uhr nachts ruhte die Arbeit in der Mechanischen Abteilung, im Laufe des Tages schlossen sich andere Abteilungen, so die vierhundert Arbeiter des Schacht- und Bohrbetriebes, dem Ausstand an, die zudem Förderwagen mit der Parole versahen: »Die roten Schweine sind jetzt kleine«. Schließlich waren es 1.200 Belegschaftsmitglieder, unter ihnen selbst der hauptamtliche Parteisekretär, die zwei ausschließlich politische Forderungen vorbrachten: »Sturz der Regierung« und »Aufhebung des Ausnahmezustandes«. Um 13 Uhr griff die Volkspolizei ein, übernahm den Schutz des Werkes und stellte das Ultimatum, entweder wieder an die Arbeit zu gehen oder innerhalb von fünfzehn Minuten das Werk einzeln zu verlassen.

Gedenken an die Opfer in Berlin

In der unter sowjetischer Leitung stehenden SAG Pelz, Erfurt (Schwermaschinenbau), mit 2.520 Beschäftigten ruhte die Arbeit ab Schichtbeginn. Nach langen Diskussionen über die Situation in der DDR sprachen sich die Teilnehmer in einer dreistündigen Belegschaftsversammlung für freie Wahlen in ganz Deutschland aus. Die Arbeiter der ersten Schicht verließen um 14 Uhr das Werk, die zweite Schicht nahm ihre Arbeit ebenfalls nicht auf. Volkspolizei, Kasernierte Volkspolizei und sowjetische Truppen riegelten das Werk schließlich hermetisch ab, um jeden Demonstrationszug in die Stadt im Keim zu ersticken. Ein Streik der 600 Beschäftigten ließ vom frühen Morgen bis elf Uhr die Maschinen des Werkes Feuerungsbau Erfurt stillstehen. Ausdrücklich wollten die Mitarbeiter damit ihre Solidarität mit den in Berlin erschossenen Arbeitern bekräftigen, weiteres Ziel des Protestes war die Herabsetzung der Arbeitsnormen. Zu Ehren der in Berlin Erschossenen ruhte im VEB Optima, Erfurt, um 15 Uhr für fünf

Minuten die Arbeit, anschließend gingen die Beschäftigten wieder an ihre Arbeitsplätze.

Massiv äußerte sich der Zorn der Menschen in Gotha, wo im VEB LOWA mit Arbeitsbeginn 1.800 Beschäftigte die Arbeitsaufnahme verweigerten. Forderungen nach Normsenkung und so weiter spielten kaum noch eine Rolle. An diesem 18. Juni ging es den Waggonbauern um die Änderung der politischen Verhältnisse, an erster Stelle um den Sturz der Regierung, die Aufhebung des Ausnahmezustandes und gesamtdeutsche Wahlen nach westdeutschem Muster. Um eine Verbindungsaufnahme zu anderen Betrieben zu verhindern, besetzten Volkspolizisten und »klassenbewußte Genossen« die Telefonzentralen des Werkes, Gespräche durfte nur noch der Parteisekretär führen. Ebenso wurden alle Zugänge zum Werk hermetisch abgeriegelt. Dennoch formierten sich um 11.15 Uhr erste Gruppen, um ihre Forderungen in einem Demonstrationszug in die Stadt zu tragen, schafften es aber nicht, das Werk zu verlassen. Doch selbst als die Sowjetarmee mit mehreren Lastwagen anrückte, gaben die Streikenden nicht auf. Sie würden erst nach Abzug der Russen die Arbeit wieder aufnehmen, erklärten sie, während der sowjetische Kommandant darauf bestand, es werde erst nach Arbeitsaufnahme mit einer Delegation der Arbeiter verhandelt. Um zwölf Uhr war der Streik zu Ende, die Delegation durfte ihre Forderungen vorbringen. Tatsächlich handelte es sich seitens des sowjetischen Kommandanten lediglich um Scheinverhandlungen, um ein Manöver, um Zeit zu gewinnen. Zwar ließ er seine Truppen um 15.30 Uhr abziehen, im Betrieb herrschte nun wieder Ruhe, doch was Besatzungs- und Staatsmacht wirklich vorhatten, demonstrierten sie in der folgenden Nacht. Alle elf Anführer der Protestbewegung im Waggonbau wurden verhaftet.

Nervosität mit Händen zu greifen

Es herrschte Ausnahmezustand, überall Volkspolizei, Kasernierte Volkspolizei und sowjetische Soldaten mit Panzern – und dennoch hatte die SED selbst am 19. Juni den Bezirk noch nicht völlig unter ihre Kontrolle bringen können. Starke Polizeistreifen waren in vielen Orten des Bezirks auf den Straßen, doch noch war der Widerstand nicht völlig gebrochen. Selbst 180 Erfurter Straßenbahner fuhren am frühen Morgen für anderthalb Stunden nicht aus den Depots, um ihre Solidarität mit den Streikenden zu bekunden, obwohl starke Kräfte der motorisierten Schutzpolizei zusammen mit der Wacheinheit die beiden Erfurter Straßenbahndepots abgeriegelt und den Arbeitern gedroht hatten, jeder, der das Depot verlasse, werde als Provokateur mit allen Konsequenzen behandelt.

Die komplette Belegschaft des RFT-Funkwerkes Erfurt weigerte sich ebenso, die Arbeit aufzunehmen, wie die Angehörigen des SAG-Betriebes Pelz, Erfurt. Über die Hälfte der Arbeiter des VEB Optima, Erfurt, befanden sich weiterhin im Ausstand, dazu – für eine Stunde – fast alle Betriebsangehörigen vom VEB Waggonbau Gotha. Erst als die Volkspolizei Schießbefehl erhielt und keinen Zweifel daran ließ, dass sie ihre Waffen gegen die Streikenden einsetzen würde, gaben sich die Waggonbauer der Übermacht geschlagen. Zudem waren vor allen wichtigen Betrieben sowjetische Truppen stationiert, um die Demonstranten durch Drohungen und Festnahmen zur Wiederaufnahme der Arbeit zu zwingen. Es wäre in dieser Situation selbstmörderisch gewesen, nicht aufzugeben. Schon am Nachmittag des 19. Juni hielten nur noch einzelne Abteilungen einiger Betriebe durch, die im Laufe des Tages dann doch aufgeben mussten.

In den Kreisen Worbis, Heiligenstadt, Sondershausen und Eisenach blieb es im Wesentlichen ruhig, wie im Kreis Arnstadt, wo ein Wachtmeister auf seiner Dienststelle die am Vortag gehörten RIAS-Nachrichten verbreitete, sich »versöhnlerisch« verhielt und erklärte: »Wenn der Befehl zum Schießen kommt, so schieße ich nicht, und 80 Prozent des Amtes auch nicht.« Vom 20. Juni an wurde zwar überall wieder gearbeitet, der innere Widerstand der Menschen war damit nicht gebrochen. Im VEB IKA-Kranichfeld fanden sich Losungen wie: »Nieder mit der Regierung« und »Wir erklären uns solidarisch mit den Demonstranten in Berlin«.

Die SED wusste, dass sie durch die gewaltsame Niederschlagung des Volksaufstandes die Menschen keineswegs hinter sich gebracht hatte, dass diese allein vor den sowjetischen Waffen zurückgewichen waren. Entsprechend herrschte auf allen Ebenen von Partei und Staatsorganen eine mit Händen zu greifende Nervosität. Gerüchten zufolge, es seien Anschläge auf die Reichsbahn zu erwarten, wurden am 22. Juni alle Sirenen abgeklemmt, denn durch sie sollte angeblich das Startzeichen für eine Anschlagserie gegeben werden. Die Transportpolizei wurde angewiesen, alle Züge zu sichern, im jeweils ersten Waggon wurden zusätzlich fünf KVP-Angehörige eingesetzt. Über alle Bahnhöfe war ein dichtes Sicherheitsnetz gezogen worden: Transportpolizei und Kasernierte Volkspolizei, FDJ, Abschnittsbevollmächtigte, Helfer der Volkspolizei, Grenzpolizei, teilweise auch sowjetische Soldaten, sicherten die Anlagen und hielten zugleich Ausschau nach Anführern der Protestbewegung der zurückliegenden Tage. Noch am 23. Juni erging der Befehl, in Erfurt Telegrafenamt, Elektrizitätswerk, Bahnhofsgelände, Hauptbahnhof (im gesamten Bezirk waren es 64 Bahnhöfe), Wasserwerke, Straßenbahndepot und Bezirksleitung der Partei weiterhin zu schützen. Sowjetische Einheiten unterstützten dabei die deutschen Kräfte. Sicher war sich die SED ihrer Sache ganz augenscheinlich dennoch nicht. Aus Furcht vor Anschlägen waren auch Brücken und Wasserbehälter in Haarhausen, Liebenstein und die Lütschetalsperre besetzt, wobei hier in erster Linie VP-Helfer und SED-Mitglieder einspringen mussten. Beleg der Unsicherheit ist nicht zuletzt die fast panische Angst vor Saboteuren, die – aus dem Westen kommend – mit dem Fallschirm über der DDR abspringen könnten. Die Hysterie führte zu Berichten wie diesem:

»Das Neue an der Lage ist, daß der Gegner die letzten Reserven in den Kampf wirft. Beispiel: Fallschirmspringer Sondershausen – Berga. Anmerkung: Am 19.6.1953 14.43 wurde durch Hinweis bekannt, daß ein Fallschirmspringer 5 km von Sondershausen in Richtung Berga niedergegangen ist. In Absprache mit der Deutschen Grenzpolizei wurden sofort 30 Genossen der DGP eingesetzt. Um 18.20 Uhr wurde dem VPKA-Leiter des VPKA Nordhausen gemeldet, daß der Fallschirmspringer festgenommen wurde und sich beim VPKA Sondershausen befindet, wo er der Sowjet-Armee übergeben wird. Der 1. Sekretär des Bezirkes wurde von den Freunden autorisiert, mitzuteilen, was der Saboteur und Agent ausgesagt hat: ›In dieser Nacht sollen links- und rechtsseitig von der regulären Flugbahn, d.h. von der Fluglinie Frankfurt/Main, Eisenach, Sömmerda und dann nach Sachsen-Anhalt hinein Spezialisten und Waffen abgeworfen werden.‹«[7]

Der Wahrheitsgehalt des Berichtes darf angezweifelt werden.

Belege für die Richtigkeit ließen sich nicht finden, der anlaufenden Propagandamaschinerie der SED dürfte er jedoch gelegen gekommen sein. Alte SED-Kader verweisen auch heute noch gern darauf, dass die Mehrheit der Bevölkerung in den Juni-Tagen nicht demonstriert und nicht gestreikt habe. Aber an diesen Zahlen der BDVP kommen auch sie nicht vorbei: 31 400 Arbeiter hatten sich im Bezirk Erfurt durch Streiks gegen das Regime gewandt, 10 600 waren – teilweise unter hohem Risiko für Leib und Leben und jederzeit der Festnahme gewärtig – auf die Straße gegangen, um für ein menschenwürdiges Leben in Freiheit und Einheit zu kämpfen. 176 Arbeiter wurden festgenommen, 142 an die gefürchtete Staatssicherheit übergeben, zwei an Gerichte, zehn an die Volkspolizei. Zehn wurden entlassen, die übrigen vier dem sowjetischen Kommandanten zur Aburteilung überlassen. Glimpflich kamen nur die 856 Festgenommenen davon, die die Sperrzeiten nicht beachtet hatten. Alle anderen sahen als »Provokateure« und »Rädelsführer« langjährigen Zuchthausstrafen und im schlimmsten Fall lange Jahre in sowjetischen Arbeitslagern entgegen.

Bezirk Suhl

Auflösungserscheinungen auf dem Lande

Die Ereignisse oder richtiger: die ausgebliebenen Ereignisse im Bezirk Suhl lassen sich am besten mit einem Zitat von Volkspolizei-Chef Dahl wiedergeben: »Eine Bekämpfung der Schwerpunkte machte sich nicht erforderlich, jedoch wurden vorbeugende Maßnahmen in Form von Konzentrationen bewaffneter Sicherungskräfte durchgeführt.«[1] In der Tat kam es im Bezirk zu keinerlei größeren Streiks oder Demonstrationen. Lediglich die Volkspolizei Hildburghausen-Eisfeld meldete eine Betriebsversammlung der Beschäftigten der Carl Zeiss-Zweigstelle sowie eine sechseinhalbstündige Arbeitsniederlegung von 35 Betriebsangehörigen, die damit begründet wurde, es sei sowieso kein Material vorhanden. Die Volkspolizei griff hier ebenso wenig ein wie bei einer weiteren Protestkundgebung in der Nacht zum 17. Juni, die allerdings einen rein regionalen Bezug hatte. Am 18. und 19. Juni kam es zu weiteren kleineren Protestkundgebungen, deren Teilnehmer jedoch nahezu auf der Stelle festgenommen und der Staatssicherheit übergeben wurden. So hatten in Hellingen, Kreis Hildburghausen, mehrere Bauern in einer Versammlung der Haus- und Hofgemeinschaften Funktionäre des Partei- und Staatsapparates kritisiert und zum Sturz der Regierung aufgerufen. Sie wurden ebenso verhaftet wie ein Drehorgelspieler in Meiningen, der auf der Hauptstraße der Stadt Schmählieder gegen Regierung und Partei sang.

Dabei hatten sich Volkspolizei und Grenzpolizei auf Unruhen vorbereitet, gab es doch eine Reihe potenzieller Gefahrenherde im Bezirk. Zu ihnen zählten Suhl als Zentrum der Waffenindustrie, die Sonneberger Industrie, direkt an der innerdeutschen Demarkationslinie gelegen, sowie die großen Kalischächte, darunter der größte Europas in Bad Salzungen. Vereinzelt meldeten sich anonyme Anrufer in Betrieben, um die Arbeiter zum Streik zu bewegen, doch bei allen in Frage kommenden Betrieben blieb es ruhig. Die Unzufriedenheit der Menschen im weitgehend ländlich strukturierten Bezirk war dennoch vorhanden, äußerte sich jedoch auf andere Weise. Der Leiter der Bezirksbehörde der Volkspolizei sprach in seinem Bericht unter anderem von »starken Auflösungserscheinungen der Landwirtschaftlichen Produktionsgenossenschaften« im Bereich des Volkspolizeikreisamtes Hildburghausen. Besonders betroffen gewesen seien die Produktionsgenossenschaften, die erst wenige Wochen zuvor »in administrativer Form gebildet wurden«. Der Funke des Aufstandes, der die übrige DDR in ihren Grundfesten erschütterte, sprang auf den Bezirk Suhl nicht über.

Nach dem 17. Juni

Stärkung der Stasi und die totale Militarisierung

Die Ereignisse um den 17. Juni 1953 hatten für die Menschen in Ost-Berlin und in der DDR in nahezu allen Lebensbereichen weitreichende Konsequenzen. Die SED baute ihren Bespitzelungsapparat aus, führte jedoch zunächst eine Säuberungsaktion innerhalb des Ministeriums für Staatssicherheit durch, der an erster Stelle der bisherige MfS-Chef Zaisser zum Opfer fiel. Schon am 18. Juni hatte Zaisser im SED-Politbüro massive Selbstkritik üben müssen, ging zu diesem Zeitpunkt aber offensichtlich noch davon aus, sein Amt behalten zu können, wie ein handschriftliches Protokoll der Sitzung belegt.[1]

In derselben Sitzung ging es auch um das Schicksal des noch amtierenden ND-Chefredakteurs Rudolf Herrnstadt, wobei Ulbricht sich als schärfster Gegner von Zaisser und Herrnstadt erwies und beiden »vollständige Gedächtnisschwäche« vorwarf: »In bezug auf Staatssicherheit hat Z. noch nichts verstanden«, wird Ulbricht in dem Protokoll zitiert, »es geht um Leitung MfS – man kann schreiben: Leitung MfS hat versagt! – Lage bei Buna – faschistische Untergrundbewegung haben wir nicht zerschlagen können! – Keine Führung im Ministerium – Funktionäre sind unsichtbar – es wurde ein imperialistischer Kampf geführt mit der Absicht, die Führung zu ändern! [...] mit einem Ulbricht, dem sämtliche Wirbelsäulenknochen gebrochen wurden, wolltet ihr zusammenarbeiten.« Es half weder Zaisser noch Herrnstadt, dass der Ost-Berliner Oberbürgermeister Ebert sie in Schutz zu nehmen versuchte. Er sei nicht überzeugt, dass die beiden die Absicht gehabt hätten, die Führung an sich zu reißen, erklärte er, scheiterte jedoch mit seinem Formulierungsvorschlag, demzufolge lediglich die Fortführung der Zaisser/Herrnstadt-Linie »zur Zersetzung geführt« hätte.

Am 18. Juli beschloss das Politbüro, am 23. Juli dann der Ministerrat, die Eingliederung des bisherigen Ministeriums für Staatssicherheit als Staatssekretariat unter Führung von Ernst Wollweber in das Ministerium des Innern und unterließ auch in der folgenden Zeit keine Anstrengungen, dem nunmehr aufgelösten Ministerium für Staatssicherheit die Hauptschuld dafür anzulasten, dass es zum Ausbruch des Volksaufstandes hatte kommen können. Zaisser wurde eine »menschewistische Auffassung über die Rolle der Partei« vorgeworfen, in Gesprächen mit seinen Mitarbeitern habe er den »kapitulantenhaften Standpunkt« vertreten, »die DDR könne sich in eine bürgerliche Republik verwandeln. In diesen Auffassungen trat sein Unglaube an die Massen und an ihre Führung, die Partei, sowie sein mangelhaftes Vertrauen zur Sowjetunion hervor«. Zaisser und Herrnstadt hätten sich – so in einem Beitrag für den Pressedienst des »Neuen Deutschland« – »in eine Front mit den Todfeinden unserer Partei [gestellt, d. Aut.], den Imperialisten und ihren Agenten«. Dennoch habe sich das Zentralkomitee entschlossen, sie nicht aus der Partei auszuschließen, sondern »beiden Genossen die Möglichkeit zu geben, als einfache Mitglieder ihre Treue zur Partei zu beweisen«.[2] Ungeachtet dessen wurde Zaisser 1954 aus der SED ausgeschlossen, Herrnstadt als Chefredakteur des »Neuen Deutschland« abgelöst und ebenfalls aus der SED verbannt.

»Provokateure, Doppelzüngler, Desinformatoren«

Am 23. September 1953 rechnete das Politbüro erneut mit Zaisser ab und ordnete zugleich den Ausbau des Überwachungsapparates an. Die Juni-Ereignisse in der DDR hätten große Mängel in der Arbeit der Organe der Staatssicherheit aufgedeckt, trotz der vorhandenen großen Anzahl operativer Mitarbeiter hätten sie sich als unfähig erwiesen, »die Vorbereitung des faschistischen Putsches in Berlin und anderen Städten und Industriezentren der DDR aufzudecken«. Noch immer seien die Organisatoren des Aufstandes nicht entlarvt worden, was nicht zuletzt daran liege, dass das Stasi-Spitzelnetz »mit Provokateuren, Doppelzünglern, Desinformatoren sowie mit solchen Informatoren und Agenten durchsetzt [ist], die aufgrund ihrer persönlichen Eigenschaften und ihrer Verbindungen nicht fähig sind, die feindliche Untergrundbewegung und die Agenten ausländischer und westdeutscher Spionagedienste aufzuklären«.

Besonderes Augenmerk sollte die DDR-Staatssicherheit von nun an der Unterwanderung wichtiger westdeutscher Einrichtungen widmen. Dazu gehörte »die Durchführung einer aktiven Aufklärungsarbeit in Westdeutschland und Westberlin mit dem Ziel des Eindringens in die wichtigsten Institutionen der westlichen Besatzungsmächte, der Bonner Regierung, in die Zentralvorstände der SPD und der bürgerlichen Parteien und besonders in ihre Ostbüros, in den Kreis westdeutscher Industrieller und anderer monopolistischer Vereinigungen, in wissenschaftliche Forschungsämter und Institutionen«. Gleichzeitig war die Spitzelarbeit innerhalb Ost-Berlins und der DDR auf nahezu sämtliche Lebensbereiche auszuweiten. Die so genannten bürgerlichen politischen Parteien, die gesellschaftspolitischen Massenorganisationen, die kirchlichen Organisationen, die Kreise der Intelligenz und der Jugend sollten infiltriert und ständig kontrolliert werden, dazu die Industrie, die Landwirtschaft und das Transportwesen, das Personal der Kasernierten See-, Luft-, Transport- und der übrigen Volkspolizei einschließlich Kriminalpolizei. Kurzum: Die SED hatte den totalen Überwachungsstaat befohlen. Als unmittelbare Folge dieses Beschlusses stieg noch im Jahr 1953 die Zahl der hauptamtlichen Stasi-Mitarbeiter von rund 1.500 auf über 5.000 an.

Der 17. Juni hatte nicht zuletzt gezeigt, dass die Volkspolizei zur Niederschlagung des Volksaufstandes zahlenmäßig nicht ausreichte, dass die Bewaffnung unzulänglich war und dass die Volkspolizisten zu einem großen Teil als politisch unzuverlässig eingeschätzt werden mussten. Ein Blick in die Entstehungsgeschichte der Volkspolizei lässt im Übrigen deren »Unzuverlässigkeit« als gar nicht so verwunderlich erscheinen. Die Verwaltung der Sowjetischen Besatzungszone hatte nach Ende des Zweiten Weltkrieges aus der Sowjetunion zurückkehrende deutsche Kriegsgefangene in Aufnahmelagern – vor allem bei Frankfurt/Oder – für den Eintritt in die Volkspolizei oder später die Deutsche Grenzpolizei geworben und sie mit materiellen Versprechungen geködert. Vor die Alternative gestellt, sich in der SBZ durchschlagen zu müssen oder in der Volkspolizei eine relativ sichere wirtschaftliche Zukunft zu finden, hatten sich viele Heimkehrer für den Eintritt entschieden, ohne damit aber zugleich ein Bekenntnis für Sozialismus oder Kommunismus abgelegt zu haben.

Im Januar 1953 wandte sich das ZK der SED »An die Mitglieder und Kandidaten der SED in den bewaffneten Kräften der DDR« und verurteilte neben der fehlenden politischen Erziehungsarbeit und Standhaftigkeit vor allem dieses:

»Unseren Genossen scheint bis heute noch nicht klargeworden zu sein, daß der Gegner alles versucht, seine Agenten, Diversanten und Provokateure in die Objekte der Nationalen Streitkräfte zu entsenden. Ebenfalls herrscht noch völlige Unklarheit über den Begriff militärischer Geheimnisse. [...] Ein ebenso ernster Mangel besteht darin, daß es feindlichen Elementen, die sich in die Einheiten der Nationalen Streitkräfte eingeschlichen haben, gelingt, offene Zersetzungsarbeit in den Einheiten durchzuführen, ohne daß die anwesenden Offiziere, Politarbeiter oder Mitglieder unserer Partei sie daran hindern. [...] Die gesamte Erziehung in den bewaffneten Kräften unseres Staates muß mehr als bisher darauf gerichtet werden, daß in den Soldaten das Bewußtsein verstärkt wird, daß sie die Waffenträger des werktätigen Volkes sind, dessen friedliche Errungenschaften sie schützen, und daß sie diese Aufgabe nur wahrnehmen können in engster Verbundenheit mit den Werktätigen. [...] Ihr müßt stolz sein auf die Tatsache, daß die Partei Euch in die bewaffneten Streitkräfte unserer Republik entsandt hat, welche die wahren Interessen des arbeitenden Volkes vertreten und deshalb auch vom Volke nicht gehaßt, sondern geliebt werden. Die Liebe und Unterstützung unserer Werktätigen wird sich Euch in ständig steigendem Maße zuwenden, wenn es Euch entsprechend den Forderungen der Partei gelingt, einen entschlossenen Kampf gegen die noch vorhandenen Disziplinlosigkeiten und unmoralischen Erscheinungen zu entfalten.«

Als Generalinspekteur der Volkspolizei schlug der spätere Innenminister Maron schon am 22. Juni 1953 einen massiven personellen und materiellen Ausbau der Volkspolizei vor. »Um in der Zukunft ähnliche faschistische Aufstandsversuche mit eigenen Mitteln unterdrücken zu können«, schienen ihm diese Maßnahmen notwendig: Die Volkspolizei sollte um 15 720 Mann – ohne Berlin – verstärkt werden, davon sollten 4.320 in einer neu zu schaffenden kasernierten Bereitschaftspolizei dienen. Maron empfahl die Bildung von 24 voll motorisierten Bereitschaften zu je 180 Mann, von denen jeweils zwei in den Bezirken Frankfurt, Cottbus, Potsdam, Magdeburg, Leipzig, Halle, Dresden, Karl-Marx-Stadt, Erfurt und Gera sowie je eine in den – am 17. Juni relativ ruhigen – Bezirken Schwerin, Rostock, Neubrandenburg und Suhl stationiert werden sollten. Frankfurt, Cottbus und Potsdam sollten je zwei Bereitschaften erhalten, weil sie, wie Maron begründete, »am nächsten zu Berlin liegen und notfalls in erster Linie für die Entsendung zusätzlicher Kräfte nach Berlin in Frage kommen«.[3] 5.400 Mann forderte Maron für die »Wiederaufstellung der sogenannten Schnellkommandos zur Beseitigung örtlicher Schwerpunkte in jedem Volks-Polizei-Kreisamt«. Außerdem schlug er vor, an Verwaltungskräften, beim Strafvollzug, bei den Feuerwehren und ähnlichen Einrichtungen 6.000 Mann einzusparen und mit ihnen die Gruppenposten und Reviere der Schutzpolizei sowie die Abschnittsbevollmächtigten zu verstärken. In jeder Gemeinde mit über 1.000 Einwohnern sollte mindestens ein Gruppenposten stationiert sein, hierfür würden insgesamt 9.720 neue Planstellen benötigt.

Als besonderer Schwachpunkt hatte sich in den Juni-Tagen die mangelhafte Ausrüstung der Volkspolizei erwiesen, die nun wesentlich verbessert werden sollte. Auf der Wunschliste von Maron standen 4.820 Maschinenpistolen, 10 000 Karabiner, 35 000 Pistolen 08, 1 000 000 Schuss Munition für Maschinenpistolen, 1 504 000 Schuss Munition für leichte und schwere Maschinengewehre, 350 000 Schuss Karabinermunition sowie 910 000 Schuss Pistolenmunition. Dazu kamen 144 Panzerspähwagen, 240 Mannschaftstransportwagen für je achtzehn Mann, 384 Motorräder, 48 Feldküchen, dreißig Wasserwerfer, 122 Überfallwagen, 6.000 Stahlhelme und schließlich 30 000 Tschakos zum Schutz gegen Steinwürfe und Stockhiebe. Daneben wollte Maron die Gehälter und die Altersversorgung der Volkspolizisten wesentlich anheben. So sollten zum Beispiel die bei der Volkspolizei geleisteten Dienstjahre bei der Rente doppelt angerechnet werden.

Ein Schwergewicht bei der Stärkung der Volkspolizei legte die SED auf Ost-Berlin, sah sie doch hier am ehesten die Gefahr neuer Unruhen. Die Zahl der Volkspolizisten sollte hier nach einer Aufstellung des Chefs der Volkspolizei von 7.000 auf 12 000 angehoben werden.[4] Um die Sektorengrenze mit ihren 86 nach West-Berlin führenden Straßen abzusichern, war die Aufstockung der Kräfte in diesem Bereich von 1.200 auf 2.611 vorgesehen. Die gesamte Volkspolizei in Ost-Berlin war nicht nur mit Pistolen und Karabinern auszustatten, sondern zusätzlich mit 750 Eierhandgranaten, 250 Stielhandgranaten sowie 500 Tränengasbomben – nicht eben polizeiübliche Waffen. Da es nicht genug Freiwillige für einen Dienst in der Volkspolizei gab, befahl der damalige Innenminister Willi Stoph am 30. September 1953, insgesamt 3.000 Volkspolizisten aus der DDR nach Berlin zu versetzen. Außerdem sollten bis zum 1. Dezember weitere »1.500 Personen für den Dienst in der Volkspolizei (insbesondere für die Schutzpolizei)« geworben werden. Parallel dazu wurde angeordnet, die Kräfte der Kasernierten Volkspolizei bis zum 1. Oktober aus dem Ost-Sektor Berlins abzuziehen. Den Schutz der Regierungsgebäude allerdings wollte die SED nicht der Volkspolizei anvertrauen, da sie ihr auf Grund der Erfahrungen des 17. Juni 1953 in hohem Maß misstraute. Die Bewachung des Zentralkomitees der SED, des Amtssitzes des Präsidenten, aller Regierungsgebäude und des Hauses der Ministerien, der Volks- und Länderkammer, des Regierungsstädtchens sowie des Regierungskrankenhauses wurde stattdessen Wacheinheiten des Staatssekretariats für Staatssicherheit übertragen.[5]

Als weitere Konsequenz aus dem Versagen der »bewaffneten Organe« am 17. Juni wurde die Volkspolizei in Ost-Berlin weitgehend umstrukturiert. Beschlossen wurde die Aufstellung von vier besonders ausgebildeten Volkspolizei-Bereitschaften, »die auf der einen Seite Ausbildungsstätten für die Heranbildung qualifizierter VP-Angehöriger sein sollen und auf der anderen Seite Reserven für Vorfälle ähnlicher Art wie der 17. Juni darstellen sollen«.[6] Ende 1954 waren diese Bereitschaften aufgestellt, wobei den Kern 1.943 Angehörige des ehemaligen Wachbataillons der Hauptverwaltung der Deutschen Volkspolizei bildeten und aus den Bezirken 2.150 Volkspolizisten nach Ost-Berlin versetzt worden waren. Allerdings: Die Fluktuation innerhalb dieser Bereitschaften bereitete der Führung erhebliche Probleme. Ein großer Teil der nach Berlin beorderten Volkspolizisten wollte keinesfalls an der Spree bleiben. Am 28. Juli 1954 teilte der Ost-Berliner Polizeipräsident Generalinspekteur Maron mit, von Anfang an sei »seitens des PDVP Berlin ein harter Kampf gegen die Unzahl von Versetzungsanträgen zurück in die DDR zu führen« gewesen. Bis zum 1. Juli 1954 hatten 725 Volkspolizisten Berlin verlassen wollen. Hinzu kam, dass im selben Zeitraum 230 Volkspolizisten vorwiegend wegen politischer Unzuverlässigkeit entlassen werden mussten und weitere 69 die noch offenen Sektorengrenzen genutzt hatten, um nach West-Berlin zu fliehen.

Die Sorge, die Angehörigen der Volkspolizei seien im Sinne der SED nicht als zuverlässig zu betrachten, war durchaus berechtigt. In einer Aktennotiz des Chefs der Volkspolizei vom 21. September 1953 wurde auf ein Phänomen verwiesen, das sich im konkreten Fall zwar nur auf den Kreis Eggesin-Torgelow bezog, aber republikweit zu finden war. Der »politisch-moralische Zustand« im Personalbestand der Abteilungen, Verbände und Gliederungen habe sich sehr verschlechtert, hieß es darin und weiter: »In diesem Zusammenhang hat sich in den Abteilungen Eggesin-Torgelow die Zahl der Disziplinverletzungen stark erhöht. In den letzten drei Monaten [seit dem Juni-Aufstand also, d. Aut.] stieg die Zahl der Desertationen dreimal.« Hatten die Arbeiter im Juni bereits gegen die Bevorzugung der bewaffneten Organe bei der Versorgung mit Lebensmitteln und gegen die im Vergleich zur übrigen Bevölkerung zu hohe Bezahlung protestiert, räumte die SED nun der Volkspolizei und der Kasernierten Volkspolizei sogar noch weitere Privilegien ein. Exemplarisch seien hier die Beschlüsse der Regierung bezogen auf den Standort Eggesin zitiert:

»Zur Verstärkung des politisch-moralischen Zustandes, der Disziplin, zur Erhöhung der Kampfbereitschaft der Kasernierten Volkspolizei sind 1953/54 folgende Maßnahmen durchzuführen:

Erweiterung des Handelsnetzes durch das Ministerium für Handel und Versorgung, Eröffnung neuer Lebensmittel- und Industriewaren-Verkaufsstellen in Eggesin und Torgelow, die rechtzeitig mit allen Lebensmitteln und Industriewaren beliefert werden, breite Entfaltung des Handels mit Obst und Gemüse, auch unmittelbar in den Siedlungen bei den Garnisonen der Kasernierten Volkspolizei. In Verbindung mit der Vergrößerung der Bevölkerung der Städte Eggesin und Torgelow durch die Familien und Angestellten der Kasernierten Volkspolizei ist durch das Ministerium für Bauwesen zusammen mit den örtlichen Machtorganen ein Plan für den Bau von volkseigenen Betrieben der kommunalen Bedienung, wie Bäckereien, Schlächtereien, Wurstfabriken, Waschanstalten, Schuhmacher-, Schneider- und andere Werkstätten aufzustellen und zu bestätigen.«

Selbst die Errichtung einer Brotfabrik mit einer Ofenkapazität von bis zu zwanzig Tonnen pro Tag zur Versorgung der KVP-Angehörigen wurde angeordnet. Dass diese Bevorzugung die Gräben zwischen der Mehrzahl der Bürger und den bewaffneten Organen nur vertiefen konnte, liegt auf der Hand, wobei sie im Übrigen bis zum Ende der DDR in ähnlicher Form durch die Läden der Militär-Handels-Organisation – MHO – in den Kasernen der NVA fortgesetzt wurde.

Mit Kampfgruppen gegen faschistische Forderungen

Der 17. Juni kann im weitesten Sinn als Gründungstag der »Kampfgruppen der Arbeiterklasse« betrachtet werden. Einer der ersten Berichte über ihre Bildung stammt aus Leipzig, wo am Vormittag Heinrich Rau und der örtliche Volkspolizei-Inspektor Winkelmann beschlossen, zum Schutz insbesondere von Großbetrieben Arbeiterwehren aufzustellen, die aus zuverlässigen SED-Mitgliedern bestehen sollten. Geplant war der Einsatz in den wichtigsten Betrieben und Objekten, ausgerüstet werden sollten die Arbeiterwehren mit Kleinkaliber-Gewehren aus den Beständen der Gesellschaft für Sport und Technik, die in den Kreisämtern der Volkspolizei gelagert werden sollten. Für die Spitze der Arbeiterwehren waren Offiziere der Volkspolizei vorgesehen, ebenso war daran gedacht, dass ehemalige Volkspolizisten die Hälfte der Wehren auszumachen hatten.

Handelte es sich hierbei noch um eine spontane Maßnahme, beschlossen das Politbüro des Zentralkomitees der SED am 23. Juli und das Zentralkomitee auf seiner 15. Tagung vom 24. bis

26. Juli 1953 zur Bekämpfung von Provokationen nun den systematischen Aufbau dieser Kampfgruppen, die im offiziellen Sprachgebrauch zunächst – ehrlicherweise – als »Kampfgruppen der Partei« geführt wurden.[7] Erste Konturen nahmen diese Kampfgruppen Ende Juli und dann vor allem im August an. Die Bezirksleitungen der SED hatten, wie kurz danach auch die Grundorganisationen der Partei auf allen Ebenen, zu beraten, auf welche Weise die »massenpolitische Arbeit« der Partei verbessert und wie das Klassenbewusstsein der Arbeiter erhöht werden könnte. Das Ergebnis dieser Überlegungen sollte dazu führen, dass Werktätige »auch außerhalb der Arbeitszeit Sorge zu tragen [hatten, d. Aut.] für den Schutz und die Sicherheit der Produktions- und Verwaltungseinrichtungen und der geschaffenen Werte«.[8] Die Verantwortung für die Ausbildung und Leitung wurde dem Ministerium des Innern übertragen, das jedoch lediglich ausführendes Organ der geheimen »Sicherheitskommission« unter Vorsitz von Walter Ulbricht und der Abteilung für Sicherheitsfragen des ZK der SED war.

Im VEB Leuna-Werke »Walter Ulbricht« stellte die SED-Kreisleitung am 30. Juli einen Einsatzstab aus Vertretern der Partei- beziehungsweise Werkleitung, des Werkschutzes und der Gesellschaft für Sport und Technik zur Vorbereitung bewaffneter Arbeiterwehren auf. Der VEB Maxhütte in Saalfeld, der VEB Rohrkombinat des Stahl- und Walzwerkes Riesa sowie die Schiffswerft »Neptun« in Rostock waren weitere Keimzellen der künftigen Kampfgruppen. Schon am 3. August 1953 konnte die SED-Bezirksleitung für den Berliner Bezirk Pankow die Aufstellung von Kampfgruppen in 23 Betrieben und Einrichtungen melden. Im Bezirk Halle existierten am 13. August 1953 Kampfgruppen in sechzehn Bergbau-, Maschinenbau- sowie in zwölf Chemie- und in drei Metallurgiebetrieben, dazu in 23 Niederlassungen der Deutschen Handelszentrale und in sechs Betrieben des Bauwesens. Was die Arbeiterwehren im Sinne der SED zu sein hatten, beschrieb Eberhard Nimz, Sekretär der Betriebsparteiorganisation im Stahl- und Walzwerk Brandenburg, in der Betriebszeitung »Stahl für den Frieden« unter der Überschrift »Eine schlagkräftige Arbeiterwehr – der Garant der Sicherheit unseres Werkes!«: »Um allen eventuellen Versuchen feindlicher Kräfte, neue Angriffe gegen unser Volkseigentum und unsere Staatsmacht der Arbeiter und Bauern zu starten, von vornherein wirksam zu begegnen bzw. sie überhaupt unmöglich zu machen, ist die Bildung von Arbeiterwehren unbedingt erforderlich. [...] Die Arbeiterwehr ist der freiwillige Zusammenschluß der besten und fortschrittlichsten Kollegen zum Schutze unseres Werkes und unserer demokratischen Einrichtungen. Für jeden bewußten Kollegen ist es eine Ehre, der Arbeiterwehr unseres Betriebes anzugehören.«[9]

Noch unbewaffnet und in Zivilkleidung zeigten sich in den ersten Wochen nach ihrer Aufstellung die Arbeiterwehren/Kampfgruppen. Lediglich die Kämpfer des Riesaer Stahl- und Walzwerkes wurden von Anbeginn an mit ausgedienten Polizeiuniformen ausgestattet und traten im Übrigen im November 1953 schon mit einer eigenen Schalmeienkapelle an die Öffentlichkeit. Vorrangiges Ziel der SED war es, diese noch bunt zusammengewürfelten Arbeiterwehren, Kampf- und Sicherungsgruppen einer einheitlichen, straffen Führung zu unterstellen, sollten sie doch – wie Ulbricht es auf der 16. Tagung des ZK vom 17. bis 19. September formuliert hatte –, »die Unantastbarkeit der Grundlagen unserer fortschrittlichen demokratischen Ordnung sichern und die leitende Rolle unserer Partei festigen«. Als formales Gründungsdatum der Kampfgruppen kann der 9. Dezember 1953 betrachtet werden, an dem das Sekretariat des Zentralkomitees der SED in zehn Punkten Einzelheiten zum Aufbau dieser paramilitärischen Organisation festlegte. »Fortschrittliche, klassenbewußte Arbeiter, parteilose Genossenschaftsbauern u.a.« sollten für die Kampfgruppen geworben werden und es als hohe Ehre und Pflicht betrachten, in ihnen »aktiv an der Zerschlagung der verbrecherischen Machenschaften der faschistischen Untergrundorganisationen, der Agenturen des Ostbüros usw. und damit am Schutze unserer Partei und Republik« teilzunehmen. Technische und taktische Ausbildung wurden vorerst der Gesellschaft für Sport und Technik übertragen.

In Berlin und vielen Orten der DDR paradierten die neuen Kampfgruppen erstmals am 1. Mai 1954, erkennbar an ihren roten Armbinden. Zu diesem Zeitpunkt hatte sich herausgestellt, dass innerhalb der Partei und ganz besonders in den Betrieben über die Rolle der Kampfgruppen Unklarheit herrschte. In Ergänzung zum Aufstellungsbeschluss vom 9. Dezember 1953 wurden deshalb im Juni des darauf folgenden Jahres vom Minister des Innern entsprechende Richtlinien erlassen, in denen noch einmal auf den Volksaufstand vom Juni 1953 Bezug genommen wurde. Erforderlich sei es, »die große Mehrheit zu einem hohen Staatsbewußtsein und zur Wachsamkeit gegenüber allen verbrecherischen Machenschaften der Feinde des Volkes zu erziehen«. Kein Zweifel wurde daran gelassen, wem die Kampfgruppen verpflichtet waren: »Die Kampfgruppen sind ein Instrument der Sozialistischen Einheitspartei Deutschlands. [...] Die Kampfgruppen sind kein neues polizeiliches, militärisches oder halbmilitärisches Organ der DDR, sie sind auch kein Ersatz für die Organe der Volkspolizei – also keinesfalls ein Staatsorgan.«

Der RIAS: Hetzsender oder »müde Station«?

»An dem ersten Tag des Aufstandes flötete diese müde Station unbekümmert ihr einschläferndes Tagesprogramm weiter, wiederholte zehnminütlich melodramatisch erschreckend die kommunistische Meldung von dem Ausnahmezustand und tat aber auch alles, den Aufstand der ostberliner Arbeiter mit Salonmusik zu begleiten.«[10]

Die Tatsache, dass sich die Streiks und Unruhen über den gesamten Ostteil von Berlin und nahezu flächendeckend über die DDR ausdehnten – egal ob in Großbetrieben oder auf dem flachen Land –, irritierte die SED-Führung ebenso, wie sie von dem Volksaufstand überhaupt überrascht wurde. Selbst in den entlegensten Winkeln der DDR hatte sich schon im Vorfeld des 17. Juni die Nachricht von den ersten Arbeiterprotesten in Ost-Berlin verbreitet und wurde in den Nachtschichten der Großbetriebe, spätestens aber zu Beginn der Frühschichten heftig diskutiert.

Für die SED stand – nachdem sie am 18. Juni ihre Sprache wiedergefunden hatte und auch zu einer Sprachregelung fähig war – fest, dass die Quelle der republikweiten Information nur der Rundfunk im amerikanischen Sektor, der RIAS Berlin, sein konnte. Zugleich verstieg sich die Partei zu der Behauptung, über den RIAS seien die Anweisungen für den »faschistischen Putschversuch« ausgestrahlt und Agenten aktiviert und gesteuert worden.

Sendeprotokolle des RIAS aus dem Jahr 1953 belegen das Gegenteil. Hinzu kommt, dass der RIAS keinesfalls in der gesamten DDR gehört werden konnte: zum einen wegen der nicht ausreichenden Reichweite, zum anderen wegen der von der DDR installierten Störsender. So forderte RIAS-Programmdirektor Eberhard Schütz am 19. Februar 1953 vor dem in Berlin tagenden Gesamtdeutschen Ausschuss des Bundestages eine große Zahl zusätzlicher fahrbarer 20-Kilowatt-Sender. Sollten nicht weitere Frequenzen in erheblichem Umfang und neue Sendestationen bereitgestellt werden, sei zu befürchten, »daß der Ostempfang der RIAS-Sendungen bis Ende des Jahres völlig unmöglich und auch der Empfang anderer Sender stark beeinträchtigt würde«. Diese Klage des RIAS-Programmdirektors aus den Monaten vor dem 17. Juni belegt, dass der RIAS allein schon aus technischen Gründen nicht in der Lage gewesen wäre, zum Beispiel in entlegenen Regionen der DDR – wie Görlitz oder Niesky – Unruhen zu entfachen und dann zu steuern. Gerade aber in diesen Regionen kam es zu besonders heftigen Protesten gegen das Regime, die denen in Ost-Berlin keineswegs nachstanden. Auf der anderen Seite kam es nicht überall dort, wo die Menschen in der DDR verbotenerweise den RIAS einschalteten, zu Streiks und Unruhen. Als Beispiel hierfür kann der Bezirk Neubrandenburg gelten.

Zweifelsohne sahen viele Menschen in Ost-Berlin und in der DDR im RIAS die einzig glaubwürdige Informationsquelle, misstrauten sie doch zu Recht den von der SED gesteuerten Medien zutiefst. Aufgabe des RIAS war es nach amerikanischer Doktrin nicht, nur über die Politik und das sonstige Geschehen im Westen zu berichten, sondern in erster Linie auch über die politische und gesamtwirtschaftliche Situation in der DDR selbst. In den nördlichen Bezirken der DDR fiel diese Aufgabe teilweise dem damaligen Nordwestdeutschen Rundfunk (NWDR) mit Sitz in Hamburg zu. In den Vernehmungsprotokollen von Volkspolizei und Stasi in den Bezirken Rostock und Schwerin wurde denn auch häufig darauf verwiesen, die »Rädelsführer« der Streiks, die in diesen Bezirken vorwiegend am 18. und 19. Juni stattfanden, seien Hörer des NWDR gewesen und durch diesen aufgewiegelt worden. Im konkreten Zusammenhang mit dem 17. Juni kam hinzu, dass viele Arbeiter, die in Ost-Berlin beschäftigt waren, im Berliner Umland lebten und so unmittelbar von den beginnenden

Unruhen des 16. Juni berichten und damit den Wahrheitsgehalt der RIAS-Meldungen bestätigen konnten. In einzelnen Fällen hatten sich laut Berichten der Volkspolizei Parteifunktionäre zu Schulungen in Berlin aufgehalten, waren in ihre Bezirke zurückgekehrt und hatten durch ihre Schilderungen dafür gesorgt, dass nicht nur das Berliner Geschehen selbst in entlegeneren Regionen der DDR bekannt wurde. Dazu bedurfte es weder des RIAS noch des NWDR.

Schon Anfang 1953 befasste sich der Sender intensiv mit dem »Volkswirtschaftsplan« der DDR-Regierung, der vorsah, dass bis zum 31. März alle Normen zu zehn Prozent übererfüllt sein sollten. Im Januar begann die SED mit einer Propagandaaktion, die die freiwillige Übererfüllung der Normen erreichen sollte. Für den RIAS war dies der Anlass, sich im Zeitraum vom 1. Januar bis 31. März 1953 im Rahmen der Sendung »Werktag der Zone« in 20 Beiträgen mit dieser Frage zu beschäftigen. Auch im Rahmen der Reihe »Berlin spricht zur Zone« bildete das Problem der Normerhöhung in diesem Zeitraum das Schwergewicht.

Dabei betrachtete es die (amerikanische) Leitung des RIAS keinesfalls als ihre Aufgabe, etwa »neutral« die Beschlüsse der SED zu referieren, im Gegenteil: Der RIAS bezog Stellung und beeinflusste damit die Stimmung in der DDR und die Meinung der Menschen. In ihrem »Tätigkeitsbericht für den Zeitraum vom 16. bis 23. Juni 1953« erklärte die »Hauptabteilung Politik« des RIAS dazu: »In all diesen Sendungen wurde festgestellt: Durch die Erhöhung der Normen versucht das Regime alle Fehler, die es in seiner Planung begangen hat, und zugleich die Kosten für die Aufrüstung auf die Arbeiter abzuwälzen.« Ausdrücklich verlangte der RIAS in seinen Sendungen: »Keine freiwillige Normenerhöhung. Der Plan muß geändert werden. Es müssen unter Mitwirkung der Arbeiterschaft selbst technisch begründete Arbeitsnormen ausgearbeitet werden.« Es ist sicherlich kein Zufall, dass eben dieses zumindest anfangs im Mittelpunkt von Forderungen der streikenden Arbeiter stand, bevor es vom Ruf nach dem Sturz der Regierung und freien Wahlen überlagert wurde.

Nachdem die SED-Führung spätestens im April erkennen musste, dass sich eine allgemeine Normerhöhung auf freiwilliger Basis nicht erreichen ließ, startete sie einen neuen Versuch: Einzelne Brigaden, die von kommunistischen Funktionären geführt wurden, ließ sie die Normerhöhung für den betreffenden Betrieb oder auch den gesamten Industriezweig verlangen. Dieses Ziel sollte bis zum 28. Mai erreicht werden. In der Zeit vom 2. April bis zum 28. Mai 1953, dem Tag, an dem der DDR-Ministerrat die Normerhöhung um zehn Prozent nunmehr anordnete, standen 21 Sendungen des RIAS ausschließlich unter diesem Zeichen. Die Kernaussagen darin lauteten: »Durch die willkürliche Normerhöhung wird der Arbeitsablauf gestört. – Die Produktionsschwierigkeiten, die bisher schon wegen einer zu geringen Materialzufuhr bestanden, werden sich bei einer Forcierung des Arbeitstempos noch steigern.«

Nach dem Ministerratsbeschluss rief der RIAS die Arbeiterschaft in Ost-Berlin und in der DDR auf, weitere Normerhöhungen nicht mehr hinzunehmen und eine Revision der Anordnung zu verlangen. Als dann noch am 14. Juni das SED-Parteiorgan »Neues Deutschland« unter der Überschrift »Es wird Zeit, den Holzhammer beiseite zu legen« die bisherige Politik zur Durchsetzung der Normerhöhung als falsch brandmarkte, mag der entsprechende RIAS-Kommentar als versteckter, doch öffentlicher Aufruf zu Protestaktionen verstanden worden sein. Denn darin hieß es am Morgen des 16. Juni unter anderem:

»In allen Betrieben müssen jetzt Überprüfungen der Normerhöhung gefordert werden. Belegschaften, die erpreßt worden sind, fordern die Rückgängigmachung der erzwungenen Normerhöhungen. Wie so etwas gemacht wird, hat die Belegschaft der TEWA in Finsterwalde am 11. Juni gezeigt. Die Arbeiter beriefen während der Arbeitszeit eine Belegschaftsversammlung ein. Als die BGL versagte und nicht bereit war, die Interessen der Arbeiter zu vertreten, wählte man eine Delegation. Man erklärte: Wenn eines der Mitglieder dieser Delegation oder ein anderer Arbeiter unseres Betriebes verhaftet wird, weil er an dieser Protestversammlung teilgenommen hat, legen wir geschlossen die Arbeit nieder. Die Werkleitung erklärte bereitwillig: die geplante Normerhöhung wird zurückgezogen.« Dass der RIAS über den Protest der Arbeiter aus Finsterwalde und deren Erfolg berichtete, bedeutete zweifellos eine Ermutigung für die Arbeiter in Ost-Berlin und in der DDR, die nun und nur auf diesem Wege davon erfuhren.

Ersten Streikmeldungen nicht geglaubt

Der RIAS verfügte über ein ausgezeichnetes Netz von Informanten – auf keinen Fall mit Spitzeln zu verwechseln –, die ihn schnell und umfassend über die Situation in Ost-Berlin und in der DDR informierten. Schon in den Abendstunden des 15. Juni war der RIAS daher in der Lage, über erste Proteststreiks im Ostsektor von Berlin zu berichten. Um 19.30 Uhr strahlte er diese Meldung aus:

»In Ostberlin kam es heute auf drei Baustellen des volkseigenen Betriebes Industrie-Bau zu Proteststreiks gegen die von der Regierung angeordnete Normenerhöhung um zehn Prozent. Auf der Baustelle Krankenhaus Friedrichshain wurde um neun Uhr die Arbeit niedergelegt, während die Arbeiter auf den Baustellen Stalin-Allee Block 40 und Volkspolizei-Inspektion Friedrichshain von 14 und 15 Uhr an in den Ausstand traten. In Protestresolutionen wurde die Zurückziehung der Anordnung über die Erhöhung der Normen gefordert.«

Obwohl der RIAS diese Nachricht bis in die Morgenstunden des 16. Juni mehrfach ausstrahlte, wurde sie von keiner westlichen Nachrichtenagentur übernommen: Der Wahrheitsgehalt wurde schlicht bezweifelt. Erst am Vormittag des 16. Juni griffen die ersten westlichen Agenturen das Thema auf, zumal sich die Hinweise auf eine bevorstehende Streikwelle größeren Ausmaßes verdichteten. Um 13.30 Uhr informierte der RIAS über weitere Demonstrationen auf der Stalinallee und konnte dann um 16.30 Uhr als erster deutscher Sender die Proteste im sowjetisch besetzen Sektor Berlins ausführlich schildern. Denn noch am Nachmittag des 16. Juni war im RIAS-Gebäude eine Delegation Ost-Berliner Bauarbeiter erschienen, deren Forderungen wiederholt über den Sender verbreitet wurden:

Auszahlung der Löhne nach den alten Normen schon bei der nächsten Lohnzahlung, sofortige Senkung der Lebenshaltungskosten, freie und geheime Wahlen, keine Maßregelung der Streikenden und ihrer Sprecher.

Die Delegation erklärte ausdrücklich, sie hätte sich nicht an den RIAS gewandt, wenn sich Grotewohl oder Ulbricht zu einer Diskussion mit den Demonstranten bereit gefunden hätten, und unterstrich zugleich, die Arbeit in Ost-Berlin werde am 17. Juni ruhen, wenn bis dahin ihre Forderungen nicht erfüllt wären. Das gesamte Nachrichtenprogramm des RIAS stand von nun an im Zeichen des beginnenden Volksaufstandes. Zur Beurteilung insbesondere auch der über den Sender ausgestrahlten Kommentare ist es nötig, sich noch einmal die politische Situation in Erinnerung zu rufen. Zwischen den ehemaligen Verbündeten des Zweiten Weltkrieges herrschte Eiszeit, es hatte die Blockade Berlins gegeben; die Spaltung der Stadt und Deutschlands überhaupt und der Ausbau der innerdeutschen Grenze zu einem unüberwindlichen Bollwerk wurde von Moskau und der SED forciert, in der Tschechoslowakei waren ebenso wie in Polen Proteste gegen den Kommunismus blutig niedergeschlagen worden, und in Asien tobte der Korea-Krieg.

Hatte der RIAS bis zum Ausbruch der massiven Proteste und des Volksaufstandes ab dem 16. Juni durchaus zum Widerstand gegen die Normenpolitik der DDR-Regierung aufgefordert – wenn auch mit den friedlichen Mitteln von Belegschaftsversammlungen, Resolutionen und Streikandrohungen –, sah er in den Tagen der Unruhen selbst seine Aufgabe vorrangig in einer zurückhaltenden und möglichst objektiven Berichterstattung, die ihm im Übrigen in den folgenden Tagen die Kritik West-Berliner Zeitungen einbrachte. So schrieb der »Tagesspiegel« in seiner Ausgabe vom 21. Juni 1953:

»Als in Österreich die Sowjets angebliche Erleichterungen in Kontrollen gewährten, die sie, wenn es ihnen mit Entspannung und Verständigung ernst wäre, längst nicht mehr hätten ausüben dürfen, beeilte sich der österreichische Bundeskanzler Raab, einen ehrerbietigen Kratzfuß zu machen. ›Von der Regierung wird die sowjetische Maßnahme dankbarst anerkannt‹ – küss' die Hand … Unterdessen übt man sich in Vorsicht. In diesem Sinne scheint auch der RIAS zu dem ›Raabismus‹ ermahnt worden zu sein, Schärfen zu unterdrücken, wodurch er in der wichtigsten Zeit seines Bestehens für die Sowjetzonenbevölkerung zur Enttäuschung wird.«

Anders sahen natürlich die Darstellungen in den SED-gesteuerten Blättern aus, so meinte etwa die »Tägliche Rundschau« am 19. Juni: »Die westlichen Organisatoren der Provokation versuchten ununterbrochen, das Vorgehen der auf der Straße Versammelten zu leiten. So gab zum Beispiel der RIAS den Demonstrationsteilnehmern pausenlos Direktiven, wie sie vorgehen müssen.«

Im Hinblick auf die Berichterstattung des RIAS in den entscheidenden Tagen vom 16. bis 23. Juni liegt die Wahrheit eher in der Einschätzung des »Tagesspiegel«. Der RIAS lenkte weder »Provokateure« und »Agenten«, noch »flötete er unbekümmert sein Tagesprogramm weiter«. Auffallend ist jedoch in jedem Fall, dass er auf der einen Seite zwar ausführlich über den Ost-Berliner Arbeiteraufstand berichtete, zugleich aber immer wieder zur Besonnenheit aufrief und vor einem Vorgehen gegen die sowjetischen Besatzungstruppen warnte, um ein weiteres Blutvergießen zu vermeiden.

Dieser Hintergrund prägte zwangsläufig die Kommentare über die Ost-Berliner Ereignisse. Programmdirektor Eberhard Schütz sagte am Abend des 16. Juni unter anderem:

»Noch während die Demonstrationen im Gange waren, wurde die Forderung, die am Anfang des Protestmarsches stand, erfüllt. Die leichtfertig dekretierte Normenerhöhung ist zurückgezogen, die Freiwilligkeit der Normenerhöhung erneut proklamiert. Es ist dies ein Sieg, den unsere Ostberliner mit der gesamten arbeitenden Bevölkerung der Sowjetzone teilen. Nicht nur im Ergebnis, sondern auch im Erringen, im Kämpfen. [...] Ein jeder in der Sowjetzone und in Ostberlin kann heute Abend selbstbewußt seinen persönlichen Sieg über das sowjetdeutsche Regime in der Kernfrage registrieren. Denn es ist die Kernfrage, es ist das Kernproblem der SED, ob sie durch die Steigerung der industriellen Produktion, durch eine steigende Ausbeutung der arbeitenden Bevölkerung den Besitz der Zone für die Sowjets so wichtig, so bedeutsam machen kann, daß die Zone und ihr Industriepotential zu wichtig sind, um Tauschobjekt auf dem diplomatischen Markt zu sein – um gegebenenfalls aufgegeben zu werden und mit der Zone die SED. [...]«

Der Kommentar des RIAS-Programmdirektors beinhaltete die Aufforderung zum weiteren Kampf gegen das Regime, warnte aber auch vor unbedachtem Vorgehen:

»Man sollte eines nicht übersehen. Die sowjetdeutschen Machthaber sind letzten Endes Mandatsverwalter des Kremls, und es ist der Kreml, der bestimmt, ob die Bauarbeiter der Stalin-Allee demonstrieren dürfen, ohne daß die Volkspolizei einschreitet. Es ist der Kreml, der in seinem totalitären Herrschaftsanspruch bestimmt, ob gegen Ulbricht und Grotewohl demonstriert werden darf. Jeder einzelne unserer Hörer muß für sich selbst wissen, ob die Umstände seiner persönlichen Situation in seinem Betrieb es ihm erlauben, den Widerstandswillen der Bevölkerung der Zone auszudrücken, jeder einzelne muß wissen, wie weit er gehen kann. Die Delegation der Bauarbeiter der Stalin-Allee, die uns heute Nachmittag aufsuchte, als ihre Kundgebung bereits den Sieg registrieren konnte, war so siegesbewußt, daß ihr das Zugeständnis der sowjetdeutschen Regierung, der Rückzug in der Normenerhöhung nicht genug schien. Wir, verehrte Hörerinnen und Hörer, würden uns glücklich schätzen, wenn wir Ihnen in den nächsten Tagen von weiteren Siegen berichten könnten.«

Wenn auch die SED dem RIAS immer wieder vorwarf, im Zusammenhang mit dem Volksaufstand eine entscheidende Rolle eingenommen und die Proteste gesteuert zu haben, lässt sich diese Behauptung an Hand der Sendeprotokolle eindeutig widerlegen. Die Meldung über die Verhängung des Ausnahmezustandes im Ostsektor der Stadt verband der Sender immer wieder mit der Warnung:

»Wir wiederholen angesichts dieser Situation unseren mehrfach dringend gegebenen Hinweis, sich jeder Handlung gegen die sowjetische Besatzungsmacht zu enthalten. Dieser Hinweis liegt im ureigensten Interesse der Bevölkerung«, und die Berliner SPD, CDU, FDP und der DGB appellierten in einer gemeinsamen Erklärung:

»Vermeidet jede Provokation, die der Sache nur Schaden kann. Eure Stimme ist in der Welt gehört worden. Es muß und wird alles geschehen, um Eure berechtigten Wünsche zu erfüllen.«

Man mag sich streiten, inwieweit die Wortwahl in Nachrichten und Kommentaren zu Fehlinterpretationen geeignet war. Was meinte der RIAS, wenn er seiner Hoffnung Ausdruck gab, von »weiteren Siegen« berichten zu können? Und wie war das Versprechen zu verstehen, demzufolge »alles« geschehen werde, um die »berechtigten Wünsche« zu erfüllen? Die einen mögen darin die Hoffnung gesehen haben, die Westmächte würden militärisch eingreifen, die anderen eine derartige Drohung.

Bis zum 23. Juni war das gesamte Programm des RIAS den Ereignissen in Ost-Berlin und in der DDR untergeordnet, und festzuhalten bleibt: Der RIAS war nicht nur wichtigste Informationsquelle für die Ost-Berliner und große Teile der DDR-Bevölkerung, sondern der RIAS war sich in den Tagen des Aufstandes gegen das SED-Regime durchaus auch seiner Verantwortung bewusst. Er hat nicht etwa Öl in die Flammen des Protestes gegossen, sondern immer wieder zur Besonnenheit aufgerufen, insbesondere im Verhalten gegenüber den sowjetischen Besatzungstruppen.

Da der RIAS sich im Hinblick auf eine Ausweitung der Proteste derart zurückhielt, ist damit zugleich eine andere Legende der SED widerlegt: Für das Programm waren weniger die deutschen Mitarbeiter verantwortlich als der amerikanische Direktor, unter dessen tatsächlicher Leitung der Sender stand. Wenn aber unter dieser Prämisse dem RIAS nicht daran gelegen war, den Flächenbrand in der DDR und in Ost-Berlin auszuweiten, ist damit gleichzeitig zu vermuten oder gar festzustellen, dass dieses auch nicht im Interesse der USA selbst lag. Die USA wollten – wie übrigens auch 1961 – »Ruhe an der Berliner Front«.

Für diese Feststellung spricht auch ein weiteres Indiz. In der 127. Sitzung des Bundestags-Ausschusses für Auswärtige Angelegenheiten am 8. Juli 1953 erwähnte der SPD-Abgeordnete Neumann, es sei in Gesprächen mit dem amerikanischen Botschafter und Hohen Kommissar Conant »gegen anfänglich sehr starke Widerstände gelungen, ihn dazu zu bekommen, daß am heutigen Nachmittag im RIAS ein Gespräch zwischen ihm, den Streikenden aus der Stalin-Allee, den Hennigsdorfer Stahlarbeitern und Leuten aus dem Magerviehhof stattfindet. Wir hoffen, daß dieses Gespräch heute Abend noch gesendet werden kann, und nehmen an, daß das von außerordentlich demonstrativer Wirkung auf die Welt sein wird.«[11] Die Darstellung Neumanns belegt, dass sich die USA im Umgang mit den streikenden Arbeitern sehr schwer taten und ganz augenscheinlich nicht darauf brannten, über den RIAS die DDR-Regierung zu stürzen.

Bekräftigt wird diese These durch eine Äußerung von Bundeskanzler Konrad Adenauer auf der 125. Sitzung des Ausschusses vom 5. Juni 1953. Dort hatte er zur Rolle und Bedeutung der Hohen Kommissare erklärt: »Die Hohen Kommissare in Deutschland sind in den Augen ihrer Auftraggeber nichts anderes als Beauftragte, die das mitzuteilen haben, was in Washington,

London und Paris beschlossen worden ist.«[12] Wenn Adenauers Einschätzung richtig war, und davon kann man ausgehen, war es nicht nur der Hohe Kommissar der USA allein, der zu dem erwähnten Gespräch im RIAS gedrängt werden musste, sondern er vollzog nicht mehr und nicht weniger als die Politik der US-Regierung.

Opferzahlen vom »Kalten Krieg« beeinflusst

Es ist nahezu unmöglich, exakte Zahlen über die Opfer des Volksaufstandes vom Juni 1953 zu nennen. Zu unterschiedlich sind die Angaben von Volkspolizei und dem Ministerium für Staatssicherheit beziehungsweise dann dem Staatssekretariat für Staatssicherheit. Korrekt sind offensichtlich ausschließlich die Zahlen von Verletzten und Toten auf Seiten von Volkspolizei, Kasernierter Volkspolizei und Stasi. Was die Opfer unter den Demonstranten anbelangt, wird in den Berichten oft darauf verwiesen, Konkretes könne nicht genannt werden, weil verletzte »Provokateure« häufig von Sympathisanten geborgen und versteckt worden seien. Ein Beispiel hierfür gibt der Bericht über den Instrukteureinsatz in den Bezirksbehörden der Volkspolizei Leipzig und Dresden, wo es heißt:

»Blutspuren von Verletzten waren auf dem Hof festzustellen. Die Anzahl der verletzten Demonstranten aus diesem Angriff ist nicht bekannt, da keine zurückblieben. [...] Ein zweiter Angriff gegen die BDVP erfolgte am 18. 6. 53 in der Zeit von 18.30 bis 19.00 Uhr. Unter Anwendung der Schußwaffe wurde der zweite Angriff vereitelt. Die Angreifer ließen zwei Verletzte zurück. [....] Der BDVP Leipzig waren auf seiten der Provokateure 3 Tote und 36 durch Schußwaffen verletzte Provokateure aus dem Stadtgebiet Leipzig bekannt, die sich in den Krankenhäusern Leipzig befanden. Die genaue Zahl der verletzten Provokateure liegt wesentlich höher. [...] Nach 30 Minuten war der Platz vor dem VPKA [Delitzsch, d. Aut.] geräumt. Zurück blieben zwei durch Kopfschuß getötete Provokateure.«[13] Auch die Stasi stellte eine Liste der Opfer auf, doch ihre Zahlen stimmen ebenso wenig wie die der Volkspolizei, verdeutlichen aber, wie schwierig es ist, heute zu verlässlichen Opferangaben zu kommen.

Da die Partei- und Staatsorgane der DDR – wie nahezu während der gesamten Dauer ihrer Existenz – die Angaben über Todesursachen und Zahl der Opfer fälschten, ist nach Öffnung der Stasi- und Volkspolizeiakten die Nennung definitiver Opferzahlen weiterhin nicht möglich und wird es wohl kaum mehr sein. Es sollen nur wenige Beispiele genannt werden, die die Bandbreite zeigen: In der vom Berliner Senat herausgegebenen »Chronik der Jahre 1951 bis 1954« aus dem Jahr 1968 wird im Zusammenhang mit Todesopfern gesprochen von 267 demonstrierenden Arbeitern, von 116 Funktionären des SED-Regimes, achtzehn sowjetischen Soldaten, 92 Personen, die standrechtlich erschossen wurden, sowie von vierzehn Personen, die später auf Grund von Todesurteilen hingerichtet wurden. Rainer Hildebrandt geht in seiner Darstellung »Der 17. Juni« von circa 250 Todesopfern unter den Demonstranten (während des Aufstandes oder später ihren Verletzungen erlegen) aus, dazu von 21 standrechtlich erschossenen Demonstranten, drei standrechtlich erschossenen Volkspolizisten sowie von drei vollstreckten Todesurteilen. Auch bei ihm findet sich die Zahl von achtzehn standrechtlich erschossenen sowjetischen Soldaten. In seinem Buch »Der 17. Juni 1953 in der DDR« nennt Torsten Diedrich insgesamt 56 Todesopfer, einschließlich der standrechtlich Erschossenen oder Hingerichteten und mehrerer nicht belegter, aber wahrscheinlicher Todesfälle. Die »Sächsische Zeitung« kommt in ihrer Ausgabe vom 17. Juni 1993 auf eine Zahl von 51 Todesopfern, von denen 33 an Schussverletzungen gestorben sein sollen.

Diese differierenden Angaben belegen zweierlei: Jede als absolut genannte Zahl wäre unseriös und nicht belegbar. Darüber hinaus zeigt sich, dass Angaben aus der Zeit des Kalten Krieges bis hin zur deutschen Wiedervereinigung mit besonderer Skepsis betrachtet werden müssen, sind sie doch meist – wie im Übrigen auch die meisten Angaben über die Zahl der Todesopfer an der innerdeutschen Grenze – weit überhöht.

Dieselbe Unsicherheit gilt für das Ausmaß der Verhaftungen. Aus Unterlagen des Stasi-Ministerbüros geht hervor, dass bis zum 18. Juni, sechs Uhr, in Ost-Berlin und in den Bezirken 1.562 Demonstranten in Haft genommen worden waren. Diese Angabe deckt sich nicht mit der eines weiteren Stasi-Berichtes, der für Berlin für den Zeitraum vom 17. Juni bis zum 18. Juni, 16.00

Uhr, von 1.248 Verhafteten spricht, von denen 173 der sowjetischen Kommandantur übergeben worden seien.[14] Die Zahl aller Festgenommenen wird hier mit 2.444 angegeben. In einem weiteren Bericht vom Juli 1953 wird sogar von 3.429 festgenommenen »Rädelsführern« gesprochen. 166 Verhaftete seien den sowjetischen Militärkommandanten übergeben worden, 1.236 der Staatssicherheit, 290 den Gerichten, 1.001 befänden sich noch bei der Volkspolizei, 736 seien inzwischen wieder freigelassen worden.[15]

Während in der Regel in den Statistiken der Hauptverwaltung der Deutschen Volkspolizei darauf verwiesen wird, es handele sich um Angaben aus den Bezirken, Ost-Berlin ausgeschlossen, gibt es einige wenige Aufstellungen, aus denen das Ausmaß der Strafaktionen im Ostsektor der Stadt hervorgeht. Für Ost-Berlin werden unter anderem diese Zahlen genannt:

Festnahmen am 17. Juni und an den folgenden Tagen:	2.241
davon:	
Volkspolizei-Inspektionen:	849
Präsidium der Volkspolizei:	388
Lager Magerviehhof:	1.004
Haftbefehle:	433
Abgabe an das Ministerium für Staatssicherheit:	315
Abgabe an sowjetische Dienststellen:	7

Strafverfahren aus Anlass des 17. Juni (Berlin)[16]

Angeklagt:	273 (davon 42 West-Berliner)
Urteile:	154 (davon 29 gegen West-Berliner)
Strafmaß:	
Bis ein Jahr Gefängnis:	80 (davon 10 West-Berliner)
1 bis 5 Jahre Gefängnis:	37 (davon 7 West-Berliner)
5 bis 10 Jahre Gefängnis:	1
1 bis 5 Jahre Zuchthaus:	10
5 bis 10 Jahre Zuchthaus:	9 (davon 5 West-Berliner)[17]

Die Strafpolitik in der unmittelbaren Zeit nach dem 17. Juni war von einer Vielzahl von Widersprüchen geprägt, wobei der damalige Justizminister Max Fechner eine Schlüsselrolle spielte. Am 9. Juni hatte das Politbüro der SED ausdrücklich von der Stärkung der Rechtssicherheit in der DDR gesprochen. Als es dann nach dem 17. Juni zu Verhaftungswellen ungeahnten Ausmaßes kam, führte dies gleichzeitig zu einem Konflikt zwischen dem Justizministerium und dem Ministerium für Staatssicherheit. Dabei hatte Fechner kurz zuvor die Justiz ausdrücklich in den Dienst des Sozialismus gestellt. In der Rundverfügung 125/51 an die Justizverwaltungen der zu dieser Zeit noch existierenden Länder in der DDR hatte Fechner erklärt:

»Heute wird niemand seiner Gesinnung wegen inhaftiert. Wer unsere antifaschistisch-demokratische Ordnung angreift, wer den Aufbau unserer Friedenswirtschaft stört, begeht eine strafbare Handlung und wird wegen seiner verbrecherischen Taten bestraft. Die Strafgefangenen dieser Art sind deshalb auch keine ›politischen‹ Gefangenen, sondern kriminelle Verbrecher. Die Bezeichnung dieser Strafgefangenen als politische Häftlinge wird hiermit untersagt.«

Das Ausmaß der Verhaftungswelle nach dem 17. Juni 1953 muss Fechner teilweise zur Besinnung gebracht haben, auf jeden Fall führte es zu einem Bruch in seiner Biografie. In einem am 30. Juni im SED-Organ »Neues Deutschland« unter der Überschrift »Alle Inhaftierten kommen vor ein ordentliches Gericht« veröffentlichten Interview sprach er davon, es dürften nur solche Personen bestraft werden, die sich eines schweren Verbrechens schuldig gemacht hätten. Streikende und Streikleitungen nahm er hiervon ausdrücklich aus. Selbst Rädelsführer dürften nicht auf bloßen Verdacht hin bestraft werden. Zwei Tage später legte Fechner sogar noch nach. Das Streikrecht sei verfassungsmäßig garantiert, die Angehörigen der Streikleitungen dürften daher für ihre Tätigkeit als Mitglieder der Streikleitungen nicht bestraft werden. Lediglich Brandstiftung, Raub, Mord und andere gefährliche Verbrechen seien strafrechtlich zu ahnden.[18]

Hinter den Kulissen tobte unterdessen ein Machtkampf, aus dem Fechner als Verlierer hervorgehen sollte. In einem Bericht der Abteilung IX des Ministeriums für Staatssicherheit vom 6. Juli 1953 wurde davon gesprochen, in den ersten Tagen nach dem 17. Juni habe »vorerst allseitige Unklarheit über die Abwicklung der Strafverfahren in Vorgängen, die im Zusammenhang mit den Ereignissen am 17. Juni 1953 stehen«, geherrscht.[19] Am 20. Juni sei die Abteilung IX des MfS davon in Kenntnis gesetzt worden, dass beim Generalstaatsanwalt der DDR ein Operativ-Stab zur Regelung der Arbeit der Justizorgane gebildet worden sei, »des weiteren, daß von seiten der Justizorgane Richtlinien an die Gerichte in den Bezirken bezüglich der Abwicklung derartiger Verfahren gegeben wurden«. Wie weit in diesen Tagen Staatssicherheit und Justizministerium auseinander lagen, macht der Bericht deutlich:

»In den ersten Tagen nach dem 17.6.1953 herrschte noch Unklarheit über die Abwicklung der angefallenen Vorgänge. Von seiten der Abteilung IX in Dresden wurden dem Gericht der U. [Untersuchungs, d. Aut.]-Vorgang [...] und 5 Andere, sämtlich Mitglieder der Streikleitung aus dem Spritz- und Pressgutwerk Heidenau zur Aburteilung übergeben. Das Gericht entschied auf Nachermittlung. Der Staatsanwalt verlangte die Einstellung des Verfahrens und die Entlassung der Beschuldigten. Da von seiten des Ministeriums, Genossen Staatssekretär, die Anweisung bestand, festgenommene Mitglieder von Streikleitungen nicht zu entlassen, wurde gegenüber dem Staatsanwalt geäußert, vor Entlassung eine entsprechende Anfrage an das MfS zu richten. Dies geschah durch Oberstleutnant Harnisch am 21.6.1953 beim Genossen Staatssekretär, der der Entlassung zustimmte. Daraufhin wurden am gleichen Tage die Beschuldigten aus der Haft entlassen. [...] Der Leiter der Bezirksverwaltung Dresden, Harnisch, wie auch der Leiter der Abteilung IX Dresden, Winter, forderten in einem Falle strengere Bestrafung für Provokateure, und zwar im Falle der Terroristen und Provokateure [...] und 8 Andere aus Reichenbach/Görlitz. Diese hatten am 17.6.1953 die Bürgermeisterei von Reichenbach gestürmt, den Bürgermeister tätlich angegriffen und schwer verletzt sowie seine Frau und 2 weitere Genossen schwer mißhandelt und im Anschluß das Haus völlig demoliert. Das Gericht entschied, vier Täter mit Strafen von 2 Jahren, 9 Monaten, 1 Jahr, 5 Monate und 1 Jahr, 4 Monaten zu belegen, die 5 restlichen Teilnehmer, die ihre Teilnahme am Verbrechen eingestanden hatten, zu 6 Monaten und Strafaussetzung zu bestrafen. Auf Grund der Schwere des Verbrechens erschien die Bestrafung dem MfS zu gering, so daß Einspruch erfolgte. Nachdem die Richtlinien des MfS vom 23.6.1953 eingetroffen waren, wurden jegliche Einsprüche unterlassen.« Der Bericht spricht davon, dass »teilweise bei den Organen der Staatsanwaltschaft und der Gerichte Tendenzen gegen die Organe und die Arbeit des Ministeriums für Staatssicherheit vorliegen«. Für die Stasi bedeutete dies vor allem eine zu große Toleranz der Justizorgane:[20]

»*Bezirksverwaltung Gera:*
7 Verfahren wurden von der Staatsanwaltschaft bzw. vom Gericht eingestellt.

Beispiele. [...] geb. 1914, Bibliothekar, wohnhaft in Jena, hat am 17.6.1953 in Jena gemeinsam mit anderen Randalisten versucht, sowjetische Panzer mittels Straßenbahnen aufzuhalten. [...] geb. 1919, Laborant, wohnhaft in Jena, drang am 17.6.1953 mit in das Gebäude der Bezirksverwaltung für Staatssicherheit ein und holte Akten heraus, die andere Täter wegbrachten.

[...] geb. 1929, Maschinenschlosser, wohnhaft Bethenhausen, war der Organisator des Streiks in verschiedenen Betrieben in Gera. Durch seine Hetzreden wiegelte er die versammelte Menge auf, worauf Provokateure das Jugendheim in Gera demolierten und in den Hof der Volkspolizei-Haftanstalt eindrangen, des weiteren versuchten, die Haftanstalt der Bezirksverwaltung für Staatssicherheit zu stürmen. Er hat sich jedoch bei den Ausschreitungen selbst im Hintergrund gehalten. Das Verfahren wurde in einer *öffentlichen* Verhandlung eingestellt.

Bezirksverwaltung Dresden
8 Verfahren wurden vom Gericht und 6 von der Staatsanwaltschaft eingestellt. Des weiteren wurden 5 Personen zu 6 Monaten Gefängnis verurteilt und sofort aus der Haft entlassen.

Beispiele: [...] und 8 andere haben am 17.6.1953 in Reichenbach das Rathaus gewaltsam durch Einschlagen der Tür aufgebrochen, das gesamte Inventar demoliert und den Bürgermeister blutig geschlagen, des weiteren die dort versammelte Menge aufgewiegelt, Transparente usw. zu zerstören.

Die Haupträdelsführer [...] und [...] wurden zu 1 Jahr 7 Monate bzw. 1 Jahr 5 Monate Gefängnis verurteilt. Die Beschuldigten [...] wurden zu 6 Monaten Gefängnis verurteilt und sofort auf freien Fuß gesetzt. Im Vorgang [...] und 4 Andere wurde das Verfahren eingestellt, obwohl die Beschuldigten als Haupträdelsführer die auf ihre Initiative hin versammelte Menge der Streikenden und Demonstrierenden aufwiegelten, daß sie Transparente und Plakate herunterrissen und zerstörten, woran sich teilweise auch die Beschuldigten selbst beteiligten.

Bezirksverwaltung Schwerin
4 Verfahren wurden vom Gericht eingestellt, 3 Personen freigesprochen.

Beispiele: Ein Großbauernsohn hat mit etwa 15 – 20 weiteren Großbauern in einer Gaststätte, die vom Besitzer (republikflüchtig) verlassen wurde, Bilder von Marx und Engels, fortschrittliche Losungen, Fähnchen der Deutschen Demokratischen Republik usw. zerstört.

Bezirksverwaltung Cottbus
1 Verfahren wurde eingestellt.

Es handelt sich um [...], Mitglied einer Streikleitung – obwohl er nicht im Betrieb beschäftigt ist –, der mit einem nach Westberlin geflüchteten Provokateur namens [...] in Verbindung stand und die Streikforderungen mit aufstellte.«

Justiz als Instrument der Rache

Besonders die Leiterin des gemeinsamen Operativstabes von Justizministerium, Oberster Staatsanwaltschaft und Oberstem Gericht, Hilde Benjamin, wollte sich mit derart milden Urteilen nicht abfinden und setzte alles daran, den aus ihrer Sicht hierfür hauptverantwortlichen Fechner auszuschalten. Am 14. Juli 1953 hatte Fechner vor dem Politbüro zu erscheinen, das am selben Tag beschloss, ihn wegen »partei- und staatsfeindlichen Verhaltens« aus der Partei auszuschließen, als Justizminister zu entlassen und in Untersuchungshaft zu nehmen. Gleichzeitig entschied das Politbüro, Hilde Benjamin als Justizministerin zu berufen. In ihrer Antrittsrede am 20. Juli machte Benjamin deutlich, wohin ihr neuer Kurs führen würde:

»Es gab gefährliche Tendenzen innerhalb unserer Justizverwaltung. Man wollte die Provokateure des 17. Juni schonen und sie der gerechten Strafe entziehen. [...] Man beging den grundsätzlichen Fehler, einen versuchten Staatsstreich und faschistischen Putsch als einen Streik zu rechtfertigen. Vergessen wir nie, daß wir, daß die Gerichte eine hohe und verantwortungsvolle Aufgabe erfüllen und daß die Justizorgane einen der mächtigsten Hebel des Staates darstellen.«[21] Fechner wurde zu einer Zuchthausstrafe von acht Jahren verurteilt, 1956 von der 3. Parteikonferenz begnadigt und am 29. Juni 1958 wieder in die SED aufgenommen.

Mit Fechners Sturz verschärfte sich gleichzeitig das Vorgehen gegen die Demonstranten des 17. Juni. Urteile, die der »roten Hilde« und dem Staatssekretariat für Staatssicherheit zu milde waren, wurden kassiert, die Richter hatten neue, härtere zu sprechen. In allen Bezirken der DDR und in Ost-Berlin überprüfte das Ministerium beziehungsweise dann das Staatssekretariat für Staatssicherheit die Urteile und kam fast regelmäßig zu dem Ergebnis, die Strafen seien zu gering. Zu einer Freiheitsstrafe von vier Monaten war beispielweise in Leipzig ein Elektromeister verurteilt worden, der angekündigt hatte, er wolle Transparente und Fahnen herunterreißen. Außerdem hatte er Angestellte eines »Aufklärungslokals« der SED als Schwindler und Lügner bezeichnet. Am 6. Juli 1953 stellte die MfS-Bezirksverwaltung Leipzig unmissverständlich klar, dass sie die Strafe als viel zu gering betrachte.[22] Gleiches galt für drei zu Gefängnisstrafen von vier bis sechs Monaten Verurteilte, die die Fensterscheiben der Stasi-Dienststelle Geithain mit Pflastersteinen eingeworfen hatten. Zwar war es bei zerstörten Scheiben geblieben, doch weil »ohne weiteres Personenschaden hätte entstehen können«, verlangte die Stasi härtere Bestrafung.

Angesichts der harten Linie der neuen Justizministerin Benjamin blieb den Gerichten offensichtlich nichts anderes übrig, als ihrem Willen und dem der Stasi nachzugeben. So erhielt ein am 18. Juni in Delitzsch verhafteter Schlosser, als »aktiver Provokateur« in einem ersten Urteil des Bezirksgerichtes Leipzig am 9. Juli 1953 eine Zuchthausstrafe von anderthalb Jahren. Aufgrund der neuen Order kassierte der Generalstaatsanwalt in Berlin dieses Urteil. In einem zweiten Verfahren wurde der Schlosser am 2. November 1953 für vier Jahre ins Zuchthaus geschickt. Eine junge Frau aus der Delitzscher Nachbarschaft sollte anfangs – ebenfalls nach einem Urteil des Bezirksgerichtes Leipzig vom 13. Juli 1953 – eine anderthalbjährige Gefängnisstrafe verbüßen. Auf Drängen Benjamins wurde diese Strafe im September in zweieinhalb Jahre Zuchthaus umgewandelt.

Noch bis in das Frühjahr 1954 hinein ließ die SED Teilnehmer der Protestaktionen gegen das Regime verhaften. So wurden zwischen dem 3. und 24. März 1954 in Delitzsch sechs Arbeiter wegen ihrer Beteiligung an den »faschistischen Provokationen« verhaftet. Das Bezirksgericht Leipzig verhängte am 4. Juni 1954 eine Gesamtstrafe von 21 Jahren Zuchthaus – nicht zuletzt zur Abschreckung im Vorfeld des ersten Jahrestages des Volksaufstandes.[23]

Einer der maßgeblichen Anführer der Streiks in Halle erhielt eine zehnjährige Zuchthausstrafe, vierzehn weitere wurden zu Zuchthausstrafen zwischen drei und acht Jahren verurteilt. Andere, die als »Provokateure« eingestuft wurden, kamen mit der Entlassung aus ihren Betrieben davon. Der größte Teil der Hallenser Demonstranten, die auf den Verhaftungslisten von SED und Stasi standen, suchten ihr Heil in der Flucht nach West-Berlin oder Westdeutschland.[24]

Mit ähnlicher Härte ging das Regime, nachdem es mit sowjetischer Hilfe wieder fest im Sattel saß, in allen Bezirken vor. So wurde in einem öffentlichen Schauprozess Lothar Markwirth aus Niesky zu lebenslanger Zuchthausstrafe verurteilt, der sein »Verbrechen« anlässlich des 40. Jahrestages des Volksaufstandes in der »Sächsischen Zeitung« so beschrieb:

»Nach einer Großkundgebung in Görlitz verließ ich die Stadt, um nach meinem Geschäft in Niesky zu sehen, da auch dort demonstriert wurde. Ein Bürger in Niesky bat mich, die Ereignisse fotografisch zu dokumentieren. Mit der Kamera lief ich zum Gebäude der SED-Kreisleitung, doch die Massen waren bereits zur verhaßten Stasi-Zentrale unterwegs. Hier versuchte die Menge, die Türen gewaltsam aufzubrechen. Die Stasi-Schergen richteten ihre Waffen auf die Menschen, was die allgemeine Wut noch vergrößerte. Während ich Aufnahmen machte, entwaffnete man die

Stasi am Eingang. Im ersten Stock wollte sie sich allerdings nicht ergeben. Daraufhin wurde in einer Stehzelle Stroh angezündet und sie ausgeräuchert. Ich habe die Stasi-Mitarbeiter dann in einen vor dem Haus stehenden Hundezwinger gesperrt, erinnerte ich mich doch der Repressalien vor dem 17. Juni nur zu deutlich. Eine dem Dienststellenleiter abgenommene Pistole hielt ich in den Käfig und sagte: ›Seht, das ist eure Stärke gewesen.‹

Die mit zwei LKW auffahrende Kasernierte Volkspolizei forderte ich auf, ihre Waffen nicht gegen die Bevölkerung einzusetzen. Sie legten sie dann auch nieder. Inzwischen fuhren sowjetische Panzer auf und erstickten den Aufstand gegen das SED-Regime. Da stand nach meinen Erfahrungen fest, daß man mich wohl erschießen werde. Ich versuchte, nach Westberlin zu flüchten, wurde aber nach einer großen Suchaktion am 19. Juni verhaftet. In der Stasi-Zentrale in Dresden mißhandelte man mich, und ich verlor meine Zähne. Bei den Verhören durch Russen sollte ich gestehen, ich hätte im Auftrag der Amerikaner gehandelt. Ich blieb jedoch standhaft. In einem Schauprozeß in Dresden verurteilte man mich am 18. Juli zu lebenslanger Zuchthausstrafe.«[25]

Eine vorläufige Bilanz der SED-Rachejustiz gab Generalstaatsanwalt Melsheimer am 5. März 1954 bekannt: 1.526 Verurteilte, davon zwei mit der Todesstrafe, zwei Mal lebenslänglich, dreizehn Mal zehn bis fünfzehn Jahre, 99 Mal fünf bis zehn Jahre, 824 Mal ein bis fünf Jahre und lediglich 39 Freisprüche – eine unvollständige Aufstellung, wie anhaltende Verfolgung und Verurteilung von Demonstranten bis weit in das Jahr 1954 deutlich machen.

Die Angst der SED vor einem neuen »Tag X«

»Warum haben sich denn Grotewohl und Ulbricht vor dem Volk versteckt, sie hätten als Volksregierung an Ort und Stelle sprechen müssen. Wenn die Regierung solche Fehler macht, muß sie abtretenn, und man muß eine neue wählen.«[26]

Nach dem Versagen aller staatlichen Kräfte im Vorfeld des 17. Juni 1953 und in Kenntnis der tatsächlichen Stimmung in der Bevölkerung gehörte es zu den größten Sorgen der SED, es könne zu einem erneuten Volksaufstand, zu einem neuen »Tag X«, kommen. Die Befürchtungen schienen nicht völlig unbegründet. Denn wenn auch der Volksaufstand des Jahres 1953 – in erster Linie durch die sowjetischen Truppen – gewaltsam niedergeschlagen worden war, hatte sich an den Lebensumständen der Bevölkerung nichts zum Positiven geändert. Weder hatte die SED den Menschen in ihrem Herrschaftsbereich politische Freiheiten gewährt, noch hatte sich die Versorgungslage gebessert. Die unter dem Druck der Ereignisse der Juni-Tage gemachten Versprechungen waren wieder einkassiert worden. Stattdessen war es zu standrechtlichen Erschießungen und harten Bestrafungen gekommen, von den geforderten freien Wahlen war ebenso wenig die Rede wie von einem Rückzug der sowjetischen Besatzungstruppen oder dem Verzicht auf den Aufbau einer eigenen Armee, die Wiedervereinigung der beiden Teile Deutschlands war weiter entfernt denn je, und die innerdeutsche Grenze wurde dichter und undurchdringlicher.

Der DDR-Führung war sehr wohl bewusst, dass sich ihre Macht nicht auf die Zustimmung der Bevölkerung gründete, sondern ausschließlich auf die Anwesenheit der sowjetischen Truppen. Zudem musste sie – wie jede Diktatur – alle Anstrengungen unternehmen, um immer und möglichst lückenlos über Stimmungen in der Bevölkerung informiert zu sein, um etwaige Unruhen frühzeitig erkennen und ihre Urheber festnehmen zu können. Die wesentliche Aufgabe kam hier dem inzwischen innerhalb des Ministeriums des Innern gebildeten »Staatssekretariat für Staatssicherheit« unter Federführung von Ernst Wollweber und Generalleutnant Erich Mielke zu, die von den SfS-Bezirksverwaltungen höchste Wachsamkeit und stets neue schriftliche Berichte über Hinweise auf einen neuen »Tag X« forderten.

Vor dem Hintergrund des völligen Unvermögens bei der Vorhersage des Volksaufstandes vom 17. Juni 1953 und der damit verbundenen Verunsicherung sahen sich die Stasi-Mitarbeiter in den Bezirken jetzt offensichtlich bemüßigt, hinter jedem nicht systemkonformen Verhalten, hinter jeder nicht die Regierung bejubelnden Äußerung Anzeichen für einen neuen »Putschversuch« zu sehen, und überschütteten ihre Zentrale mit Berichten, die alle auf die Vorbereitung neuer Streiks oder eines neuen Aufstandes hinzudeuten schienen. In vorauseilendem Gehorsam wollten sich die örtlichen Stasi-Angehörigen keinesfalls erneut dem Vorwurf aussetzen, Hinweise für neue Protestaktionen übersehen zu haben. Entsprechend wurden auch lächerlichste Geschehnisse als beginnende neue Konterrevolution ausgelegt und gemeldet. Bespitzelt wurde überall dort, wo Menschen zusammenkamen: in den Fabriken und Betrieben, in den Landwirtschaftlichen Produktionsgenossenschaften, in Gaststätten und in Hotels, innerhalb der Kasernierten Volkspolizei und der Volkspolizei, in Jugendclubs, in Zügen und Straßenbahnen, in kirchlichen Kreisen und nicht zuletzt und vor allem innerhalb des Staatssekretariats, der SED und den übrigen Parteien sowie Massenorganisationen selbst.

»Die Verlobung ist gefeiert«

Die Furcht vor einem neuen »Tag X« saß tief, wie beispielsweise die Antworten auf das Stasi-Fernschreiben Nr. 611 vom 28. September 1953 zeigen, in dem die Bezirksverwaltungen zur Meldung von verdächtigen Hinweisen aufgefordert wurden. So schrieb die Stasi-Bezirksverwaltung Schwerin unter »Betr.: Organisierung eines neuen Tag ›X‹« zwar, genaues Material über derartige Vorbereitungen liege nicht vor, allerdings seien über den Kreisen Lübz, Sternberg, Parchim und Gadebusch Flugblätter abgeworfen worden, die die Überschrift getragen hätten: »Ulbricht, der Verräter und Mörder«. In den Zügen gebe es Diskussionen, die derart zusammengefasst werden könnten:

»Die Verlobung ist gefeiert, und die Hochzeit ist nicht fern. Wenn auch der 17. Juni noch nicht erreicht hat, was er erreichen sollte, so war es doch der Anfang, und das Ende kommt noch; aber diesmal klappt es, wartet mal erst den 27. Oktober ab.« Im Reichsbahnamtsbezirk Wittenberge, Kreis Perleberg, sei häufig zu hören, »daß man sich nicht so aktiv am gesellschaftlichen Leben beteiligen soll, da es sowieso bald anders kommt und verschiedene dann aufgehängt werden«. Ein Schlosser habe im VEB Zellwolle Wittenberge seine Kollegen aufgefordert, an einem eventuellen Streik teilzunehmen und keine FDGB-Beiträge mehr zu zahlen: »Außerdem wollte er Unterschriften für einen Brief an den RIAS sammeln. Um was für einen Brief es sich handelt, steht noch nicht fest.«[27] Gerade dieser letzte Satz ist kennzeichnend für nahezu alle derartigen Berichte, denn wirklich Handfestes wird selten genannt.

Andererseits gab es in der Tat viele Menschen, die weiterhin auf eine grundlegende Veränderung der wirtschaftlichen, vor allem aber der politischen Verhältnisse hofften, auch wenn sie angesichts eines mit Sicherheit zu erwartenden erneuten gewaltsamen Einsatzes der sowjetischen Besatzungsmacht kaum bereit gewesen wären, wiederum auf die Straße zu gehen.[28]

»Da marschieren die Hunde«

Eine wichtige Quelle, die Aufschluss über das Denken der Menschen in der DDR nach dem Scheitern des Juni-Aufstandes gibt, stellen die »Berichte über die Stimmung in der Bevölkerung«[29] beziehungsweise »Stimmung in den Einheiten der Grenzpolizei«[30] dar, die von der Hauptverwaltung der Deutschen Grenzpolizei vom 22. Juni 1953 an bis ins Jahr 1954 nahezu täglich zusammengestellt wurden. Auch wenn in den Berichten häufig beschönigend von einer allgemein guten Stimmung gesprochen – und damit der Erwartungshaltung der politischen Führung entgegengekommen wurde –, wurden die aus der Sicht der SED negativen Erscheinungen sehr wohl zu Papier gebracht.

22. Juni 1953:
»Plauen: Der Friseur K. aus Blankenstein äußerte im Zusammenhang mit den Provokationen in Berlin: ›Warum haben sich denn Grotewohl und Ulbricht vor dem Volk versteckt, sie hätten als Volksregierung an Ort und Stelle sprechen müssen. Wenn die Regierung solche Fehler macht, muß sie abtreten, und man muß eine neue wählen.‹ [...]

Blankenfelde: Im Industriewerk Ludwigsfelde und im Ort selbst diskutieren die Werktätigen im Beisein unserer Genossen vorsichtig. Drehen diese aber den Rücken, dann wird gegen die Regierung und ihre Maßnahmen gehetzt. Beim Aufzug der Streifen und Patrouillen wurde von den Kindern der Grundschule gebrüllt: ›Da marschieren die Hunde‹. [...]

Marienborn: Streifenposten diskutieren mit einem Eisenbahner. Dieser äußert u.a., daß bei Streiks in Westdeutschland die Amerikaner nicht auf Arbeiter schießen würden, sondern daß sie sich freuten, wenn die Arbeiter eine Lohnerhöhung erzwingen. […]

Görlitz: Im Gummiwerk Neu-Gersdorf I diskutiert man, daß man Rache nehmen wolle, wenn es einmal anders kommt. Die Regierung der DDR habe bis jetzt nur gelogen und die Menschen betrogen. In Taubenheim diskutiert man für freie Wahlen, für eine andere Regierung. […]

Rostock: In Zingst äußerte die Käte S., daß die Posten der Grenzpolizei fortlaufend Personen festnehmen, die sich nach der Sperrstunde auf der Straße aufhalten. Aber eines Tages werde es schon anders kommen, dann würde man die Posten abführen.

Blankenburg: In Teltow ist die Stimmung der Bevölkerung noch schwankend. Vom GPH [Grenzpolizeihelfer, d. Aut.] wurde die Kirche besucht. Die Predigt des Pfarrers Putzhammer stand unter dem Zeichen der Wegweisung mit dem Inhalt, daß die Menschen gegenwärtig Angst haben und keine Orientierung besitzen. Die Orientierung könne nur die Kirche geben, weil Gott auf der Höhe steht und alles übersieht.«

Sollte die SED die Hoffnung gehabt haben, die Stimmung in der Bevölkerung würde sich im Laufe der Zeit bessern, musste sie sich durch die Berichte der Grenzpolizei eines anderen belehren lassen. In der Versorgungslage traten keinerlei Verbesserungen ein, die Waren in den HO-Läden waren häufig unerschwinglich, hinzu kam der Unmut über Stromabschaltungen, fehlende Ersatzteile bei landwirtschaftlichen Maschinen oder die immer dichter werdende innerdeutsche Grenze.

Hätte das Staatssekretariat für Staatssicherheit die zahlreichen Berichte aus allen Teilen der DDR auch nur etwas kritisch und differenziert betrachtet, hätte ihm auffallen müssen, dass die Unzufriedenheit in der Bevölkerung in keiner Weise nachgelassen hatte, eher sogar noch zunahm, der Wahrheitsgehalt hinsichtlich konkreter Vorbereitungen für einen neuen »Tag X« dagegen oft minimal gewesen sein musste. Darum aber schien es auch gar nicht zu gehen. Hinweise auf angebliche Vorbereitungen für einen neuen »Tag X« waren in der Ost-Berliner SfS-Zentrale höchst willkommen, konnte doch mit ihnen die Notwendigkeit begründet werden, das Bespitzelungssystem auszubauen. So gab es beispielsweise kaum Anlässe und Daten, die nicht mit einem neuen »Tag X« in Zusammenhang gebracht wurden. In umfassenden Berichten stellte die Stasi alle Meldungen über geplante Maßnahmen des Gegners zur Vorbereitung eines neuen »Tag X« zusammen. So meldete man beispielsweise aus Magdeburg: »Im Ernst-Thälmann-Werk Magdeburg (Betrieb 06) war an die Toilettenwand eine Hetzparole

›Wir müssen uns von den Russen selbst befreien ...‹

geschrieben, und an einer Toilettenwand stand: ›Am 15.12. 1953 Regierungssturz.‹ Der Betrieb 06 hatte am 17.6.1953 zuerst gestreikt.

Ähnliche Losungen gingen in einer HO-Gaststätte und in der DHZ Elektrotechnik sowie im Kreis Zerbst um, wo u.a. die [...] des VEB Landwirtschaftliche Geräte erklärte, ›im Volk macht sich etwas, es kommt ein 2. 17.6.1953, aber dann geht es anders rund‹, usw.« [31]

Ähnliche Meldungen kamen aus allen Gegenden der DDR, so auch von der SfS-Bezirksverwaltung Rostock:

»Stimmen zum 17. Juni 1954

Unter den Schiffsbauern und Nietern der Halle A der Mathias-Thesen-Werft, Wismar, wünschen sich viele Arbeiter wieder einen neuen 17. Juni, damit eine Änderung in der mangelnden Arbeitsauslastung eintritt.

Im Betrieb haut überhaupt nichts mehr hin, es ist an der Zeit, daß wieder mal ein neuer Tag X kommt, damit wir mal wieder richtig auf die Pauke hauen können.

Am 8.6.54 wurde im Landmaschinenwerk Barth/Ribnitz im Verwaltungsgebäude folgende Hetzschrift angeschmiert: Heil mein Führer – Der Tag X kommt wieder.

Der Forstarbeiter [...] Forsthof Seefeld/Grevesmühlen sagte: Nicht der Westen hat mit dem Rüsten angefangen, sondern zuerst die DDR, die hat ja die VP eingeführt. Nun wird bald ein neuer Tag X kommen.

Im Ferienheim ›Solidarität‹ in Heringsdorf/Wolgast traten einige Urlauber an den Heimleiter heran mit der Frage, ob sie bei ihrer Heimreise über Berlin fahren könnten, sie hätten gehört, Berlin wäre abgesperrt, weil dort der 17. Juni wieder vorbereitet würde.

Der Parteisekretär vom VEB Bau (ST) Rostock erklärte in einer Unterhaltung, daß im Betrieb ungefähr die gleiche Stimmung herrscht, wie vor dem 17. Juni 1953. Grund hierfür ist die Entlohnung und Norm der Arbeiter. Verschiedene Verwaltungsstellen des Bezirkes Rostock bekamen mit der Post Hetzschriften zugesandt. Inhalt: Aufforderung zum Streik am 17.6.54. Die Regierung der DDR soll den Rücktritt erklären, alle Verhafteten vom 17.6.53 sollen freigelassen werden.« [32]

Es ist kaum vorstellbar, dass die Adressaten solcher Meldungen, Staatssekretär Wollweber und sein Vertreter Mielke, bei derartigen Berichten nicht zwischen Dichtung und Wahrheit unterscheiden konnten. Dennoch aber hatten sie für die Stasi und die SED durchaus ihren praktischen Nutzen: Sie waren vor allem geeignet, Feindbilder zu begründen und die entsprechenden Organisationen und Einrichtungen – wie etwa die Kirchen – zu beobachten, zu verfolgen, zu verbieten und ihre Mitglieder zu verhaften.

»Aktion Bollwerk« – Ausdruck höchster Nervosität

Einem erneuten Volksaufstand wollte die DDR-Führung unter allen Umständen begegnen und entwickelte seit 1954 zu diesem Zweck immer wieder Aktionen, die unter der Parole »Bollwerk« liefen. Je näher jeweils der 17. Juni rückte, umso nervöser wurde die SED, denn angeblich verfügte die Stasi über Informationen, nach denen die Ostbüros von »DGB und SPD, die KGU und andere Agentenzentralen beabsichtigen, nachstehende Provokationen oder Störungen durchzuführen:

1. In Broschüren und Instruktionen werden Ratschläge gegeben, wie man Krankheiten vortäuschen, sogar Röntgenaufnahmen positiv gestalten kann.

2. Es wird die Losung verbreitet, am 17. Juni krankzufeiern.

3. An den Ehrenmälern der gefallenen Sowjetsoldaten sollen Kränze mit schwarzen Schleifen und Hetzlosungen ablegt werden.

4. An den Gräbern der erschossenen faschistischen Provokateure sollen ebenfalls Kränze (wie unter 3.) genannt niedergelegt und kurze Trauerkundgebungen abgehalten werden.

5. Auf den Plätzen und Orten der Städte, wo am 17. Juni faschistische Provokateure erschossen wurden, sollen durch Agenten rote Tinte und Farbe ausgegossen und Flugblätter, Hetzlosungen und Ausschmückungen angebracht werden.

6. An der Demarkationslinie von Norden bis Süden wird beabsichtigt, in den westlichen Besatzungszonen sogenannte ›Mahnfeuer‹ oder ›Freiheitsfeuer‹ zu entzünden. Eine sogenannte ›Landsmannschaft Ostpreußen‹ wendet sich dieserhalb unter dem Stichwort ›Gesamtdeutsche Aktion‹ an alle Sportvereine, Studentenschaften, Berufstätigen-Verbände, Heimatbünde, Feuerwehr, Soldaten- und Offiziersverbände sowie alle anderen Organisationen. [...]

9. Eine große Flugblattaktion durch Ballons ist beabsichtigt.«[33]

Abgesehen davon, dass den Operativ-Abteilungen und den Kreisdienststellen der Staatssicherheit befohlen wurde, jegliche Protestaktion zu unterbinden, sollte »besondere Beachtung [...] auch den Massenorganisationen und solchen gesellschaftlichen Organisationen wie Hundezüchtern, Kleingartenhilfe, Wandergruppen usw. sowohl in der Stadt als auch auf dem Lande« gewidmet werden, damit »nicht durch getarnte Versammlungen am 17. Juni diese zur Tribüne für Provokateure gemacht werden können«.

Die Anspannung innerhalb von SED und Stasi war nahezu mit Händen greifbar, entsprechend frühzeitig wurden die bewaffneten Organe und das SfS in Alarmbereitschaft versetzt. Die Aktion »Bollwerk« begann am 14. Juni 1954 um acht Uhr, da mit »neuen Provokationen und Störversuchen« in der Absicht zu rechnen sei, »wieder Unruhen in der DDR zu erzeugen. Dies geschieht von den gleichen Hintermännern des faschistischen Putschversuches 1953, die gesamten feindlichen Maßnahmen werden von dem Bonner Kaiser-Ministerium gelenkt«, ließ die Stasi verlauten.[34] Alle vorhandenen Spitzel sollten ab sofort verstärkt eingesetzt, Groß- und lebenswichtige Betriebe ebenso verschärft überwacht werden wie Objekte auf dem Land. Unmissverständlich hieß es zum Beispiel in der Dienstanweisung Nr. 23/54 der Stasi-Bezirksverwaltung Suhl:

»Beim Auftreten neuer faschistischer Provokationen sind die Organisatoren unverzüglich festzunehmen und alle Provokationen im Keime zu ersticken. Treten Gerüchte über Normerhöhung oder provokatorische Forderungen auf, sind die Urheber zu ermitteln und bei feindlicher Absicht dieselben festzunehmen.«[35]
Besonders verdächtig waren für die Stasi alle Personen, die sich in der zurückliegenden Zeit ein neues Motorrad gekauft hatten; sie standen von vornherein unter dem Verdacht der »Kuriertätigkeit«, auf die besonderes Augenmerk zu legen war. Da zudem der 17. Juni 1954 ein katholischer Feiertag war (Fronleichnam), sollten die Kirche, insbesondere die katholische, sowie die Junge Gemeinde besonders beobachtet werden: »Es besteht durchaus die Möglichkeit, daß feindliche Elemente, vor allem in katholischen Gebieten, diesen kirchlichen Feiertag zu neuen Provokationen und Demonstrationen benützen.«[36]

Die angeordnete »erneute Überprüfung« aller Personen, die im Zusammenhang mit dem 17. Juni 1953 aufgefallen waren, bedeutete für zahllose Menschen in der DDR Festnahmen und endlose Verhöre durch die Stasi. Häufig wurden zwar Hinweise auf einen neuen »Tag X« gegeben, doch hätte den Vernehmern auffallen müssen, dass sie jeder Realität entbehrten. Dennoch wurden die Aussagen zu Papier gebracht, wie die eines Arbeitslosen, der im Ost-Berliner Flüchtlingslager »Dunant« lebte. Sein Verhör begann am 11. Juni 1954, morgens um acht Uhr. Er habe sich Anfang April 1954 mit einem Mitarbeiter des amerikanischen Geheimdienstes in der Dienststelle Berlin-Dahlem getroffen, sagte der Arbeitslose aus, und dabei habe dieser Mitarbeiter angekündigt, es werde am 17. Juni 1954 einen neuen Putsch geben, der sich auf die unzufriedenen Teile der DDR-Bevölkerung und auf eingeschleuste Agenten stützen werde. Wörtlich protokollierte Stasi-Leutnant Fister dann weiter:

»Als ich daraufhin immer noch ungläubig war, äußerte er, dieses Mal werde es anders verlaufen, da sie versuchen, Waffen in das Gebiet der DDR einzuschleusen. Bei den Waffen würde es sich um die Modelle handeln, die durch desertierte Volkspolizei-Angehörige in ihren Besitz gekommen sind, damit keinerlei Verdacht auf amerikanische und andere westliche Dienststellen fällt. Nähere Ausführungen machte er mir gegenüber nicht.«[37]

Ganz anders dagegen die »Aussagen«, die die Stasi bei einer anderen Vernehmung am 12. Juni 1954 erhielt. Seit Juni 1953 arbeite er mit den »Agenten des RIAS« zusammen, »gestand« der Beschuldigte. Er habe ein Gespräch zwischen einigen Agenten mithören können, wonach ein neuer Putsch geplant sei, mit dem Unterschied allerdings, »daß ein faschistischer Putschversuch wie am 17. Juni 1953 nicht mehr in dieser Form stattfinden solle. Es sei vielmehr geplant, einen Generalstreik innerhalb der Deutschen Demokratischen Republik auszulösen, um somit die Ziele des Imperialismus durchzusetzen.« Ziel sei es, die DDR-Regierung zu stürzen und dann freie Wahlen durchzuführen. Die Hauptaufgabe für die Vorbereitung eines Generalstreiks in der DDR habe »der Deutsche Gewerkschaftsbund (DGB) im Bündnis mit der Sozialdemokratischen Partei Deutschlands (SPD) übernommen«. Bei konkreten Fragen musste der Vernommene jedoch passen. Er konnte weder Großbetriebe nennen, in denen westliche Geheimdienste bereits »Zellen zur Auslösung des Generalstreiks« gebildet hatten, noch irgendwelche Personen, die an den Vorbereitungen beteiligt seien, oder gar ein Datum für den neuen »Tag X«. Wahrscheinlich aber würden DGB und SPD den RIAS in Anspruch nehmen, »der ja auch am 16. Juni 1953 dem SPD-Ostbüro zur Verfügung stand, um den faschistischen Putschversuch zu leiten«.

»Waffenübergabe im Berliner Kindl«

Vier Stunden hatte am 5. April 1954 die Vernehmung eines festgenommenen Westdeutschen aus Braunschweig durch einen Stasi-Unterleutnant in Gera gedauert, bis dieser »zugab«, mit einem konkreten Auftrag in die DDR gekommen zu sein, nämlich:

»Ja, es stimmt, daß ich jetzt mit einem Auftrag in die DDR kam. Mein Auftrag lautete: Vorbereitung des Sturzes der Regierung der DDR. Dies sollte vom 16. Juni zum 17. Juni 1954 durchgeführt werden. [...] Er soll anfangen mit Überfällen auf Volkspolizei-Reviere, Kasernen, Gebäude der Staatssicherheit, Untersuchungshaftanstalten und Zuchthäuser. Zu diesem Zweck müssen sämtliche Hauptagenten am 10. Juni 1954 nach Westberlin zu der in der Nähe des Bahnhofes Zoo befindlichen Gaststätte ›Berliner Kindl‹ kommen, um dort Waffen und Instruktionen zu empfangen.«

Bei diesen Überfällen sollten die Volkspolizisten entwaffnet und die Waffen an die geworbenen Agenten und freigelassenen Verbrecher ausgegeben werden. Bevor er in die DDR gekommen sei, sei ihm noch gesagt worden, sollte die Rote Armee wieder eingreifen, würden dies dieses Mal auch die Amerikaner tun.[38]

Zeigen allein schon diese Beispiele die Absurdität der Aussagen, ist das Folgende noch abstruser. Im April 1954 war eine Berliner Studentin festgenommen und am 12. Juni 1954 von Stasi-Hauptmann Lohmann verhört worden. Auf die Frage, welche Anweisungen sie für den Fall eines neuen Aufstandes erhalten habe, bekam er die Antwort:

»Bereits nach dem 17.6.1953 erhielt ich von dem Agenten [...] die Anweisung, mich bei einem erneuten Putschversuch völlig außerhalb zu halten und mich an keinen Handlungen der Provokateure zu beteiligen. Ich sollte mich in diesem Falle ständig in der Nähe von fortschrittlichen Bürgern der DDR aufhalten, um nach der Zerschlagung eines derartigen Putschversuches den Nachweis erbringen zu können, daß ich mich an keinerlei Handlungen beteiligt habe. Der Agent erklärte mir gegenüber, daß es zwecklos ist, im Gebiet der DDR einen Putschversuch durchzuführen, da dieser durch die Organe der DDR in Verbindung mit den in der DDR anwesenden sowjetischen Truppeneinheiten vereitelt würde.«[39]

Es ist schwer nachvollziehbar, dass eine Aussage, in der im selben Atemzug von der Vorbereitung eines neues »Putsches« und von der Aussichtslosigkeit eines solchen Unterfangens die Rede war, ernst genommen werden konnte.

Die Angst vor einem neuen »Tag X« verließ SED und DDR-Regierung auch nicht, nachdem sich alle Hinweise darauf für das Jahr 1954 als haltlos erwiesen hatten. Im Vorfeld eines jeden neuen Jahrestages des Volksaufstandes veranlassten sie neue umfassende Bespitzelungsmaßnahmen und versetzten die bewaffneten Kräfte in höchste Alarmbereitschaft, zu denen nun auch die Kampfgruppen der Arbeiterklasse gekommen waren. Offenen Widerstand gab es zwar nicht mehr, doch wie Berichte aus dem

Jahr 1955 zeigen, konnte die SED auch weiterhin nicht auf die »Arbeiterklasse« zählen, was beispielsweise eine Übersicht aus dem Bereich der Reichsbahn vom 9. Juni 1955 zeigt:[40] So meldete die Transportpolizei im Abschnitt Schwerin jeweils »geringe Beteiligung bei der Ausbildung der Kampfgruppen« aus Schwerin, Güstrow und Wittenberge, beim Betriebswerk Hagenow wurde zusätzlich auf »pazifistische Stimmungen im Betrieb« hingewiesen.

In den Reichsbahnausbesserungswerken Berlin-Schöneweide und Berlin erklärten zahlreiche Eisenbahner ihren Austritt aus den Kampfgruppen, um damit gegen das Verbot, nach West-Berlin zu fahren, zu protestieren. In den Werken selbst gab es immer wieder Parolen gegen die Kampfgruppen, aber auch gegen die SED und die Parteisekretäre der RAW. »Hetzlosungen, gerichtet gegen die Partei und die Regierung« und gegen die Kampfgruppen fanden sich auf den Bahnhöfen Seddin, in den RAW »Einheit«, Leipzig, »7. Oktober«, Zwickau, sowie Delitzsch, Salbke/Magdeburg, Halberstadt, Cottbus und Meiningen, das heißt vom Norden bis zum Süden der DDR. Zudem war es zu einer auffallenden Häufigkeit von »Betriebsunfällen durch Personalverschulden« gekommen, bei denen die Stasi – wohl nicht völlig zu Unrecht – davon ausging, dass es sich teilweise um Sabotage handelte.

»Konzentrationen von Eisenbahnern beobachten«

Besonders die Eisenbahner standen daher 1955 im Visier der Staatssicherheit. Entsprechend erhielt die Abteilung Kriminalpolizei der Hauptabteilung Transportpolizei am 7. Juni 1955 die Anweisung, die Schwerpunktobjekte und Dienststellen verstärkt dort zu observieren, »wo eine starke Konzentration von Eisenbahnern besteht«.[41] Eigens gebildete Ermittlergruppen hatten insbesondere auf die »Vorbereitung und Durchführung von Schweigeminuten durch feindliche Elemente« sowie auf illegale Waffeneinschleusung und Waffenbesitz zu achten.

Vor dem zweiten Jahrestag des Volksaufstandes wurde republikweit die Aktion »Bumerang« ausgelöst, nach der für alle bewaffneten Kräfte vom 13. Juni 1955 an höchste Alarmbereitschaft bestand. Aus allen Teilen der DDR wurden bewaffnete Kräfte nach Berlin beordert. Zwischen dem 10. und 14. Juni erließ das Staatssekretariat für Staatssicherheit eine Reihe von Einsatzbefehlen, um die Aktion »Bumerang« im Raum Berlin sicherzustellen.[42] Aus Halle und Dresden hatten jeweils hundert Mann der Sicherheits-Regimenter und aus Erfurt 150 Mann am 16. Juni in Berlin einzutreffen. Befohlen war die feldmarschmäßige Ausrüstung mit »zwei Kampfsätzen Munition für jede Waffe«.

Wussten die »Inneren Truppen«, wo sie eingesetzt werden sollten, konnten die Angehörigen der Grenzpolizei dieses nur ahnen. In deren Befehlen war jeweils nur die Rede davon, dass sie »zur Lösung einer besonderen Aufgabe zeitweilig an einen anderen Ort verlegt« werden sollten. Das galt zum Beispiel für die Lehranstalt Sondershausen, die am »Tag D, Uhrzeit X« fünf Kompanien bis zum Berliner Ring, Abfahrt Vogelsdorf, in Marsch setzen sollte, die Lehranstalt Dittrichshütte, die sechs Kompanien zu stellen hatte, sowie die Unteroffizierslehranstalt Dömitz, die mit einer Kompanie beteiligt war. Dem Chef des Stasi-Einsatzstabes, Generalleutnant Mielke, standen 1955 zur Zerschlagung eines befürchteten neuen »Tag X« 23 613 bewaffnete Kräfte zur Verfügung, davon 4 914 Angehörige der DGP, 11 979 Volkspolizisten, 5 500 Kräfte der Inneren Truppen sowie 1 220 Transportpolizisten. Allein in Berlin kommandierte Mielke 4.122 reguläre Kräfte, dazu standen im Zeltlager Hoppegarten, im Magerviehhof und auf dem Flugplatz Adlershof weitere 1.984 schwer bewaffnete Einheiten von Volkspolizei und Inneren Truppen aus den Bezirken der DDR in Reserve. Im Nachbarbezirk Potsdam warteten weitere 3.138 Mann auf einen eventuellen Einsatzbefehl.

Neu war im Jahr 1955, dass auch die Kampfgruppen der Arbeiterklasse bei der Niederschlagung von Protesten eine wichtige Rolle spielen sollten. Zu den ohnehin vorhandenen 5.040 Angehörigen der Kampfgruppen allein in Berlin wurden weitere 300 der Lehrgänge aus Kleinwall, Basdorf und Bindow nach Berlin beordert, die allerdings nur über eine geringe Zahl von Waffen für Ausbildungszwecke verfügten. Umso massiver hatten Innere Truppen und Volkspolizei aufgerüstet. War beim Volksaufstand am 17. Juni 1953 noch generell darüber geklagt worden, dass sowohl Volkspolizei als auch Kasernierte Volkspolizei unzureichend bewaffnet gewesen seien, verfügte nun allein das S-Regiment in

Berlin über 45 Maschinenpistolen, 127 Pistolen, 311 Karabiner und 37 leichte Maschinengewehre. Ähnlich gut bewaffnet war jetzt auch die Transportpolizei, an deren Wach- und Objektkompanien in Berlin 57 Maschinenpistolen, 359 Karabiner und 183 Pistolen ausgegeben worden waren.

An Waffen und Munition mangelte es jetzt – anders als 1953 – nicht mehr, wie eine Übersicht für die am 15. Juni 1955 in der Berliner Littenstraße eingetroffenen Kräfte aus Dresden, Neubrandenburg und Karl-Marx-Stadt zeigen. Diese Kräfte verfügten zusammen über 36 Maschinengewehre, 270 Karabiner, 1.038 Maschinenpistolen und 886 Gummiknüppel und mehr als ausreichend Munition.[43]

Der »Tag X« kam im November '89

Zu einem neuen »Tag X«, so wie ihn die SED sich ausgemalt hatte, kam es nicht, auch wenn sich die Partei Jahr für Jahr darauf einstellte, insbesondere jeweils vor den »runden« Jahrestagen. 1983 beispielsweise stellte die »Zentrale Auswertungs- und Informationsgruppe« der Staatssicherheit alle ihr bekannt gewordenen »feindlichen Pläne, Absichten und Aktivitäten im Zusammenhang mit dem 30. Jahrestag des sogenannten Tages der deutschen Einheit« in der Bundesrepublik zusammen. Gleichzeitig verschärfte die Stasi die Überwachung der eigenen Bevölkerung, den Transitverkehr zwischen Berlin und dem übrigen Bundesgebiet sowie »der in der DDR akkreditierten ständigen Reisekorrespondenten«. Spezielle Überwachungen wurden für »Einreisende aus dem NSA [nicht-sozialistisches Ausland, d. Aut.] und hartnäckige Antragsteller auf Übersiedlung« angeordnet.[44] In allen Teilen der DDR erstellten die »Bezirkskoordinierungsgruppen« der Stasi detaillierte »Maßnahmepläne zur politisch-operativen Sicherung des 17. Juni 1983« und leiteten unzählige »operative Kontrollmaßnahmen« ein, um das »feindlich-negative Wirksamwerden erfaßter Personen« vorbeugend zu verhindern.[45]

Als der »Tag X« dann am 9. November 1998 tatsächlich kam, war die DDR-Führung – wie 1953 – auf ihn überhaupt nicht vorbereitet, ebenso wenig wie die Bundesregierung.

Der Aufstand galt der SED

Volksaufstand, Streikbewegung, faschistischer Putschversuch? Auch fünfzig Jahre nach den Unruhen in Ost-Berlin und in der DDR gibt es höchst unterschiedliche Auffassungen über den tatsächlichen Charakter des Geschehens, und nur für wenige steht die Antwort derart fest, wie für Eberhard Panitz, der in dem Buch »Spurensicherung – Zeitzeugen zum 17. Juni 1953« zwar richtigerweise davon spricht, es habe im letzten halben Jahrhundert verzerrte, vorgefasste und meist politisch zweckgebundene Sichten und Urteile gegeben, dann aber für sich eben davon nicht abrückt, wenn er die »gegenwärtige Rechthaberei der Sieger« brandmarkt, bei der die Wahrheit auf der Strecke bleibe. Panitz und seine »Unabhängige Autorengemeinschaft« schildern den 17. Juni aus ihrer sehr persönlichen Sicht, stellen eine subjektive Wahrheit dar, die mit der objektiven wenig gemein hat. Sie sind nicht die Einzigen. Die Opfer des 17. Juni werden das Juni-Geschehen jeweils sehr unterschiedlich betrachten. Diejenigen, die als »Haupträdelsführer« zu langen Zuchthausstrafen verurteilt wurden, und die Angehörigen der erschossenen oder hingerichteten Demonstranten anders als die Familien getöteter Volkspolizisten.

So wichtig persönliche Schilderungen von Zeitzeugen zur Bewertung der Geschichte auch sind, bei der Betrachtung des 17. Juni 1953 findet sich die Wahrheit doch eher in den Tausenden von Fernschreiben, die aus allen Teilen der DDR im Ministerium des Inneren in Ost-Berlin eintrafen, in den Lageberichten und den Analysen der Inspekteurgruppen, die die SED ins Land schickte, um zu ergründen, warum Hunderttausende von Streikenden und Demonstranten aus deren Sicht so erfolgreich sein konnten – oder anders herum: warum Partei und Staatsorgane derart versagten. Es bedarf nicht der Unterlagen der immer wieder von Ost-Berlin ins Spiel gebrachten westlichen Geheimdienste; die Akten von Volkspolizei, Kasernierter Volkspolizei, Staatssicherheit oder Nationaler Front sind derart aussagekräftig, dass sie die Antwort auf die oben gestellte Frage wesentlich erleichtern, wenn sie kritisch gelesen und bewertet werden.

Der 17. Juni, um bei diesem vereinfachenden Datum zu bleiben, war definitiv eines nicht: ein von westlichen Geheimdiensten inszenierter und gesteuerter »faschistischer« Umsturzversuch. Eine solche, von der SED festgelegte Sprachregelung widerspricht allen Erkenntnissen von Volkspolizei, Staatssicherheit, Nationaler Front und anderen Massenorganisationen, soweit sie vom 17. Juni selbst oder den unmittelbar darauf folgenden Tagen stammen. Es ist bezeichnend, dass in den ersten Berichten und Fernschreiben an die Hauptverwaltung der Deutschen Volkspolizei beziehungsweise das Ministerium des Innern oder an das Ministerium für Staatssicherheit der Begriff des »faschistischen Putschversuches« überhaupt nicht auftaucht. Stattdessen ist die Rede von Streiks und Arbeitsniederlegungen, von Demonstrationen, Ereignissen, Menschenansammlungen oder einfach dem Geschehen. Arbeiter werden in den anfänglichen Darstellungen noch Arbeiter genannt und erst nach Tagen zu Provokateuren, Saboteuren, Rädelsführern oder gar Haupträdelsführern gemacht, Jugendliche sind noch Jugendliche und nicht aufgehetzte Rowdys in »Samba-Hemden«. Diese Begriffe ziehen sich erst nach erfolgter Sprachregelung durch die SED durch die Akten, wenngleich keineswegs konsequent und landesweit.

Beweisen wollte die SED ihre Behauptung des faschistischen Putschversuches nicht zuletzt dadurch, dass in den Festnahmeprotokollen besonderer Wert darauf gelegt wurde, den Verhafteten eine Nazi-Vergangenheit nachzuweisen, zumindest aber eine bürgerliche oder gar kleinbürgerliche Herkunft. Immer wieder wurde darauf verwiesen, dass dieser »Rädelsführer« Mitglied der NSDAP gewesen sei, ein anderer einer der zahlreichen Nazi-Organisationen angehört habe. In diesem Zusammenhang ist jedoch daran zu erinnern, dass zum damaligen Zeitpunkt das Ende des Zweiten Weltkrieges und damit der Zusammenbruch von Hitler-Deutschland gerade einmal acht Jahre zurücklag. Es wäre erstaunlich, hätte es unter Streikenden und Demonstranten keine ehemaligen NS-Anhänger und Parteimitglieder gegeben. Diese gab es schließlich auch in hohen Funktionen innerhalb der SED und des DDR-Staatsapparates. Mit der gleichen Berechtigung, die die SED den Widerstand gegen ihr Regime als faschistisch erklären ließ, könnte man auch die SED eine faschistische Partei nennen.

Gratwanderung bei der Schuldzuweisung

Die SED vollzog eine geradezu merkwürdige Gratwanderung bei der Zuweisung der Ursachen für die Juni-Unruhen. Auf der einen Seite konnte gar nicht genug Selbstkritik geübt werden. Die Normerhöhung wurde als Fehler eingeräumt, die fehlende »Gesetzlichkeit«, das rigorose Einziehen von Steuern, die Vertreibung der Bauern von ihren Äckern ebenso wie die drastischen Strafen für so genannte Wirtschaftsverbrecher, die Anrechnung von Kuren auf den Urlaub, das Fehlen von Butter, Marmelade und die auch im Übrigen durchgehend schlechte Versorgungslage, die Entfernung der Parteifunktionäre, der Genossen in Volkspolizei und anderen staatlichen Organen von den Massen und so fort. Es findet sich nicht eine Analyse, in der diese und andere Punkte nicht erwähnt worden sind. In einer »Disposition für die Vertreter der Hauptabteilung Strafvollzug des Ministeriums des Innern zu den Tagungen in den Bezirken in der Zeit vom 20. bis 25. Juli 1953« wurde sogar mehr Höflichkeit der Volkspolizei-Angehörigen des Strafvollzugs gegenüber der Bevölkerung angemahnt:

»Die verantwortlichen Offiziere müssen sich bemühen, die Massenabfertigung von Besuchern abzuändern. Es wirkt auf einen Besucher ungünstig, wenn er mit fünf oder sechs anderen zugleich in einem einzigen Raum seinen Angehörigen gegenübersitzt. Derartige Besuchsstunden arten in vielen Fällen in einer allgemeinen Brüllerei aus, bei der kein Mensch einen Vorteil davon hat«, heißt es darin. Daneben wirke eine kahle, nüchterne Gefängniszelle auf jeden Fall bedrückend: »Dieses Bedrückende wird aber verwischt, wenn die Scheiben nicht einfach weiß übertüncht sind, sondern mit Gardinen ausgestattet werden, wenn sich auf den Tischen ein sauberes Tischtuch befindet, wenn auf dem Tisch die neueste Literatur ausgelegt ist und auf dem Tisch ein paar Blumen vorhanden sind. Außerordentlich wirkungsvoll sind auch Bilder, die im passenden Rahmen die Wände schmücken. In der Ausgestaltung der Besucherräume sollen ausschließlich neutrale Bilder verwendet werden wie z.B. Landschaftsbilder, Bilder aus dem Produktionsprozeß und ähnlichem mehr.« Schließlich hätten die Gefangenen Anspruch auf Schreibzeug und Papier, um Rechtsmittel einzulegen. Dieses sei aber aus politisch falschem Verhalten bisher häufig verweigert worden. Ohnehin müsse in der Behandlung der Gefangenen vieles verändert werden. Nach Meinung der Hauptabteilung Strafvollzug habe ein Wachtmeister oder ein Offizier grundsätzlich den Gruß eines Gefangenen zu erwidern.[46] Auf 23 Seiten wurde so das Bild des sozialistischen Zuchthauses gezeichnet, das allerdings nie umgesetzt wurde, wie die Hunderttausende von – häufig auch gefolterten – DDR-Häftlingen bezeugen können.

Überschlugen sich also SED-Kader und die leitenden Funktionäre von Volkspolizei und anderen Einrichtungen in kommunistisch/sozialistischer Manier in Selbstkritik, bemühten sie sich in gleich intensiver Weise, das Bild des irregeleiteten Arbeiters zu zeichnen, der Opfer unterschiedlichster Feinde des Volkes geworden war. An erster Stelle wurde hier immer wieder der RIAS genannt, bisweilen der NWDR, die die Bevölkerung aufgehetzt hätten. Amerikanische und westdeutsche Geheimdienste spielten in der Fantasie der SED-Führung eine ebenso große Rolle wie das Gesamtdeutsche Ministerium in Bonn und die Adenauer-Regierung überhaupt (obwohl man mit dieser vor, während und nach dem Juni 1953 intensive Wirtschaftsgespräche führte). Es gab kaum eine Gruppe, Einrichtung oder Organisation, die von der SED nicht für die Streiks und Protestaktionen verantwortlich gemacht wurde: die Kirchen, westdeutsche Gewerkschaften, die Kampfgruppe gegen Unmenschlichkeit, die westdeutschen Parteien und hier besonders die damals noch verhasste SPD, die westdeutsche Wirtschaft, der Berliner Senat und der Bund freiheitlicher Juristen. Diese Liste ist bei weitem nicht vollständig und muss zumindest noch um vertriebene Bauern und Großgrundbesitzer ergänzt werden. Im Bezirk Suhl stellte die SED bei der Auflösung einer Landwirtschaftlichen Produktionsgenossenschaft fest, dass hier »ostelbische Junker ihre Hand im Spiel hatten«, ohne überhaupt den Versuch einer Begründung zu unternehmen. Von Agentenzentralen, speziell in West-Berlin, war immer wieder die Rede. Dass aber selbst die Stasi in einem Bericht über die Streiks an der Ostseeküste einräumte, es habe keine Verbindungen zu »Zentralen in West-Berlin« gegeben, wurde erst gar nicht zur Kenntnis genommen – es passte nicht in das selbst gezimmerte Bild.

Es ist müßig, auf die einzelnen Vorwürfe der SED einzugehen oder sie widerlegen zu wollen. Dieses haben die Chefs der Bezirksverwaltungen der Volkspolizei oder die Leiter der VP-Kreisämter ohnehin schon in aller Deutlichkeit getan.

Viel wichtiger ist es, diesen Fragen nachzugehen:

Hat es landesweite Protestaktionen – in welcher Form auch immer – gegeben, waren diese gesteuert, oder kamen sie aus der Bevölkerung heraus?

Waren alle Berufsgruppen, sozialen und altersmäßigen Schichten beteiligt?

Welches waren die Forderungen der Streikenden und Demonstrierenden?

Mit welchen Mitteln wurde der Protest der Menschen beendet?

Ein von früheren SED-Kadern und DDR-Historikern häufig benutztes Argument, dem Juni-Geschehen den Charakter eines Volksaufstandes abzusprechen, ist der Hinweis darauf, es hätten nur etwas mehr als 400 000 Arbeiter gestreikt oder auf den Straßen demonstriert. Die überwältigende Mehrheit der Bevölkerung habe sich an den Protesten nicht beteiligt. Diese Argumentation ist nur vordergründig korrekt. Denn sie engt den Blick ein auf die Brennpunkte der Streiks, auf Berlin, Magdeburg, Halle, Merseburg, Leipzig, Dresden, Görlitz, Niesky, Delitzsch oder ähnliche Orte, in denen es zum einen in massiver Form zu Streiks, zum Sturm auf Haftanstalten, zu bürgerkriegsähnlichen Zuständen, zum anderen zu einer besonders hohen Zahl von Todesopfern kam.

Übersehen wird dabei – von den einen bewusst, von den anderen, weil es vor 1990 keinen Zugang zu den entsprechenden Archiven gab –, dass die Protestwelle die gesamte DDR erfasst hatte. Man mag darauf verweisen, dass es in Bezirken wie Suhl oder Neubrandenburg kaum zu Streiks oder Demonstrationen, geschweige denn zu Ausschreitungen gekommen war. Man darf darüber aber nicht vergessen, dass es auch dort Proteste gegen das Regime gegeben hatte, wenn auch in anderer Form. Sie äußerten sich in Flugblättern, die nachts verstreut wurden, in regierungsfeindlichen Forderungen, die sich an Hauswänden fanden, selbst in Nagelbrettern, die über die Straßen gelegt wurden, um Fahrzeuge von Polizei oder sowjetischen Truppen zum Stoppen zu bringen. An der Oder-Neiße-Grenze wurde damit begonnen, Grenzpfähle und -schilder niederzureißen, in den Eisenbahnen wurde auf Partei und Regierung geschimpft, und nicht zuletzt äußerte sich die Ablehnung des Regimes auch darin, dass viele den RIAS oder andere westliche Sender hörten, weil sie den DDR-Medien nicht trauten. Die Zahl von Rangierunfällen auf den Bahnhöfen der Reichsbahn nahm drastisch zu, und in diesem Fall dürfte die Reichsbahndirektion richtig geurteilt haben, wenn sie meinte, dies sei in vielen Fällen auf Sabotage zurückzuführen.

Es kam nicht nur zum Sturm auf die Haftanstalten, sondern die Gefangenen traten aus Protest gegen die schlechten Haftbedingungen, die harte Arbeit in den Anstalten oder in Außenlagern und die unzureichende Versorgung mit Nahrungsmitteln in den Hungerstreik. Bauern weigerten sich, ihr Ablieferungssoll zu erfüllen, weil sie es ohnehin kaum aufbringen konnten. Einzelne traten aus Landwirtschaftlichen Produktionsgenossenschaften aus, ungezählte Genossenschaften lösten sich komplett auf. In manchen Krankenhäusern weigerten sich Ärzte, verletzte Volkspolizisten oder Angehörige der Kasernierten Volkspolizei zu behandeln, die dann in Krankenhäuser der sowjetischen Besatzungsmacht gebracht werden mussten. Bei Demonstrationen in kleineren Orten wurde das Deutschlandlied gesungen und damit der Wille zur deutschen Einheit bekräftigt.

Schatten auf dem Bild vom Freiheitskampf

Zur geschichtlichen Wahrheit gehört aber auch die Tatsache, dass sich keineswegs nur idealistische Arbeiter an den Protestaktionen beteiligten. Kein Weg führt an der Feststellung vorbei, dass manche ihr eigenes, ganz persönliches Ziel verfolgten und sich für tatsächliches oder vermeintliches Unrecht rächen wollten. Das Bild des 17. Juni wird verdunkelt von Ausschreitungen, die mit einem Freiheitskampf nichts mehr zu tun hatten. Beispiele sind nicht die Regel, aber es hat sie gegeben. Volkspolizisten und Parteifunktionäre wurden verprügelt und blutig geschlagen, der Leiter einer HO-Verkaufsstelle derart misshandelt, dass er seinen Verletzungen im Krankenhaus erlag. Was immer für das Regime stand, war Zielscheibe der teilweise entfesselten Massen. Bemerkenswert ist, dass zwar alle Einrichtungen, die mit der SED, einer der vielen Massenorganisationen oder mit dem Staat verbunden waren, die

Wut und den Zorn der Menschen auf sich zogen, dass aber in keinem einzigen Fall die Arbeiter Zerstörungen in ihren Werken anrichteten und durch Sabotageakte ihre Betriebe stilllegten.

Dagegen wurden beim Sturm auf Dienststellen der Volkspolizei, der Stasi oder auf Haftanstalten nicht etwa gezielt die Akten von Strafgefangenen, sondern zum Beispiel in Magdeburg Katasterunterlagen vernichtet. Was den Besetzern dieser Gebäude in die Hände fiel, wurde auf die Straße geworfen und oft angezündet. Naheliegenderweise waren dies die Bilder der Partei- und Staatsführung, Partei- und Staatsfahnen, aber auch Schreibmaschinen und anderes Büromaterial. In einigen Orten waren beide Seiten dabei, die Grenzen zwischen Volksaufstand und Bürgerkrieg zu überschreiten. Dass bei der Erstürmung von Haftanstalten oder Gefangenentransporten und der Befreiung von Häftlingen nicht zwischen politischen Gefangenen und Kriminellen unterschieden wurde, machte die Situation nicht eben einfacher.

Versuche, die Protestaktionen in den geordneten Bahnen zu halten, gab es nur in Görlitz, wo ein wenige Stunden existierendes Stadtkomitee bemüht war, mit Hilfe einer unbewaffneten Arbeiterwehr für Ordnung auf den Straßen zu sorgen und Ausschreitungen zu verhindern. Zwar wurden in vielen Betrieben Streikleitungen gewählt, doch deren Tätigkeit beschränkte sich weitgehend darauf, Delegationen zu bilden, die dann Werks- oder Parteileitungen ihre Forderungen vortrugen. Bemühungen, überregional die Proteste zu koordinieren, sind nur in einem einzigen Fall dokumentiert. Das in Halle gegründete »Nationalkomitee freies Deutschland« konnte jedoch seine beabsichtigte Arbeit, nämlich Verbindungen zu den anderen Streikzentren im Bezirk herzustellen, erst gar nicht aufnehmen.

Noch heute hat sich bei vielen Menschen in den neuen Ländern die Erinnerung verfestigt, dass es bei den Juni-Unruhen mit den Forderungen nach Rücknahme der Normerhöhungen und Senkung der HO-Preise vor allem, wenn auch nicht ausschließlich, um materielle Dinge gegangen sei. Dieses ist nachweislich falsch. Kronzeugen sind insbesondere die Akten der Staatssicherheit und des früheren Ministeriums des Innern der DDR. Die Hauptverwaltung der Deutschen Volkspolizei registrierte bereits am 17. Juni 1953 weit über die Senkung von Normen und Preis hinausgehende Forderungen: Streichung der Sollrückstände bei landwirtschaftlichen Erzeugnissen, freie Wahlen, Rücktritt der Regierung, Entmachtung der SED, Beseitigung von Zonengrenzen, Generalstreik, Freilassung der politischen Häftlinge.

Am 18. Juni wurde der Katalog der Forderungen erweitert. Jetzt ging es auch um die Aufhebung des Ausnahmezustandes, den Abzug der sowjetischen Panzer von den Straßen sowie generell um den Abzug der Besatzungstruppen aus Deutschland, die Gleichstellung von volkseigenen und privaten Betrieben sowie die Straffreiheit für Arbeiter, welche Streikleitungen angehörten oder sich zu Sprechern der streikenden Kollegen gemacht hatten.

Auf der einen Seite gab es Forderungen, die sich regional unterschieden und sich auf die besonderen betrieblichen Bedingungen bezogen. Dies war beispielsweise in den Werften an der Ostseeküste so, wo es unter anderem um Schmutzzulagen oder um höhere Milchkontingente für Schweißer ging. Republikweit verlangten die Arbeiter – unabhängig vom Wirtschafts- oder Industriezweig, in dem sie tätig waren – die Herabsetzung der Normen und die Senkung der HO-Preise. Ebenso republikweit – und hier ist Ost-Berlin mit einzubeziehen – wurden die Ablösung der Regierung, die Entmachtung der SED, freie, geheime Wahlen und der Wegfall der Zonengrenzen, sprich die deutsche Einheit, gefordert. Nur wenige Losungen richteten sich am 17. Juni gegen die sowjetische Besatzungsmacht allein, gesprochen wurde davon, dass sich alle Besatzungsmächte aus Deutschland zurückziehen sollten. Erst nachdem sowjetische Truppen eingriffen und damit das verhasste SED-Regime stabilisierten, tauchten vom 18. Juni an Forderungen auf, die den Rückzug der Panzer von den Straßen und der sowjetischen Soldaten aus den von ihnen besetzten Werken zum Inhalt hatten.

Volkspolizei »politisch-moralisch« wenig gefestigt

Selbst diejenigen, die das Regime verteidigen sollten, standen in großer Zahl nicht hinter ihm. Parteifunktionäre unterschrieben gemeinsam mit Demonstranten Resolutionen und erklärten sich mit deren Zielen solidarisch – und dieses nicht nur unter dem Druck der Massen. In der Volkspolizei gab es zwar Erscheinungen, die als Feigheit bezeichnen werden können, im selben Maße aber auch Verständnis und Zustimmung gegenüber den Anliegen der Streikenden. Sehr oft kam es zu heftigen Auseinandersetzungen zwischen den leitenden Volkspolizei-Offizieren, die es ablehnten, einen Schießbefehl zu erteilen, und den Funktionären der Parteiorganisationen, die genau darauf bestanden. Volkspolizisten versteckten teilweise ihre Waffen, schlossen sie in Schränke ein, ließen sich häufig sogar entwaffnen. Manche desertierten, versteckten sich in Kornfeldern, meldeten sich krank, setzten ihren Urlaub fort, zogen ihre Uniformen aus. Viele wurden noch während der Juni-Ereignisse festgenommen, zu Arreststrafen verurteilt, degradiert und aus der Partei ausgestoßen, nachdem die SED unter dem Schutz der sowjetischen Besatzungsmacht wieder die uneingeschränkte Kontrolle ausübte. Die freiwilligen Helfer der Volkspolizei wurden zum Teil erst gar nicht eingesetzt, weil sie »politisch-moralisch« nicht gefestigt waren, sich zu den Zielen der Protestbewegung bekannten und somit als zuverlässige und willige Unterstützer des Regimes ausfielen. In diesem Zusammenhang sei erwähnt, dass sich unter den Demonstranten und dann Verhafteten ein hoher Prozentsatz von SED-, FDJ- oder FDGB-Mitgliedern befand, beileibe nicht nur einfache »Mitläufer«, sondern auch zahlreiche Parteifunktionäre.

Nur auf die Kasernierte Volkspolizei konnte sich die SED verlassen, bei der es sich in Wirklichkeit um den Vorläufer der drei Jahre später offiziell gegründeten Nationalen Volksarmee der DDR handelte. Befehlsverweigerungen oder »kapitulantenhaftes Verhalten« – wie es in der Diktion der SED hieß – sind dem Autor nicht bekannt geworden. Stattdessen jedoch ein unnachsichtiges Vorgehen gegen die eigene Bevölkerung, unter Einsatz von Knüppeln ebenso wie häufig von Schusswaffen. Neben der KVP war aus SED-Sicht nur noch die Deutsche Grenzpolizei – wenn auch mit Abstrichen – verlässlich, wie sie beispielsweise bei ihrem Vorgehen in Görlitz und Niesky bewies. Auffallend ist, dass es kaum eine Zusammenarbeit oder ein abgesprochenes Vorgehen von Volkspolizei und Kasernierter Volkspolizei gab, die sich strikt weigerte, Anweisungen von Volkspolizei-Offizieren zu folgen. Sie griff – wie in Leipzig und Brandenburg – stets erst und dann jedoch massiv ein, wenn sie die entsprechenden Befehle direkt aus dem Ost-Berliner Ministerium des Innern erhalten hatte, was ihr Ausrücken an die Brennpunkte ebenso betraf, wie dann den Einsatz vor Ort. Relativ häufig kam es vor, dass die Volkspolizei dringend die Unterstützung der Kasernierten Volkspolizei anforderte, diese es aber ablehnte, gegen Demonstranten vorzugehen, weil eben der entsprechende Befehl aus Berlin noch ausstand. Lag dieser dann allerdings vor, wurde die Volkspolizei mehr oder weniger zum Statisten degradiert. In der weitaus überwiegenden Zahl der Fälle waren es dann die Angehörigen der Kasernierten Volkspolizei und die sowjetische Besatzungsmacht, die unter Gewaltanwendung Gebäude, Plätze und Straßen räumten, Betriebe besetzten und abriegelten.

Bedauerlicherweise ist es weiterhin nicht möglich, das Verhalten der sowjetischen Militärmacht am 17. Juni 1953 und in den darauf folgenden Tagen endgültig zu klären beziehungsweise zu erklären. Es kann lediglich an Hand deutscher Akten und Zeitzeugen beschrieben werden, denn der Zugang zu den sowjetischen Quellen ist verwehrt. Festzustellen ist jedoch: Die sowjetischen Militärkommandanten haben sich in der Regel relativ viel Zeit gelassen, bis sie die Befehle zum Eingreifen und dem Niederschlagen des Aufstandes erteilten. In Fürstenberg ließ der Kommandant die deutsche Seite selbst nach einer Eskalation des Streikes wissen, die Volkspolizei habe damit allein fertig zu werden. In Niesky und Görlitz ließ es die sowjetische Kommandantur zu, dass das Stasi-Gebäude beziehungsweise das Gebäude der Grenzpolizei gestürmt und geplündert wurde, ohne zunächst militärisch aktiv zu werden. Diese anfangs passive Rolle führte zum Teil zu Fehleinschätzungen bei den Demonstranten, die glaubten, die sowjetischen Truppen würden sich nicht einmischen. Ein folgenschwerer Irrtum. Denn nachdem sich die sowjetische Seite zum Handeln entschlossen hatte, tat sie dieses mit aller Konsequenz und mit aller Härte. Sie fuhr mit Panzern in die demonstrierenden Massen, beschränkte sich nicht auf Warnschüsse, sondern schoss scharf und war in hohem Maße an Verhaftungen beteiligt. Auf Grund des von den Kommandanten verhängten Ausnahmezustandes ließ sie Deutsche standrechtlich erschießen und dieses zur Abschreckung in Tausenden von Plakatanschlägen proklamieren. Letztlich waren es allein die sowjetischen Truppen, die den Aufstand niederschlugen.

Es war ein Volksaufstand

Alles in allem muss bei dem Geschehen im Juni 1953 von einem Volksaufstand gesprochen werden. In unterschiedlichster Form standen die Menschen in allen Teilen der DDR und in Ost-Berlin gegen das SED-Regime auf. Der Protest hatte alle Schichten der Bevölkerung erfasst, es gab ihn in Werften, auf Baustellen, in Fabriken und auf dem flachen Land. Professoren und Ärzte leisteten Widerstand nach ihren Möglichkeiten, Bauern durch Austritt aus den Landwirtschaftlichen Produktionsgenossenschaften oder durch deren Auflösung. Der willige Helfer der SED, die Nationale Front, musste feststellen, dass die »gesellschaftliche Arbeit« völlig zum Erliegen gekommen war.

Angesichts der sowjetischen Panzer, der standrechtlichen Erschießungen, der harten Urteile von Schnellgerichten ist der Zusammenbruch des Aufstandes erklärlich und verständlich. Die SED und damit die DDR-Führung hat er in ihren Grundfesten erschüttert. Vollendet haben die Menschen der DDR den Volksaufstand im November 1989. Dieses Mal blieben die sowjetischen Truppen in ihren Kasernen, womit die Voraussetzung für einen glücklichen Abschluss des 17. Juni 1953 gegeben war.

Die Opfer des 17. Juni 1953

Berlin

Richard Kugler, 15 Jahre

Wolfgang Röhling, 15 Jahre, wurde am 22. Juni von Volkspolizisten an der Sektorengrenze in Berlin-Tiergarten erschossen. Drei namentlich nicht bekannte Personen starben an Schussverletzungen in Ost-Berliner Krankenhäusern.

Ein Schüler sowie eine namentlich nicht bekannte weitere Person wurden von den Ketten sowjetischer T-34-Panzer zermalmt.

In West-Berliner Krankenhäusern erlagen ihren Verletzungen:

Horst Bernhagen, 21 Jahre

Gerhard Santura, 17 Jahre

Dr. Oskar Pohl, 25 Jahre

Werner Sendritzki, 16 Jahre

Rudi Schwander, 15 Jahre

Gerhard Schulze, 45 Jahre
Edgar Krawetzke, 20 Jahre
Hardy Kugler, 15 Jahre
Willy Göttling, 35 Jahre, in West-Berlin wohnhaft, wurde am 18. Juni in Ost-Berlin standrechtlich erschossen.
Erich Naft, 41 Jahre, wurde am Abend des 22. Juni in seiner Ost-Berliner Wohnung in der Barnimer Straße durch einen Schuss, von einem sowjetischen Soldaten abgefeuert, getötet.

Bezirk Leipzig
Dieter Teich, geboren am 24. April 1934, beschäftigt bei den Leipziger Verkehrsbetrieben, wurde durch einen Brustschuss getötet. Er starb bei der Demonstration vor dem Volkspolizeikreisamt Leipzig.
Vor dem HO-Kaufhaus in Leipzig C 1 wurde die Rentnerin Elisabeth Bröcker, geboren am 30. Juni 1888, aus Leipzig, von einem Kriminalpolizisten durch einen Brustschuss getötet. Die Rentnerin hatte sich zufällig in der Nähe der Demonstranten aufgehalten.
Bei der Demonstration vor dem Gebäude der Bezirksbehörde der Volkspolizei Leipzig wurde der Expedient Johannes Köhler, geboren am 5. August 1908, aus Leipzig, durch einen Bauchschuss verletzt und starb um 4.40 Uhr im Krankenhaus. Als Todesursache wurde später Kreislaufversagen angegeben.
Erschossen wurde auch der Demonstrant Paul Ochsenbauer.
Erich Kunze, Volkspolizei-Offizier, wurde in der Nacht zum 19. Juni von einer sowjetischen Patrouille erschossen.
Beim Angriff auf das Volkspolizeikreisamt Delitzsch wurden Gerhard Dubielzig, geboren am 29. März 1934, aus Delitzsch, sowie Joachim Bauer, geboren am 4. Mai 1933, aus Brodau, durch Kopfschüsse getötet. Die Leichen wurden eingeäschert, die Urnen erst später den Eltern übergeben.

Bezirk Suhl:
Alfred Diener, 26 Jahre alt, Schlosser, aus Jena, wurde am 17. Juni von sowjetischen Soldaten verhaftet und am 18. Juni in Weimar standrechtlich erschossen.

Bezirk Magdeburg

Beim Angriff auf das Gebäude der Bezirksbehörde der Volkspolizei Magdeburg wurden die Demonstranten

Dora Borgmann, 16 Jahre alt, Landarbeiterin,

Kurt Fritzsch, geboren am 25. Mai 1906, Kellner,

Horst Prietz, geboren am 2. November 1935, Mitglied der FDJ und der GST, alle aus Magdeburg stammend, erschossen.

Beim Sturm auf die Strafvollzugsanstalt Magdeburg-Sudenburg wurden die zum Wachpersonal gehörenden

Gerhard Händler, am 22. Juli 1928 geborener Unterwachtmeister,

Georg Gaiczik, am 9. Februar 1921 geborener Oberwachtmeister, und

Hans Waldbach, am 28. Februar 1910 geborener MfS-Oberfeldwebel,

durch Schüsse getötet.

Als Hauptverantwortliche für die Vorfälle in Magdeburg wurden

Alfred Dartsch und Herbert Stauch vom sowjetischen Militärtribunal in Magdeburg zum Tode verurteilt und am 18. Juni standrechtlich erschossen, wobei der sowjetische Militärkommandant die Hinrichtung den DDR-Organen übertrug.

Ernst Jennrich, geboren am 15. November 1911, Arbeiter aus Magdeburg, wurde am 26. August 1953 zu lebenslangem Zuchthaus und in zweiter Instanz am 6. Oktober 1953 auf Drängen von Hilde Benjamin zum Tode verurteilt und am 20. März 1954 in Dresden enthauptet.

Bezirk Potsdam

In Rathenow schleiften Demonstranten den Leiter des Betriebsschutzes des HO-Kaufhaus Rathenow, Wilhelm Hagedorn, geboren am 11. Juli 1894, zum Schleusenkanal, warfen ihn ins Wasser und hinderten ihn daran, sich ans Ufer zu retten. Angehörige der Volkspolizei bargen ihn zunächst, vier Stunden später starb Hagedorn im Krankenhaus Rathenow.

Bezirk Halle

Ewald Edmund, geboren am 10. Juni 1928, aus Halle, wurde im Stadtgebiet durch einen Schuss verletzt und starb am selben Tag im Krankenhaus.

Durch Schüsse getötet wurden beim Sturm auf die Haftanstalt Halle II: Manfred Steue, geboren am 23. März 1929, Kupferschmied aus Halle

Kurt Crato, geboren am 12. November 1911, aus Halle

Rudolf Krause, geboren am 26. März 1930, Rundfunkmechaniker aus Halle

Gerhard Schmidt, geboren am 26. September 1926

Karl Ruhnke, geboren am 17. Juli 1891, Forstangestellter aus Halle.

Am 18. Juni 1953 wurde Margot Hirsch, geboren am 30. Dezember 1935, auf dem Marktplatz von Halle erschossen.

Horst Keil, 18 Jahre, starb am 21. Juni in der Hallenser Universitätsklinik an den Folgen eines Bauchschusses.

Wilhelm Erlmer, 52 Jahre, starb an den Folgen tödlicher Schüsse.

Striebel (Vorname unbekannt), Mitglied einer Streikleitung, nahm sich in der Polizeihaftanstalt Bitterfeld das Leben.

Zum Tode verurteilt und hingerichtet wurde

Erna Dorn, frühere Aufseherin im Konzentrationslager Ravensbrück, die am 17. Juni aus dem Zuchthaus Halle befreit wurde und sich an den Demonstrationen beteiligte. Nach ihrer Ergreifung wurde sie am 22. Juni vom Bezirksgericht Halle zum Tode verurteilt und am 1. Oktober in Dresden enthauptet.

Bezirk Gera

Ein Demonstrant wurde von der Volkspolizei in Weida erschossen, der Name ist unbekannt.

Folgende standrechtliche Erschießungen sind belegt:

Axel Schläger, 17 Jahre, Apolda

Hermann Stieler, Zimmermann, Bitterfeld

Peter Heider, 17-jähriger Lehrling, Leipzig

Walter Schädlich, 24 Jahre, Leipzig

Heinz Sonntag, 25 Jahre, Leipzig

Eberhard von Cancrin, 42 Jahre, Geithain

Günter Schwarzer, Volkspolizei-Unterleutnant, Gotha

Alfred Diener , 26-jähriger Kfz-Schlosser, Jena

Drei Volkspolizisten, Namen unbekannt, Ost-Berlin

Ernst Markgraff und Hans Wojkowsky, Angehörige der Seepolizei, Stralsund

Anhang

Statistiken

Arbeitsniederlegungen

	17. Juni		18. Juni	
Bezirk	Betriebe	Streikende	Betriebe	Streikende
Rostock	-	-	5	5.500
Schwerin	-	-	1	80
Neubrandenbg.	-	-	2	1.650
Potsdam	45	40.250	15	4.700
Frankfurt[1]	45	8.400	8	2.850
Cottbus[2]	25	10.500	35	13.360
Halle	56	60.000	11	6.900
Magdeburg	59	32.000	34	13.000
Erfurt	6	15.000	5	6.600
Gera	31	27.300	12	4.300
Suhl	1	70	-	-
Leipzig	22	6.500	29	14.200
Dresden	35	24.400	-	-
Karl-Marx-St.	7	1.200	2	1.900
Gesamt	**332**	**225.620**	**139**	**75.240***

*Anmerkung: In der Quelle falsch addiert!

Demonstrationen[3]

	17. Juni		18. Juni	
Bezirk	**Demonstrationen**	**Teiln.**	**Demonstrationen**	**Teiln.**
Rostock	-	-	3	8.000
Schwerin	1	200	-	-
Neubrandenbg.	-	-	-	-
Potsdam	32	53.000	-	-
Frankfurt	7	9.000	-	-
Cottbus	6	5.000	-	-
Halle	14	94.000	1	1.500

Magdeburg	42	32.000	3	12.500
Erfurt	7	15.000	-	-
Gera	10	52.000	4	2.000
Suhl	-	-	-	-
Leipzig	5	30.000	3	1.600
Dresden	5	49.000	2	1.400
Karl-Marx-St.	-	-	-	-
Gesamt	**129**	**339.200***	**16**	**27.000**

*Anmerkung: außer Berlin

Am 17. und 18. Juni gestürmte Gebäude

127, davon:

- 11 Kreisräte
- 11 Bürgermeistereien
- 1 Bezirksleitung der SED
- 7 Kreisleitungen der SED
- 8 Dienststellen der FDJ
- 6 Dienststellen des FDGB
- 1 Bezirksbehörde der VP
- 4 VPKÄ
- 8 sonstige VP-Dienststellen
- 9 Haftanstalten
- 2 Dienststellen des MfS
- 54 sonstige Gebäude (Gerichte, Finanzämter, MTS, Erholungsheime, Kulturhäuser, Redaktionen usw.)

Schusswaffengebrauch[4]

	Demonstranten		**VP und MfS**	
Bezirk	**Getötet**	**Verletzt**	**Getötet**	**Verletzt**
Potsdam	-	1	1	10
Cottbus	-	-	-	4
Dresden	-	3	-	11
Leipzig	5	7	1	32
Halle	6	30	-	35
Magdeburg	3	-	3	12
Gera	-	-	1	1
Berlin	unbekannt	unbekannt	-	268
Gesamt	**14**	**41**	**6**	**373**

Gefangenenbefreiungen (Stand 23. Juni 1953)[5]

Bezirk	befreit	ergriffen
Potsdam	42	36
Halle	464	464
Magdeburg	315	247
Dresden	417	324
Gera	59	43
Gesamt	**1.297**	**1.060***

*Anmerkung: In der Quelle falsch addiert

Sichergestellte »Hetzmaterialien«[6]

Potsdam		
Wilden	1.000	Hetze gegen SU
Trebbin	100	Hetze gegen SU
Wensickendorf	500	Hetze gegen SU
Frankfurt/Oder		
Strausberg	300	Hetze gegen SU
Dresden		
Riesa	10	Hetze gegen die Regierung
Meißen	3	Hetze gegen die Regierung
Görlitz	6	Hetze gegen die Regierung
Dresden	9	Hetze gegen die Regierung
Leipzig		
Grimma	23	Aufruf zum Generalstreik
Karl-Marx-Stadt		
Aue	400	Hetze gegen SED
Stollberg	5	Aufruf zur Demonstration
Zwickau	3	Aufruf zum Streik
Marienberg	15	Aufruf zum Streik
Glauchau	7	Hetze gegen die Regierung
Schwarzenberg	5	Hetze gegen die Regierung
Freiberg	85	Hetze gegen SU
Gera		
Ziegenrück	3	Senkung der Normen/HO-Preise
Suhl		
Großmannsreuth	3.000	Hetze gegen SED
Halle		
Eisleben	3	Aufruf zum Generalstreik
Magdeburg		
Haldensleben	2	Flugblätter
Cottbus	1.000	Hetze gegen DDR
Neubrandenburg	9	Hetze gegen SU
Poratz	30	Hetze gegen SU

Anmerkung: In sämtlichen Stadtbezirken von Berlin wurden Flugblätter, die Hetze gegen die Regierung der DDR und gegen die Sowjetunion beinhalteten, verstreut. Die Anzahl ist nicht bekannt.

Am 18. Juni im Bezirk Dresden noch bestreikte Betriebe[7]

Betrieb	Streikende	in %
Bau-Union Nürnberger Str.	3.000	100
Schuhfabrik Radebeul	1.400	100
Sachsenwerk Niedersedlitz	5	11
Turbine Industriegelände, Dresden	720	100
Planeta Dresden	600	75
Trafo- und Röntgenwerk Dresden	200	8
Schreibmaschine Dresden	40	1
Chemische Fabrik v. Heyden, Dresden	1.100	100
Stahl- und Walzwerk Riesa	2.500	100
Stahl- und Walzwerk Gröditz	2.500	30
Bau-Union Gröditz	650	90
LOWA Görlitz	3.500	90
Kema Görlitz	650	75
Volltuch Görlitz	1.000	100
Polygraph Görlitz	300	85
Feinoptik Görlitz	700	20
Textima Görlitz	150	60
Kalkwerk Ludwigsdorf	400	100
Grube Bertsdorf	600	90
Granitwerke Arnsdorf	200	60
RAW Schlauroth	200	45
Kleidermacher Görlitz	150	75
LOWA Niesky	500	16
Stahlbau Niesky	300	88
Dachziegelwerk Kodersdorf	500	77
Basaltwerke Sproditz	200	100
Flugplatz Bremenhain	700	100
Tonwerke Weidmannshain	45	100
IFA Zittau	1.850	70
IFA Seifhennersdorf	150	50
Maschinenbau Jonsdorf	200	50
Pumpenwerk Freitag, Freital	140	4,8
Textilwerke Neugersdorf	300	20

Dokumente

1.

Zur gegenwärtigen Lage und zu den Aufgaben im Kampf für Frieden, Einheit, Demokratie und Sozialismus[1]

Beschluß der II. Parteikonferenz der SED (Auszüge)

9. bis 12. Juli 1952

Die II. Parteikonferenz der SED stimmt dem Referat des Generalsekretärs des Zentralkomitees, Genossen Walter Ulbricht, über die gegenwärtige Lage und die neuen Aufgaben der SED zu und beschließt:

[...] Sechstens: Die politischen und ökonomischen Bedingungen sowie das Bewußtsein der Arbeiterklasse und der Mehrheit der Werktätigen sind so weit entwickelt, daß der Aufbau des Sozialismus zur grundlegenden Aufgabe in der Deutschen Demokratischen Republik geworden ist. [...]

Siebtens: Das Hauptinstrument bei der Schaffung der Grundlagen des Sozialismus ist die Staatsmacht. Deshalb gilt es, die volksdemokratischen Grundlagen der Staatsmacht ständig zu festigen. Die führende Rolle hat die Arbeiterklasse, die das Bündnis mit den werktätigen Bauern, der Intelligenz und anderen Schichten der Werktätigen geschlossen hat. Es ist zu beachten, daß die Verschärfung des Klassenkampfes unvermeidlich ist und die Werktätigen den Widerstand der feindlichen Kräfte brechen müssen.

Achtens: Der Aufbau des Sozialismus erfordert:

a) Durchführung der grundsätzlichen Aufgaben der Volksmacht: den feindlichen Widerstand zu brechen und die feindlichen Agenten unschädlich zu machen; die Heimat und das Werk des sozialistischen Aufbaus durch die Organisierung bewaffneter Streitkräfte zu schützen; ihre Funktion als Instrument des Aufbaus des Sozialismus auszuüben. [...]

b) Die Hauptaufgabe auf wirtschaftlichem Gebiet ist die Schaffung der ökonomischen Grundlagen des Sozialismus durch weitere Erfüllung des Fünfjahrplans zur Entwicklung der Volkswirtschaft.

c) Die Parteikonferenz lenkt die Aufmerksamkeit der Parteimitglieder im Staatsapparat und in der Industrie auf die Notwendigkeit der Rekonstruktion der Hüttenindustrie und des Bergbaus, des Schwermaschinenbaus und der Energiewirtschaft und der raschen Beseitigung der Engpässe in der Entwicklung der Energiewirtschaft, des Schwermaschinenbaus, des Hüttenwesens und der Rohstoffbasis, ohne deren Überwindung die erfolgreiche Erfüllung des Fünfjahrplans nicht möglich ist. Eine gewaltige Rolle im Kampf für die Erfüllung und Übererfüllung des Fünfjahrplans müssen die Maßnahmen zur Steigerung der Arbeitsproduktivität, zur Senkung der Selbstkosten, zur Qualitätsverbesserung der Produktion und zur Einführung eines strengen Sparsamkeitsregimes in allen Zweigen der Volkswirtschaft sowie in allen Gliedern der wirtschaftlichen und staatlichen Verwaltung spielen. [...]

2.

Verordnung zur Sicherung der landwirtschaftlichen Produktion und der Versorgung der Bevölkerung

19. Februar 1953

Die Landwirtschaft in der Deutschen Demokratischen Republik hat in den letzten Jahren große Erfolge errungen, die in hohem Maße auf die fleißige und fortschrittliche Arbeit der werktätigen Bauern zurückzuführen ist. Dagegen haben eine Anzahl Besitzer von großen Bauernwirtschaften ihre Betriebe heruntergewirtschaftet, um der Volkswirtschaft der Deutschen Demokratischen Republik Schaden zuzufügen. Anstatt die ihnen von der Regierung reichlich gebotene Hilfe zur Steigerung ihrer Produktion zu verwenden, verstanden es diese spekulativen Elemente auf dem Lande, die gesetzlichen Bestimmungen auf betrügerische Weise zu umgehen, und benutzten die ihnen gegebenen Mittel zu ihrer persönlichen Bereicherung. Im Interesse der Sicherung der Volksernährung ist es erforderlich, daß solche Betriebe, die von ihren Eigentümern oder Bewirtschaftern vernachlässigt wurden, ordnungsgemäß bewirtschaftet werden. Zur Sicherung der landwirtschaftlichen Produktion und Versorgung der Bevölkerung wird deshalb folgendes verordnet:

§ 1 (1) Besitzern von landwirtschaftlichem Grundbesitz, die gegen die Gesetze der Deutschen Demokratischen Republik verstoßen und die Bestimmungen über ordnungsgemäße Bewirtschaftung grob verletzt haben, kann durch Entscheidung des Rates des Kreises oder Beschluß des Gerichtes die weitere Bewirtschaftung ihres Grundbesitzes untersagt werden. Der nicht ordnungsgemäß bewirtschaftete Grundbesitz ist in die Verwaltung des Rates des Kreises zu nehmen.

Ist der Grundbesitz nicht vom Eigentümer selbst, sondern von einem Dritten bewirtschaftet worden und hat der Bewirtschafter den Betrieb verlassen, so ist der Eigentümer vom Rat des Kreises aufzufordern, sofort die ordnungsgemäße Bewirtschaftung zu übernehmen. Kommt der Eigentümer dieser Aufforderung nicht nach, ist gemäß Absatz 1 zu verfahren.

(2) Der Rat der Gemeinde ist verpflichtet, in den in Absatz 1 und 2 genannten Fällen über die Mißstände in den betreffenden Wirtschaften und die eingeleiteten Maßnahmen vor den Einwohnern des Dorfes öffentlich zu berichten. [...]

§ 4 Der Verwaltung unterliegen neben dem Grundbesitz alle mit diesem verbundenen Bestandteile, alles lebende und tote landwirtschaftliche Inventar sowie alle Wirtschaftsvorräte.

§ 5 (1) Die Eigentümer der nach dieser Verordnung in die Verwaltung des Rates des Kreises überführten Betriebe und Flächen können im Verwaltungswege mit ihrem gesamten sonstigen Vermögen herangezogen werden, um die durch ihre schlechte Wirtschaftsführung aus volkseigenen Mitteln notwendig gewordenen Aufwendungen zu erstatten.

(2) Ist der schlechte Wirtschaftszustand eines Betriebes von anderen Personen oder teilweise verschuldet worden (Pächter, Ehegatte u.a.), so können diese Personen ebenfalls wie der Eigentümer in Anspruch genommen werden.

§ 6 (1) Der nach dieser Verordnung in die staatliche Verwaltung übernommene Grundbesitz ist bevorzugt Landwirtschaftlichen Produktionsgenossenschaften zur Nutzung zu übergeben. Soweit diese Möglichkeit noch nicht besteht, können derartige Betriebe und Flächen oder Teile von diesen an Volkseigene Güter zur zeitweiligen Bewirtschaftung bzw. zur Einrichtung von Rinder- und Schweinemastbetrieben gegeben werden.

(2) Soweit eine Übergabe an eine Landwirtschaftliche Produktionsgenossenschaft oder ein Volkseigenes Gut nicht möglich ist, ist vorläufig der Rat der Gemeinde mit der Bewirtschaftung zu beauftragen.

(3) Landarbeitern und landarmen Bauern, die in eine Landwirtschaftliche Produktionsgenossenschaft eingetreten sind, können Teile des Bodens solcher Betriebe zugeteilt werden, die als ihr Anteil für die Mitgliedschaft in der Produktionsgenossenschaft verrechnet werden.

(4) Produktionsgenossenschaften und Volkseigene Güter, die derartige Betriebe und Flächen übernehmen, üben die Nutzungsrechte im Rahmen ihrer Pläne aus. Die Finanzierung erfolgt bei den Landwirtschaftlichen Produktionsgenossenschaften über Kredite der Deutschen Bauern-Bank und bei den Betrieben, die in volkseigene Bewirtschaftung übergehen, nach den Plänen der volkseigenen Wirtschaft. Die in volkseigene Bewirtschaftung übernommenen Betriebe werden aus dem Staatshaushalt nach einem vereinfachten Finanzplan finanziert.

(5) Die nach dieser Verordnung in staatliche Verwaltung übernommenen Betriebe und Flächen stehen unter dem Schutz der für die Sicherung des Volkseigentums erlassenen gesetzlichen Bestimmungen.

§ 7 Der Rat des Kreises entscheidet über den Einsatz und die Verwendung der auf diesen Betrieben vorhandenen Maschinen und Geräte.

3. Bericht über die Sendungen der Rundfunkgesellschaften RIAS und NWDR-Berlin für die Sowjetzone, ihre Auswirkungen und ihr Echo[2]

Programmdirektor Schütz vom Sender RIAS-Berlin und Intendant Dr. Rupp vom NWDR-Berlin berichten über die Sendungen dieser Rundfunkgesellschaften für die Bevölkerung der sowjetisch besetzten Zone, ihre Auswirkungen und ihr Echo. [...]

Auf einen von verschiedenen Seiten berichteten Vorwurf, der RIAS habe durch seine Nachrichtensendungen z.T. eine Panikstimmung erzeugt und den Strom der Flüchtlinge verstärkt, stellt Programmdirektor Schütz fest, man habe in jedem Falle, in dem RIAS Vorwürfe dieser Art gemacht worden seien, gebeten, konkrete Angaben über die Sendungen, die eine solche Wirkung gehabt hätten, zu machen. In keinem Fall seien solche Angaben möglich gewesen. [...] Natürlich müsse damit gerechnet werden, daß Meldungen über eine Verschärfung der Situation in der SBZ die Furcht vor der Zukunft vergrößere, doch sei der Sender andererseits gehalten, objektiv zu informieren und grundsätzliche Verlautbarungen wichtiger Persönlichkeiten nicht abzuändern oder abzuschwächen. Abgesehen davon habe es sich RIAS zum Grundsatz gemacht, in seiner normalen Tätigkeit alles zu vermeiden, was eine Panikstimmung hervorrufen könne; so würden seit geraumer Zeit auch keine Angaben über die Zahl der nach Westberlin Flüchtenden mehr bekanntgegeben. Es könne darauf verwiesen werden, daß die Sendeleitung im Besitz von ganzen Mappen über »Absperrpläne und Kontrollmaßnahmen« sei, dieses Material aber nur in einem solchen Umfange verwende, wie es seine Pflicht als Publikationsorgan in der Entwicklung der jeweiligen Lage sei. Natürlich sei es nicht möglich, wenn von DDR-Machthabern z.B. der verschärfte Klassenkampf angesagt werde, »euphemistisch« zu beruhigen.

4.
Bekanntmachung des Beschlusses über die Erhöhung der Arbeitsnormen

28. Mai 1953

Nachstehend wird der Beschluß des Ministerrates vom 28. Mai 1953 über die Erhöhung der Arbeitsnormen bekanntgemacht.

B e s c h l u ß

Der von der II. Parteikonferenz der Sozialistischen Einheitspartei Deutschlands gefaßte und von der gesamten werktätigen Bevölkerung begrüßte Beschluß zur Schaffung der Grundlagen für den Aufbau des Sozialismus in der Deutschen Demokratischen Republik erfordert die Stärkung der sozialistischen Industrie, d.h. Rekonstruktion der bestehenden und Errichtung neuer sozialistischer Betriebe, Entwicklung der Schwerindustrie und des Maschinenbaues entsprechend den Gesetzen über die erweiterte Reproduktion der sozialistischen Wirtschaft. Die Lösung dieser Aufgaben erfordert vor allem eine ununterbrochene Steigerung der Arbeitsproduktivität und die ständige Senkung der Selbstkosten.

Alle diese Voraussetzungen können nur verwirklicht werden durch ein strenges Sparsamkeitsregime und restlose Ausschöpfung aller zur Verfügung stehenden Akkumulationsquellen für den sozialistischen Aufbau in unserer Deutschen Demokratischen Republik. Nur auf diesem

Wege können die Werktätigen unserer Republik der Verwirklichung des ökonomischen Grundgesetzes des Sozialismus zustreben, das der geniale Stalin wie folgt formulierte:

»Sicherung der maximalen Befriedigung der ständig wachsenden materiellen und kulturellen Bedürfnisse der gesamten Gesellschaft durch ununterbrochenes Wachstum und stetige Vervollkommnung der sozialistischen Produktion auf der Basis der höchstentwickelten Technik.«

Da die Erhöhung des Lebensstandards unserer Bevölkerung und die Weiterentwicklung der technischen Basis der Produktion unmittelbar zusammenhängen, ist es notwendig, die Erfolge der Arbeit weit mehr als bisher für den Aufbau neuer Betriebe, für den Bau neuer Wohnungen und kultureller Einrichtungen auszuschöpfen und einen erheblichen Teil der Ergebnisse der Arbeit für die Realisierung dieser großen Aufgaben zu verwenden. Die dafür notwendige Akkumulation erfordert die dauernde Steigerung der Arbeitsproduktivität und Deckung der Selbstkosten. Ein wichtiges Mittel dazu ist die Ausarbeitung und Einführung technisch begründeter Arbeitsnormen.

In den sozialistischen Betrieben aller Wirtschaftszweige wurden den für die wirtschaftliche Entwicklung so bedeutungsvollen Fragen der Arbeitsnormen ungenügende Beachtung geschenkt. Der Anteil der technisch begründeten Arbeitsnormen ist äußerst gering und die bestehenden »erfahrungsstatistischen« Normen stehen im Gegensatz zu der technischen Entwicklung, zu den Erfahrungen und Leistungen der Aktivisten, zur Organisation des Arbeitsablaufes und zu der erhöhten Qualifikation der Arbeiter.

Sie sind ein ernstes Hemmnis unserer wirtschaftlichen und gesellschaftlichen Entwicklung in der Deutschen Demokratischen Republik geworden.

Die Leistungen der Betriebe und der Wirtschaftsorgane schenkten der Ausarbeitung und Einführung technisch begründeter Arbeitsnormen ungenügende Aufmerksamkeit und überließen diese bedeutungsvollen Fragen dem Selbstlauf. Dadurch entstanden Normen, die zu den Interessen der Bevölkerung zur Erhöhung des Leistungsstandards im Widerspruch stehen. Bei diesen Normen ist es möglich, ohne entsprechende Leistungen zu erzielen, Normenerfüllungen von 150 bis 200% zu erreichen.

Die Aufstellung und Einführung technisch begründeter Arbeitsnormen wurde auch durch den § 8 der vom Minister für Arbeit erlassenen Richtlinien zur Ausarbeitung und Einführung technisch begründeter Arbeitsnormen gehemmt. Diese Bestimmung führte dazu, daß bei Erhöhung grundsätzlich falscher Normen ein Lohnausgleich gezahlt wurde. Das widerspricht dem Leistungsprinzip und muß korrigiert werden.

Ein großer Teil der Arbeiterschaft hat erkannt, daß die gegenwärtigen Normen größtenteils den Fortschritt hemmen.

In vielen Betrieben sind deshalb die Arbeiter dazu übergegangen, ihre Arbeitsnormen freiwillig zu erhöhen. Ausgehend von dem Beispiel, das der Brigadier Otto Ehring vom Otto-Brosowski-Schacht des Mansfeld-

Kombinats »Wilhelm Pieck« durch seine patriotische Tat gegeben hat, haben die Arbeiter eine breite Bewegung zur freiwilligen Normenerhöhung entfaltet.

Darüber hinaus forderten viele Arbeiter von der Regierung, Maßnahmen für eine generelle Überprüfung und Erhöhung der Arbeitsnormen zu treffen.

Die Regierung der Deutschen Demokratischen Republik begrüßt die Initiative der Arbeiter zur Erhöhung der Arbeitsnormen. Sie dankt allen Arbeitern, die ihre Normen erhöht haben, für ihre große patriotische Tat. Die Regierung der Deutschen Demokratischen Republik kommt gleichzeitig dem Wunsche der Arbeiter, die Normen generell zu überprüfen und zu erhöhen, nach. Diese generelle Erhöhung der Arbeitsnormen ist ein wichtiger Schritt zur Schaffung der Grundlagen des Sozialismus.

Die Regierung der Deutschen Demokratischen Republik hält dazu für erforderlich, daß die Minister, Staatssekretäre sowie Werkleiter alle erforderlichen Maßnahmen zur Überprüfung der Arbeitsnormen durchführen. Das Ziel dieser Maßnahme ist, die Arbeitsnormen mit den Erfordernissen der Steigerung der Arbeitsproduktivität und der Senkung der Selbstkosten in Übereinstimmung zu bringen und zunächst eine Erhöhung der für die Produktion entscheidenden Arbeitsnormen im Durchschnitt um mindestens 10% bis zum 30. Juni 1953 sicherzustellen.

Die Aufwendung einer fortschrittlichen Technik, die volle Auslastung der vorhandenen Kapazitäten, die obligatorische Einführung neuer Arbeitsnormen, die konsequente Durchsetzung des Prinzips der Entlohnung nach Leistung sowie die ständige Erhöhung der Qualifikation der Arbeiter erfordern eine verantwortliche und rationelle Betriebsführung. Nur auf diesem Wege ist es – so lehren es uns die Erfahrungen der Sowjetunion – möglich, die für die maximale Befriedigung der materiellen und kulturellen Bedürfnisse der Werktätigen notwendige Entwicklung der Arbeitsproduktivität zu erreichen.

Auf der Grundlage des Beschlusses der 13. Tagung des Zentralkomitees der Sozialistischen Einheitspartei Deutschlands vom 13. und 14. Mai 1953 »Über die Erhöhung der Arbeitsproduktivität und die Durchführung strengster Sparsamkeit« beschließt der Ministerrat folgende Maßnahmen:

Die zuständigen Ministerien und Staatssekretariate haben für jeden Betrieb Kennziffern für die Erhöhung der Arbeitsnormen festzulegen, die so berechnet sein müssen, daß die in der Anlage für jeden Wirtschaftszweig festgelegten Kennziffern mindestens erreicht werden. Die Werksleitungen haben die für ihren Betrieb festgesetzten Kennziffern nach dem gleichen Prinzip für die Betriebsabteilungen aufzuteilen. Diese Erhöhung der Arbeitsnormen muß der erste Schritt zur Beseitigung der bestehenden überholten Arbeitsnormen und der Ausgangspunkt einer systematischen Arbeit auf dem Gebiet der technischen Arbeitsnormung sein.

Die zuständigen Minister und Staatssekretäre haben in Übereinstimmung mit den Zentralvorständen der entsprechenden Gewerkschaften die allgemeine Überprüfung der Arbeitsnormen für die ihnen unterstehenden Betriebe sofort anzuordnen. Die Betriebsleiter haben die Überprüfung der Arbeitsnormen in ihren Betrieben bis zum 3. Juni 1953 in Übereinstimmung mit den Betriebsgewerkschaftsleitungen anzuordnen.

Die Erhöhung der Arbeitsnormen ist unter verantwortlicher Leitung des Werksdirektors durch die Meister in Zusammenarbeit mit den Normenbearbeitern und Technologen vorzubereiten. Sie müssen sich dabei auf die tatsächliche Erfüllung der einzelnen Arbeitsnormen, auf die Ergebnisse des Studiums des Arbeitsablaufes, die Behebung vorhandener Mängel und die Erfahrungen der Aktivisten und Neuerer stützen.

Die neuen, erhöhten Arbeitsnormen sind entsprechend den Ergebnissen der Überprüfung der Arbeitsnormen so festzusetzen, daß in jedem Betrieb die festgelegten Kennziffern mindestens erreicht werden. Dazu müssen die Meister, Technologen und Normenbearbeiter ihre Vorschläge für die Erhöhung der Arbeitsnormen und Aktivisten und erfahrenen Arbeitern beraten und alle bestehenden Arbeitsnormen, die für die Produktion des Jahres 1953 zur Anwendung kommen, überprüfen. [...]

Dieser Beschluß ist für die Betriebe der örtlichen Industrie durch die Räte der Bezirke und Kreise in gleicher Weise anzuwenden.

Zur Durchführung dieser wichtigen politischen und wirtschaftlichen Maßnahme für die Erhöhung des Reallohns bzw. der Lebenserhaltung aller Arbeiter und Angestellten ruft der Ministerrat alle Arbeiter und Angestellten in den Betrieben, in den Organen der Wirtschaftsverwaltung sowie in den Gewerkschaftsorganen auf, eine breite Aufklärungsarbeit unter den Arbeitern über die Bedeutung der Verbesserung der Arbeitsnormen für die erfolgreiche Erfüllung und Übererfüllung des Fünfjahresplanes und damit für die ständige Erhöhung des Lebensniveaus der gesamten Bevölkerung durchzuführen.

5.
Beschluß der KPdSU »Über die Maßnahmen zur Gesundung der politischen Lage in der DDR«[3]

2. bis 4. Juni 1953

Infolge der Durchführung einer fehlerhaften politischen Linie ist in der DDR eine äußerst unbefriedigende politische und wirtschaftliche Lage entstanden. Unter den Massen der Bevölkerung, darunter auch den Arbeitern, Bauern und Intelligenz, ist eine ernste Unzufriedenheit zu verzeichnen in bezug auf die politischen und wirtschaftlichen Maßnahmen, die in der DDR durchgeführt werden. Das kommt am deutlichsten in der massenhaften Flucht der Einwohner der DDR nach Westdeutschland zum Ausdruck. So sind vom Januar 1951 bis April 1953 447.000 Personen nach Westdeutschland geflüchtet, darunter über 120.000 lediglich während der vier Monate des Jahres 1953. [...] Von den Einheiten der Kasernierten Volkspolizei sind nach Westdeutschland 8.000 Mann geflüchtet. Es fällt auf, daß sich unter den innerhalb der vier Monate 1953 nach Westdeutschland Geflüchteten 2.717 Mitglieder und Kandidaten der SED und 2.610 Mitglieder der FDJ befinden.

Als Hauptursache der entstandenen Lage ist zu erkennen, daß gemäß den Beschlüssen der II. Parteikonferenz der SED, die vom Politbüro des ZK der KPdSU gebilligt wurden, fälschlicherweise der Kurs auf einen beschleunigten Aufbau des Sozialismus in Ostdeutschland genommen worden war ohne Vorhandensein der notwendigen realen sowohl innen- als auch außenpolitischen Voraussetzungen. [...] Der Entzug der Lebensmittelkarten für alle Privatunternehmer und Freischaffenden, besonders die übereilte Schaffung der Landwirtschaftlichen Produktionsgenossenschaften ohne die dafür notwendige Grundlage im Dorfe haben dazu geführt, daß auf dem Gebiet der Versorgung der Bevölkerung mit Industriewaren und Nahrungsmitteln ernste Schwierigkeiten entstanden sind, daß der Kurs der Mark stark gefallen ist, daß eine große Anzahl der kleinen Eigentümer, wie Handwerker, Gewerbetreibende usw. ruiniert sind und bedeutende Schichten der Bevölkerung gegen die bestehende Macht eingenommen sind. [...]

Die politische und ideologische Arbeit, die von der Führung der SED durchgeführt wird, entspricht nicht den Aufgaben der Stärkung der DDR. Insbesondere wurden ernste Fehler in bezug auf die Geistlichen begangen, die in einer Unterschätzung des Einflusses der Kirche unter den breiten Massen der Bevölkerung in groben Administrierungsmaßnahmen und Repressalien ihren Ausdruck fanden.

Zur Verbesserung der entstandenen Lage ist es notwendig:

[...]

a) Die künstliche Ausbreitung der Landwirtschaftlichen Produktionsgenossenschaften, die sich in der Praxis nicht bewährt haben, ist einzustellen.[...] Diejenigen, die auf einer unfreiwilligen Basis geschaffen worden sind oder die sich als lebensunfähig erwiesen haben, sind aufzulösen. Es ist im Auge zu behalten, daß unter den heutigen Bedingungen in der DDR nur eine einfache Form der Produktionsgenossenschaften der Bauern, wie die Genossenschaften zur gemeinsamen Bodenbearbeitung, ohne daß die Produktionsmittel vergesellschaftet werden, mehr oder weniger lebensfähig sein kann.

b) Die bestehenden Maschinen-Ausleihstationen sind zu stärken, neue MAS nach Möglichkeit zu schaffen als der wichtigste Hebel der Einwirkung im Dorfe und als Hauptmittel der Hilfeleistung an die werktätigen Bauern.

c) Die Politik der Einschränkungen und Verdrängung des mittleren und kleinen Privatkapitals ist als eine vorzeitige Maßnahme aufzugeben. Zur Belebung des wirtschaftlichen Lebens der Republik ist es notwendig, eine breite Heranziehung des Privatkapitals in verschiedenen Zweigen der kleinen und mittleren Gewerbeindustrie, in der Landwirtschaft sowie auch auf dem Gebiet des Handels für zweckmäßig zu halten. [...] Bei der Verteilung der materiellen Ressourcen ist die Zuteilung von Rohstoffen, Heizmitteln, Elektroenergie und die Bereitstellung von Krediten an die Privatunternehmer vorzusehen. Das existierende System der Besteuerung der Privatunternehmer, das praktisch den Drang zur Beteiligung an dem Wirtschaftsleben tötet, ist zu revidieren.

d) Der Fünfjahrplan der Entwicklung der Volkswirtschaft der DDR ist zu revidieren in der Richtung einer Lockerung des überspannten Tempos der Entwicklung der Schwerindustrie und einer schroffen Vergrößerung der Produktion der Bevölkerung mit Massenbedarfswaren und der vollen Sicherung der Versorgung der Bevölkerung mit Lebensmitteln, damit es schon in der nächsten Zeit möglich ist, das Kartensystem der Versorgung mit Lebensmitteln zu liquidieren.[...]

f) Maßnahmen zur Stärkung der Gesetzlichkeit und Gewährung der Bürgerrechte sind zu treffen. Von harten Strafmaßnahmen, die durch keine Notwendigkeit hervorgerufen wird, ist abzusehen. Die Angelegenheit der Repressalien unterworfenen Bürger ist zwecks Befreiung der ohne Gründe zur Verantwortung gezogenen Personen zu überprüfen. [...]

h) Mit dem nackten Administrieren in bezug auf die Geistlichen ist Schluß zu machen und die schädliche Praxis der groben Einmischung der Behörden in die Angelegenheiten der Kirche einzustellen. Alle Maßnahmen, die die unmittelbaren Interessen der Kirche und der Geistlichkeit einengen, sind aufzuheben, und zwar: die Beschlagnahme der karitativen Kirchenanstalten (Alters- und Waisenheime), Abnahme brachliegender kirchlicher Bodenflächen durch lokale Behörden, Entziehung der für die Kirche festgelegten Subventionen usw. Es ist im Auge zu behalten, daß Repressalien gegenüber der Kirche und den Geistlichen nur dazu beitragen können, den religiösen Fanatismus der rückständigen Schichten der Bevölkerung zu stärken und ihre Unzufriedenheit zu vergrößern. Darum muß das Hauptkampfmittel gegen den religiösen Einfluß der Kirche und Geistlichen eine sorgfältig durchdachte Aufklärungsarbeit und Kulturarbeit sein. [...]

4. Der Hohe Kommissar der UdSSR in Deutschland, Genosse Semjonow, und der Befehlshaber der sowjetischen Besatzungstruppen, Genosse Gretschko, sind verpflichtet, die bestehenden Mängel in der Ausübung des Besatzungsregimes durch sowjetische Truppen zu beseitigen. Es sind Maßnahmen zu treffen, die gewährleisten, daß der Aufenthalt der sowjetischen Besatzungstruppen möglichst wenig die unmittelbaren Interessen der Zivilbevölkerung beeinträchtigt. Insbesondere sind alle durch sowjetische Truppen besetzten Räume der Bildungsanstalten, Krankenhäuser und Kulturstätten freizumachen. [...]

6.
Kommuniqué der Sitzung des SED-Politbüros[4]

9. Juni 1953

Das Politbüro des Zentralkomitees der SED hat in seiner Sitzung vom 9. Juni 1953 beschlossen, der Regierung der Deutschen Demokratischen Republik die Durchführung einer Reihe von Maßnahmen zu empfehlen, die der entschiedenen Verbesserung der Lebenshaltung aller Teile der Bevölkerung und der Stärkung der Rechtssicherheit in der Deutschen Demokratischen Republik dienen. Das Politbüro des ZK der SED ging davon aus, daß seitens der SED und der Regierung der Deutschen Demokratischen Republik in der Vergangenheit eine Reihe von Fehlern begangen wurden, die ihren Ausdruck in Verordnungen und Anordnungen gefunden haben, wie zum Beispiel der Verordnung über die Neuregelung der Lebensmittelkartenversorgung, über die Übernahme devastierter landwirtschaftlicher Betriebe, in außerordentlichen Maßnahmen der Erfassung, in verschärften Methoden der Steuererhebung usw. Die Interessen solcher Bevölkerungsteile wie der Einzelbauern, der Einzelhändler, der Handwerker, der Intelligenz wurden vernachlässigt. Bei der Durchführung der erwähnten Verordnungen und Anordnungen sind außerdem ernste Fehler in den Bezirken, Kreisen und Orten begangen worden. Eine Folge war, daß zahlreiche Personen die Republik verlassen haben.

Das Politbüro hat bei seinen Beschlüssen das große Ziel der Herstellung der Einheit Deutschlands im Auge, welches von beiden Seiten Maßnahmen erfordert, die die Annäherung der beiden Teile Deutschlands konkret erleichtern.

Aus diesen Gründen hält das Politbüro des ZK der SED für nötig, daß in nächster Zeit im Zusammenhang mit Korrekturen des Planes der Schwerindustrie eine Reihe von Maßnahmen durchgeführt werden, die die begangenen Fehler korrigieren und die Lebenshaltung der Arbeiter, Bauern, der Intelligenz, der Handwerker und der übrigen Schichten des Mittelstandes verbessern. Auf der Sitzung am 9. Juni hat das Politbüro Maßnahmen auf dem Gebiet des Handels und der Versorgung, auf landwirtschaftlichem Gebiet und auch hinsichtlich der Erleichterung des Verkehrs zwischen der Deutschen Demokratischen Republik und Westdeutschland festgelegt.

Um die Erzeugung von Waren des Massenbedarfs zu vergrößern, die von kleinen und mittleren Privatbetrieben hergestellt werden, und um das Handelsnetz zu erweitern, wird vorgeschlagen, den Handwerkern, Einzel- und Großhändlern, privaten Industrie-, Bau- und Verkehrsbetrieben in ausreichendem Umfange kurzfristig Kredite zu gewähren. Die Zwangsmaßnahmen zur Beitreibung von Rückständen an Steuern und Sozialversicherungsbeiträgen, die bis zum Ende des Jahres 1951 entstanden sind, sollen für Klein-, Mittel und Großbauern, Handwerker, Einzel- und Großhändler, private Industrie, Bau- und Verkehrsbetriebe, das heißt in der gesamten privaten Wirtschaft, ausgesetzt werden.

Wenn Geschäftseigentümer, die in letzter Zeit ihre Geschäfte geschlossen oder abgegeben haben, den Wunsch äußern, diese wieder zu eröffnen, so ist diesem Wunsche unverzüglich Rechnung zu tragen. Außerdem soll die HO zur besseren Versorgung der Bevölkerung sofort Agenturverträge mit dem privaten Einzelhandel abschließen.

Das Politbüro schlägt ferner vor, daß die Verordnungen über die Übernahme devastierter landwirtschaftlicher Betriebe aufgehoben werden und die Einsetzung von Treuhändern wegen Nichterfüllung von Ablieferungspflichten oder wegen Steuerrückständen untersagt wird. Die Bauern, die im Zusammenhang mit Schwierigkeiten in der Weiterführung ihrer Wirtschaft ihre Höfe verlassen haben und nach Westberlin oder nach Westdeutschland geflüchtet sind (Kleinbauern, Mittelbauern, Großbauern), sollen die Möglichkeit erhalten, auf ihre Bauernhöfe zurückzukehren. Ist das in Ausnahmefällen nicht möglich, so sollen sie vollwertigen Ersatz erhalten. Es soll ihnen mit Krediten und landwirtschaftlichem Inventar geholfen werden, ihre Bauernwirtschaften zu entwickeln, Strafen, die wegen Nichterfüllung von Ablieferungsverpflichtungen oder Steuerverpflichtungen ausgesprochen wurden, sollen überprüft werden. Dabei wird vorgeschlagen, den Minister für Land- und Forstwirtschaft zu beauftragen, die erforderlichen Maßnahmen zu treffen, damit die Interessen der Landwirtschaftlichen Produktionsgenossenschaften gewahrt bleiben.

Das Politbüro schlägt weiter vor, daß alle republikflüchtigen Personen, die in das Gebiet der Deutschen Demokratischen Republik und den demokratischen Sektor von Berlin zurückkehren, das auf Grund der Verordnung vom 17. Juni 1952 zur Sicherung von Vermögenswerten beschlagnahmte Eigentum zurückerhalten. Ist in Einzelfällen die Rückgabe nicht möglich, so soll Ersatz geleistet werden. Zurückkehrenden Republikflüchtigen darf aus der Tatsache der Republikflucht keine Benachteiligung entstehen. Sie sollen durch die zuständigen Organe der Räte der Bezirke und Kreise entsprechend ihrer fachlichen Qualifikation wieder in das wirtschaftliche und gesellschaftliche Leben eingegliedert werden und ihre vollen Bürgerrechte erhalten. (Deutscher Personalausweis, Lebensmittelkarte usw.) Für die Rückkehrer sind Auskunftsstellen einzurichten, die ihnen in allen Fragen Rat und Auskunft erteilen.

Das Politbüro ist ferner der Auffassung, daß die Frage der Aufenthaltsgenehmigungen für Westdeutsche und Westberliner sowie die Frage der Ausstellung von Interzonenpässen im Sinne der Erleichterung des Verkehrs zwischen Ost- und Westdeutschland neu geregelt werden müssen. Bei Antrag auf Ausstellung von Aufenthaltsgenehmigungen für Westdeutsche und Westberliner sind familiäre Gründe anzuerkennen, ebenso bei Anträgen auf Ausstellung von Interzonenpässen. Insbesondere ist Wissenschaftlern und Künstlern die Teilnahme an Tagungen in der Deutschen Demokratischen Republik zu ermöglichen.

Das Politbüro schlägt ferner vor, daß alle im Zusammenhang mit der Überprüfung der Oberschüler und der Diskussion über die Tätigkeit der Jungen Gemeinde aus den Oberschulen entfernten Schüler sofort wieder zum Unterricht zugelassen sind und daß ihnen die Möglichkeit gegeben wird, die versäumten Prüfungen nachzuholen. Ebenso sollen die im Zusammenhang mit der Überprüfung der Oberschulen ausgesprochenen Kündigungen und Versetzungen von Lehrern rückgängig gemacht werden, die in den letzten Monaten ausgesprochenen Exmatrikulationen an Hochschulen und Universitäten sollen sofort überprüft und bis zum 20. Juni 1953 entschieden werden. Bei Immatrikulationen an den Hochschulen und Universitäten dürfen befähigte Jugendliche aus den Mittelschichten nicht benachteiligt werden. Ferner empfiehlt das Politbüro der Regierung der Deutschen Demokratischen Republik, die Justizorgane zu beauftragen, diejenigen Verurteilten sofort zu entlassen, die nach dem Gesetz zum Schutz des Volkseigentums zu ein bis drei Jahren verurteilt worden sind, mit Ausnahme der Fälle, in denen schwere Folgen eintraten.

Ebenso empfiehlt es, diejenigen Untersuchungshäftlinge sofort zu entlassen, gegen die ein Verfahren nach dem Gesetz zum Schutz des Volkseigentums anhängig gemacht wurde und bei denen keine höheren Strafen als die gesetzlichen Mindeststrafen von ein bis drei Jahren zu erwarten sind.

Das Politbüro hat schließlich beschlossen, der Regierung der Deutschen Demokratischen Republik zu empfehlen, daß ab 1. Juli 1953 wieder an alle Bürger der Deutschen Demokratischen Republik und des demokratischen Sektors von Groß-Berlin Lebensmittelkarten entsprechend den gesetzlich festgelegten Tätigkeitsmerkmalen ausgegeben werden. Es wird weiter vorgeschlagen, die im April 1953 durchgeführten Preiserhöhungen für Marmelade, Kunsthonig und andere Süß- und Backwaren rückgängig zu machen, die Fahrpreisermäßigungen in Höhe von 50 Prozent ab 1. Juli 1953 bei Arbeiterrückfahrkarten auf alle berechtigten Personen ohne Rücksicht auf die Höhe ihres Einkommens auszudehnen, die Fahrpreisermäßigungen für Schüler und Lehrlinge und auch bestimmte Schichten der Arbeiter wiederherzustellen und auch die Fahrpreisermäßigungen für Schwerbeschädigte, Kleingärtner usw. sowie die Erstattung von Fahrgeld durch die Sozialversicherung beim Besuch bei Fachärzten wieder einzuführen.

7. *Verordnung über die Aufhebung der Beschränkung bei der Ausgabe von Lebensmittelkarten für das Gebiet der Deutschen Demokratischen Republik und im demokratischen Sektor von Groß-Berlin*

11. Juni 1953

Der Ministerrat beschließt:

§ 1 Alle mit der Verordnung vom 9. April 1953 über die Neuregelung der Lebensmittelkartenverordnung in der Deutschen Demokratischen Republik und im demokratischen Sektor von Groß-Berlin (GBl. S. 543) und mit der Verordnung vom 9. April 1953 über die Ausgabe von Lebensmittelkarten in der Deutschen Demokratischen Republik und im demokratischen Sektor von Groß-Berlin (GBl. S. 543) ausgesprochenen Beschränkungen bei der Ausgabe von Lebensmittelkarten werden aufgehoben.

§ 2 An alle Bürger der Deutschen Demokratischen Republik und des demokratischen Sektors von Groß-Berlin sind ab 1. Juli 1953 wieder Lebensmittelkarten entsprechend den gesetzlich festgelegten Tätigkeitsmerkmalen oder sonstigen Bestimmungen auszugeben.

8.

Verordnung über die in das Gebiet der Deutschen Demokratischen Republik und den demokratischen Sektor von Groß-Berlin zurückkehrenden Personen[5]

11. Juni 1953

§ 1 Alle republikflüchtigen Personen, die in das Gebiet der Deutschen Demokratischen Republik und den demokratischen Sektor von Groß-Berlin zurückkehren, erhalten das auf Grund der Verordnung vom 17. Juli 1952 zur Sicherung von Vermögenswerten (GBl. S. 165) beschlagnahmte Eigentum zurück. Ist in Einzelfällen eine Rückgabe dieses Eigentums nicht möglich, so ist Ersatz zu leisten.

§ 2 (1) Die Verordnungen vom 17. Juli 1952 zur Sicherung von Vermögenswerten (GBl. S. 615) und die Verordnung vom 19. Februar 1953 zur Sicherung der landwirtschaftlichen Produktion und der Versorgung der Bevölkerung (GBl. S. 329) werden aufgehoben. Es wird untersagt, in landwirtschaftlichen Betrieben wegen Nichterfüllung der Ablieferungsverpflichtungen oder wegen Steuerrückständen Treuhänder einzusetzen.

(2) Die Bauern, die im Zusammenhang mit Schwierigkeiten in der Weiterführung ihrer Wirtschaft ihre Höfe verlassen haben und nach Westberlin oder Westdeutschland geflüchtet sind (Kleinbauern, Mittelbauern und Großbauern), können auf ihre Bauernhöfe zurückkehren. Ist eine Rückgabe ihres landwirtschaftlichen Besitzes in Ausnahmefällen nicht möglich, so erhalten sie vollwertigen Ersatz. Es wird ihnen mit Krediten und landwirtschaftlichem Inventar geholfen, ihre Wirtschaften weiterzuführen.

§ 3 (1) Alle übrigen Rückkehrer sind in gleicher Weise durch die zuständigen Organe der Räte der Bezirke und Kreise entsprechend ihrer fachlichen Qualifikation wieder in das wirtschaftliche und gesellschaftliche Leben einzugliedern.

(2) Den zurückkehrenden Republikflüchtigen darf allein aus der Tatsache der Republikflucht keine Benachteiligung entstehen. [...]

Erste Durchführungsbestimmungen zur Verordnung über die in das Gebiet der Deutschen Demokratischen Republik und den demokratischen Sektor von Groß-Berlin zurückkehrenden Personen

11. Juni 1953

[...] Um den Eigentümern bzw. Besitzern der zurückgegebenen Betriebe die Wiederaufnahme der Bewirtschaftung zu ermöglichen, werden das Ministerium der Finanzen und die Deutsche Bauernbank beauftragt, Kredite zur Verfügung zu stellen und besondere Kreditrichtlinien auszuarbeiten.

Konten der Eigentümer, die für die Zeit der Bewirtschaftung durch den Staat gesperrt waren, werden freigegeben.

Konten zurückgekehrter Republikflüchtiger werden vom Ministerium der Finanzen bei Rückgabe des landwirtschaftlichen Betriebes ebenfalls freigegeben. [...]

§ 7 Das Ministerium der Justiz wird angewiesen, eine Überprüfung der gegen Bauern ergangenen Gerichtsurteile zu veranlassen.

9.

Erklärung des SED-Politbüros zur Normenfrage[6]

16. Juni 1953

Anläßlich von Anfragen der Arbeiter einer Reihe von Betrieben und Baustellen zur Frage der Erhöhung der Arbeitsnormen hält es das Politbüro des ZK der SED für erforderlich, zu erklären:

1. Der Aufbau eines neuen Lebens und die Verbesserung der Lebensbedingungen der Arbeiter sowie der gesamten Bevölkerung sind einzig und allein auf der Grundlage der Erhöhung der Arbeitsproduktivität und der Steigerung der Produktion möglich. Nur die Verwirklichung der alten Losung unserer Partei »Mehr produzieren – besser leben« hat zur Wiederherstellung und zur schnellen Entwicklung der Volkswirtschaft der Deutschen Demokratischen Republik nach dem Kriege geführt. Dieser Weg war und bleibt der einzig richtige Weg. Deshalb ist das Politbüro der Auffassung, daß die Initiative der fortgeschrittensten Arbeiter, die freiwillig zur Erhöhung der Arbeitsnormen übergegangen sind, ein wichtiger Schritt auf dem Wege zum Aufbau eines neuen Lebens ist, der dem gesamten Volk den Ausweg aus den bestehenden Schwierigkeiten weist. Das Politbüro ist dabei der Meinung, daß eine der wichtigsten Aufgaben der Betriebsleiter, der Partei- und Gewerkschaftsorganisationen darin besteht, Maßnahmen zur Verbesserung der Arbeitsorganisation und der Produktion zu ergreifen, damit in der nächsten Zeit der Lohn der Arbeiter, die ihre Normen erhöht haben, gesteigert werden kann.

2. Das Politbüro hält es zugleich für völlig falsch, die Erhöhung der Arbeitsnormen in den Betrieben der volkseigenen Industrie um 10 Prozent auf administrativem Wege durchzuführen. Die Erhöhung der Arbeitsnormen darf und kann nicht mit administrativen Methoden durchgeführt werden, sondern einzig und allein auf der Grundlage der Überzeugung und der Freiwilligkeit.

3. Es wird vorgeschlagen, die von den einzelnen Ministerien angeordnete obligatorische Erhöhung der Arbeitsnormen als unrichtig aufzuheben. Der Beschluß der Regierung vom 28. Mai 1953 ist gemeinsam mit den Gewerkschaften zu überprüfen. Das Politbüro fordert die Arbeiter auf, sich um die Partei und um die Regierung zusammenzuschließen und die feindlichen Provokateure zu entlarven, welche versuchen, Unstimmigkeiten und Verwirrung in die Reihen der Arbeiterklasse hineinzutragen.

10.

Erklärung der Regierung der Deutschen Demokratischen Republik

17. Juni 1953

Maßnahmen der Regierung der Deutschen Demokratischen Republik zur Verbesserung der Lage der Bevölkerung sind von faschistischen und anderen reaktionären Elementen in Westberlin mit Provokationen und schweren Störungen der Ordnung im demokratischen Sektor von Berlin beantwortet worden. Diese Provokationen sollen die Herstellung der Einheit Deutschlands erschweren.

Der Anlaß für die Arbeitsniederlegung der Bauarbeiter in Berlin ist durch den gestrigen Beschluß in der Normenfrage fortgefallen.

Die Unruhen, zu denen es danach gekommen ist, sind das Werk von Provokateuren und faschistischen Agenten ausländischer Mächte und ihrer Helfershelfer aus deutschen kapitalistischen Monopolen. Diese Kräfte sind mit der demokratischen Macht in der Deutschen Demokratischen Republik, die die Verbesserung der Lage der Bevölkerung organisiert, unzufrieden. Die Regierung fordert die Bevölkerung auf:

1. Die Maßnahmen zur sofortigen Wiederherstellung der Ordnung in der Stadt zu unterstützen und die Bedingungen für eine normale und ruhige Arbeit in den Betrieben zu schaffen.

2. Die Schuldigen an den Unruhen werden zur Verantwortung gezogen und streng bestraft. Die Arbeiter und alle ehrlichen Bürger werden aufgefordert, die Provokateure zu ergreifen und den Staatsorganen zu übergeben.

3. Es ist notwendig, daß die Arbeiter und die technische Intelligenz in Zusammenarbeit mit den Machtorganen selbst die notwendigen Maßnahmen zur Wiederherstellung des normalen Arbeitsablaufes ergreifen.

Die Regierung der Deutschen Demokratischen Republik
Otto Grotewohl, Ministerpräsident.

11.

Ansprache des Regierenden Bürgermeisters Ernst Reuter[7]

18. Juni 1953

Meine lieben Berlinerinnen und Berliner!

Ich freue mich, daß ich endlich wieder in Berlin bin. Es war nicht ganz leicht, pünktlich und rechtzeitig – selbst heute – wieder hierherzukommen. Als ich am Sonntag von München nach Wien flog, konnte keiner voraussehen, welche Ereignisse hier eintreten würden, und die Hilfe, auf die ich gerechnet hatte, das Zur-Verfügungstellen eines Flugzeugs, hat sich offenbar nicht verwirklichen lassen.

Ich stehe unter dem tiefen Eindruck der Nachricht, die ich auf dem Flugplatz bekam, daß ein Berliner von einem Standgericht im Osten erschossen worden ist, und meine erste spontane Handlung ist eine Intervention gewesen, um zu versuchen, daß alle Kräfte mobilisiert werden, um diesem Wahnsinn ein Ende zu machen.

Mit Standrechten, mit Bajonetten, mit Panzern, kann auf die Dauer ein Volk doch nicht niedergehalten werden. Und es würde furchtbar sein, wenn der Graben, der sowieso schon tief genug ist, nun noch tiefer würde. Jedenfalls müssen wir erwarten, daß die ganze freie Welt, die sich nun wohl doch davon überzeugt haben wird, daß nicht nur die Berliner, sondern alle Deutschen in der Ostzone frei leben wollten, daß sie uns zu Hilfe kommen, denn wir allein können ja das Problem nicht lösen, wenn wir allein wären, dann würde das Problem überhaupt nicht existieren. Wir würden beisammen sein, und wir würden keine Schwierigkeiten haben.

Es ist klar, daß eine Fülle von Problemen durch die Ereignisse, die sich hier abgespielt haben, aufgeworfen werden. Die Probleme werden keineswegs hier in Berlin alleine aufgeworfen, sie gelten für die ganze Welt. Denn was wir hier in Berlin und was wir in der Ostzone erleben, ist eine Mahnung, ist ein Fanal für die ganze freie Welt, die nun endlich begreifen muß, daß sie aus ihrem Zaudern, aus ihrem Nichthandeln, aus ihrem Nichtzusammenkommen, aus ihrem Nichtübereinstimmen heraus muß, und daß sie politisch aktiv werden muß. Und auf der Bühne erscheinen muß – sie ist stärker, sie könnte stärker sein, als sie es sich selbst einbildet, wenn sie einig und geschlossen auftreten würde und wenn sie die politische Initiative selbst in die Hand nehmen würde. [...]

Wir erneuern unseren Appell an die ganze Welt, die Welt möge endlich begreifen, und ich hoffe, sie wird es jetzt zugeben müssen, daß die Deutschen ein Volk sind, das den Wert der Freiheit kennt, und daß die Deutschen ein Volk sind, das für die Freiheit sich einsetzt.

Die Arbeiterschaft Berlins hat nicht höhere Löhne verlangt, sie hat eine Änderung des ganzen Systems verlangt. Kann die Welt schweigen zu diesem Ruf? Ich glaube, sie kann nicht schweigen, und ich hoffe auch, sie wird nicht schweigen. Wir werden hier in Westberlin an die Arbeit gehen, wir werden selbstverständlich alle Hilfe schaffen, die notwendig ist, darüber ist kein Wort zu verlieren. Aber wir werden alles tun, um unsere Arbeit, die wir uns immer zum Ziel gesetzt haben – Deutschland wieder zu vereinigen – fortzusetzen. Es gibt kein Problem, das so dringlich ist, wie die Wiedervereinigung Deutschlands. Es gibt keine Ruhe, es gibt keinen Frieden, ehe dieses Problem nicht gelöst ist. Und ich möchte auch sagen, für jeden von uns, der Herz hat, der Verstand hat, der Sinn hat – kann kein Opfer groß genug sein, um dieses Ziel – Vereinigung Deutschlands – zu erreichen.

(Gesendet am 18. Juni 1953 im Anschluss an die 21-Uhr-Nachrichten des RIAS)

12.

66. Sitzung des Ausschusses für Angelegenheiten der inneren Verwaltung und 89. Sitzung des Ausschusses für gesamtdeutsche Fragen, 2. Juli 1953[8]

Betr. Entwurf eines Gesetzes über den Nationalfeiertag des deutschen Volkes und Antrag der Fraktionen der CDU/CSU, FDP, DP, betr. Entwurf eines Gesetzes über den nationalen Gedenktag

[...] In der Diskussion erklärt der Abg. Dr. Tillmanns (CDU/CSU), daß in dem Grundgedanken Übereinstimmung zwischen den Fraktionen bestehe. Es müsse jedoch geprüft werden, ob man mit Rücksicht auf den Tag der Wiedervereinigung, der als nationaler Feiertag in Frage komme, zunächst einen Gedenktag einführen sollte. Andererseits wird hervorgehoben, daß man nicht darüber streiten soll, ob der Tag ein Gedenk- oder ein Feiertag werden soll.

Abg. Wehner (SPD) schlägt vor, »Tag der deutschen Einheit« zu sagen.

Nachdem weitere Vertreter der Fraktionen auf die Bedeutung des 17. Juni sowohl für die Ostzone als auch für Gesamtdeutschland hingewiesen haben, erklärt Min.-Rat Dr. Schultheiß (Bundesmin. d. Innern), daß der Bundesinnenminister mit dem Bundeskanzler und dem Bundespräsidenten Rücksprache genommen habe. Sie seien der Ansicht, daß der Abstand von den Ereignissen des 17. Juni noch zu gering sei. Es könne sein, daß der Tag der Wiedervereinigung überrage, es könne aber auch sein, daß der 17. Juni überrage. Es wird vorgeschlagen, Abstand zu gewinnen und die Beschlußfassung auszusetzen.

Nachdem sich Vertreter verschiedener Fraktionen gegen ein Aussetzen der Beschlußfassung ausgesprochen haben, erklärt Bundesminister Kaiser, daß er den Besprechungen mit dem Bundespräsidenten und dem Bundeskanzler zwar nicht beigewohnt habe, er sei jedoch der Auffassung, daß sie, wenn sie hier anwesend seien, die Meinung des Ausschusses teilen würden.

Abg. Dr. Tillmanns (CDU) erklärt sich mit der Formulierung »Tag der deutschen Einheit« einverstanden.

Die Vorschläge des Abg. Dr. Leuchtgens (DP), »Tag der deutschen Freiheit«, und des Abg. Feldmann (CDU/CSU), »Nationaltag des deutschen Volkes« zu sagen, werden vom Ausschuß nicht gebilligt.

Der Vorsitzende stellt dann fest, daß sich der Ausschuß auf die Bezeichnung »Tag der deutschen Einheit« geeinigt hat.

Der Ausschuß tritt in die Einzelberatung. [...]

§ 2: Erhält die Fassung »Der 17. Juni ist gesetzlicher Feiertag«, nachdem geregelt worden ist, daß diese Formulierung ausreicht, um die Folgen eines gesetzlichen Feiertages in bezug auf Lohnzahlungen an Feiertagen nach dem Gesetz zur Regelung der Lohnzahlung an Feiertagen vom 2. August 1951 sicherzustellen.

13.

Der neue Kurs und die Aufgaben der Partei[9]

Entschließung der 15. Tagung des ZK der SED (Auszug)

24. bis 26. Juli 1953

II. Die faschistische Provokation am 17. Juni

4. Die Verkündung und Durchführung des neuen Kurses hat die Kriegstreiber und Feinde der deutschen Einheit in Verwirrung gebracht und in Wut versetzt. Sie erkannten die große Gefahr, die der neue Kurs für die Verwirklichung ihrer verbrecherischen Kriegspläne, für die Verwirklichung des Generalkriegsvertrags bedeutet, und beschlossen deshalb, den von langer Hand vorbereiteten Tag X beschleunigt festzusetzen, um die Durchführung des neuen Kurses zu stören.

5. Dabei waren zur Festlegung des faschistischen Putsches auf den 17. und 18. Juni internationale Gründe entscheidend.

Seit längerer Zeit wird die Stärkung des Lagers des Friedens, der Demokratie und des Sozialismus immer offenkundiger. Sein Einfluß wächst in aller Welt. Die konsequente Friedenspolitik der Regierung der UdSSR gewinnt ständig an Einfluß. Dies kommt besonders in der von der Regierung der UdSSR eingeleiteten Entspannung der internationalen Lage zum Ausdruck, in der wachsenden Bewegung für die Verständigung der Großmächte, in den Fortschritten bei den Verhandlungen über einen Waffenstillstand in Korea, in dem Anwachsen der Weltfriedensbewegung nach der eindrucksvollen Tagung des Weltfriedensrates in Budapest wie auch in dem zunehmenden Widerstand gegen die amerikanische Bevormundung im kapitalistischen Lager selbst.

Die sich entwickelnde internationale Entspannung läßt in Millionen Menschen die Erkenntnis reifen, daß alle internationalen Fragen auf friedlichem Wege durch Verhandlungen gelöst werden können.

Eine solche Entwicklung widerspricht aber den Interessen und Absichten der amerikanischen Rüstungsmonopole. Darum unternahmen die reaktionären Kreise der USA alle Anstrengungen, die Lage zu komplizieren und zu verschärfen. Sie veranlaßten deshalb fast am gleichen Tage in verschiedenen Teilen der Welt zwei Angriffe auf den Weltfrieden.

6. Kurz nachdem in Panmunjon das Abkommen über die Repatriierung der Kriegsgefangenen unterzeichnet war, wurde auf Befehl der amerikanischen Marionette Li Syng Man in der Nacht zum 18. Juni in Masan, Pusan und anderen Lagern, die amerikanischem Kommando unterstehen, entgegen den beschlossenen Repatriierungsbedingungen massenhaft Kämpfer der koreanischen Volksarmee »freigelassen«, die unter den Schutz der Kommission der neutralen Länder gestellt werden sollten. Diese Provokation verfolgte das Ziel, den Abschluß eines Waffenstillstandsabkommens in Korea zu hintertreiben.

Fast zur selben Zeit unternahmen faschistische Provokateure, die von amerikanischen Offizieren mit Waffen, Benzinflaschen und Instruktionen versehen waren, im demokratischen Sektor von Berlin einen faschistischen Putschversuch. Gleichzeitig traten in einigen anderen Städten der

Deutschen Demokratischen Republik seit langem organisierte Agentengruppen in Tätigkeit und organisierten faschistische Unruhen. Sie erhielten durch den amerikanischen Hetzsender RIAS ihre operative Anleitung.

Auch die Entlarvung des imperialistischen Agenten Berija weist auf die internationalen Zusammenhänge der großangelegten Provokation hin. Das Zentralkomitee der SED dankt dem Zentralkomitee der KPdSU für die rechtzeitige Entlarvung des Verräters Berija. Es drückt dem Zentralkomitee der KPdSU sein festes Vertrauen aus und bekundet seine unverwandelbare Verbundenheit mit der Partei Lenins und Stalins.

7. An der Vorbereitung des faschistischen Putschversuches am 17. Juni haben die monopolkapitalistischen und junkerlichen Kreise Westdeutschlands als Helfer des amerikanischen Imperialismus bedeutenden Anteil gehabt. Seitdem in der Deutschen Demokratischen Republik die Macht der Werktätigen errichtet wurde, seitdem die kapitalistischen Monopole und Junker enteignet sind und nicht mehr zugelassen werden, führen diese Kreise, die in Westdeutschland die Macht in den Händen haben, einen erbitterten Kampf um die Restaurierung der alten kapitalistischen Ordnung in der Deutschen Demokratischen Republik. Sie scheuen keine Verbrechen, um die Volksmacht und den friedlichen Aufbau in der DDR zu untergraben und den Arbeitern die Betriebe und den Bauern das Land wieder abzunehmen. Ihre politischen Beauftragten, die Adenauer und Kaiser, hatten den faschistischen Tag X offen angekündigt. Der ganz besondere Haß dieser reaktionären Kreise richtet sich gegen die Sozialistische Einheitspartei Deutschlands als die führende Kraft beim Aufbau der Grundlagen der volksdemokratischen Ordnung.

Die Absichten der westdeutschen Monopolkapitalisten und Junker haben am 17. Juni in den volksfeindlichen Forderungen der faschistischen Provokateure auf den Sturz der Regierung der DDR und Wiedererrichtung der Macht der Großkapitalisten und Junker ihre Widerspiegelung gefunden.

8. Der faschistische Putschversuch am 17. Juni ist gescheitert. Die Mehrheit der Bevölkerung der DDR, besonders der Arbeiterklasse, hat die Provokateure nicht unterstützt, sondern energisch zurückgewiesen. Der von den Putschisten geplante und proklamierte Generalstreik war nicht zustande gekommen, weil die überwältigende Mehrheit der Arbeiter nicht mitmachte. Nur etwa fünf Prozent der Arbeiter der Republik hat an Streiks teilgenommen. Zahlreiche hervorragende Betriebe der Republik – wie die Max-Hütte Unterwellenborn, das Edelstahlwerk Döhlen, das Kunstfaserwerk »Wilhelm Pieck«, das Kombinat »Otto Grotewohl« in Böhlen, Secura in Berlin, Kraftwerk Klingenberg in Berlin, Plamag in Plauen und viele andere – erteilten den Provokateuren durch disziplinierte Arbeit und Produktionssteigerung eine Abfuhr. Auch die große Mehrheit der werktätigen Intelligenz hat fest hinter der Regierung der DDR gestanden. Auch bei den Massen der Bauernschaft stießen die Provokateure auf Ablehnung. In den meisten Städten und Betrieben sind

die Parteiorganisationen der SED an der Spitze der Arbeiter den Provokateuren energisch entgegengetreten und haben dadurch den Putsch vereitelt. Diese Zurückweisung der Provokateure durch die Mehrheit der Bevölkerung ist der Hauptgrund für die Niederlage der faschistischen Putschisten am 17. Juni.

Die Staatsorgane der Republik und besonders die sowjetischen Besatzungstruppen haben entscheidend zur Vereitelung der faschistischen Kriegsprovokation beigetragen.

Der mißglückte Puschversuch am 17. Juni hat den Beweis erbracht, daß die demokratische Ordnung in der Deutschen Demokratischen Republik fest und unerschütterlich ist, weil sie sich auf die Mehrheit der Werktätigen stützt.

9. Die Partei muß aber aus den Ereignissen am 17. Juni ernsthafte Lehren ziehen und die an diesem Tage in Erscheinung getretenen Mängel in der Arbeit der Partei rasch überwinden.

Der 17. Juni hat bewiesen, daß in der DDR eine von den Amerikanern organisierte und unterstützte faschistische Untergrundbewegung vorhanden ist. An diesem Tage traten in einigen Städten (Magdeburg, Halle, Görlitz u.a.) ganze Gruppen maskierter Volksfeinde aus der Anonymität heraus und provozierten Unruhen. Es wurden illegale faschistische Organisationen mit eigenen Zentren, eigener Disziplin und mit ständigen Verbindungen mit den Agentenorganisationen in Westberlin aufgedeckt.

In ihnen spielen ehemals aktive Nazisten eine führende Rolle. So gab es zum Beispiel im Buna-Werk in der Werkstätte G 32 eine faschistische Zentrale, die nach den Direktiven des RIAS Unruhen im Werke organisierte. Im Leuna-Werk stand ein früherer SS-Mann an der Spitze des Provokationszentrums. In diesen großen chemischen Werken traten bei der Anleitung der Provokationen die in den Werken noch vorhandenen Agenten des IG-Farben-Konzerns besonders hervor.

10. Außerdem bestanden in einigen Städten (Magdeburg, Leipzig u.a.) illegale Organisationen aus ehemaligen SPD-Mitgliedern, die noch immer den arbeiterfeindlichen Auffassungen des Sozialdemokratismus anhingen und darum leicht Opfer der Agenten des Ostbüros wurden, welche unter den Arbeitern faschistische Losungen verbreiteten und Streiks organisierten. Die ehrlichen Arbeiter, die früher Mitglieder der SPD waren und den Agenten Gehör schenkten, begriffen nicht, daß sie damit gegen ihre eigenen Klasseninteressen und gegen die alten Ideale der deutschen Arbeiterbewegung auftraten.

Es ist die Aufgabe unserer Parteiorganisationen, diesen schwankenden und irregeleiteten früheren Sozialdemokraten zu helfen, den Klassencharakter des Putschversuches zu erkennen, den Sozialdemokratismus zu überwinden und den Weg in die Reihen des klassenbewußten Proletariats zurückzufinden. Dies ist mit dem systematischen Kampf gegen die noch vorhandenen Agenturen des Ostbüros zu verbinden, um ihrem schädlichen Treiben ein Ende zu machen.

11. In einigen Städten waren auch verschiedene andere feindliche Gruppen konzentriert, wie brandleristische Spionagegruppen, Trotzkisten, SAP-Gruppen und andere. Auch aus unserer Partei entfernte feindliche Elemente beteiligten sich aktiv an den Provokationen.

Die Betriebsorganisationen der Partei hatten verabsäumt, alle diese Feinde zu isolieren und aus den Großbetrieben zu entfernen. Daraus entsteht für die Partei die ernste Aufgabe, besonders in den Großbetrieben mit Hilfe der Arbeiter die feindlichen Elemente zu entlarven und für ihre Entlassung aus den Betrieben zu sorgen.

[...]

Die Ereignisse des 17. Juni führten zu einer Belebung der feindlichen, antidemokratischen Elemente in der Politik, der Ideologie und der Wirtschaft, die in verschiedenen Formen Forderungen erhoben, die auf die Schwächung und letzen Endes auf die Beseitigung der demokratischen Ordnung in der DDR gerichtet sind. Die Aufgabe der Partei besteht darin, der Aktivierung dieser feindlichen Kräfte entschlossen entgegenzutreten und vor der Bevölkerung ihr volksfeindliches Wesen zu entlarven.

Nach der Niederschlagung der Provokationen unternahm der Feind den Versuch, seine ans Licht getretenen Agenturen vor dem Zugriff der demokratischen Staatsorgane zu schützen.

Der staatsfeindlicher Tätigkeit überführte frühere Justizminister Fechner hat seine Position ausgenutzt, um die faschistischen Provokateure vor der verdienten Strafe zu schützen. Auf Anweisung Fechners wurde eine Reihe aktiver Organisatoren feindlicher Aktionen freigelassen. Die Justizorgane erhielten von ihm die Orientierung auf eine ausnahmslose Freisprechung von amerikanischen Agenten und Rädelsführern bei Provokationen. Dies war eine direkte und bewußte Hilfe für den Feind, die amerikanischen und westdeutschen Sabotageorganisationen und Faschisten. Zu derselben Zeit trug Fechner als Minister der Justiz die Verantwortung für zahlreiche Ungesetzlichkeiten und ungerechtfertigt hohe Strafen gegenüber den Werktätigen der Republik.

Das Zentralkomitee beschließt, Fechner als Feind der Partei und des Staates aus dem ZK der SED und aus den Reihen der SED auszuschließen. [...]

24. Im Verhältnis des Staates zur Kirche ist bereits eine weitgehende Entspannung erzielt worden, indem administrative Maßnahmen, die das kirchliche Leben berührten, rückgängig gemacht wurden. Die Partei verwirft die Einmischung staatlicher Organe in die inneren Angelegenheiten und wird ihnen entgegentreten. Sie wird aber selbstverständlich jeden Versuch bekämpfen, die Kirche oder kirchliche Einrichtungen zur Unterwühlungsarbeit gegen die DDR oder zur Kriegshetze auszunützen.

V. Die Partei

31 a) Viele Parteiorganisationen haben in den Tagen der faschistischen Provokationen nicht die notwendige Aktivität und Standhaftigkeit gezeigt; sie vermochten es infolge der schwachen politischen Bildung

ihrer Mitglieder nicht, rasch das Wesen der faschistischen Provokationen zu begreifen und die Werktätigen zur entschlossenen Abwehr der Provokateure zu mobilisieren. In einer Reihe von Fällen haben sich Parteimitglieder selbst im Schlepptau der Provokateure befunden und an den von den Provokateuren organisierten Kundgebungen und Demonstrationen teilgenommen. Andere Parteimitglieder wiederum sind in Panik verfallen, auf die Positionen des Kapitulantentums und des Opportunismus gegenüber den Parteifeinden und faschistischen Provokateuren abgeglitten (Kreissekretär Weichhold in Görlitz, Mitglied des Sekretariats des ZK der SED Hengst, Minister Weinberger).

Die Arbeit der Parteipresse und des Rundfunks war unbefriedigend. In den Zeitungen und Sendungen kamen die Massen selbst wenig zu Worte; die Mängel wurden häufig vertuscht, die Zuschriften und Wünsche der Werktätigen mißachtet und schöngefärbte Berichte abgegeben. Die mangelhafte Verbundenheit mit den Massen äußerte sich in einer schwer verständlichen, ledernen Sprache und in ungenügender Überzeugungskraft. Nach dem 17. Juni verloren einige Redakteure den Kopf, wichen – statt die Feinde zu entlarven – vor dem Druck des Gegners zurück und machten sich zum Teil sogar zu seinem Sprachrohr.

Das Zentralkomitee verurteilt besonders die unrichtige, kapitulantenhafte Linie, die in einer Reihe Aufsätze des Organs des ZK »Neues Deutschland« vertreten wurde, dessen Chefredakteur Genosse Herrnstadt in der Zeitung eine kapitulantenhafte, im Wesen sozialdemokratische Auffassung zum Ausdruck brachte. [...]

f) Im Politbüro des ZK machte sich bei einigen Genossen ein Zurückweichen vor der feindlichen Propaganda bemerkbar, die das Hauptfeuer gegen den Kern der Parteiführung richtete. Diese Genossen traten als parteifeindliche Fraktion mit einer defätistischen, gegen die Einheit der Partei gerichteten Linie auf und vertraten eine die Partei verleumdende, auf die Spaltung der Parteiführung gerichtete Plattform (Genossen Zaisser und Herrnstadt).

Das Zentralkomitee beschließt den Ausschluß der Genossen Zaisser und Herrnstadt aus dem Zentralkomitee der SED. Im Politbüro vertrat Genosse Ackermann gegenüber diesen Genossen eine versöhnlerische Position. [...]

32 h) Zur Festigung der Verbindung der Partei mit den Arbeitermassen ist die Arbeit in den Gewerkschaften von besonderer Wichtigkeit. In der Vergangenheit haben sich die Gewerkschaften, besonders in den Betrieben, nicht genügend um die Interessen der Arbeiter gekümmert und waren allzuoft nur der verlängerte Arm der Betriebsleitung. Dadurch haben viele Gewerkschaftsfunktionäre die Verbindung zu den Massen und damit deren Vertrauen verloren. Am 17. Juni sind manche Gewerkschaftsfunktionäre den rückständigen Elementen gefolgt und haben sich an den Aufständen beteiligt. [...]

k) Die Jugend hat sich zu einem bedeutenden Teil am 17. Juni nicht von den Provokateuren einfangen lassen, sondern ist ihnen entschieden entgegengetreten (viele Jugendliche in Berlin, im Eisenhüttenkombinat »J.W.Stalin«, ABF-Studenten in Halle, Görlitz und in anderen Orten). Es darf jedoch nicht übersehen werden, daß in einigen Zentren der Provokationen (Berlin, Magdeburg, Halle) Teile der Jugend sich von den Provokateuren irreführen und mißbrauchen ließen. Diese Tatsachen haben ernsthafte Schwächen in der Arbeit der Freien Deutschen Jugend gezeigt, die hauptsächlich in der mangelhaften Erziehungsarbeit unter der Jugend liegen. [...]

Den übrigen Massenorganisationen (DFD, VdgB [BHG], Gesellschaft für Deutsch-Sowjetische Freundschaft, Kulturbund u.a.) hat die Partei durch Anleitung ihrer Mitglieder in diesen Organisationen zu helfen, ihr eigenes Leben zu entfalten und sich in erster Linie den besonderen Aufgaben zuzuwenden, die dem Charakter der jeweiligen Organisation entsprechen. [...]

14.
Fritz Selbmann, Rede an die Belegschaft des Stahl- und Walzwerkes Riesa, 18. Juni 1953[10]

Stahl- und Walzwerker von Riesa!

Ihr, die Belegschaft des Stahl- und Walzwerks Riesa, auf die wir immer so stolz gewesen sind, habt euch mißbrauchen lassen von faschistischen Provokateuren zur Niederlegung der Arbeit. Ihr habt damit bewußt oder unbewußt die Geschäfte der Todfeinde des deutschen Volkes besorgt. Eure Forderungen sind mir – soweit sie eingereicht wurden – vorgelegt worden. Darunter befinden sich Forderungen, die ohne Zweifel berechtigt sind und die erfüllt werden können und erfüllt werden. Es sind andere Forderungen darunter, über die die Werkdirektion und ich allein nicht entscheiden kann, sondern die dem Ministerrat der Republik zur Entscheidung vorgelegt werden müssen. Ich werde das tun.

Aber unter euren Forderungen befinden sich solche, die offensichtlich provokatorischen Charakter tragen und die den Hetzsendungen des RIAS entnommen sind. Darin zeigt sich deutlich, daß die Arbeitsniederlegung in unserem Werk eine Sache faschistischer Provokateure ist. Dieser Zustand muß sofort beendet werden. Ich bin bereit, mich mit euren Forderungen zu befassen, aber ich empfange keine Delegation. Voraussetzung dafür ist überhaupt, daß die Arbeit von jetzt ab nicht mehr niedergelegt wird und keine Stunde mehr ruht. Ich mache darauf aufmerksam, daß als Auswirkung der faschistischen Provokation, als Auswirkung des Versuchs der westlichen Imperialisten und ihrer deutschen Helfershelfer, den Kurs der Regierung der Republik und der Partei der Arbeiterklasse für eine Verbesserung des Lebens und zur Herstellung der deutschen Einheit zu stören, daß diese Versuche der Provokation gescheitert sind. In Berlin arbeiten alle Betriebe. Und in wachsendem Maße erkennen die Arbeiter in der ganzen Republik, daß sie von faschistischen Provokateuren mißbraucht wurden.

Stahl- und Walzwerker von Riesa, es wird gefordert, daß sofort der normale Zustand im Werk hergestellt wird. Ich mache darauf aufmerksam, daß zur Abwehr des amerikanischen Putschversuchs die Besatzungsmacht gezwungen war, den Ausnahmezustand zu verhängen, um die Ordnung und ein normales Leben wiederherzustellen. Ausnahmezustand, das bedeutet, daß nach den Bedingungen eines solchen anormalen Zustandes das Verhalten jedes einzelnen Bürgers eingerichtet werden muß. Ich mache deshalb darauf aufmerksam, daß jede weitere Provokation im Werk, jeder weiterer Versuch, auch nur ein Aggregat gegen den Willen der Werkleitung stillzulegen oder jede Propaganda der zum Teil bereits formulierten provokatorischen und vom RIAS diktierten Forderungen dazu führt, daß mit militärischer Gewalt im Betrieb eingegriffen und die Schuldigen unnachsichtig zur Bestrafung geführt werden.

Ich mache ausdrücklich darauf aufmerksam, daß jeder Verstoß gegen den Befehl auf der Grundlage des Ausnahmezustands von den Militärgerichten abgeurteilt und mit dem Tode bestraft wird. Ich mache euch damit bekannt, daß in Berlin heute bereits aufgrund der gestrigen faschistischen Provokation gegen einige der übelsten Rädelsführer aus der Westberliner Unterwelt die ersten Todesurteile ausgesprochen worden sind. Ich warne also vor jedem Versuch, das Spiel von heute morgen zu wiederholen. Über eure Forderungen – soweit sie berechtigt sind – werden wir verhandeln, sobald normale Zustände eingetreten sind.

Kollegen, Walz- und Stahlwerker von Riesa, nach Schichtschluß verlaßt das Werk, so wie es im Befehl über die Verhängung des Ausnahmezustandes vorgeschrieben ist. Das heißt, in Gruppen von nicht mehr als drei Mann. Tut alles um den Schandfleck, den ihr dem Namen Riesa gemacht habt, um den Schandfleck, den ihr der Arbeiterklasse zugefügt habt, zu beseitigen, damit wir wieder stolz sein können auf die Belegschaft des Stahl- und Walzwerks Riesa.

15.
Fritz Selbmann, Rede in Stalinstadt[11]

Kollegen, Genossen, liebe Freunde, ich überbringe eurer Kundgebung in Stalinstadt, der Stadt des Kombinats J.W. Stalin, die Grüße der Regierung und des Zentralkomitees der Sozialistischen Einheitspartei Deutschlands.

Wenn am 17. Juni die Besatzungsmacht nicht die Verpflichtung auf sich genommen hätte, normale und ordnungsgemäße Zustände in der Deutschen Demokratischen Republik wieder herzustellen, wenn die faschistischen Absichten der Provokateure in der Republik gelungen wären, dann hätten wir heute im Gebiet unserer Republik faschistische Zustände, und unsere Republik wäre heute mit ein Bestandteil der Basis der Politik der Kriegstreiber, die Deutschland in einen neuen Krieg führen wollen.

Es ist klar und selbstverständlich, und jeder soll es wissen, daß in einer ähnlichen Situation das Gleiche eintreten würde. Die sowjetische Armee, die den Hitlerfaschismus zerschlagen hat, die gegen die größte

Militärkoalition der Welt den Sieg errungen hat, wird nicht kapitulieren vor einer Klicke faschistischer Lausejungens und Provokateure.

Diese sowjetische Armee ist das Kernstück und der Hort der Verteidigung des Friedens in der Welt. Und sie nimmt diese Aufgabe ernst. Sie weiß, daß auf ihrer militärischen Kraft die ganze Bewegung des Friedens heute ruht und daß sie die große historische Aufgabe hat, die Kriegstreiber daran zu hindern, Deutschland und die Welt in einen neuen Krieg zu stürzen. Und darum – das soll auch jeder wissen – danken wir der Roten Armee, daß sie mit dem faschistischen Spuk und Putschversuch ein schnelles und gründliches Ende gemacht hat.

Am 9. Juni hatte das Politbüro der Sozialistischen Einheitspartei eine Erklärung herausgegeben, in der das Politbüro feststellte, daß der politische Kurs, den wir im letzten Jahre begonnen hatten, sich als nicht richtig erwiesen hat. Worin bestand dieser politische Kurs? Er bestand vor allen Dingen darin, in wirtschaftlicher Hinsicht die Ziele, die wir uns im Fünfjahrplan gesteckt hatten, schneller zu erreichen, vorfristig zu erfüllen, weil wir glaubten, daß es uns dadurch möglich sei, durch den schnelleren Aufbau unserer Schwerindustrie die Lebenslage unseres Volkes schneller besser zu gestalten. Dieser politische Kurs bestand darin, daß wir glauben, daß es notwendig sei, die Republik stark zu machen, um sie in Stand zu setzen, aus eigener Kraft jede Provokation und jedes kriegerische Abenteuer zu verhindern. Dieser politische Kurs unserer Partei und der Regierung war festgelegt worden unter den Bedingungen des Kalten Krieges, wobei wir damit rechneten, daß dieser Kalte Krieg schnell in den Heißen Krieg übergehen könnte. Darum beschleunigt den Aufbau unserer Schwerindustrie, darum den Aufbau unserer Hütten- und Stahlwerke, darum beschleunigt den Aufbau unserer Schwermaschinenindustrie, darum beschleunigt den Aufbau unserer nationalen Streitkräfte. Alles in der Sorge, die Errungenschaften des werktätigen Volkes in unserer Republik zu verteidigen gegen jeden Versuch, uns diese Errungenschaften wieder streitig zu machen.

Seit einem Jahr hat sich in der Welt eine ganze Menge verändert. Die Gefahr des Kalten Krieges ist wesentlich zurückgedrängt. Die wachsenden Widersprüche im kapitalistischen Lager, die wachsenden Schwierigkeiten in Amerika, der wachsende Einfluß der Kommunisten in Frankreich und Italien, die Erstarkung des Weltfriedenslagers lassen es heute wahrscheinlich erscheinen, daß die Imperialisten es nicht wagen können, einen neuen Krieg vom Zaune zu brechen. Das hat uns gezeigt, daß wir den Kurs vom vergangenen Jahr einer Revision unterziehen können, daß wir uns bei unserer Aufgabenstellung neue Ziele setzen können.

Diese neuen Ziele bestehen darin, daß wir das Tempo des Aufbaus unserer Schwerindustrie verlangsamen, daß wir das, was wir in zwei Jahren aufbauen wollten, in drei, vier oder fünf Jahren bauen, und daß wir dafür jetzt die Teile unserer Wirtschaft stärker entwickeln, die unmittelbar der Verbesserung der Lebenslage der Bevölkerung dienen. Das heißt also, das, was allgemein als Fehler der Regierung bezeichnet wird, das waren nicht Fehler einer Regierung, die nicht mit dem Volke verbunden ist, sondern diese sogenannten Fehler, das waren Maßnahmen, die die Regierung im besten Willen und im besten Glauben, daß sie das Richtige für das Volk tut, gemacht hat.

Trotzdem sind eine Reihe von Fehlern gemacht worden, die vermieden werden konnten. Ich denke an die Entziehung der Lebensmittelkarten für Einzelhändler, für Unternehmer. Ich denke an Maßnahmen der Steuerpolitik, ich denke an die Erschwerung des Ost-West-Verkehrs, ich denke an die Aufhebung der Fahrpreisermäßigung, ich denke an eine falsche Preispolitik, ich denke an Verschlechterungen der Sozialversicherung. Alles Dinge, die wir glaubten durchführen zu müssen, ohne dabei zu bedenken, daß wir unserer Bevölkerung nicht alle Opfer zur gleichen Zeit zumuten können. Wir haben alle diese Fehler aufgedeckt und aufgezeigt und gleichzeitig mit dem Erkennen dieser Fehler festgelegt, daß der Kurs unserer Partei, der Kurs unserer Regierung sofort und radikal geändert wird.

Als wir diese Erklärung am 9. Juni herausgaben, hatte sie im Westen Deutschlands eine eigenartige Wirkung. Sie löste in Bonn bei den imperialistischen Kriegspolitikern eine Panik aus. Diese volksfeindlichen Politiker in Bonn erkannten sehr gut: Wenn es unserer Partei in unserer Regierung gelingt, diesen neuen Kurs durchzuführen, dann wird die Unzufriedenheit, die teilweise vorhanden war, beseitigt, dann wird das Verhältnis zwischen Osten und Westen unserer Heimat schnell geändert werden, und dann besteht Gefahr für die Kriegspolitik dieser westlichen Politik.

Die faschistische Provokation ist zusammengebrochen. Vom Westen her heult man jetzt Krokodilstränen, weil wir nicht einfach kapituliert haben. Man weint Krokodilstränen, weil bei diesem faschistischen Abenteuer eine Anzahl faschistischer Provokateure Schaden an ihrem Leben genommen hat. Man weint Krokodilstränen, weil wir ja einige – nun, ich sage einige – dieser Provokateure, die sehr unvorsichtig waren, inzwischen unschädlich gemacht haben und dafür Sorge getragen ist, daß sie niemals wieder die Befehle von Herrn Adenauer und Herrn Kaiser ausführen werden.

Aber was hat man denn von uns erwartet? Hat man erwartet, daß wir vor einem Dutzend Sambajünglingen kapitulieren? Hat man vergessen, daß wir den 30. Januar '33 mitgemacht haben? Hat man vergessen, daß wir sechs, acht, zehn und zwölf Jahre in faschistischen Kerkern waren? Hat man vergessen, daß wir dem Faschismus ins Auge gesehen haben und nicht kapitulierten? Hat man geglaubt, wir seien Pazifisten oder Sozialdemokraten alten Schlages, die der Gewalt weichen? Was hat man eigentlich geglaubt? Man hat geglaubt, man könnte unsere Arbeiter zu Unruhen aufhetzen, man kann die HO stürmen und anbrennen, man kann den Konsum demolieren, man kann Volkspolizisten niederschlagen, man kann sich an Arbeiterfunktionären vergreifen, und diese deklassierten Elemente wundern sich, wenn wir zurückschlagen.

Diese faschistische Provokation ist zusammengebrochen. Sie ist so zusammengebrochen, wie jede faschistische Provokation zusammenbrechen wird. Wir haben mehr als einmal – auch auf diesem Platz – ganz offen und eindeutig gesagt: Wir kämpfen gegen den Krieg, wir kämpfen für den Frieden. Hat man das vergessen, oder hat man geglaubt, wir kämpfen bloß mit Resolutionen? Wenn es notwendig ist gegen faschistische Provokationen, kämpfen wir auch mit Maschinenpistolen. Hat man geglaubt, daß wir nur darauf warten, im Stahlwerk Riesa, Stahlwerk Brandenburg, Stahlwerk Hennigsdorf und die Maxhütte den Herren Flick und Thyssen wiederzugeben? Hat man geglaubt, daß wir zulassen werden, daß unser stolzes Eisenhüttenkombinat J.W. Stalin den Schlotbaronen aus dem Ruhrgebiet hier überantwortet wird? Hat man geglaubt, daß in dieser Stadt eines Tages ein faschistischer Bürgermeister tätig sein könnte? Hat man geglaubt, daß wir die Großgrundbesitzer und Barone wieder auf unser Land lassen? Ihr wißt: Die besten Teile der Arbeiterschaft haben gegen diese Provokationen den Kampf aufgenommen.

Noch vor sechs Wochen habe ich an dieser Stelle gesagt: Wenn es darum geht, die Republik zu verteidigen, dann werden die Hüttenwerke des Eisenhüttenkombinats Mann für Mann die Republik, ihre Republik, und ihr Kombinat verteidigen. Und sie haben es verteidigt. Wir sind stolz auf die roten Hochöfner des Eisenhüttenkombinats J.W. Stalin. Wir sind stolz auf die Bauarbeiter der Bauunion Jena, der Bauunion Spree, der Bauunion Halle. Wir sind stolz auf diese besten Teile unserer Arbeiterklasse, die Provokateuren auf die Finger geschlagen haben und die ihnen auf der Ofenbühne, als der erste es versuchte, das gelbe Sambahemd ausgezogen haben und die Schlackenfarbe geworfen, und die bereit waren, wenn es notwendig gewesen wäre, unter Umständen einen Provokateur auch dorthin zu befördern. Wir sind stolz darauf, und wir danken ihnen.

Aber liebe Freunde, für uns ist das Problem damit nicht gelöst. Diese faschistischen Provokateure konnten an manchen Orten Erfolg haben, weil in Teilen der Arbeiterschaft eine berechtigte Unzufriedenheit vorhanden war, weil unsere staatlichen Organe, teilweise auch unsere betrieblichen Organe und zum Teil unsere gesellschaftlichen Organisationen in nicht genügender Weise auf die Nöte, auf die Stimmungen dieser Millionen Massen geachtet haben.

Die Partei und die Regierung haben den neuen Kurs ihrer Politik festgelegt. Worin besteht dieser neue Kurs? Er besteht darin, daß wir unsere Wirtschaftspläne geändert haben, daß wir mit dem schnellen Aufbau der Schwerindustrie etwas langsamer marschieren, daß wir dafür mehr Wohnungen neu bauen und ausbauen, daß wir in diesen Tagen bereits 600 Millionen Mark für den Neu- und Ausbau von Wohnungen zur Verfügung stellen konnten, daß wir begonnen haben, eine Reihe der Dinge, die wir in der Vergangenheit nicht richtig gemacht haben, wieder zu korrigieren. Wir haben die verordneten Preiserhöhungen zurückgenommen, wir haben die Aufhebung der Fahrpreisermäßigung wieder beseitigt, wir haben die Verschlechterungen in der Sozialfürsorge bereits außer Kraft gesetzt. Wir haben Maßnahmen zur Verbesserung der Versorgung der Bevölkerung eingeleitet. Wir haben begonnen mit einer stärkeren Entwicklung der Konsumgüterindustrie, um mehr Industriewaren für die Bevölkerung zur Verfügung zu stellen. Andere Maßnahmen werden folgen. Wir werden vor allen Dingen, und das ist das Entscheidende, mit den Arbeitern diskutieren über wirklich berechtigte Forderungen und werden alle Wege ausfindig machen, um solche Forderungen der Arbeiter und des werktätigen Volkes, die berechtigt und mit Vernunft erfüllt werden können, daß diese Forderungen in die Tat umgesetzt werden.

Unsere Werkleitungen, unsere Organe der Partei und der Gewerkschaften haben den strikten Auftrag, in die Massen zu gehen, zu hören, was die Massen sagen, zu hören, welche berechtigten Wünsche bei den Massen laut werden und mit ihnen zu beraten, wie – und das kann manchmal mit geringen Mitteln geschehen – diese berechtigten Wünsche befriedigt werden können.

Dieser neue Kurs unserer Regierung ist nicht leicht durchzuführen. Er stellt uns vor schwere, schwere Aufgaben. Schwer war es, in den drei Jahren unser Eisenhüttenkombinat so weit aufzubauen. Schwer war es, diese Stadt bis zu ihrem jetzigen Baustadium aufzubauen. Das, was wir jetzt durchführen, wird für die ersten Monate für uns, das heißt für die Regierung und den Staat, ebenso schwer sein. Aber wir haben die Hilfe der Sowjetunion, wir haben die Hilfe unserer volksdemokratischen Freunde, die uns mit Importen, die uns mit Lebensmitteln und Baumwolllieferungen helfen werden, eine schnelle Wendung in der Lebensfrage der Bevölkerung herbeizuführen. Das, was wir jetzt durchführen wollen, das geht nicht alles von heute auf morgen, das geht nicht in acht oder 14 Tagen. Die wesentlichsten Schritte sind bereits eingeleitet und getan. Aber es wird Wochen und Monate langer, zäher Arbeit bedürfen, bis wir die ersten großen, sichtbaren Erfolge dieser Wendung jedem zeigen können.

Es sollte ja gerade der Zweck des 17. Juni sein, uns daran zu hindern, diesen neuen Kurs durchzuführen. Man hat geglaubt, nach der Provokation wären wir nicht im Stande, noch auf diesem neuen Kurs weiterzufahren. Man hat geglaubt, wir lassen uns dazu verleiten, jetzt gegen die Arbeiter Stellung zu nehmen. Wir haben klar und eindeutig gesagt: Provokateure werden auch in Zukunft hart und unerbittlich angefaßt. Aber die Arbeiter, das sind unsere Klassenbrüder, sie sind Fleisch von unserem Fleisch und Blut von unserem Blut, und wenn sie einmal irren, dann heißt das noch lange nicht, daß sie aufgehört haben, ehrliche Arbeiter zu sein.

Der neue Kurs der Regierung soll uns zu einer schnellen Verbesserung der Lebenslage führen. Wenn jetzt drüben im Eisenhüttenkombinat ein Teil der Bauarbeiten eingestellt werden, hier in der Stalinstadt werden alle diese Arbeitskräfte benötigt, um im schnellen Tempo unsere Stadt fertigzustellen, sie wohnlich zu gestalten. Nicht nur die Wohnhäuser, sondern auch alles das, was zum gesellschaftlichen Leben gehört: Gaststätten, Restaurants und Kulturstätten schnell zu errichten. Dazu brauchen wir das Vertrauen der Arbeiter. Und wir werden nicht zulassen, daß dieses Vertrauen, daß die Arbeiter jetzt wieder von uns gewinnen, von unverantwortlichen Elementen gestört wird.

Wenn heute – ich habe vorhin schon gesagt – manchmal erst nach einer gewissen Lage Cognacs, wieder Provokateure herumreden, Märchen erzählen über unseren Präsidenten, der sich in der Sowjetunion befindet und auf dem Wege der Gesundung ist und sehr bald wieder bei uns sein wird, wenn sie anfangen, chauvinistische Lieder zu singen, wenn sie anfangen, gegen unseren befreundeten Nachbarn Volkspolen zu hetzen, wenn sie von einem neuen Tag X faseln, manchmal allerdings nur im Suff, dann sage ich ihnen klar und eindeutig: Ein zweiter Tag X findet nicht statt, er findet nicht statt, und diejenigen, die sich an diesen Gedanken noch nicht gewöhnt haben, müssen sich klar sein, daß sie mit ihrem Leben spielen. Denn an diesem zweiten Tage X werden es nicht nur die Teile der Arbeiter sein, die am 17. Juni die Republik verteidigt haben, dann wird es die erdrückende Mehrheit aller Arbeiter sein, die den Faschisten auf die Finger schlagen.

Darum wirbt die Regierung jetzt um das Vertrauen der Arbeiter. Helft uns, diese großen Aufgaben durchzuführen, die wir uns gestellt haben. Helft uns, indem ihr uns eure Meinung sagt. Sagt uns, was schlecht ist, sagt uns, was man ändern kann, sagt uns, was man bessern kann. Und helft uns gleichzeitig, daß nicht neue faschistische Provokationen Platz greifen. Eure heutige Demonstration und Kundgebung ist ein Bekenntnis zu diesem neuen Kurs der Regierung. Wir sind gar nicht so dumm zu glauben, daß nun alles schon alles felsenfest hinter unserer Regierung steht. Wir sind gar nicht so dumm zu glauben, daß nun alle schon alle restlos Vertrauen haben. Nein, so schnell geht das nicht. Was wir wollen und um was wir die Arbeiter bitten, das ist das eine: Denkt daran, daß es die Arbeiterklasse allein sein kann, die ein neues, besseres Leben aufbauen kann. Denkt daran: Die Menschen in eurer Regierung, die Menschen in der Partei, daß sie zu euch gehören, zu eurer Klasse, daß ihr ihnen so wie Arbeiter zu Arbeiter die Meinung sagen könnt und eure Wünsche vortragen könnt. Aber denkt daran, daß wir zusammen gehören im Kampf um die Erhaltung unserer Republik, im Kampf um die Erhaltung unserer Errungenschaften, daß wir zusammengehören bei der Durchführung der großen schweren Aufgabe, auf einen neuen politischen Kurs unsere Arbeit auszurichten und damit gemeinsam zu bauen an einem neuen und schöneren Leben für alle.

16.
Beschluß der 14. Tagung des ZK der SED[12]

21. Juni 1953 (Auszug)

Warum entschlossen sich die Kriegstreiber gerade in diesen Tagen zu ihrer faschistischen Provokation gegen die Deutsche Demokratische Republik? Die Regierung der Deutschen Demokratischen Republik hatte am 11. Juni Maßnahmen beschlossen, die zu einer weiteren Stärkung der Deutschen Demokratischen Republik führen und den Kampf um die Einheit Deutschlands, die Verständigung der Deutschen untereinander wesentlich fördern werden. Sie hatte, um eine entschiedene Hebung der Lebenslage der Werktätigen, vor allem auch der Arbeiter, in der deutschen Demokratischen Republik herbeizuführen, eine Reihe von Maßnahmen beschlossen, unter anderem die Konsumgüterproduktion zu steigern und die private Initiative des Handwerks, der kleinen und mittleren Industrie durch Gewährung von Krediten und Zuteilung der notwendigen Rohstoffe und Materialien breit zu fördern. Sie hatte die Überspitzungen in der Finanzpolitik auf dem Gebiet der Fahrpreistarife und der Sozialversicherung rückgängig gemacht. Den Republikflüchtigen, darunter auch den Großbauern, wurde die Rückkehr freigegeben und dazu ihr beschlagnahmtes Vermögen; Tausende von Verhafteten wurden freigelassen. Von den Oberschulen verwiesene Lehrer und Schüler wurden wieder zugelassen. Die Zonengrenzen und die Sektorengrenzen in Berlin wurden weit geöffnet.

Die Wirkung der Beschlüsse des Politbüros und der Regierung in allen Teilen Deutschlands gestaltete die Politik der Kriegstreiber noch schwieriger und veranlaßte sie, den von langer Hand vorbereiteten Tag X kurzfristig zu provozieren. [...]

Der Gegner benutzte zur Auslösung seiner Provokation die Mißstimmung einiger Teile der Bevölkerung, die durch Folgen unserer Politik im letzten Jahr entstanden war. Er organisierte unter dem Vorwand einer Dampferpartie der Betriebsangehörigen des VEB Industriebau Berlin, unter Hinzuziehung seiner Agenten aus einzelnen Großbetrieben, am Sonnabend, dem 13. Juni 1953, den Streik der Bauarbeiter und bestimmte Dienstag, den 16. Juni 1953, als Termin für die Provokation. Er warf gleichzeitig seine mit Schwefel-, Phosphor- und Benzinflaschen sowie mit Waffen aufgerüsteten Banditenkolonnen über die Sektorengrenzen mit der Aufgabe, die Arbeitsniederlegung ehrlicher Bauarbeiter durch Hetzlosungen in eine Demonstration gegen die Regierung umzufälschen und dieser Demonstration durch Brandstiftungen, Plünderungen und Schießereien den Charakter eines Aufruhrs zu geben. Zugleich gab er seinen Agententruppen an einigen anderen Stellen der Republik die Anweisung, am nächsten Tage – in anderen Orten am übernächsten Tage – ähnliche Aktionen zu organisieren. Die von Westberlin eingeschleuste und von dort dirigierte faschistische Brut organisierte Überfälle auf Lebensmittellager, Lehrlingsheime, Klubhäuser, Verkaufsstellen sowie Mordüberfälle auf Funktionäre der Partei, der Massenorganisationen und des Staatsapparates, die mutig unsere demokratische Ordnung verteidigten. Anhand der in den Westberliner Agentenzentralen vorbereiteten Listen wurden vorübergehend faschistische und kriminelle Verbrecher aus der Haftanstalt geholt, wie zum Beispiel die wegen bestialischer Verbrechen gegen die Menschlichkeit von der demokratischen Justiz verurteilte SS-Kommandeuse des Frauenkonzentrationslagers Ravensbrück,

Erna Dorn. So sollte in der Demokratischen Republik eine faschistische Macht errichtet und Deutschland der Weg zu Einheit und Frieden verlegt werden.

Durch das rechtzeitige Eingreifen breiter Teile der Bevölkerung, die durch die Volkspolizei heldenhaft unterstützt wurden, sowie durch das Eingreifen der sowjetischen Besatzungsmacht, die den Ausnahmezustand verhängte, ist der niederträchtige Anschlag auf die Deutsche Demokratische Republik, auf Deutschland, auf den Weltfrieden innerhalb von 24 Stunden schmählich zusammengebrochen.

17.
Telegramm von Wilhelm Pieck[13]

28. Juni 1953

Liebe Freunde und Genossen!

Aus vielen Telegrammen und Berichten habe ich mich in diesen Tagen über die Vorkommnisse in der Deutschen Demokratischen Republik informiert.

Ich danke allen für das vorbildliche Verhalten gegenüber dem faschistischen Putschversuch, der sich gegen die Werktätigen der Deutschen Demokratischen Republik und ihre Regierung richtete. In diesen Tagen bin ich in Gedanken mit tiefster Teilnahme und inniger Verbundenheit bei allen Werktätigen und friedliebenden Menschen der Deutschen Demokratischen Republik. Provokateure und Agenten versuchten, eine unter den Werktätigen vorhandene Mißstimmung zu mißbrauchen, um einen hinterhältigen Schlag gegen die Einheit Deutschlands und den Frieden Europas zu führen. Das ist nicht gelungen.

Dank der Standhaftigkeit der Mehrheit der Werktätigen und dank der Hilfe unserer sowjetischen Freunde ist der Brandfunke des Krieges, der von ausländischen Kriegstreibern und ihren westdeutschen großkapitalistischen Helfershelfern in die Deutsche Demokratische Republik geschleudert wurde, schnell und energisch ausgetreten worden. Mein Dank gilt allen, die sich dabei heldenmütig und unerschrocken beteiligt und ihre große nationale Verantwortung gegenüber dem ganzen Volk und unserem Vaterlande gezeigt haben.

Die von der Führung der Sozialistischen Einheitspartei Deutschlands zur Beseitigung begangener Fehler am 9. Juni vorgeschlagenen Maßnahmen, die erneut bekundeten, daß die Interessen des werktätigen Volkes von unserer Partei gewahrt werden, sind vorher durch Vertreter des Politbüros mit mir beraten und von mir gebilligt worden. Sie haben eine neue Etappe in der Entwicklung der Deutschen Demokratischen Republik eingeleitet, in deren Verlauf der Lebensstandard aller Schichten der Bevölkerung gehoben, unsere demokratische Staatsmacht gefestigt und tief mit der Arbeiterschaft und der gesamten Bevölkerung verwurzelt wird.

Es kommt jetzt allen Schwierigkeiten und Hindernissen zum Trotz darauf an, daß die gesamte Bevölkerung sich eng um unsere Regierung zusammenschließt, den neuen Kurs der Regierung und Partei mit aller Kraft und mit vollem Vertrauen durchführt und damit zugleich den Kriegsprovokateuren aller Art auf deutschem Boden für immer ein Ende bereitet.

Damit dienen wir am besten der friedlichen Verständigung der Deutschen untereinander, der Wiederherstellung der Einheit Deutschlands und dem Frieden.

In der festen Überzeugung, daß die gesamte Bevölkerung ihre ganze Kraft für die Verwirklichung dieser Ziele einsetzt, sende ich allen meine herzlichsten Grüße.

gez.: Wilhelm Pieck

18.
Radioansprache von Wilhelm Pieck[14]

29. Juni 1953

Liebe Landsleute, liebe Freunde und Genossen!

Mir sind in den letzten Tagen und Wochen so viele Grüße, Genesungswünsche und Vertrauensbeweise übermittelt worden, daß ich mich verpflichtet fühle, allen Werktätigen unserer Republik und allen meinen Genossen dafür herzlich zu danken. Ich habe mich gerade in diesen Tagen, da imperialistische Kräfte ein faschistisches Abenteuer gegen die Deutsche Demokratische Republik inszenierten, besonders innig mit allen Werktätigen und friedliebenden Menschen unseres Vaterlandes verbunden gefühlt.

Aus Tausenden von Briefen und Mitteilungen von Besuchern der Sprechstunden meiner Kanzlei kannte ich die Nöte und Beschwerden unserer Bevölkerung. Darum habe ich Ende Mai, als mich Vertreter des Politbüros meiner Partei über dessen Beratungen informierten, die Änderung des Kurses von Partei und Regierung voll und ganz gebilligt. Dieser neue Kurs, der am 9. Juni der Öffentlichkeit bekanntgegeben wurde, ist auf eine Hebung der Lebenshaltung aller Schichten der Bevölkerung, auf eine allgemeine Besserung der Lage in unserer Republik und auf die Überwindung der Kluft zwischen Ost und West unseres Vaterlandes gerichtet.

Eben weil der neue Kurs den Werktätigen hilft, weil er der Einheit und dem Frieden dient, eben darum fürchten ihn die großkapitalistischen Feinde des Volkes und die Kriegsbrandstifter.

Von der ersten Nachricht über die faschistischen Provokationen in Berlin war für mich klar, daß sie den neuen Kurs von Partei und Regierung durchkreuzen sollten. Dabei mißbrauchten die Provokateure eine unzweifelhaft vorhandene Unzufriedenheit unter den Werktätigen, die zum Teil berechtigte Forderung gegen bestehende Mißstände erhoben. Aber auch die zeitweilig irregeführten Werktätigen erkannten sehr bald, auf welchen gefährlichen Weg die faschistischen Abenteurer und ihre ausländischen Hintermänner sie drängen wollten. Wie einst die Reichstagsbrandstiftung, so sollten die Brandstiftungen am Potsdamer Platz zu

Flammenzeichen eines neuen Krieges werden. Durch die Haltung der Mehrheit der Werktätigen, durch den tapferen Einsatz der Volkspolizei und das besonnene Eingreifen der Sowjettruppen ist der Brandfunke ausgetreten worden, bevor er einen neuen Krieg entzünden konnte. Dafür sage ich allen, die durch ihren selbstlosen Einsatz unsere demokratische Ordnung und den Frieden verteidigten, meinen aufrichtigen Dank.

Jetzt kommt es darauf an, den neuen Kurs mit erhöhter Kraft fortzuführen. Alle seit dem 9. Juni bereits beschlossenen und noch geplanten Maßnahmen zur Verbesserung der Lage aller müssen rasch und entschlossen verwirklicht werden. Das erfordert die vertrauensvolle Mitarbeit aller, die aufrichtig für das Wohl des Volkes eintreten. Jeder Werktätige muß jetzt durch gute Leistungen und gewissenhafte Erfüllung seiner Aufgaben dazu beitragen, die Lebenshaltung seiner Familie zu verbessern. Jeder ehrliche Deutsche muß jetzt erkennen, daß die faschistischen Provokateure geschlagen werden müssen, damit der Weg zur gesamtdeutschen Verständigung frei wird, damit wahrhaft freie Wahlen in ganz Deutschland und ein gerechter Friedensvertrag erreicht werden können.

Darum, liebe Landsleute, liebe Freunde und Genossen, vorwärts auf dem neuen Kurs unserer Partei und der Regierung der Deutschen Demokratischen Republik für das Wohl des Volkes, für die Einheit Deutschlands und den Frieden der Welt!

19.
Gemeinsame Sitzung des Ausschusses für auswärtige Angelegenheiten und des Ausschusses für gesamtdeutsche Fragen[15]

8. Juli 1953

Bericht von Staatssekretär im Auswärtigen Amt, Prof. Dr. Hallstein:

[...] Am 11. Juni sei dann ein Beschluß des Ministerrates der sowjetzonalen Regierung gefolgt, eine große Reihe von Erleichterungen für die Bevölkerung der Sowjetzone herbeizuführen, die eine Umkehr des bisher verschärften Sowjetisierungskurses darstellten, ohne das Regime als solches etwa aufzuheben. Letzteres erwähne er deshalb, weil, wenn man die Bilanz der Erleichterungsmaßnahmen ziehe, man zu dem Saldo komme, daß durch diese Korrekturen noch nicht einmal der Zustand voll wiederhergestellt worden sei, der vor Eintreten des verschärften Kurses bestanden habe, also im Mai 1952. In der Bundesrepublik und in der westlichen Welt überhaupt seien die Maßnahmen dieser sowjetzonalen Behörden als ein Versuch gedeutet worden, der wachsenden Unzufriedenheit der Masse der Bevölkerung zu steuern; als ein Mittel, die in der letzten Zeit stark bedrohte Leistungsfähigkeit der Sowjetzone zu heben; als ein taktisches Mittel, das im Hinblick auf die bevorstehenden Wahlen in der Bundesrepublik Verwirrung anrichten und neutralistischen Kräften Auftrieb geben solle, und als ein Mittel, die Neigung zu Verhandlungen mit der Sowjetunion in den Westmächten zu stärken.

Gefolgt seien die Ereignisse des 18. oder besser 17. Juni, die in der ganzen Welt ein ungeheures Aufsehen erregt und unter allen freien Völkern spontanen Beifall hervorgerufen hätten. Überall sei, so könne man den Eindruck dieser Ereignisse zusammenfassen, der Aufstand der deutschen Bevölkerung als eines der wichtigsten Ereignisse der Nachkriegszeit bezeichnet und bewertet worden. Am 18. Juni habe die alliierte Hohe Kommission gemeinsam mit den Stadtkommandanten der Westsektoren von Berlin eine Note an die sowjetische Kontrollkommission gerichtet, in der gegen die Unterdrückungs- und Absperrungsmaßnahmen im Sowjetsektor protestiert worden sei. Am darauffolgenden Tage habe sich der Vorsitzende der Alliierten Kommandantur noch einmal schriftlich an das sowjetische Hauptquartier gewendet. Der sowjetische General Dibrowa habe am 21. Juni in einer Note geantwortet, in der er die alliierten Proteste zurückgewiesen und seinerseits gegen die Entsendung von Provokateuren in den Sowjetsektor protestiert habe. Am 4. Juni habe der französische Stadtkommandant den General Dibrowa in seinem Hauptquartier aufgesucht und ihm ein vom 23. Juni datiertes Schreiben überreicht, in dem die Normalisierung der Lebensverhältnisse in Berlin verlangt worden sei. Die drei Hohen Kommissare des Westens selbst hätten in einer Sitzung am 27. Juni einen schriftlichen Protest bei dem sowjetischen Oberkommissar Semjonow gegen die Aufrechterhaltung des Ausnahmezustandes eingelegt. Am 30. Juni habe der General Dibrowa den Westkommandanten geantwortet, die Behinderung des Ost-West-Verkehrs könne erst aufgehoben werden, wenn die Westmächte die Garantie dafür gäben, daß keine Provokateure von den Westsektoren Berlins in den Sowjetsektor entsandt würden.

Inzwischen habe sich der Bundeskanzler am 21. Juni in drei nicht identischen, aber einander ähnlichen Telegrammen an Präsident Eisenhower, an Premierminister Churchill und an Ministerpräsident René Mayer gewendet, um deren Aufmerksamkeit auf die unhaltbaren Zustände in der Sowjetzone zu lenken und sie zu bitten, alles in ihren Kräften Stehende zu tun, um die verletzten Menschenrechte wiederherzustellen und dem deutschen Volk zu seiner Einheit und Freiheit zu verhelfen. Die erste Antwort habe Sir Winston Churchill gegeben am 24. Juni, am 25. habe René Mayer geantwortet und am 26. Präsident Eisenhower. Daß Eisenhower zuletzt geantwortet habe, hat einen rein technischen Hintergrund, der mit der Übermittlung des Telegramms des Bundeskanzlers zusammengehangen habe. Die drei Antworten seien inhaltlich einander ähnlich. Alle drei Regierungschefs erklärten sich als in voller Sympathie mit der deutschen Bevölkerung in der Sowjetzone befindlich und drückten ihre Bewunderung für die Haltung dieser Bevölkerung aus. Sie versprächen, sich dafür einzusetzen, daß die deutsche Einheit in Freiheit wiederhergestellt werde, und erklärten, daß das am besten auf Grund der in der alliierten Note vom 23. September 1952 aufgestellten Grundsätze erfolgen könne. Sir Winston Churchill erklärte darüber hinaus, daß die Grundsätze dieser Note mit der Entschließung des Bundestags vom 10. Juni 1953 inhaltsgleich seien.[16] Die drei Westmächte hätten sich also, kurz gesagt, damit auf ein einheitliches Programm ihrer Deutschlandpolitik festgelegt.

Das letzte Ereignis sei rein verfahrensmäßiger Natur. Am 29. Juni sei bekanntgegeben worden, daß an Stelle der auf Grund der Erkrankung Churchills eine die die vertagte Bermuda-Konferenz am 10. Juli in Washington eine Konferenz der Außenminister der drei Westmächte stattfinden werde. Großbritannien werde auf dieser Konferenz durch einen Stellvertreter des erkrankten Außenministers, durch Lord Salisbury, vertreten sein. [...]

Abgeordneter Dr. Becker (Hersfeld (FDP): Ich wollte gerade fragen, ob nicht die Ereignisse des 17. Juni auch eine größere psychologische Bindung der Westmächte an uns bewirkt haben – ganz abgesehen von den Verträgen – mit dem Ergebnis, daß sie sich in der Deutschlandfrage energischer als in der Koreafrage einsetzen werden.

Staatssekretär Dr. Hallstein: Unzweifelhaft! Wenn ein Analogieschluß möglich wäre, würden diese Ereignisse dazu beitragen, seine Vollziehung zu verhindern.

Abg. Dr. Becker (Hersfeld) (FDP): Denn nunmehr sind diese Dinge doch zu einem heißen Eisen geworden. Das ist der Unterschied zu Korea!

Abg. Neumann (SPD): [....] Ich darf Ihnen nur ganz kurz mitteilen, daß es uns gegen anfänglich sehr starke Widerstände gelungen ist, ihn [den Hohen Kommissar der USA, Conant, d. Aut.] dazu zu bekommen, daß am heutigen Nachmittag im RIAS ein Gespräch zwischen ihm, den Streikenden aus der Stalin-Allee, den Hennigsdorfer Stahlarbeitern und Leuten aus dem Magerviehhof stattfindet. Wir hoffen, daß dieses Gespräch heute abend noch gesendet werden kann, und nehmen an, daß das von außerordentlicher demonstrativer Wirkung auf die Welt sein wird.

20.

»Der neue Kurs und die Frage der Macht[17]

Rede von Fritz Selbmann vor Stahlwerkern in Hennigsdorf

5. August 1953

Kolleginnen und Kollegen, Genossen, liebe Freunde,

wenn ich zum neuen Kurs der Regierung Stellung nehmen will, dann will ich damit verbinden auch eine Stellungnahme zu den Ereignissen der letzten Wochen. Insbesondere auch eine Stellungnahme zu den Ereignissen am 17. Juni. Der neue Kurs der Sozialistischen Einheitspartei und der Regierung der Deutschen Demokratischen Republik wurde festgelegt in dem Kommuniqué des Politbüros der SED vom 9. Juni und in den Beschlüssen des Ministerrats der Republik vom 11. Juni dieses Jahres. Was war der Sinn dieser Beschlüsse der Sozialistischen Einheitspartei und der Regierung? Darüber ist in den letzten Wochen sehr viel diskutiert worden. Aber sehr viele Menschen haben aus diesen Beschlüssen und aus diesem Kommuniqué zunächst nur das herausgehört, was über Fehler gesagt wurde. Und die Diskussion in den letzten Wochen hat sich zu einem großen Teil erstreckt auf die Fehler, die die Regierung und die Partei angeblich oder tatsächlich gemacht hat.

Es ist notwendig, wenn man von Fehlern in der Politik spricht, auch von der grundsätzlichen Linie der Politik einer Partei und einer Regierung zu sprechen. Was war und ist die Generallinie der Politik der Sozialistischen Einheitspartei und der Regierung der Deutschen Demokratischen Republik? Diese Generallinie zeigt sich in all dem, was wir seit dem Jahre 1945 im Gebiet unserer Republik durchgeführt haben, und es ist deshalb notwendig, wenn man die wirkliche grundsätzliche Linie unserer Politik kennenlernen will, sich mit den politischen Begebenheiten und Ereignissen seit dem Jahre 1945 auseinanderzusetzen.

Und wenn wir diese Auseinandersetzung mit unserer Politik seit 1945 vornehmen, dann zeigt sich, daß die Generallinie unserer Politik absolut richtig war, ja, daß diese Generallinie noch heute gilt und richtig ist. Denn was haben wir seit 1945 politisch geleistet? Im Jahre 1945 haben wir nach dem Zusammenbruch der faschistischen Diktatur ein schreckliches Chaos in der gesamten Wirtschaft und im Staat übernommen. Wir haben aus diesem Chaos, das wir 1945 übernommen haben, wieder eine gesunde Wirtschaft und einen fortschrittlichen Staat aufgebaut. War diese Generallinie falsch? Nein, sie war richtig!

Wir haben nach 1945 die Bodenreform durchgeführt, d.h. wir haben die Barone und Junker aus unserem Lande gejagt und haben ihr Land den armen Bauern gegeben – diese Politik war richtig. Wir haben das alte kapitalistische Bildungsmonopol beseitigt und haben dafür gesorgt, daß zum ersten Mal in der deutschen Geschichte wirklich Arbeiter- und Bauernkinder auf unseren Schulen, auf unseren Universitäten studieren können. War diese Politik richtig oder war sie falsch? Sie war richtig! Und wir haben das Land Arbeitern und Umsiedlern gegeben, war diese Linie richtig oder war sie falsch? Diese Linie war richtig! Wir haben die Banken- und Geldreform durchgeführt, wir haben die privaten Großbanken enteignet, haben ein staatliches Banken- und Geldsystem aufgebaut und damit die Herrschaft des Finanzkapitals in unserer Republik beseitigt. War diese politische Haltung richtig oder war sie falsch? Sie war richtig! Wir haben die Kriegsverbrecher enteignet, haben Monopole der Kapitalisten zerschlagen und haben eine starke, leistungsfähige volkseigene Wirtschaft aufgebaut, in der die Betriebe nicht mehr privaten Kapitalisten, sondern den Werktätigen gehören. War diese Politik richtig oder war sie falsch? Diese Politik war richtig! Wir haben einen Staat der Werktätigen aufgebaut, einen Staat, in dem zum ersten Mal in der Geschichte Deutschlands das werktätige Volk wirklich die Macht in Händen hat. War diese Politik richtig oder war sie falsch?

Wir haben den Kampf geführt um die Einheit unseres Landes und um die Erhaltung des Friedens. Das war die Generallinie unserer Partei, das war die Generallinie unserer Regierung, und deshalb: wenn wir heute die Frage stellen, war die Generallinie unserer Partei und unserer Regierung richtig, jawohl, diese Linie war richtig. Und diese Politik hat – das kann kein objektiver Beurteiler bezweifeln – zu großen Erfolgen geführt. Wir haben eine große, starke, leistungsfähige, volkseigene Industrie aufgebaut. Wir haben neue Hüttenwerke gebaut, neue Stahlwerke aufgebaut, wir haben aus den Trümmern, die der Krieg hinterlassen hat, eine leistungsfähige, starke und gesunde Industrie errichtet.

Denken wir heute nur einmal, was euch besonders als Stahlwerker interessiert: Wir hatten früher im Gebiet unserer Republik eine Eisenerzeugung von 250.000 Tonnen im Jahr. In diesem Jahre allein erzeugen wir vier Mal soviel Eisen, als früher die Republik erzeugt hat, und die nächsten Jahre wird unsere Roheisenerzeugung mehr als das Sechsfache von dem betragen, was wir noch vor vier Jahren in unserer Republik produziert haben.

Wir haben neue Stahlwerke aufgebaut: Stahlwerk Brandenburg, Edelstahlwerk Düllen. Wir haben unsere Werke ausgebaut und modernisiert, darunter auch das Stahl- und Walzwerk Wilhelm Florin in Hennigsdorf. Und wir haben – das sage ich mit aller Deutlichkeit, und wir brauchen uns damit nicht zu verstecken –, wir haben im Vergleich zum Lebensstandard der Arbeiter, einschließlich der Arbeitslosen in Westdeutschland, einen Lebensstandard geschaffen, der besser ist als der Lebensstandard der großen Massen der Werktätigen in Westdeutschland.

Nun gibt es manche Menschen, die sagen, ja aber der Beschluß vor einem Jahre, mit dem planmäßigen Aufbau des Sozialismus zu beginnen, dieser Beschluß war falsch. Entspricht der Beschluß, den Sozialismus aufzubauen, den Interessen der Arbeiterklassen oder nicht? Er entspricht den Interessen der Arbeiterklassen, und deshalb sagen wir auch heute mit aller Deutlichkeit und Eindeutigkeit, jawohl, auch der Beschluß, unsere Republik auf den Weg zum Sozialismus zu führen, auch diese Politik war richtig, ist richtig und bleibt richtig!

Aber bei der Durchführung der Beschlüsse, die vor einem Jahr gefaßt worden sind, sind Fehler gemacht worden. Und der Hauptfehler war der, daß wir glaubten, daß es möglich sei, schneller zum Ziel zu kommen, wenn wir in verstärktem Maße unsere Schwerindustrie als die Grundlage in unserer industriellen Entwicklung aufbauen, wenn wir, um eine schnelle Steigerung unserer Maschinenproduktion zu erreichen, zunächst die Basis unserer Hüttenindustrie schneller entwickeln. Ohne Zweifel war die Einschlagung eines Tempos in der Entwicklung unserer Schwerindustrie und im Aufbau der nationalen Streitkräfte unserer Republik nicht in vollem Einklang mit den realen Möglichkeiten, die uns zur Verfügung standen, und war nicht genügend abgewogen im Hinblick auf die Gesamtsituation in Deutschland.

Diese Beschleunigung des Tempos auf dem Wege des Aufbaus der Grundlagen des Sozialismus in unserer Republik führte zwangsläufig zu einem verschärften Kampf gegen alle kapitalistischen Elemente und führte zwangsläufig zu Maßnahmen, die große Opfer für unsere Bevölkerung bedeuteten. Unsere überhöhten Aufwendungen für Investitionen zum Aufbau der Schwerindustrie, unsere überhöhten Aufwendungen für die Stärkung und den Ausbau unserer nationalen Verteidigung beeinträchtigten die Entwicklung der Versorgung der werktätigen Menschen mit Waren des täglichen Lebensbedarfs und führten dazu, daß wir nicht in dem gleichen Maße, wie wir an den Grundlagen des Sozialismus arbeiteten, auch die Mittel zur Verfügung hatten zur schnellen Verbesserung der Lebenslage der Bevölkerung.

Daraus resultierten eine Reihe von Beschlüssen unserer Regierung in der ersten Hälfte dieses Jahres, die ohne Zweifel nicht genügend durchdacht waren und die letzten Endes zu einer Verschlechterung der Lage der Arbeitenden geführt haben. Die Regierung hat bei der Durchführung ihrer Generallinie einige Fehler gemacht, aber sie hat diese Fehler gemacht in ernster Sorge um das Wohl der Republik und im ernsten Glauben, daß durch eine solche Politik, wie wir sie eingeschlagen haben, die Lebenslage der Bevölkerung schneller verbessert werden könnte, durch die Schaffung sicherer Grundlagen unserer wirtschaftlichen Entwicklung.

Als wir die Beschlüsse zum beschleunigten Aufbau der Schwerindustrie, zur beschleunigten Schaffung der Grundlagen des Sozialismus und zum schnellen Aufbau unserer nationalen Streitkräfte faßten, lebten wir in der Periode des Kalten Krieges. Und es bestand die Gefahr, daß dieser Kalte Krieg schnell umschlagen könnte in den Heißen Krieg.

Inzwischen hat sich einiges in der Welt geändert. Die Gefahr eines Heißen Krieges ist heute weitgehend zurückgedrängt. Der Abschluß des Waffenstillstandes in Korea, die wachsenden Widersprüche im kapitalistischen Lager, die Schwierigkeiten der Vereinigten Staaten im eigenen Lande, der wachsende Einfluß der Kommunisten in Frankreich und Italien und die schnell wachsende Kraft des Friedenslagers in der ganzen Welt sind Beweise dafür, daß die Gefahr eines Heißen Krieges heute wesentlich geringer ist, als das vor einem Jahre der Fall war. Aus diesem Grunde war es möglich, Beschlüsse zu fassen, die eine Korrektur des politischen Kurses, der vor einem Jahr beschlossen wurde, bedeuten und die es uns ermöglichen, das Tempo im Aufbau unserer Schwerindustrie, unserer nationalen Verteidigung zu verlangsamen und an deren Stelle größere Mittel, größere Teile des Volkseinkommens freizumachen für die schnelle Verbesserung der Lebenslage der Bevölkerung unserer Republik.

Es ist klar, daß damit auch verbunden sein mußte eine Korrektur in unserem Kampf um die Einheit unseres Landes. Das überhöhte und beschleunigte Tempo des Aufbaus der Grundlagen des Sozialismus, verbunden mit dem schärfsten Kampf gegen kapitalistische Elemente, führte auch zu einer Erschwerung des Kampfes um die Einheit unseres Vaterlandes, führte zu einer wachsenden Republikflucht und begünstigte damit die Politik derjenigen, die an einer Spaltung unseres Landes interessiert sind.

Alle diese Auswirkungen veranlaßten die Regierung und das Zentralkomitee der Sozialistischen Einheitspartei zu dem Beschluß, den politischen Kurs zu ändern, eine Wendung in unserer Wirtschaftspolitik durchzuführen. Der Inhalt dieses neuen Kurses ist mit wenigen Worten zu kennzeichnen: Der neue Kurs hat zum Inhalt eine schnelle Verbesserung des Lebens bei uns – oder wie es Otto Grotewohl in der Volkskammer gesagt hat: Jeder Mensch soll bei uns in kurzer Zeit besser leben, mehr zu essen haben und mit mehr Konsumgütern versorgt werden, als das in Westdeutschland der Fall ist, um so den Arbeitern in Westdeutschland zu zeigen, daß der Weg, den wir gegangen sind, der richtige ist, und damit unseren Kampf um die Einheit unseres Vaterlandes auf demokratischer Grundlage zu unterstützen.

Der Beschluß unserer Partei und der Regierung auf eine Änderung des politischen Kurses führte bei den Westdeutschen und westlichen kapitalistischen Ländern und ihren Politikern zu einer eigenartigen Wirkung. Es war klar: Wenn es uns gelang, den Kurs schnell zu ändern, wenn es uns gelang, die Umstellung unserer Wirtschaft so durchzuführen, daß in Kürze eine wesentliche Besserung in der Lebenslage der Arbeiter eintritt, wenn es uns gelang, die dadurch hervorgerufene wachsende Unzufriedenheit bei den Arbeitern schnell zu beseitigen, wenn es uns gelang, die Erschwernisse im Ost-West-Verkehr und damit die Erschwernisse im Kampf um die Einheit Deutschlands schnell zu überwinden – es ist klar, daß das eine Gefährdung der von westlicher Seite betriebenen Kriegspolitik bedeutete.

Aus diesem Grund löste unsere Kursänderung in Bonn eine Panik aus und führte dazu, daß von westlicher Seite versucht wurde, durch einen faschistischen Putschversuch die Regierung der Republik an der Durchführung ihres neuen Kurses zu hindern.

Laßt mich einige Bemerkungen machen über den Putschversuch vom 17. Juni und über seine Hintergründe. Im Westen Deutschlands hat man seit Monaten gesprochen von dem bevorstehenden Tag X, d.h. von dem Tag, an dem die Deutsche Demokratische Republik aufgerollt werden sollte und durch eine vollkommene Änderung der Machtverhältnisse in unserer Republik dieser Teil unseres Landes ebenfalls eingegliedert werden sollte in die von Adenauer geführte Bundesrepublik Deutschland, so daß damit die Deutsche Demokratische Republik ein Bestandteil des westlichen Kriegspaktsystems geworden wäre. Wenige Tage vor dem 17. Juni zeigte sich an einigen Börsen eine interessante Erscheinung. Sowohl in West-Berliner als auch an westlichen Börsen stiegen plötzlich die Aktien von Aktiengesellschaften, die früher große Betriebe in der Deutschen Demokratischen Republik hatten. Das war z.B. der Fall bei den Papieren der AEG, das war der Fall bei den Betrieben des Flick-Konzerns, das war der Fall bei Aktien der Dessauer Kontinentalen Glasgesellschaft. Alle diejenigen großen Konzerne, die früher im Gebiet unserer Republik große Betriebe gehabt haben und sie verloren haben, konnten plötzlich an den westdeutschen und West-Berliner Börsen eine starke Steigerung der Kurse ihrer Aktien verzeichnen. Das ist nicht zufällig. Natürlich wußten diese Herren bereits, daß der Tag X bevorstand, und natürlich kannten sie die von dem Forschungsbeirat, der vom Minister Kaiser in Bonn eingesetzt worden war, vorgesehenen Maßnahmen zur Wiedereingliederung, wie es wörtlich heißt, der Deutschen Demokratischen Republik in die Bundesrepublik.

Wir wissen heute, daß bei einem Erfolg dieses Putsches unsere volkseigenen Betriebe wieder in die Hände jener alten Monopolkapitalisten gekommen wären, wieder in die Hände der Flick, Thyssen und Krupp gelangt wären und der IG-Farben-Industrie, daß unsere Neubauern von ihrem Land vertrieben worden und die alten Junker und Barone wieder in unsere Republik gekommen wären.

Nun, der Putsch ist zusammengebrochen. Und heute weint man im Westen in den Zeitungen der kapitalistischen Monopole, daß bei der Niederschlagung dieses Putschs einige der Agenten, die sich zu sehr exponiert haben, zu Schaden gekommen sind. Es ist eigentlich verwunderlich. Was hat man denn eigentlich von uns erwartet? Was hat man denn eigentlich von uns geglaubt? Hat man vergessen, daß wir einmal einen 30. Januar 1933 in Deutschland erlebt haben? Hat man vergessen, daß wir sechs, acht, zehn und zwölf Jahre in faschistischen Kerkern gesessen haben? Hat man vergessen, daß wir den Faschismus aus unmittelbarer Nähe kennengelernt haben und nicht vor ihm kapituliert haben? Hat man geglaubt, wir lassen zu, daß unsere volkseigenen Betriebe, unser Eisenhüttenkombinat Stalin, unser Stahlwerk Riesa, unser Stahlwerk Hennigsdorf, unser Stahlwerk Brandenburg, hat man geglaubt, daß wir diese unsere Betriebe wieder in die Hände von Flick, Thyssen und Krupp übergehen lassen würden? Was hat man eigentlich geglaubt? Man hat geglaubt, man kann bei uns einen faschistischen Putsch inszenieren, man kann Arbeiter verhetzen zum Streik und zu Unruhen gegen die Regierung. Man kann HO-Geschäfte überfallen und demolieren, man kann Konsum-Verkaufsstellen in Brand stecken, man kann Volkspolizisten niederschlagen und kann sich an Arbeiterfunktionären vergreifen. Man hat geglaubt, man kann das alles machen, und wir kapitulieren und wehren uns nicht. Hat man gedacht, wir sind Pazifisten oder Sozialdemokraten alten Schlages, die der Gewalt weichen wie 1932 Karl Severin? Haben wir nicht immer gesagt, wir werden kämpfen gegen den Faschismus, wir werden kämpfen gegen den Krieg, wir werden kämpfen für den Frieden? Und nun, als wir angefangen haben zu kämpfen gegen ein faschistisches Abenteuer, jetzt auf einmal ist man ganz erstaunt, ist erschrocken und weint Krokodilstränen, weil einige unvorsichtige Provokateure zu Schaden gekommen sind.

Liebe Freunde, was mich persönlich betrifft: Ich war zwölf Jahre, vom 11. April 1933 bis zum 29. April 1945, ununterbrochen in faschistischen Kerkern. Zwölf Jahre, das sind mehr als 4.000 Tage und Nächte, von denen ich einige Jahre isoliert in Dunkelarrest gesessen habe. Und eines habe ich mir und tausend anderen meiner Genossen, die heute mit mir in der Regierung, in der Verwaltung und in unserer Partei stehen, geschworen: Alles, aber niemals wieder Faschismus in Deutschland.

Und eines der wichtigsten Probleme ist, daß die Arbeiter, auch die Arbeiter, die am 17. hereingefallen sind, heute verstehen und begreifen, daß sie verführt und verleitet wurden von Menschen, die nicht ihrer Klasse angehören und nicht die Interessen ihrer Klasse vertreten, sondern die im Dienste der Feinde unseres Landes und im Dienste der Feinde der Arbeiterklasse standen.

Liebe Freunde, wir erinnern uns alle des 30. Januar 1933. Sind dort auch Arbeiter mitmarschiert mit der SA? Ja. Waren dort Arbeiter bei der Demonstration, beim Fackelzug am 30. Januar vor dem Reichskanzlerpalais? Ja. Aber am 8. Mai 1945, als der Faschismus zusammenbrach, da haben 90 oder 95 Prozent, die damals mitgelaufen sind, gesagt: wir haben es nicht gewußt, daß wir mißbraucht wurden. Vielleicht sagen jetzt auch schon eine Anzahl Menschen, die am 17. mit nach West-Berlin gelatscht sind: Wir haben nicht gewußt, daß wir mißbraucht wurden. Vielleicht sagen auch einige, die sich ein Bettelpaket in West-Berlin holen, ich bin wieder einmal irregeführt worden. Aber dieses Argument muß endlich einmal aufhören.

Man kann nicht immer und immer wieder gegen die eigenen Interessen und gegen die Interessen der Arbeiterklasse handeln und sich hinterher immer herausreden, ich hab es nicht gewußt, und ich bin irregeführt worden.

Solange Arbeiter am 17. hier im Werk mit der vorübergehenden Niederlegung der Arbeit irgendeiner Unzufriedenheit oder Forderung Ausdruck geben wollten, gingen die Dinge noch hin. Wer nach West-Berlin marschierte, mußte sich schon etwas mehr Gedanken machen. Und wer merkte, wie er in West-Berlin in den Omnibus gepackt wurde und durch den Sektor gefahren und bewirtet wurde, um dann drüben auf der anderen Seite des Sektors losgelassen zu werden, der mußte eigentlich schon merken, was los ist. Er mußte es merken, wenn er die Inszenatoren und die Initiatoren dieser faschistischen Provokation gesehen hat. Ich habe sie gesehen. Sie wissen, daß ich am 16. Juni, also am Tage vorher, vor einer solchen Demonstration von Bauarbeitern vorm Hause der Ministerien gesprochen hatte. Und ich habe dort die Regisseure dieses Putschs gesehen, ich habe dort diese Figuren gesehen, die aus West-Berlin in Sambiahemden, in Texashemden mit Bürstenköpfen und mit Ringelsocken zwischen den Bauarbeitern provozierten. Ich habe einen Blick für Faschisten. Ich habe gewußt, daß dort die Arbeiter mißbraucht werden von faschistischen Provokateuren.

Natürlich muß man eines sehen, daß nicht nur diese West-Berliner Provokateure die Führung dieser Aktion in Händen hatten. Man muß sehen, wir sehen das sehr deutlich und klar, daß sich in unseren Betrieben, vor allen Dingen in großen Betrieben, eine sehr beachtliche Veränderung der sozialen Zusammensetzung der Arbeiterschaft vollzogen hat.

Wir haben nach dem Jahre 1945 Hunderttausende guter Arbeiterfunktionäre aus den Betrieben herausgezogen, in Staatsfunktionen, die Leitungen der Werke, in den Handel, zum Aufbau der Volkspolizei, auf die Schulen und Universitäten. Hunderttausende der besten klassenbewußten Arbeiter sind auf diese Weise in die Organe der Staatsführung hineingewachsen, und an ihrer Stelle sind in sehr viele Großbetriebe Leute eingeströmt, die klassenmäßig mit der Arbeiterschaft nichts zu tun hatten. Also Nazi-Lehrer, Nazi-Beamte, bankrotte Bauern, Gastwirte und ähnliche klassenfremde Elemente, die zu einem großen Teil heute in manchen Großbetrieben Unterschlupf gefunden haben, die dort arbeiten, aber die uns hassen, weil sie arbeiten müssen.

Wir können nicht erwarten, daß diese Leute eine besondere Liebe zu uns empfinden, denn sie müssen bei uns arbeiten. Diese Leute denken an nichts anderes, als daß die alten Zeiten noch einmal wiederkommen, wo sie wieder Justizamtmann und Schullehrer und Gendarm und Großbauer und Gastwirt und Kolonialhändler sein können. Es ist klar, daß diese klassenfremden Teile der Arbeiterschaft am 17. Juni als erste den faschistischen Provokateuren gefolgt sind.

Wir sind uns auch heute vollkommen darüber klar, daß in manchen Großbetrieben eine ausgesprochene faschistische Untergrundorganisation besteht. Daß faschistische Zellen bestehen, daß Gruppen des sozialdemokratischen Ostbüros bestehen, die als die Agenten westlicher Auftraggeber in unseren Betrieben hetzen und organisieren. Warum erwähne ich das hier? Ich erwähne das deshalb, weil ich möchte, daß vollkommene Klarheit darüber herrscht: Wenn wir erst einmal wissen, daß diese Gefahr da ist, dann verlassen Sie sich darauf, wissen wir auch den Weg, mit dieser Gefahr fertig zu werden.

Über eines muß vollkommene Klarheit herrschen: Es gibt heute noch viele Arbeiter, die am 17., wenn auch nur für einige Stunden, mitgemacht haben, die sagen: Wir haben doch bloß gestreikt für irgendwelche Forderungen. Am 17. Juni hat in der Deutschen Demokratischen Republik kein Streik stattgefunden, sondern der Versuch eines faschistischen Staatsstreichs, und kein Arbeiter kann sich heute damit entschuldigen, er hätte nur mitgestreikt, sondern er ist das Opfer von Initiatoren eines faschistischen Putschs geworden.

Wir unterscheiden sehr wohl zwischen Provokateuren und ehrlichen Arbeitern. Diejenigen Arbeiter unserer Stahlwerke hier in Hennigsdorf, die am 17. Juni – ich glaube in ihrer weitaus übergroßen Mehrheit – im Werk geblieben sind, dafür gesorgt haben, daß die Öfen in Gang gehalten wurden, die im Stahlwerk geblieben sind, um dann die Arbeit wieder fortzusetzen, die werfen wir nicht in den Topf mit Provokateuren oder faschistischen Agenten.

Ich habe vorhin gesagt, am 17. Juni hat kein Streik stattgefunden, denn ich stelle die Frage, marschiert man bei einem Streik nach West-Berlin, einige in Holzpantinen, marschiert man bei einem Streik nach West-Berlin und läßt sich dort mit Kaffee bewirten, marschiert man bei einem Streik nach West-Berlin und läßt sich mit den Beförderungsmitteln des Reuter-Senats nach dem Ostsektor bringen? Seit wann loben die Kapitalisten die Arbeiter, wenn sie streiken? So ist es doch heute. Ihr solltet nur Gelegenheit haben, die Presse der ausgesprochen großkapitalistischen Banken zu lesen, wie diejenigen, die sich am 17. mißbrauchen ließen, gelobt werden. Einer dieser kapitalistischen Soldschreiber schrieb vor einigen Tagen sogar, der 17., das wäre Deutschlands größte Revolution gewesen. Das ist eine schöne Revolution. Eine Revolution, die von faschistischen Agenten organisiert ist, eine Revolution, die von kapitalistischen Monopolen finanziert wird, eine Revolution, die von einem Lande, in dem der Kapitalismus uneingeschränkt herrscht, von den Vereinigten Staaten finanziert und propagiert wird. Was kann das schon für eine Revolution sein? Das kann nichts anderes sein als der Versuch einer Konterrevolution gegen die Macht der Arbeiter und Bauern in der Deutschen Demokratischen Republik.

Liebe Freunde, wenn man streikt, muß man ja wissen, für was man streikt oder gegen was man streikt. Ich habe mir die Mühe gemacht, einmal zusammenzustellen, was allein in unserem Industriezweig in den Jahren 1951, 1952 und 1953 in unseren Betrieben gebaut wurde an sozialen, hygienischen, gesundheitlichen, kulturellen und anderen Anlagen. In diesen drei Jahren, in den ersten drei Jahren des Fünfjahrplans, wurden allein in den Betrieben unseres Industriezweigs im Jahr 1951 für Kultur-, Sozial-, Gesundheits- und Nachwuchsanlagen ausgegeben 23.000.000.964 Mark, 1952 30.000.795 Mark, 1953 31.000.900 Mark. Insgesamt in diesen drei Jahren sind das 86.659.000 Mark. [...]

Insgesamt wurden also bis Ende 1953 gebaut allein in unserem Industriezweig sieben Kulturhäuser, fünf Clubhäuser, acht Kulturhallen, ein Kulturhaus ist noch in der Fortführung. [...] Kindertagesstätten wurden errichtet in unserem Industriezweig, im Jahre 1951 fünf, 1952 drei, 1953 vierundzwanzig, so daß in den drei Jahren insgesamt an 32 Betrieben Kindertagesstätten mit 3.200 Plätzen gebaut wurden.

Jugend- und Sportanlagen wurden gebaut, im Jahre 1951 ein Jugenddorf in der Maxhütte, im Jahre 1952 drei Pionierlager für Riesa, Maxhütte und Hennigsdorf. Im Jahre 1953 zwei Pionierlager für das Eisenhüttenkombinat Stalin und das Stahlwerk Brandenburg. An Sportanlagen wurden gebaut: Im Jahre 1952 eine Sporthalle in Gröditz und zehn Sportplätze, im Jahre 1953 drei Sporthallen, zwölf Sportplätze, ein Tennisplatz, ein Freibad, eine Leichtathletikhalle und eine Radrennbahn. An Sozialanlagen wurden gebaut im Jahre 1952 Küchen- und Speisehallen für 18.250 Plätze, im Eisenhüttenkombinat Stalin für 4.000 Plätze, in Kalbe für 2.000, in der Maxhütte für 6.000, in Döhlen, 1.600, in Freiberg für 1.000, in Riesa für 2.500 Plätze. Im Jahr 1953 werden Küchen und Speisesäle gebaut: Im Eisenhüttenkombinat Stalin für 8.000 Portionen, in der August-Bebel-Hütte für 2.000, im Bleierz Freiberg für 2.000 und in Riesa für 3.500. Man hat insgesamt in den letzten zwei Jahren Küchen und Speiseräume gebaut für rund 35.000 Plätze. An Gesundheitsanlagen wurden in unseren Betrieben gebaut: 1951 eine Poliklinik in Brandenburg und Kinderkrippen in Riesa und Krötig, 1952 eine Poliklinik im Eisenhüttenkombinat Stalin und eine Poliklinik in Helbracht. Hinzu kommen 18 Sanitätsstellen und 12.000 Ruheräume. [...]

Ich habe vorhin gesagt, liebe Freunde, wenn man streikt, muß man doch wissen, wofür oder gegen was man streikt. Nachdem ich aufgezählt habe, was in diesen drei Jahren an größeren Investitionen auf dem Gebiete des Kultur-, Sozial- und Gesundheitswesens allein in unseren Betrieben durchgeführt wurde, stelle ich die Frage: Können Arbeiter dagegen streiken? Gibt es einen Grund für Arbeiter, zu streiken angesichts einer solchen Entwicklung allein in unserem Industriezweig und in den übrigen Industriezweigen unserer Republik? Ich hatte vor kurzem eine Diskussion mit einem Arbeiter in einem Berliner Betrieb, der hatte auch – wie er sagt – gestreikt an dem Tag. Nachdem wir längere Zeit diskutiert haben, sagt er, ich muß jetzt weg. Ich sage: wohin? – In die Betriebszahnstation. Betriebszahnstation? Gab es das früher auch, als euer Betrieb noch ein Konzernbetrieb war? Da fiel ihm auf einmal ein, gegen was er gestreikt hatte.

Liebe Freunde, deshalb sagen wir: Wir wollen aufhören mit dem Geschwätz, daß am 17. Juni ein Streik stattgefunden hat. Am 17. Juni gab es keinen Streik der Arbeiter, sondern den Versuch eines faschistischen Putsches, und die Niederschlagung dieses Putschversuchs bedeutet die Verhinderung der Gefahr des Faschismus und der Gefahr eines neuen Krieges auf dem Boden unserer Republik. Darum war alles richtig, was der Niederschlagung dieses Putsches diente.

21.

Protokoll über den Erlaß der deutschen Reparationsleistungen und über andere Maßnahmen zur Erleichterung der finanziellen und wirtschaftlichen Verpflichtungen der DDR, die mit den Folgen des Krieges verbunden sind[18]

22. August 1953

Ausgehend davon, daß Deutschland schon einen bedeutenden Teil seiner finanziellen und wirtschaftlichen Verpflichtungen, die mit den Folgen des Krieges verbunden sind, gegenüber der UdSSR, den USA, England und Frankreich erfüllt hat, und der Notwendigkeit Rechnung tragend, die wirtschaftliche Lage Deutschlands zu erleichtern, sowie berücksichtigend, daß die Sowjetregierung in ihrer Note vom 11. August 1951 den Regierungen der USA, Englands und Frankreichs den Vorschlag unterbreitete, die mit den Folgen des Krieges verbundenen finanziellen und wirtschaftlichen Verpflichtungen Deutschlands gegenüber den 4 Mächten bedeutend zu ermäßigen, und daß die Annahme dieser Vorschläge durch die Regierungen der genannten Westmächte die Verwirklichung dieser Maßnahmen in bezug auf ganz Deutschland gewährleisten würde, in gleicher Weise anerkennend, daß, unabhängig von dem Beschluß, den die Regierungen der USA, Englands und Frankreichs in dieser Frage treffen werden, die Verwirklichung dieser Vorschläge in bezug auf die Deutsche Demokratische Republik dem deutschen Volk eine wirkungsvolle Hilfe sein wird, nicht nur in wirtschaftlicher Beziehung, sondern auch bei der Schaffung der Bedingungen, die zur Wiederherstellung der Einheit Deutschlands als friedliebender und demokratischer Staat und zur Beschleunigung des Abschlusses eines Friedensvertrages mit Deutschland erforderlich sind, haben die Regierung der DDR und der Sowjetunion Verhandlungen geführt und sind übereingekommen, folgende Maßnahmen zu ergreifen:

I. Die Sowjetregierung wird im Einverständnis mit der Regierung der Volksrepublik Polen – in bezug auf den sie betreffenden Anteil an den Reparationen – ab 1. Januar 1954 die Entnahme von Reparationen aus der DDR sowohl in Form von Warenlieferungen als auch in jeder anderen Form vollständig beenden.

Somit wird die DDR von der Zahlung der nach dem 1. Januar 1954 noch verbliebenen Reparationsverpflichtungen befreit, die in Übereinstimmung mit der Erklärung der Sowjetregierung vom 15. Mai 1950 über die Senkung der Reparationsleistungen Deutschlands an die Sowjetunion 2.537 Millionen Dollar entsprechend den Weltpreisen von 1938 betragen.

II. Die Sowjetregierung überführt ab 1. Januar unentgeltlich in das Eigentum der DDR die in Deutschland befindlichen 33 Maschinenbaubetriebe, chemische, metallurgische und andere Betriebe, die als Reparationsleistungen in das Eigentum der UdSSR übergegangen waren und einen Gesamtwert von 2.700 Millionen Dollar besitzen. [...]

Zugleich befreit die Sowjetregierung die DDR von den Schulden in Höhe von 430 Millionen Mark, die im Zusammenhang mit der 1952 seitens der Sowjetregierung erfolgten Übergabe von 66 sowjetischen Industriebetrieben in Deutschland an die Regierung der DDR entstanden waren.

III. Die Sowjetregierung senkt die Zahlungsverpflichtungen der DDR, die mit dem Aufenthalt sowjetischer Truppen auf dem Territorium der DDR verbunden sind, so daß die Summe dieser Ausgaben nicht 5 Prozent der Einnahmen des Staatshaushaltes der DDR überschreitet und auf jeden Fall die Höhe der Besatzungskosten von 1949 nicht übersteigt. In Übereinstimmung hiermit werden im Jahre 1954 die Ausgaben der DDR für den Unterhalt sowjetischer Truppen, die sich in Deutschland befinden, 1.600 Millionen Mark betragen anstelle von 1.950 Millionen Mark im Jahre 1953, anstelle von 2.182 Millionen Mark im Jahre 1949.

IV. Die Sowjetregierung erklärt, daß sie die DDR von der Zahlung der Schulden befreit, die als Besatzungskosten in ausländischer Währung nach 1945 entstanden sind.

Im Zusammenhang hiermit erklärt die Sowjetregierung ferner, daß Deutschland von der Zahlung staatlicher Nachkriegsschulden an die Sowjetunion frei ist.

22.

Beschluß des SED-Politbüros vom 23. September 1953[19]

Die Juni-Ereignisse in der DDR deckten große Mängel in der Arbeit der Organe der Staatssicherheit auf. Trotz der vorhandenen großen Anzahl operativer Mitarbeiter erwiesen sich die Organe des MfS der DDR nicht fähig, die Vorbereitung des faschistischen Putsches in Berlin und anderen Städten und Industriezentren der DDR aufzudecken, sie gaben nicht ein einziges Signal über die Vorbereitung der Provokationen. Trotzdem schon drei Monate seit den Ereignissen des 17. Juni vergangen sind, haben die Staatssicherheitsorgane auch bis jetzt nicht die Organisatoren der Provokationen entlarvt. Sie deckten nur wenige faschistische Untergrundzentren auf, obwohl sie auf die Konzentration von sozialdemokratischen und faschistischen Elementen in Leipzig, Halle, Magdeburg und anderen Bezirken hingewiesen wurden.

Die Leitung des MfS hat die Verschärfung der politischen Situation in der DDR nicht beachtet und übersehen, daß gegen die DDR die Hauptschläge der Spionagezentren der Westmächte sowie der westdeutschen und Westberliner Spionage- und Diversionsorganisationen gerichtet sind, besonders um die mit der Durchführung des neuen Kurses zusammenhängenden Maßnahmen zu verhindern. Die Unterschätzung der Kräfte und der Fähigkeiten des Feindes führte zu einer schlechten Organisation der operativen Agenturarbeit auf allen wesentlichen Gebieten.

In Westdeutschland und in Westberlin haben die Organe des SfS und des außenpolitischen Aufklärungsdienstes der DDR keine verläßlichen Agenturen in den Aufklärungsorganen und in den Besatzungsinstitutionen der USA, Englands, Frankreichs, in der Bonner Regierung, insbesondere dem Ministerium Kaiser und in den Zentren der westdeutschen und Westberliner Besatzungsorganisationen. Innerhalb der DDR ist die operative Agenturarbeit nicht richtig aufgebaut. Sie ist gleichmäßig auf alle Objekte verteilt, ohne Beachtung der Bedeutung der einzelnen Abschnitte sowie der Konzentration faschistischer und anderer feindlicher Elemente. Die Staatssicherheitsorgane haben zwar eine Reihe von Spionen unschädlich gemacht, deckten aber die Zersetzungstätigkeit der faschistischen Untergrundorganisationen und des Ostbüros der SPD nicht auf, führten keine konzentrierten Schläge gegen die großen feindlichen Nester. Der Informationsapparat der Staatssicherheitsorgane ist außerordentlich schwach. Das Netz ist mit Provokateuren, Doppelzünglern, Desinformatoren sowie mit solchen Informatoren und Agenten durchsetzt, die aufgrund ihrer persönlichen Eigenschaften und ihrer Verbindungen nicht fähig sind, die feindliche Untergrundbewegung und die Agenten ausländischer und westdeutscher Spionagedienste aufzuklären.

Es fehlen wertvolle Agenturen innerhalb der bürgerlichen Parteien der DDR. Bis zur Zeit werden die sozialdemokratischen Organisationen sowie die leitenden Organe der Gewerkschaften und die feindlichen Elemente in den Gewerkschaftsorganisationen ungenügend bearbeitet. Es gibt keine Agentur in kirchlichen Kreisen und unter den früheren Faschisten. Zahlenmäßig sehr klein ist das Netz der Informatoren in den Betrieben der DDR und des demokratischen Sektors von Berlin. Die Werbung von Informatoren in den Betrieben und auf anderen Objekten wird nicht zielbewußt durchgeführt. Die am stärksten von feindlichen Elementen durchsetzten Betriebe und Objekte und ihre entscheidenden

Stellen werden nicht von entsprechenden Informatoren erfaßt. Ernste Mängel bestehen auch in der Arbeit mit den Informatoren. Ein großer Teil leitender Mitarbeiter der Staatssicherheitsorgane, wie Abteilungs- und Verwaltungsleiter, arbeiten nicht unmittelbar mit den Informatoren. Die Arbeit mit den Agenturen wird im wesentlichen von Sachbearbeitern durchgeführt, die in der Regel keine Erfahrung in der operativen Tätigkeit und kein ausreichendes politisches und allgemeines Bildungsniveau besitzen. [...]

Der schlechte Zustand, in dem sich die Staatssicherheitsorgane der DDR befanden, erklärt sich in erster Linie durch schlechte Leitung. Der auf Beschluß des 15. Plenums des ZK der SED wegen fraktioneller und gegen die Einheit der Partei gerichteter Tätigkeit aus dem ZK ausgeschlossene ehemalige Minister für Staatssicherheit, Zaisser, leitete faktisch die Arbeit der Organe nicht an, sondern isolierte sie von der Parteileitung und ihrer Kontrolle. Die führende Rolle der Partei wurde mißachtet. Er informierte das Politbüro nicht über die wichtigsten Probleme der Arbeit der Organe. Das führte dazu, daß die Bezirksverwaltungen und Kreisdienststellen keine genügende Verbindung zu den entsprechenden Parteileitungen der Bezirke, Kreise und zu den Parteileitungen der Betriebe hatten und diese nicht über die Lage informierten. Sie arbeiteten vollkommen losgelöst von diesen. Zaisser verhinderte eine kollektive Beratung erstrangiger politischer und operativer Probleme in der Leitung des früheren Ministeriums. Er unterdrückte jede Kritik an seiner Arbeit.

Für den unzulänglichen Zustand der Staatssicherheitsorgane ist auch der Genosse Mielke verantwortlich und die anderen Stellvertreter, die Genossen Walter, Last, Weikert, Menzel und Gartmann, die nicht gegen die falsche Linie Zaissers gekämpft haben. Die Parteiorganisation und ihre Leitung haben Zaisser auch keiner Kritik unterzogen und das Politbüro des ZK über die wahre Lage in den Organen der Staatssicherheit nicht informiert. [...]

Zur Durchführung des Beschlusses des Politbüros des ZK vom 18. Juli über die Aufhebung des MfS als selbständiges Ministerium und seine Eingliederung in das Ministerium des Innern der Deutschen Demokratischen Republik als Staatssekretariat sowie zwecks grundlegender Verbesserung der Arbeit der Staatssicherheitsorgane beschließt das Politbüro des ZK der SED:

Die Leitung der Staatssicherheit ist verantwortlich für die Durchführung der Beschlüsse des ZK und des Politbüros. Sie ist verpflichtet, das Politbüro über die Ergebnisse der Arbeit und über den Zustand in den Organen der Staatssicherheit zu informieren, die Pläne und Absichten des Feindes zu signalisieren.

Der außenpolitische Aufklärungsdienst der Deutschen Demokratischen Republik wird in das Staatssekretariat für Staatssicherheit des Ministeriums des Innern der Deutschen Demokratischen Republik eingegliedert, wobei die Dezentralisierung unter Tarnung von solchen

Institutionen des Ministeriums des Innern der Deutschen Demokratischen Republik, wie dem kartographischen Büro, Meldeamt u.ä., sichergestellt werden muß. [...]

4. Dem Staatssekretariat für Staatssicherheit der Deutschen Demokratischen Republik werden folgende Aufgaben zur Durchführung übertragen:

Die Durchführung einer aktiven Aufklärungsarbeit in Westdeutschland und Westberlin mit dem Ziel des Eindringens in die wichtigsten Institutionen der westlichen Besatzungsmächte, der Bonner Regierung, in die Zentralvorstände der SPD und der bürgerlichen Parteien und besonders in ihre Ostbüros, in den Kreis westdeutscher Industrieller und anderer monopolistischer Vereinigungen, in wissenschaftliche Forschungsämter und Institutionen.

Die Durchführung einer aktiven Spionageabwehr in Westdeutschland und Westberlin sowie auf dem Territorium der Deutschen Demokratischen Republik. Das Eindringen der Informatoren in die Spionageorgane, Schulen und Zentren von Spionage- und Diversionsorganisationen zwecks Aufdeckung der Pläne und Absichten des Feindes sowie der in die DDR, UdSSR und in die Länder der Volksdemokratien eingeschleusten Agenten der feindlichen Spionagedienste, der westdeutschen und Westberliner Spionage-, Diversions- und terroristischen Organisationen.

Die Durchführung der Agenturarbeit in der Deutschen Demokratischen Republik innerhalb der bürgerlichen politischen Parteien, der gesellschaftspolitischen Massenorganisationen und der kirchlichen Organisationen, in den Kreisen der Intelligenz und der Jugend zwecks Aufdeckung von illegalen antidemokratischen Organisationen und Gruppen und Beseitigung ihrer Zersetzungstätigkeit.

Die Durchführung des Kampfes gegen Schädlingstätigkeit, Sabotage und Diversionen in der Volkswirtschaft, die rechtzeitige Aufdeckung und Abstellung der Zersetzungstätigkeit ausländischer Spionagedienste und ihrer Untergrundorganisationen in der Industrie, in der Landwirtschaft und im Transportwesen, um die Durchführung des neuen Kurses zu gewährleisten, der auf eine entschiedene Verbesserung der materiellen Lage der Bevölkerung der DDR gerichtet ist.

Die Durchführung der Abwehrtätigkeit unter dem Personal der Kasernierten See-, Luft-, Transport- und übrigen Volkspolizei, eins schließlich Kriminalpolizei, mit dem Ziel, diese Organe vor dem Eindringen der Agenten der imperialistischen Spionagedienste und der westdeutschen Untergrundzentralen zu schützen.

Die Gewährleistung eines zuverlässigen Schutzes der verantwortlichen Funktionäre der Partei und Regierung.

Die Gewährleistung einer exakten Zusammenarbeit der Staatssicherheitsorgane mit den Polizeiorganen im Zentrum und in den nachgeordneten Dienststellen.

Das ZK der SED lenkt die Aufmerksamkeit der Staatssicherheitsorgane besonders auf die Notwendigkeit einer westlichen Verstärkung der

Arbeit in den Bezirken und Kreisen, wo eine Konzentration von ehemaligen Sozialdemokraten, ehemaligen Faschisten und bürgerlichen Spezialisten, die in Verbindung mit westdeutschen und Westberliner Konzernen stehen, festgestellt ist.

Das ZK verlangt von den Staatssicherheitsorganen die Aufdeckung und Entlarvung der Untergrundorganisationen der westdeutschen und Westberliner Zentralen in Magdeburg, Halle, Leipzig, Dresden, Jena und anderen Städten, wo während der Provokationen am 17.6.1953 die aktivste faschistische Tätigkeit zu verzeichnen war. [...]

11. Die Genossen Schirdewan, Stoph und Wollweber werden beauftragt, einen Plan konkreter Maßnahmen zur Einstellung 1.500 politisch zuverlässiger und geschulter Mitglieder der SED und FDJ, darunter 60-70 Fachleute, die über besondere Kenntnisse auf dem Gebiet der Ökonomie und der Technik verfügen, mindestens 100 Mitglieder der Partei, die in der Partei und Arbeiterbewegung erfahren sind, den Kampf gegen das Ostbüro der SPD zu führen, auszuarbeiten und diesen Plan bis zum 15. Oktober dem Politbüro zur Bestätigung vorzulegen. [...]

13. Die leitenden Kader in den Organen der Staatssicherheit haben regelmäßig in den Versammlungen von Arbeitern, Bauern und der Intelligenz mit Vorträgen über die Fragen der Entlarvung der Methoden feindlicher Tätigkeit imperialistischer Spionagedienste und über Fragen der Erziehung der Bevölkerung zur Wachsamkeit aufzutreten.

23.
Aufruf der SED an die Bevölkerung Ost-Berlins und der DDR, 18. Juni 1953[20]

Werktätige in Stadt und Land!

Faschistische Provokateure haben gestern in der Stadt Halle, in Bitterfeld, Eisleben und anderen Orten Unruhen angezettelt, um die von der Regierung der Deutschen Demokratischen Republik zur Verbesserung der Lage eingeleiteten Maßnahmen zu durchkreuzen.

Aus Westberlin entsandte Agenten und nazistische Elemente haben Kulturhäuser demoliert, Maschinen zerschlagen und Läden geplündert. Volkspolizisten wurden mit Waffengewalt überfallen. Viele ehrliche Arbeiter, die über die vorhandenen Mißstände diskutierten, wurden von den Agenten mißbraucht und sollen jetzt zum Streik aufgeputscht werden.

Hinter den dunklen Elementen, die dieses schändliche Treiben organisiert haben, stehen die amerikanischen und westdeutschen Imperialisten, die verhindern wollen, daß unsere Regierung die beschlossenen Maßnahmen zur Verbesserung der Lage in Ruhe durchführen kann.

Die Regierung der Deutschen Demokratischen Republik, die die Staatsmacht fest in den Händen hält, hat diesem provokatorischen Treiben ein Ende gemacht und wird alle weiteren solchen Versuche mit allen Mitteln verhindern.

Es ist die Pflicht aller ehrlichen Arbeiter, Angestellten, Bauern, Intellektuellen, besonders aber der arbeitenden und lernenden Jugend, energisch gegen die Provokateure aufzutreten und sie gemeinsam mit den Staatsorganen zu bekämpfen. Vor allem aber gilt es jetzt, die Streikparole der Agenten zunichte zu machen. Die Streikparole, die vom RIAS herausgegeben wurde, ist eine Parole von Feinden, die unseren friedlichen Aufbau stören wollen.
Die Losung für alle ehrlichen Werktätigen muß jetzt heißen:
Keine Stunde Arbeitsverlust, denn wir arbeiten für unser eigenes Wohl!
Nehmt euch die Arbeiter, Angestellten, Ingenieure und Techniker der zahlreichen Werke zum Beispiel, die die Provokateure aus ihren Betrieben verjagt haben. Nehmt euch die Belegschaften zum Vorbild, die sich gerade in diesen Tagen unbeirrt hinter die Regierung gestellt haben, weil sie für den Frieden, für die Einheit unseres Vaterlandes und für den Wohlstand des werktätigen Volkes kämpft.

Arbeiter, Angestellte, Ingenieure und Techniker!
Laßt Euch nicht mißbrauchen und von Banditen das zerstören, was Ihr in mühevoller Arbeit aufgebaut habt.
Schützt Eure Betriebe und Maschinen!
Geht an Eure Arbeit!

Halle, den 18. Juni 1953
Sozialistische Einheitspartei Deutschlands, Bezirksleitung Halle

Ausgewählte Literatur

Bundesministerium für innerdeutsche Beziehungen, Der Volksaufstand vom 17. Juni 1953, Denkschrift über den Juni-Aufstand in der sowjetischen Besatzungszone und in Ostberlin, Faksimilierter Nachdruck der Ausgabe von 1953, Bonn 1953

RIAS Berlin, Der Aufstand der Arbeiterschaft im Ostsektor von Berlin und in der sowjetischen Besatzungszone, Tätigkeitsbericht der Hauptabteilung Politik des RIAS in der Zeit vom 16. Juni bis 23. Juni 1953, Berlin 1953

Scholz, Arno; Nieke, Werner (Hg.), Der 17. Juni, Die Volkserhebung in Ost-Berlin und in der Sowjetzone, Berlin 1953

Bundesministerium für gesamtdeutsche Fragen, Es geschah im Juni 1953, Bonn 1963

Berlin – Chronik der Jahre 1951 – 1954, bearb. durch Hans J. Reichhardt, Joachim Drogmann und Hanns U. Treutler, Schriftenreihe zur Berliner Zeitgeschichte Bd. 5, Berlin 1968

Kosztony, Peter, Aufstände unter dem roten Stern, Bonn 1979

Honecker, Erich, Aus meinem Leben, Berlin (Ost) 1980

Kleßmann, Christoph, Die doppelte Staatsgründung, Göttingen 1989

Brandt, Heinz, Ein Traum, der nicht entführbar ist. Mein Weg zwischen Ost und West, Frankfurt/M. 1985

Göttinger Arbeitskreis, Die Deutschlandfrage vom 17. Juni 1953 bis zu den Genfer Viermächtekonferenzen von 1955, Berlin 1990

Diedrich, Torsten, Der 17. Juni 1953 in der DDR, Berlin 1991

Hagen, Manfred, DDR – Juni '53 – Die erste Volkserhebung im Stalinismus, Stuttgart 1992

Loth, Wilfried, Stalins ungeliebtes Kind. Warum Moskau die DDR nicht wollte, Berlin 1994

Deutscher Bundestag, Opfer – Elitewechsel – Justizielle Aufarbeitung, Bericht der Enquête-Kommission »Aufarbeitung von Geschichte und Folgen der SED-Diktatur«, Bd. II.2., Bonn 1994

Hildebrandt, Rainer, Der 17. Juni 1953, 5. Auflage, Berlin 1995

Wolle, Stefan (Hg.), Der Tag X – 17. Juni 1953, Berlin 1995

Mitter/Wolle, Untergang auf Raten, Unbekannte Kapitel der DDR-Geschichte, Berlin 1995

Freier, Olaf, Der Juni-Aufstand 1953 im Industrierevier Bitterfeld-Wolfen, Magdeburg 1995

Koop, Volker, Den Gegner vernichten – Die Grenzsicherung der DDR, Bonn 1996
Bundesministerium der Justiz (Hg.), Im Namen des Volkes? – Über die Justiz im Staat der DDR, 2. Auflage, Bonn 1996
Koop, Volker, Armee oder Freizeitclub. Die Kampfgruppen der Arbeiterklasse in der DDR, Bonn 1997
Ribbe, Wolfgang, Berlin, 17. Juni 1953, Landesarchiv Berlin 1993
Brentzel, Marianne, Die Machtfrau. Hilde Benjamin, Berlin 1997
Fricke/Engelmann, Konzentrierte Schläge – Staatssicherheitsaktionen und politische Prozesse in der DDR 1953 – 1956, Berlin 1998
Löser, Karl-Heinz, Der Volksaufstand am 17. Juni 1953 im Kreis Delitzsch, Delitzsch 1998
Unabhängige Autorengemeinschaft, So habe ich das erlebt. Spurensicherung – Zeitzeugen zum 17. Juni 1953, Schkeuditz 1999
Roth, Heidi, Der 17. Juni 1953 in Sachsen, Köln 1999
Heym, Stefan, 5 Tage im Juni, 17. Auflage, Frankfurt/M. 2001
Frank, Mario, Walter Ulbricht – Eine deutsche Biografie, Berlin 2001

Häufig vorkommende Namen

Ackermann, Anton, 1949 bis 1953 Staatssekretär im Ministerium für Auswärtige Angelegenheiten der DDR, Mitglied der Volkskammer, Mitglied des Parteivorstandes und des ZK der SED

Adenauer, Konrad, 1948/49 Präsident des Parlamentarischen Rates, 1949 bis 1963 Bundeskanzler

Benjamin, Hilde, 1949 bis 1953 Abgeordnete der Volkskammer, 1953 bis 1967 Justizministerin der DDR

Berija, Lawrentij, 1938 bis 1953 sowjetischer Geheimdienstchef, nach Stalins Tod 1953 Stellvertretender Ministerpräsident und Innenminister, kollektive Führung mit Malenkow und Molotow, im Dezember 1953 hingerichtet

Buchwitz, Otto, 1946 bis 1964 Mitglied des SED-Parteivorstandes, ab 1953 Mitglied des Nationalrates der Nationalen Front

Conant, James B., 1953 bis 1957 Hoher Kommissar/US-Botschafter in Bonn

Cube, Walter von, 1948 bis 1972 Chefkommentator und Chefredakteur des Bayerischen Rundfunks

Dahlem, Franz, 1946 bis 1953 Mitglied des Parteivorstandes und des ZK der SED, Abgeordneter der Volkskammer, 1953 Entbindung von allen Parteifunktionen

Dertinger, Georg, Mitbegründer der CDU in der SBZ, 1949 bis 1953 Außenminister der DDR, 1953/54 verhaftet und zu fünfzehn Jahren Zuchthaus verurteilt, 1964 begnadigt

Dibelius, Otto, 1945 bis 1964 Bischof von Berlin-Brandenburg, 1949 bis 1961 Ratsvorsitzender der EKD

Dickel, Friedrich, ab 1950 Kommandeur der Offiziersschule für politische Arbeit in Berlin, 1953 bis 1956 Stellvertretender Leiter der Politischen Hauptverwaltung der KVP

Ebert, Friedrich, seit 1949 Mitglied des ZK der SED, 1948 bis 1979 Oberbürgermeister von Berlin (Ost)

Eisenhower, Dwight D., 1953 bis 1961 US-Präsident

Eisler, Gerhart, 1949 bis 1952 Leiter des DDR-Amtes für Information

Ehard, Hans, 1946 bis 1954 und 1960 bis 1962 Bayerischer Ministerpräsident

Erhard, Ludwig, 1949 bis 1976 MdB, 1959 bis 1963 Bundesminister für Wirtschaft

Fechner, Max, 1949 bis 1953 Mitglied des Parteivorstandes und des ZK der SED, Minister für Justiz, 1953 als »Feind des Staates und der Partei« seiner Ämter enthoben und aus der SED ausgeschlossen

Friedensburg, Ferdinand, 1946 bis 1951 1. Bürgermeister von Berlin, 1948 zeitweise amtierender Oberbürgermeister, 1952 bis 1965 als Berliner Abgeordneter MdB

Gradl, Johann Baptist, Vorsitzender der Exil-CDU, Mitglied des Vorstandes der Bundes-CDU, Bundesminister für Vertrieben und Gesamtdeutsche Fragen, Vorsitzender des Gesamtdeutschen Ausschusses

Gottwald, Klement, 1948 wesentlich am kommunistischen Staatsstreich in der Tschechoslowakei beteiligt, danach bis 1953 Staatspräsident

Gretschko, Andrej Antonovitsch, 1953 bis 1957 Oberkommandierender der Gruppe der sowjetischen Streitkräfte in Deutschland

Grotewohl, Otto, 1946 bis 1954 Vorsitzender der SED, 1949 bis 1964 Ministerpräsident beziehungsweise Vorsitzender des Ministerrates der DDR

Hager, Kurt, 1946 bis 1952 Stellvertretender Chefredakteur des »Neuen Deutschland«, 1955 bis 1989 Sekretär des ZK und Chefideologe der SED

Hallstein, Walter, 1951 bis 1957 Staatssekretär im Auswärtigen Amt der Bundesrepublik

Hengst, Adalbert, 1952 bis 1953 Sekretär des ZK der SED, am 14. Juli 1953 aller Parteiämter enthoben, nachdem er auf der Rostocker Warnowwerft Forderungen der Arbeiter über den Betriebsfunk verlesen hatte

Herrnstadt, Rudolf, 1949 bis 1953 Mitglied des ZK der SED und Chefredakteur des »Neuen Deutschland«, 1954 Ausschluss aus der SED

Hoffmann, Heinz, 1950 bis 1955 Stellvertretender Minister des Innern und Leiter der HVA beziehungsweise Chef der KVP

Jendretzky, Hans, 1946 bis 1953 sowie 1957 bis 1989 Mitglied des Parteivorstandes bzw. ZK; 1949 bis 1954 Erster Sekretär der SED-Landesleitung Berlin beziehungsweise Erster Sekretär der Bezirksleitung Berlin

Kaiser, Jacob, 1945 Mitbegründer der CDU in der sowjetischen Besatzungszone und Berlin, 1945 bis 1947 deren Vorsitzender, 1949 bis 1957 Bundesminister für gesamtdeutsche Fragen

Kessler, Heinz, 1946 bis 1989 Mitglied des Parteivorstandes und des ZK der SED, 1950 bis 1956 Chef der VP-Luft

Malenkow, Georgij Maksimilijanowitsch, Mitglied des ZK der KPdSU, nach Stalins Tod von März bis September 1953 Erster Sekretär der KPdSU, 1953 bis 1955 Ministerpräsident, 1957 aller Parteiämter enthoben

Maron, Karl, 1950 bis 1955 Stellvertretender Minister des Innern und Chef der DVP

Matern, Hermann, 1949 bis 1971 Vorsitzender der Zentralen Parteikontrollkommission der SED

Mielke, Erich, 1950 bis 1953 Staatssekretär im MfS, 1953 bis 1955 Stellvertretender Staatssekretär im StfS, 1955 bis 1957 Stellvertretender Minister für Staatssicherheit, 1957 bis 1989 Minister für Staatssicherheit

Neumann, Alfred, 1953 bis 1957 Erster Sekretär der SED-Bezirksleitung Berlin

Nuschke, Otto, 1948 bis 1957 Vorsitzender der CDU in der SBZ beziehungsweise DDR, 1949 bis 1957 Stellvertretender Ministerpräsident beziehungsweise Stellvertretender Vorsitzender des Ministerrates der DDR, Leiter des Amtes für Kirchenfragen

Oelßner, Fred, 1947 bis 1958 Mitglied des SED-Vorstandes, 1950 bis 1958 Mitglied des Politbüros

Pieck, Wilhelm, 1946 bis 1954 Vorsitzender der SED, 1949 bis 1960 Präsident der DDR

Raab, Julius, Mitbegründer der Österreichischen Volkspartei, 1953 bis 1961 österreichischer Bundeskanzler

Reuter, Ernst, 1948 bis 1950 Oberbürgermeister von Berlin, 1950 bis 1953 Regierender Bürgermeister von Berlin (West)

Roebelen, Gustav, 1950 bis 1956 Leiter der ZK-Abteilung für Sicherheitsfragen beziehungsweise ihrer Vorläufer

Schäffer, Fritz, 1949 bis 1957 Bundesfinanzminister, anschließend Bundesjustizminister

Schmidt, Waldemar, 1950 bis 1953 Polizeipräsident von Ost-Berlin, 1953 bis 1961 ständiger Vertreter des Oberbürgermeisters von Ost-Berlin

Scholtz, Rudolf, 1947 bis 1956 Intendant des Bayerischen Rundfunks und von Radio München

Schütz, Eberhard, Programmdirektor des RIAS Berlin

Selbmann, Fritz, 1949 bis 1955 Minister für Industrie beziehungsweise Schwerindustrie, Minister für Berg- und Hüttenwesen, 1953 bis 1961 Stellvertretender Vorsitzender der Staatlichen Plankommission

Stalin, Josef W., 1922 bis 1953 Generalsekretär des ZK der KPdSU, 1941 bis 1953 Vorsitzender des Rates der Volkskommissare beziehungsweise des Ministerrates der UdSSR

Stoph, Willi, 1952 bis 1955 Minister des Innern der DDR, 1956 bis 1960 Minister für Nationale Verteidigung, 1964 bis 1973 und 1976 bis 1989 Vorsitzender des Ministerrates

Suhr, Otto, 1946 bis 1955 Groß-Berliner Stadtverordnetenvorsteher beziehungsweise Präsident des Berliner Abgeordnetenhauses, 1955 bis 1957 Regierender Bürgermeister von Berlin (West)

Thedieck, Franz, 1949 bis 1963 Staatssekretär im Bundesministerium für gesamtdeutsche Fragen

Ulbricht, Walter, 1949 bis 1973 Mitglied des ZK der SED, 1950 bis 1953 Generalsekretär der SED, 1953 bis 1960 Stellvertreter des Ministerpräsidenten der DDR, 1960 bis 1973 Vorsitzender des Staatsrates der DDR

Verner, Waldemar, 1950 bis 1953 Chef der Seepolizei beziehungsweise der VP-See

Vockel, Heinrich, Mitbegründer der CDU, seit Januar 1950 erster Berlin-Bevollmächtigter der Bundesregierung

Warnke, Herbert, 1948 bis 1975 Vorsitzender des FDGB

Wehner, Herbert, 1949 bis 1983 MdB, Vorsitzender des Gesamtdeutschen Ausschusses

Weinberger, Bernd, 1952/53 Stellvertreter des Ministers für Wirtschaftsfragen, 1953 im Zusammenhang mit dem 17. Juni Aberkennung des Dienstgrades und Ausschluss aus der KVP

Wollweber, Ernst, 1949 bis 1953 Staatssekretär im Ministerium für Verkehrswesen, 1953 Leiter des Staatssekretariats für Staatssicherheit, 1955 bis 1957 Minister für Staatssicherheit

Zaisser, Wilhelm, 1950 bis 1953 Minister für Staatssicherheit, im Juli 1953 Enthebung aller Parteifunktionen, 1954 Ausschluss aus der SED

Abkürzungen

ABF – Arbeiter-und-Bauern-Fakultät
ABUS – Ausrüstung, Bergbau und Schwerindustrie
ABV – Abschnittsbevollmächtigter
ADN – Allgemeiner Deutscher Nachrichtendienst
AFT – Anlagen- und Fernmeldetechnik
AGL – Abteilungsgewerkschaftsleitung
AKW – Amt für Kontrolle des Warenverkehrs
AZKW – Amt für Zollkontrolle und Warenverkehr

BDVP – Bezirksbehörde der Deutschen Volkspolizei
BEL – Bezirkseinsatzleitung
BGL – Betriebsgewerkschaftsleitung
BGO – Betriebsgewerkschaftsorganisation
BGW – Berliner Glühlampenwerk
BHG – Bäuerliche Handelsgenossenschaft
BKW – Braunkohlenwerk
BL – Bezirksleitung
BPKK – Bezirksparteikontrollkommission
BPL – Betriebsparteileitung
BPO – Betriebsparteiorganisation
BRD – Bundesrepublik Deutschland
BS – Betriebsschutz
BStU – Bundesbeauftragter für die Unterlagen des Staatssicherheitsdienstes der ehemaligen DDR
BV – Bezirksverwaltung
BVfS – Bezirksverwaltung für Staatssicherheit
BVG – Berliner Verkehrsgesellschaft

CDU – Christlich Demokratische Union Deutschlands
CSM – Czecho Slowakia-Mlada (Jugendverband in der CSSR)

DDR – Deutsche Demokratische Republik
DEFA – Deutsche Film AG
DfD – Dienst für Deutschland
DFD – Demokratischer Frauenbund Deutschlands
DGP – Deutsche Grenzpolizei

DM – Deutsche Mark
DR – Deutsche Reichsbahn
dz – Doppelzentner

EAW – Elektroapparatewerk »J.W. Stalin«, Berlin-Treptow
EKB – Elektrochemisches Kombinat Bitterfeld
EKD – Evangelische Kirche Deutschlands
EKM – Elektromaschinen
EKO – Eisenhüttenkombinat
EMW – Eisenacher Motorenwerke
EVG – Europäische Verteidigungsgemeinschaft

FDGB – Freier Deutscher Gewerkschaftsbund
FDJ – Freie Deutsche Jugend
FS – Fernschreiben

GDSF – Gesellschaft für Deutsch-Sowjetische Freundschaft (oft auch: DSF)
Gen. – Genosse
GI – Geheimer Informant
GMS – Gesellschaftlicher Mitarbeiter Sicherheit
GO – Grundorganisation
GPH – Grenzpolizeihelfer
GST – Gesellschaft für Sport und Technik

HA – Hauptabteilung
HAL – Hauptabteilungsleiter Ausbildung im Ministerium des Innern
HF – Hochfrequenz (Abteilung im Funkwerk Köpenick)
HO – Handelsorganisation
HV – Hauptverwaltung
HVDVP – Hauptverwaltung für die Deutsche Volkspolizei

IG – Industriegewerkschaft
IFA – Industrieverwaltung Fahrzeuge
IM – Inoffizieller Mitarbeiter

K – Kriminalpolizei
Kdo. – Kommando
Kdtr. – Kommandantur
KG – Kampfgruppe
KG – Konsumgenossenschaft
KgU – Kampfgruppe gegen Unmenschlichkeit
KL – Kreisleitung
Komm. – Kommandeur, je nach Zusammenhang auch: Kommandant oder Kommissar
KP – Kontrollpunkt

KPA – Kreispolizeiamt
KPdSU (B) – Kommunistische Partei der Sowjetunion (Bolschewiki)
KVP – Kasernierte Volkspolizei
KWJ – Kabelwerk Jena
KWO – Kabelwerk Oberspree

Laukra – Lautsprecherkraftwagen
LEW – Lokomotiv-Elektrotechnische Werke
LMG – Leichtes Maschinengewehr
LOWA – Lokomotiv- und Waggonbau
LPG – Landwirtschaftliche Produktionsgenossenschaft
LVZ – Leipziger Volkszeitung

M – Mark
MAS – Maschinen-Ausleih-Station
MdI – Ministerium des Innern
MfS – Ministerium für Staatssicherheit
MG – Maschinengewehr
MPi – Maschinenpistole
Mstr. – Meister
MTS – Maschinen-Traktoren-Station

ND – Neues Deutschland
NDPD – Nationaldemokratische Partei Deutschlands
NKFD – Nationalkomitee Freies Deutschland
NTS – Nationalno-Trudowoj Sojus (russische Emigrantenorganisation)
NWDR – Nordwestdeutscher Rundfunk

Obkomm. – Oberkommissar
Obwm. – Oberwachtmeister
OK – Oberkommissar
OV – Operativer Vorgang

Pak – Panzerabwehrkanone
PDVP – Präsidium der Volkspolizei (Ost-Berlin)
PKK – Parteikontrollkommission

RAW – Reichsbahn-Ausbesserungswerk
RBD – Reichsbahndirektion
RFF – Radio-, Funk- Fernsehwerk
RFT – Rundfunk- und Fernmeldetechnik
RIAS – Rundfunk im amerikanischen Sektor

SAG – Sowjetische Aktiengesellschaft
SAPMO – Stiftung Archiv der Parteien und Massenorganisationen der DDR im Bundesarchiv, Berlin

SBZ – Sowjetische Besatzungszone
SDAG – Sowjetisch-Deutsche Aktiengesellschaft
SfS – Staatssekretariat für Staatssicherheitsdienst
SSD – Staatssicherheitsdienst
SED – Sozialistische Einheitspartei Deutschlands
SKK – Sowjetische Kontrollkommission
SMA – Sowjetische Militäradministration (regional)
SMAD – Sowjetische Militäradministration in Deutschland
SMV – Sowjetische Militärverwaltung
SPD – Sozialdemokratische Partei Deutschlands
StVA (auch: SVA) – Strafvollzugsanstalt
SWB – Schlepperwerk Brandenburg
SWH – Stahlwerk Hennigsdorf

TAN – Technische Arbeitsnorm
Trapo – Transportpolizei
TRO – Transformatorenwerk Oberschöneweide

UdSSR – Union der Sozialistischen Sowjetrepubliken
UGO – Unabhängige Gewerkschaftsorganisation
UHA – Untersuchungshaftanstalt
U.-Komm. – Unterkommissar
Uwm. – Unterwachtmeister

VA – Vollzugsanstalt
VdgB – Vereinigung der gegenseitigen Bauernhilfe
VEB – Volkseigener Betrieb
VEG – Volkseigenes Gut
VK – Verkehrskontrolle
VP – Volkspolizei
VPI – Volkspolizei-Inspektion
VPKA / Ä – Volkspolizeikreisamt / -ämter

WB – West-Berlin
WEMA – Werkzeugmaschinenfabrik
WIBA – Werkzeugmaschinenbau Karl-Marx-Stadt
Wmstr. – Wachtmeister

ZK – Zentralkomitee der SED
ZS – Zentralsekretariat der SED
ZSDVP – Zentralschule der Deutschen Volkspolizei

Benutzte Archive

Für die Recherchen zu diesem Buch wurden im Wesentlichen folgende Archive in Anspruch genommen:

- Militärarchiv der DDR, Potsdam
- Stiftung Archiv der Parteien und Massenorganisationen der DDR im Bundesarchiv, (SAPMO) Berlin-Lichterfelde sowie Außenstelle Dahlwitz-Hoppegarten
- Landesarchiv Berlin (LA)
- Bundesbeauftragter für die Unterlagen des Staatssicherheitsdienstes der ehemaligen DDR (BStU), Berlin
- Parlamentsarchiv, Archiv des Deutschen Bundestages
- Bibliothek des Deutschen Bundestages.

Außerdem kamen wertvolle Hinweise unter anderem vom Leiter des Museums der Großen Kreisstadt Delitzsch, Dr. Manfred Wilde, vom Bürgermeister der Stadt Eberswalde, vom Ratsarchiv Görlitz, vom Archivar des Stadtarchivs Halle, Roland Kuhne, vom verantwortlichen Redakteur der »Gerbergasse 18«, Heinz Voigt, herausgegeben von der Geschichtswerkstatt Jena, von der Leiterin der Gedenkstätte Moritzplatz Magdeburg, Annegret Stephan, sowie von der Oberbürgermeisterin der Stadt Weißenfels, Silke Künzel.

Die Fotos stammen aus den Archiven des BStU – so weit gekennzeichnet –, sowie des Landesarchivs Berlin, Fotosammlung.

Bemerkungen zur Zitierweise

Zitate sind der Authentizität wegen in der ursprünglichen Schreibweise einschließlich orthographischer Fehler übernommen worden. Lediglich in Fällen, in denen aus Gründen der Verständlichkeit ergänzende Wörter oder Erklärungen erforderlich waren, hat der Autor diese eingefügt und entsprechend gekennzeichnet.

Anmerkungen

Statt eines Vorwortes

1 Schreiben des amerikanischen Präsidenten an Bundeskanzler Adenauer vom 25. Juli 1953; Quelle: Neueste Dokumente zur Frage der Wiedervereinigung, Bonn 1953

Der Weg zum 17. Juni

1 Erklärung des italienischen Außenministeriums, AP, 18. Juli 1953
2 SAPMO, BArch, DY 6/4745, Berichte der Bezirkssekretariate der Nationalen Front an das Nationalrats-Präsidium
3 Ebd.
4 SAPMO, BArch, DO 1 – 11/1512 Bericht der Strafvollzugsanstalt Brandenburg, 4. Juli 1953
5 BStU, MfS BV Halle AKG, Dok. Nr. 0046, »Analyse über den faschistischen Putschversuch am 17. 6. 1953«, 1. Juli 1959
6 BStU, MfS, Sekr. d. Min., Bd. 249
7 Neues Deutschland, 28. März 1953
8 SAPMO, BArch, DY 30 IV 2/13/407/8
9 Entstalinisierungskrise in Ostmitteleuropa, S. 271f.
10 Bulletin der Bundesregierung, Nr. 79/ 675, 28. April 1953
11 Große Anfrage der CDU/CSU-Fraktion: »Zwangsmaßnahmen gegen den Bauernstand in der sowjetischen Besatzungszone«, Aussprache im Deutschen Bundestag am 6. Mai 1953
12 LA C Rep 100.1, Nr. 190, Protokoll des Volkskongresses
13 Die tatsächlich letzte Sowjetisch-Deutsche Aktiengesellschaft (SDAG) wurde erst im Zusammenhang mit dem »Abkommen zwischen der Bundesrepublik Deutschland und der Regierung der UdSSR über einige überleitende Maßnahmen« vom 9. Oktober 1990 liquidiert. Dabei handelte es sich um die SDAG Wismut.
14 Zeittafel zur Militärgeschichte der DDR, 1949 – 1984, Militärverlag der DDR, Berlin 1985
15 MdI, Volkspolizei-Luft, Der Chef, Schreiben vom 26. Februar 1953 an das Ministerium des Innern; Betr.: Die Bitte um Entsendung von Beratern zur Hilfe bei der Arbeit der Volkspolizei-Luft beim Ministerium des Innern. Ohne Signatur

16 »Die Sperrmaßnahmen der DDR vom Mai 1952,« Weißbuch der Bundesregierung, Bonn 1953

17 Ebd.

18 SAPMO, BArch, DY 30 IV, 2/13, FBS 178/8939

19 Im Namen des Volkes, S. 183f.

20 Betr: Die Verantwortung für Sabotage und Überfälle.
Um die verbrecherische Tätigkeit einzelner Personen, die die Durchkreuzung des wirtschaftlichen Aufbaus zum Ziele hat, der von den deutschen Selbstverwaltungsorganen durchgeführt wird, zu unterbinden, befehle ich:
1. Personen, die bei Übergriffen festgestellt wurden, die eine Durchkreuzung der wirtschaftlichen Maßnahmen der deutschen Selbstverwaltungsorgane und der deutschen Verwaltung bezwecken, werden zu Gefängnisstrafen bis zu 15 Jahren und in besonders schweren Fällen zur Todesstrafe verurteilt.
2. Zu denselben Strafen werden die Personen verurteilt, die Sabotageakte zwecks Lähmung der Tätigkeit der Unternehmer, zwecks ihrer Beschädigung oder Vernichtung ausüben. [...]
gez. G. Shukow, Marschall der Sowjetunion, Oberster Befehlshaber der SMA, Oberster Befehlshaber der sowjetischen Besatzungstruppen in Deutschland, Generalleutnant Bukow, Mitglied des Kriegsrates der SMA in Deutschland, Generalleutnant Dratwin, Stell. Chef des Stabes der SMA in Deutschland

21 SAPMO, BArch, DO 1 – 11/756, VPKA Ribnitz, Abschnittsleitung Neuhaus, Einsatzplan vom 7. Februar 1953

22 SAPMO, BArch, DY 30 IV 2/13 FBS 178/8939, Generalstaatsanwalt der DDR, Abschlussbericht vom 2. Mai 1953

23 Ebd.

24 Ebd.

25 SAPMO, BArch, DO 1 – 11/756, VPKA Ribnitz, 25. Februar 1953

26 SAPMO, BArch, DO 1 – 11/756, VPKA Sellin, Abschnitt Rügen, 21. Februar 1953

27 SAPMO, BArch, DO 1 – 11/756, VPKA Ribnitz, 27. Februar 1953

28 SAPMO, BArch, DO 1 – 11/756, VPKA Ribnitz, Abschlussbericht »Aktion Rose«, 9. März 1953

29 SAPMO, BArch, DO – IV 2/13 FBS 178/8939

30 LA C Rep 303-26, Nr. 003, PDVP, Befehl 7/53, 7. März 1953

31 LA, C Rep 302-26, Nr. 94

32 Dokumente der SED, Bd. IV, S. 428f.

33 LA C Rep 15595

34 Bulletin der Bundesregierung, Nr. 77/656, 24. April 1953

35 Bulletin der Bundesregierung, Nr. 83/711, 5. Mai 1953

36 Ebd.

37 Ebd.

38 Ebd.

39 Ebd.

40 Bulletin der Bundesregierung, 28. Juli 1953, Nr. 140, S. 1186, Johann B. Gradl: Ein einziges Bild der Verworrenheit

41 Quellen zur Geschichte des Parlamentarismus und der politischen Parteien, Vierte Reihe, Der Gesamtdeutsche Ausschuss, Sitzungsprotokolle 1949 – 1953, Düsseldorf 1998

42 Ebd.

43 82. Sitzung des Gesamtdeutschen Ausschusses, 27. März 1953

44 84. Sitzung des Gesamtdeutschen Ausschusses, 7. Mai 1953

45 Ebd.

46 293. Kabinettssitzung am 19. Mai 1953, Die Kabinettsprotokolle der Bundesregierung, Band 6, 1953, Boppard 1989

47 296. Kabinettssitzung am 2. Juni 1953

48 Schreiben von Rehwinkel an Adenauer, zitiert im Protokoll der 4. Kabinettssitzung vom 4. November 1953

49 12. Kabinettssitzung am 11. Dezember 1953

50 Berliner Zeitung, 5./ 6. Februar 1953

51 Nach einer Untersuchung des Osteuropa-Instituts an der Freien Universität Berlin für das Jahr 1952 waren 38,7 Prozent der Flüchtlinge zwischen 30 und 40 Jahre alt, die Zahl der über 60-Jährigen lag bei lediglich 3,4 Prozent. 26,2 Prozent stammten aus Dörfern, 28 Prozent aus Kleinstädten, 26 Prozent aus Mittelstädten und 19,8 Prozent aus Großstädten mit über 100.000 Einwohnern. 23,3 Prozent der Flüchtlinge hatten der SED angehört. 43,3 Prozent hatten einen Volksschulabschluss, 14,8 Prozent mittlere und höhere und 2,5 Prozent Hochschulen besucht. Unter den Flüchtlingen befanden sich 12,5 Prozent Selbstständige, 3,5 Prozent mithelfende Familienangehörige, 2,9 Prozent Beamte, 33,3 Prozent Angestellte und 41,8 Prozent Arbeiter. Quelle: Bulletin der Bundesregierung Nr. 64, S. 552 vom 3. April 1953

52 Protokoll der 278. Kabinettssitzung vom 27. Februar 1953

53 79. Sitzung des Ausschusses für gesamtdeutsche Fragen, 12. Februar 1953; Der Gesamtdeutsche Ausschuß, Sitzungsprotokolle 1949 bis 1953, Düsseldorf 1998

54 Ebd.

55 SAPMO, BArch, DE 1/11835

56 SAPMO, BArch, DY 30 IV 2/13 FBS 178/8939, undatiert

57 85. Sitzung des Ausschusses für gesamtdeutsche Fragen, 7. Mai 1953

58 Ebd.

59 Ebd.

60 SAPMO, BArch, DE 1/11835, Hausmitteilung der Staatlichen Plankommission, Betr.: Republikflucht

61 Bulletin der Bundesregierung, Nr. 112/S. 959, 18. Juni 1953

62 Berlin-Chronik der Jahre 1951 – 1954, Berlin 1968

63 Regierungserklärung Grotewohls anlässlich der 33. und 34. Sitzung der Volkskammer am 29. und 30. Juli 1953; Quelle: Protokoll der Kabinettssitzung vom 4. August 1953

64 309. Kabinettssitzung vom 29. September 1953

65 Ebd.

66 Ebd.

67 LA Berlin, C Rep 303-26 Nr. 40; PDVP, Schreiben an die HVDVP – Operativstab vom 24. Oktober 1954

Der Volksaufstand in Ost-Berlin und in den Bezirken der DDR

Bezirk Rostock

1 BStU, MfS, Sekr. d. Min., Bd. 249, Zusammenfassender Bericht über die Ereignisse am 17. und 18. Juni 1953
2 Ebd.
3 BStU, MfS, Rep 2, 316
4 DFD = Demokratischer Frauenbund Deutschlands
5 BStU, MfS, Rep 2/ 396, Namen von dem BStU geschwärzt
6 Ebd.
7 BStU, MfS, Rep 2/ 395, Namen von dem BStU geschwärzt

Bezirk Schwerin

1 SAPMO, BArch, DO 1 – 11/304, Chef der BDVP Schwerin, Auswertung der Ereignisse seit dem 16. 6. 53, 27. Juni 1953
2 Ebd.

Bezirk Neubrandenburg

1 SAPMO, BArch, DO 1 – 11/304, BDVP Neubrandenburg, Auswertung der Ereignisse seit dem 16. Juni 1953, 27. Juni 1953
2 Ebd.

Bezirk Frankfurt/Oder

1 BStU, MfS, Sekr. d. Min., Bd. 249, MfS; Bezirksverwaltung Frankfurt/Oder, Zusammenfassender Bericht vom 24. Juni 1953, und: SAPMO, BArch, DO 1 – 11/305, BDVP Frankfurt/Oder, Zusammenfassender Bericht vom 29. Juni 1953
2 Ebd.
3 BStU, MfS, Sekr. d. Min., Bd. 249, MfS, Bezirksverwaltung Frankfurt/Oder, Gesamtanalyse vom 24. Juni 1953
4 Ebd.
5 Hucker: Arbeiter, die schwere Lasten auf dem Rücken zu tragen hatten
6 SAPMO, BArch, DO 1 – 11/305, BDVP Frankfurt/Oder, Auswertung der Ereignisse seit dem 16. 6. 1953, 29. Juni 1953
7 BStU, MfS, Sekr. d. Min., Bd. 249
8 Ebd.
9 BStU, MfS, Sekr. d. Min., Bd. 249

1 LA, C Rep 303-26, Nr. 072
2 LA, C Rep, 303-26, Nr. 088, PDVP Berlin, Polit-Abt., Der Beginn der Streikbewegung in der Stalinallee, 13. Juli 1953
3 BStU, MfS Bln, XVIII, C 51/9, MfS, Verwaltung Groß-Berlin, Abt. III, Bericht über den Putsch der Berliner Bauarbeiter, 3. Juli 1953
4 LA, C Rep 303-26, Nr. 088, PDVP, VP-Revier (B) 5/59; Feindliche Agententätigkeit in den Bauabschnitten der Stalinallee, 16. Juni 1953
5 LA, C Rep 303-26, Nr. 088, PDVP, Methoden und Streiks des Gegners, 25. Juni 1953
6 BStU, MfS, Bln, XVIII C 51/9, MfS-Verw. Groß-Berlin, Bericht über den Putsch Berliner Bauarbeiter, 3. Juli 1953
7 LA, C Rep 303-26, Nr. 088, PDVP, Methoden und Streiks des Gegners, 25. Juni 1953
8 SAPMO, BArch, DO 1 – 11/304, PDVP, Polit-Abt., Der Beginn der Streikbewegung in der Stalinallee, 13. Juli 1953
9 SAPMO, BArch, DO 1 – 11/304, PDVP, Polit-Abt., Der Beginn der Streikbewegung in der Stalinallee, 13. Juli 1953
10 Heinz Lippman, Honecker, Porträt eines Nachfolgers, Köln 1971
11 Karl Wilhelm Fricke, Erich Honecker und der 17. Juni, Deutschland-Archiv, 21. Jahrgang, Juni 1988
12 LA, C Rep, 303-26, Nr. 088, PDVP Berlin, Polit-Abt., Der Beginn der Streikbewegung in der Stalinallee, 13. Juli 1953
13 Der Tagesspiegel, 18. Juni 1953
14 LA, C Rep, 303-26, Nr. 088, PDVP Berlin, Polit-Abt., Der Beginn der Streikbewegung in der Stalinallee, 13. Juli 1953
15 Ebd.
16 SAPMO, BArch, DO 1 11/1126, PDVP, Abt. Feuerwehr, Bericht über den Einsatz der Abt. Feuerwehr, 29. Juni 1953
17 Marxistische Blätter, 3. Jg., März/April 1965. Die zumindest ambivalente Haltung Bertolt Brechts wird aus seinem Gedicht »Die Lösung« deutlich, das man in seinem Nachlass fand und das am 9. Dezember 1956 erstmals in der Zeitung »Die Welt« veröffentlicht wurde: »Nach dem Aufstand des 17. Juni / Ließ der Sekretär des Schriftstellerverbands / In der Stalinallee Flugblätter verteilen / Auf denen zu lesen war, daß das Volk / Das Vertrauen der Regierung verscherzt habe / Und es nur durch verdoppelte Arbeit / Zurückerobern könne. Wäre es da / Nicht doch einfacher, die Regierung / Löste das Volk auf und / Wählte ein neues?«
18 Landesarchiv, C Rep 303-26, Nr. 072, Aufstellung über Arbeitsniederlegung am 17.6.1953 in vom Betriebsschutz bewachten Betrieben, PDVP, Abt. BS, 24. Juni 1953
19 LA, C Rep, 303-26, Nr. 072, PDVP, Abt. BS, Aufstellung über Arbeitsniederlegung vom 16. bis 19. Juni 1953 in vom Betriebsschutz bewachten Betrieben, 24. Juni 1953
20 LA, C Rep, 302-26, Nr. 072, PDVP, FS an alle Inspektionen, 18. Juni 1953

21 LA, C Rep, 303-26, Nr. 072, Operativstab PDVP, Entstandene Schäden anlässlich der Provokation am 16. und 17. Juni 1953
22 Ebd.
23 Ebd.
24 LA, C Rep, 303-26, Nr. 072, PDVP, Stellvertreter Allgemein, Bericht über die Tätigkeit der ABV vom 19.6., 18.00 Uhr bis 20.6.53, 18.00 Uhr, 20. Juni 1953
25 Ebd.
26 SAPMO, BArch, BDVP, Gruppe III, Stimmungsbericht, 19. Juni 1953
27 LA, C Rep, 303-26, Nr. 072, PDVP, Polit-Abt., Einschätzung der Briefe von verletzten Genossen an ihre Angehörigen
28 Ebd.
29 Ebd.
30 LA, C Rep, 303-26, Nr. 072
31 LA, C Rep, 303-26, Nr. 24, VP-Bereitschaftskommando I, Bericht über die Ereignisse vom 17. Juni 1953
32 Ebd.
33 Der Tagesspiegel, 18. Juni 1953

Chronologie der Ost-Berliner Ereignisse

1 BStU, MfS / Zentralarchiv, allg. S., und SAPMO, BArch, DO 1 – 11/304, Meldungen an die HVDVP und an das PDVP

Bezirk Potsdam

1 SAPMO, BArch, DO 1 – 11/304, BDVP Potsdam, Instrukteurbericht vom 23. Juni 1953
2 Wenn nicht anders vermerkt: SAPMO, BArch, DO 1 – 11/304, BDVP Potsdam, Bericht über die Auswertung des volkspolizeilichen Einsatzes zur Niederschlagung der faschistischen Provokationen seit dem 16. Juni 1953, 28. Juni 1953
3 SAPMO, BArch, DY 6/4745, Nationale Front, Bezirksausschuss Potsdam, Bericht vom 17. Juni 1953 über Vorfälle um Westberlin
4 SAPMO, BArch, DO 1 – 11/304, BDVP Potsdam, Instrukteurbericht vom 23. Juni 1953
5 Ebd.
6 SAPMO, BArch, DO 1 – 11/44, BDVP Potsdam, Blitz-FS vom 18. Juni. 1953, 7.00 Uhr, an die HVDVP, Betr.: Am Streik Beteiligte
7 SAPMO, BArch, DO 1 – 11/44, BDVP Potsdam, Blitz-FS vom 18. Juni 1953, 1.40 Uhr, Lagebericht
8 Ebd.

Bezirk Magdeburg

1 BStU, BV Magdeburg, Abt. IX, Nr.7, KPKK, Kreisanalyse vom 30. September 1953
2 Ebd.
3 SAPMO, BArch, DO 1 – 11/305, BDVP Magdeburg, Polit. Bericht vom 23. Juni 1953
4 SAPMO, BArch, DO 1 – 11/305, BDVP Magdeburg, Analyse über den faschistischen Putschversuch am 17. und 18. Juni 1953 im Bezirk Magdeburg
5 SAPMO, BArch, DO 1 – 11/305, HVDVP, Bericht über den Einsatz in der BDVP Magdeburg, 20. Juni 1953
6 Ebd.
7 Ebd.
8 SAPMO, BArch, DO 1 – 11/1126, HVDVP – Operativstab, Lagebericht 20. Juni 1953, 6.00 Uhr
9 Quelle: Landesarchiv Magdeburg, Landeshauptarchiv
10 Ebda.
11 Geschichtswerkstatt Jena, Schreiben an den Autor vom 11. Januar 2001

Bezirk Halle

1 SAPMO, BArch, DO 1 – 11/305, VP-Inspekteur Zaspel, BDVP Halle, Bericht über den Verlauf der faschistischen Provokation am 17. 6. 1953
2 SAPMO, BArch, DO 1 – 11/1512, BDVP Halle, Bericht über die Ursache des Aufgebens der VA II Halle, 29. Juni 1953
3 Schreiben des Archivars des Stadtarchivs Halle an den Autor, 17. Januar 2001
4 BStU, MfS, BV Halle, Analyse über den faschistischen Putschversuch am 17. 6. 53, 1. Juli 1959
5 SAPMO, BArch, DO 1 – 11/1512, BDVP Halle, Bericht über die Ursache des Aufgebens der VA II Halle, 29. Juni 1953
6 BStU, MfS, BV Halle, Analyse über den faschistischen Putschversuch am 17. 6. 53, 1. Juli 1959
7 BStU, MfS, BV Halle, Analyse über den faschistischen Putschversuch am 17. 6. 53, 1. Juli 1959
8 Ebd.
9 SAPMO, BArch, DO 1 – 11/305, BDVP Halle, Bericht über den Verlauf der faschistischen Provokation am 17. 6. 1953, 1. Juli 1953
10 »Die Arbeiter trotzten sogar einem heranrollenden Panzer«, Hallesches Tageblatt, 17. Juni 1993
11 BStU, MfS, BV Halle, Analyse über den faschistischen Putschversuch am 17.6.53, 1. Juli 1953
12 Namen durch den BStU geschwärzt
13 Wie Fußnote 11

14 SAPMO, BArch, DO 1-11/305, BDVP Halle, Bericht über den Verlauf der faschistischen Provokation am 17.6.1953 im Bezirk Halle, 1. Juli 1953
15 SAPMO, BArch, DO 1- 11/305, BDVP Halle, Bericht über den Verlauf der faschistischen Provokation am 17. 6. 1953 im Bezirk Halle, 1. Juli 1953
16 BStU, MfS, BV Halle, AKG, Analyse über den faschistischen Putschversuch vom 17.6.1953, 1. Juli 1953
17 Wie Fußnote 15
18 SAPMO, BArch, DO 1 – 11/44, BDVP Halle, Blitz-FS vom 19. Juni 1953 an die HVDVP
19 SAPMO, BArch, BDVP Halle, Polit. Bericht über die Dienstdurchführung sowie besondere Vorkommnisse in der Zeit vom 17. – 20. 6. 53, 20. Juni 1953
20 SAPMO, BArch, DO 1 – 11/45, HVDVP, Blitz-FS, Betr. Sondereinsatz aller Kräfte der K-Schule, 15. Juli 1953, 14.35 Uhr
21 SAPMO, BArch, DO 1- 11/45, HVDVP, Operativstab, Bericht vom 15.7.1953, 16. Juli 1953

Bezirk Cottbus

1 SAPMO, BArch, DO 1 – 11/305, BDVP Cottbus, Auswertung der Ereignisse seit dem 16. Juni 1953, 27. Juni 1953
2 SAPMO, BArch, DO 1 – 11/305, BDVP Cottbus, Protokoll der Dienstbesprechung der BDVP am 19.6.53, 20. Juni 1953
3 SAPMO, BArch, DO 1 – 11/305, BDVP Cottbus, Auswertung der Ereignisse seit dem 16. Juni 1953, 27. Juni 1953
4 Ebd.
5 Ebd.
6 SAPMO, BArch, DO 1 – 11/305, BDVP Cottbus, Sekretariat, Protokoll der Dienstbesprechung beim Chef der BDVP am 19. Juni, 20. Juni 1953
7 SAPMO, BArch, DY 6/4804, Analyse der Tätigkeit der Ausschüsse der Nationalen Front während der Niederschlagung des faschistischen Putsches, 24. Juni 1953
8 Ebd.
9 Ebd.
10 SAPMO, BArch, DO 1 – 11/305, BDVP Cottbus, Auswertung der Ereignisse seit dem 16. Juni 1953, 27. Juni 1953
11 SAPMO, BArch, DO 1- 11/305, BDVP Cottbus, Sekretariat, Protokoll der Dienstbesprechung beim Chef der BDVP am 19.6.53, 20. Juni 1953
12 SAPMO, BArch, DO 1 – 11/44, Blitz-FS, BDVP Cottbus, Operativstab, »Tatsachenbericht über die Lage im Bezirk Cottbus«, 18. Juni 1953, 20 Uhr. Neben den Groß- und Schwerpunktbetrieben waren im Wesentlichen diese Betriebe betroffen: Bau-Union Bitterfeld, Bau-

stelle Wasserwerk Tettau (300 Streikende), Bau-Union Senftenberg, Baustelle Kraftwerk »Sonne«, Freienhufen (250), VEB Eisenwerk Senftenberg (200), Berliner Fa. Gasolin, Großkokerei Lauchhammer (200), Keula Hüttenwerk in Krauschwitz (500), Tewa Schraubenfabrik Finsterwalde (1.000), Hoch- und Tiefbau Drewitz (400), Venus Bekleidungswerk Lübbenau (180), Lowa Anhängerbau Vetschau (300), Brauerei Merkur, Cottbus (60), Brauerei Kircher, Cottbus (80), Brauerei Schultze und Söhne, Cottbus (45), Tuchfabrik Sommerfeld (400), VEB Gerätebau einschließlich der Außenstellen (1.000), Cottbusser Strumpffabrik (400), VEB Gerätebau Cottbus (1.800).

13 SAPMO, BArch, DO 1 – 11/305, BDVP Cottbus, Auswertung der Ereignisse seit dem 16. Juni 1953, 27. Juni 1953

14 SAPMO, BArch, DY 6/4804, Nationale Front, Bezirksausschuss Cottbus, Bericht über die Tätigkeit der Nationalen Front während der Niederschlagung des faschistischen Putsches, 7. Juli 1953

15 SAPMO, BArch, DO 1 – 11/305, BDVP Cottbus, Auswertung der Ereignisse seit dem 16. Juni 1953, 27. Juni 1953

16 SAPMO, BArch, DY 30 IV 2/13 FBS 178/8939; Der Staatsanwalt des Bezirks Cottbus, Abt. Haftanstalten, Bericht über die Vollzugsanstalt Cottbus in bezug auf den am 20. und 25.7.1953 zustande gekommenen Hungerstreik, 28. Juli 1953

Bezirk Leipzig

1 SAPMO, BArch, DO 1 – 11/304, BDVP Leipzig, Polit-Abt., FS »Kurzer Lagebericht«, 19. Juni 1953

2 SAPMO, BArch, DO 1 – 11/305, Chef der BDVP Leipzig, Auswertung der Ereignisse seit dem 16. Juni 1953, 29. Juni 1953

3 SAPMO, BArch, DO 1 – 11/304, BDVP Leipzig, Operativstab, Bericht vom 15. 6. 53, 8.00 Uhr, bis 16. 6. 53, 8.00 Uhr

4 Ebd.

5 Ebd.

6 Ebd.

7 SAPMO, BArch, DO 1 – 11/305, BDVP Leipzig, Auswertung der Ereignisse seit dem 16. Juni 1953, 29. Juni 1953

8 SAPMO, BArch, DY 6/5038, Nationale Front, Bezirksausschuss Leipzig, Situationsbericht, Stand 19. Juni 1953, 24.00 Uhr

9 SAPMO, BArch, DY 6/5038, Situationsbericht des Kreisausschusses Eilenburg, 19. Juni 1953

10 SAPMO, BArch, DO 1 – 11/304, HVDVP, Bericht über den Instrukteureinsatz in den BDVP Leipzig und Dresden vom 19. – 21.6.53, 23. Juni 1953

11 SAPMO, BArch, DY 6/5038, Situationsbericht des Kreisausschusses Eilenburg, 19. Juni 1953

12 SAPMO, BArch, DO 1 – 11/305, Chef der BDVP Leipzig, Auswertung der Ereignisse seit dem 16. Juni 1953, 29. Juni 1953

13 SAPMO, BArch, DO 1 – 11/304, HVDVP, Bericht über den Instrukteureinsatz in den BDVP Leipzig und Dresden vom 19. – 21.6.53, 23. Juni 1953
14 SAPMO, BArch, DO 1 – 11/305, Chef der BDVP Leipzig, Auswertung der Ereignisse seit dem 16. Juni 1953, 29. Juni 1953
15 SAPMO, BArch, DO 1 – 11/304, BDVP, Operativstab, Bericht vom 18. 6. 53, 8.00 Uhr, bis 19. 6. 53, 8.00 Uhr
16 SAPMO, BArch, DO 1 – 11/305, Chef der BDVP Leipzig, Auswertung der Ereignisse seit dem 16. Juni 1953, 29. Juni 1953
17 SAPMO, BArch, DO 1 – 11/304, BDVP, Operativstab, Bericht vom 18. 6. 53, 8.00 Uhr, bis 19. 6. 53, 8.00 Uhr
18 SAPMO, BArch, DY 6/5038, Situationsbericht des Kreisausschusses Eilenburg vom 19. Juni 1953
19 SAPMO, BArch, DO 1 – 11/304, BDVP, Operativstab, Bericht vom 18. 6. 53, 8.00 Uhr, bis 19. 6. 53, 8.00 Uhr
20 SAPMO, BArch, DO 1 – 11/304, BDVP, Operativstab, Bericht vom 19. 6. 53, 8.00 Uhr, bis 20. 6. 53, 8.00 Uhr
21 SAPMO, BArch, DY Y 6/5038, Nationale Front, Bezirksausschuss Leipzig, Situationsbericht, Stand 25. Juni 1953, 16.00 Uhr
22 Ebd.
23 SAPMO, BArch, DO 1 – 11/304, BDVP, Operativstab, Bericht vom 24. 6. 53, 8.00, Uhr bis 25. 6. 53, 8.00 Uhr
24 SAPMO, BArch, DO 1 – 11/304, BDVP, Operativstab, Bericht vom 19. 6. 53, 8.00 Uhr, bis 20. 6. 53, 8.00 Uhr
25 Der Volksaufstand am 17. Juni 1953 im Kreis Delitzsch, Ein Beitrag von Karl-Heinz Löser unter Mitarbeit von Albert Leithold, Herausgeber: Landratsamt und Stadtverwaltung Delitzsch, 1998

Bezirk Dresden

1 SAPMO, BArch, DO1 – 11/45, BDVP Dresden, Berichterstattung über die Arbeitsniederlegung am 17. und 18. Juni 53 im Bereich der BDVP Dresden, 23. Juni 1953
2 Quelle soweit nicht anders vermerkt: SAPMO, BArch, DO 1 – 11/305, BDVP Dresden, Abschlußbericht über die Vorkommnisse am 17. 6. 1953 im Bezirk Dresden
3 SAPMO, BArch, Pt 7945, HV Deutsche Grenzpolizei, Lagebericht vom 23. Juni 1953
4 SAPMO, BArch, DO 1 – 11/ 1512, BDVP Dresden, Bericht über die Vorkommnisse am 17. 6. 1953 im Bezirk Dresden, Abteilung Strafvollzug, 8. Juli 1953
5 Ebd.
6 SAPMO, BArch, DO 1-11/45, Bericht über den Instrukteureinsatz in den BDVP Leipzig und Dresden vom 19. – 21. 6. 1953, 23. Juni 1953
7 Siehe auch: Heidi Roth, Der 17. Juni 1953 in Sachsen
8 SAPMO, BArch, DO 1 – 11/305, BDVP Dresden, Abschlussbericht über die Vorkommnisse am 17. Juni 1953 im Bezirk Dresden

9 SAPMO, BArch, Pt 7945, HV Deutsche Grenzpolizei, Lagebericht vom 23. Juni 1953
10 SAPMO, BArch, DO 1 – 11/45, BDVP Dresden, Operativstab, Berichterstattung über die Arbeitsniederlegung am 17. und 8. Juni 53 im Bereich der BDVP Dresden, 23. Juni 1953
11 SAPMO, BArch, DO 1 – 11/44, BDVP Dresden, Blitz-FS an die HVDVP, Lagebericht vom 19. 6. 1953, 4.00 Uhr
12 SAPMO, BArch, DO 1 – 11/45, BDVP Dresden, Operativstab, Berichterstattung über die Arbeitsniederlegung am 17. und 18. Juni 53 im Bereich der BDVP Dresden, 23. Juni 1953

Bezirk Gera

1 SAPMO, BArch, DY 6/4943, Nationale Front, Bezirkssekretariat Gera, Informationsbericht, 25. Juni 1953
2 SAPMO, BArch, DO 1 – 11/306, BDVP Gera, Analyse vom 29. Juni 1953
3 Ebd.
4 SAPMO, BArch, DY 6/4943, Nationale Front, Kreis Jena-Stadt, 20. Juni 1953
5 SAPMO, BArch, DO 1-11/45, HVDVP, HA K, Bericht vom 22. Juni 1953
6 Geschichtswerkstatt Jena, Schreiben an den Autor vom 11. Januar 2001
7 SAPMO, BArch, DO 1 – 11/45, HA K, Bericht vom 22. Juni 1953
8 Ebd.
9 Ebd.
10 Ebd.
11 Ebd.
12 SAPMO, BArch, DY 6/4943, Nationale Front, Bezirkssekretariat Gera, Informationsbericht, 25. Juni 1953
13 Ebd.

Bezirk Karl-Marx-Stadt

1 SAPMO, BArch, BDVP Karl-Marx-Stadt, Auswertung der Ereignisse seit dem 16. Juni 1953, 29. Juni 1953
2 Ebd.
3 SAPMO, BArch, DO 1 – 11/44, Blitz-FS der BDVP Karl-Marx-Stadt, »Vorkommnisse im Bezirk Karl-Max-Stadt«, 18. Juni 1953

Bezirk Erfurt

1 Befehl 21/53 des Chefs der Bezirksbehörde der Volkspolizei Erfurt
2 SAPMO, BArch, DO 1 – 11/306, BDVP Erfurt, Auswertung der Ereignisse seit dem 17. 6. 1953, 29. Juni 1953

3 Ebd.
4 Befehl 21/53 des Chefs der BDVP Erfurt
5 SAPMO, BArch, DO 1-11/306, BDVP Erfurt, Auswertung der Ereignisse seit dem 17. Juni 1953, 29. Juni 1953
6 Ebd.
7 Ebd.

Bezirk Suhl

1 SAPMO, BArch, DO1 – 11/305, Chef der BDVP Suhl, Auswertung der Ereignisse seit dem 17. Juni 1953, 29. Juni 1953

Nach dem 17. Juni

1 SAPMO, BArch, NY 4215/111, Diskussion über Entschließung im Politbüro am 18. Juli 53
2 SAPMO, BArch, NY 4215/53 Beitrag »Über die sozialdemokratische Ideologie der Gruppe Zaisser-Herrnstadt«, Für »Neues Deutschland«, 1953, undatiert
3 SAPMO, BArch, DO 1 – 11/45, HVDVP, Vorschläge für die Erhöhung der Schlagkraft der Deutschen Volkspolizei, 22. Juni 1953
4 Ebd.
5 Befehl des Ministers des Innern der DDR Nr. 11/53 vom 30. Sept. 1953; Einsatz der Volkspolizei in Berlin
6 LA, C Rep, 303-26, Nr. 46, Der Präsident der VP in Berlin, Bericht an den Chef der Deutschen Volkspolizei, 28. Juli 1954
7 Siehe auch: Koop, »Armee oder Freizeitclub? – Die Kampfgruppen der Arbeiterklasse in der DDR«, 1997
8 Gabert, Dissertation (B), Berlin (Ost) 1989
9 Ebd.
10 Montagsecho, Berlin, 22. Juni 1953
11 Protokoll der 127. gemeinsamen Sitzung des Ausschusses für Auswärtige Angelegenheiten und des Ausschusses für gesamtdeutsche Fragen, 8. Juli 1953; Quellen zur Geschichte des Parlamentarismus und der politischen Parteien, Vierte Reihe, 13/1, Zweiter Halbband, Der Auswärtige Ausschuss, 1998
12 Ebd.
13 SAPMO, BArch, DO 1-11/45, HVDVP, Bericht über den Instrukteureinsatz in den BDVP Leipzig und Dresden vom 19. bis 21. Juni, Berlin, 23. Juni 1953
14 BStU, MfS, Sekr. d. Min., Bd. 249
15 LA, C Rep, 303-26, 4.7.1953
16 LA, C Rep, 303-26, Nr. 072, PDVP, Untersuchungsabt., Tätigkeitsbericht vom 30. Juni 1953
17 LA, C Rep, 303-26, Nr. 072, PDVP, Abt. K, Strafverfahren aus Anlaß des 17. Juni, 14. Februar 1954

18 Siehe auch Fricke in: Rückblicke auf die DDR, 1995
19 BStU, MfS – AS 99/57, Bd. 16; Bericht an den Genossen Minister vom 6. 7. 1953
20 BStU, MfS-AS 99/57 Bd. 16, Bericht, Betr.: Personen, die im Verlauf der Ereignisse des 17. Juni festgenommen und durch die Justizorgane freigesprochen bzw. unter Einstellung des Verfahrens aus der Haft entlassen wurden, trotzdem der Tatbestand für eine Verurteilung ausreichend war, 13. Juli 1953; Namen durch BStU geschwärzt
21 Neues Deutschland, 21. Juli 1953
22 BStU, MfS Gera, AS 20/74, Betr.: An die Staatsanwaltschaft abgegebene Vorgänge der Abteilung IX aus den Verhaftungen vom 17. 6. 1953
23 Siehe auch: Der Volksaufstand am 17. Juni 1953 im Kreis Delitzsch
24 BStU, MfS, BV Halle, AKG, Analyse über den faschistischen Putschversuch, 1. Juli 1959
25 Veröffentlicht in: Sächsische Zeitung, 17. Juni 1993
26 SAPMO, BArch, Pt 7946, Stimmungsberichte der Deutschen Grenzpolizei
27 BStU, MfS-AS 356/57, Bd. 4
28 Ebd.
29 SAPMO, BArch, Pt 7946, Stimmungsberichte der DGP
30 SAPMO, BArch, NY 4215/111
31 BStU, MfS-AS 356/57, Bd. 1
32 BStU, Rep 2/394, Personen und Berichte vom 17. Juni 1953
33 BStU, MfS, BV Suhl, BdL/567
34 BStU, MfS, BV Suhl, BdL/567
35 Ebd.
36 Ebd.
37 BStU, MfS ZA, Allg. S1 1/57, Bd. 6
38 Ebd.
39 Ebd.
40 SAPMO, BArch, Pt 9965
41 Ebd.
42 Ebd.
43 Ebd.
44 BStU, MfS, BV Neubrandenburg, AKG Nr. 21, »Maßnahmen zum VVS 29/83 des Gen. Minister«, 6. Juni 1983
45 BStU, MfS, BKG Neubrandenburg, Maßnahmenplan zur politisch-operativen Sicherung des 17. Juni 1983, 7. Juni 1983
46 SAPMO, BArch, DO 1 – 11/1512, Disposition der HA SV, undatiert

Statistiken

1 Diesen Zahlen der HVDVP stehen die des MfS vom 24. Juni gegenüber. Dort werden zum Beispiel für den Bezirk 15.000 Streikende genannt.
2 Die BDVP Cottbus nannte abweichende Zahlen, so für den 17. Juni 11.017 Streikende und für den 18. Juni 14.895
3 SAPMO, BArch., DO 1 – 11/304, HVDVP Bericht für die Zeit vom 16.6.53 bis 22.6.53, 18 Uhr
4 Ebd.
5 Ebd.
6 SAPMO, BArch, Zahlenmäßige Angabe, BDVP, Stand 18. Juni 1953
7 SAPMO, BArch, DO 1 – 11/45, BDVP Dresden, Operativstab, Berichterstattung über die Arbeitsniederlegung am 17. und 18. Juni im Bereich der BDVP Dresden, 23. Juni 1953

Dokumente

1 Dokumente der SED, Beschlüsse und Erklärungen des ZK sowie seines Politbüros und seines Sekretariats, Band IV, Berlin 1954
2 79. Sitzung des Ausschusses für gesamtdeutsche Fragen, 12. Februar 1953 in Berlin, Quellen zur Geschichte des Parlamentarismus und der politischen Parteien, Vierte Reihe, Band 12, Der Gesamtdeutsche Ausschuß, Sitzungsprotokolle 1949 – 1953, S. 627f., Düsseldorf 1998
3 SAPMO, BArch, Persönlicher Nachlass Grotewohl
4 Dokumente der Sozialistischen Einheitspartei Deutschlands. Beschlüsse und Erklärungen des Zentralkomitees sowie seines Politbüros und seines Sekretariats, Bd. 4. Berlin 1954
5 Dokumente der SED, Beschlüsse und Erklärungen des ZK sowie seines Politbüros und seines Sekretariats, Bd. 4, Berlin 1954
6 Dokumente der Sozialistischen Einheitspartei Deutschlands. Beschlüsse und Erklärungen des Zentralkomitees sowie seines Politbüros und seines Sekretariats, Bd. 4. Berlin 1954
7 LA, B Rep, 002 Acc, 2466, Nr. 3113
8 Archiv des Deutschen Bundestages, DB 4286-10.53
9 Ebd.
10 SAPMO, BArch, TD 268, ZW 000 – 060
11 SAPMO, BArch, TD 269, ZW 060 – 350
12 Quelle: Die Militär- und Sicherheitspolitik der SED, 1945 bis 1968, Dokumente und Materialien, Militärverlag der DDR, S. 129 – 131
13 SAPMO, BArch, NY 4036/461
14 SAPMO, BArch, NY 4036/461
15 Quellen zur Geschichte des Parlamentarismus und der politischen

Parteien, Vierte Reihe, Band 12, Der Gesamtdeutsche Ausschuß, Sitzungsprotokolle 1949 – 1953, Düsseldorf 1998

16 Der Deutsche Bundestag hatte am 10. Juni 1953 den Willen zur Wiederherstellung der deutschen Einheit bekräftigt und erklärt, hierzu seien erforderlich: die Abhaltung freier Wahlen in ganz Deutschland, die Bildung einer freien Regierung für ganz Deutschland, der Abschluss eines mit dieser Regierung frei zu vereinbarenden Friedensvertrages, die Regelung aller noch offenen territorialen Fragen in diesem Friedensvertrag sowie die Sicherung der Handlungsfreiheit für ein gesamtdeutsches Parlament und eine gesamtdeutsche Regierung im Rahmen der Grundsätze und der Ziele der Vereinten Nationen.

17 SAPMO, BArch, TD 257

18 Dokumente zur Außenpolitik der DDR, B. 4, Berlin 1957

19 SAPMO, BArch, DY 30, J IV 2/202/62

20 Freiheit, Mitteldeutsche Tageszeitung, 18. Juni 1953, BArch, SAPMO, NY 4215/III

Schutzumschlag: Rothfos & Gabler, Hamburg
Satz und Reproduktionen: Bongé+Partner, Berlin
Druck und Buchbinder: GGP Media, Pößneck
Printed in Germany 2003
ISBN 3-88680-748-7
Zweite Auflage